樊树志 著

重写晚明史

新政与盛世

中华书局

图书在版编目（CIP）数据

重写晚明史．新政与盛世/樊树志著．—北京：中华
书局,2018.8（2019.12重印）
ISBN 978 - 7 - 101 - 13356 - 1

Ⅰ. 重… Ⅱ. 樊… Ⅲ. 中国历史－研究－晚明
Ⅳ. K248.307

中国版本图书馆 CIP 数据核字（2018）第 157172 号

书　　名	重写晚明史：新政与盛世
著　　者	樊树志
责任编辑	贾雪飞
书名题签	刘　涛
封面设计	刘　丽
出版发行	中华书局
	（北京市丰台区太平桥西里38号　100073）
	http://www.zhbc.com.cn
	E-mail:zhbc@zhbc.com.cn
印　　刷	北京市白帆印务有限公司
版　　次	2018 年 8 月北京第 1 版
	2019 年12月北京第 3 次印刷
规　　格	开本/920×1250 毫米　1/32
	印张 15¾　插页 2　字数 400 千字
印　　数	18001-24000 册
国际书号	ISBN 978 - 7 - 101 - 13356 - 1
定　　价	56.00 元

樊树志 复旦大学教授。代表著作有：《中国封建土地
关系发展史》(1988)、《明清江南市镇探微》(1990)、《万
历传》(1993)、《崇祯传》(1997)、《国史概要》(1998)、
《晚明史(1573－1644年)》(2003)、《权与血——明帝国官
场政治》(2004)、《国史十六讲》(2006)、《大明王朝的最
后十七年》(2007)、《张居正与万历皇帝》(2008)、《明史
讲稿》(2012)、《明代文人的命运》(2013)、《晚明大变局》
(2015)等。其中，《晚明史(1573－1644年)》获第十四届"中
国图书奖"；《晚明大变局》入选《人民日报》、《光明日报》、
《中华读书报》、新华网、新浪网等二十余家媒体2015年度好
书，并入选新华网2015年度"大众喜爱的50种图书"。

出 版 说 明

"重写晚明史"系列,共五部,是著名学者樊树志先生有关晚明历史研究的最新成果。

樊树志先生长期从事明清史、江南地区史、江南社会经济史研究,在晚明史领域卓有建树,被誉为"晚明史研究第一人"。"重写晚明史"系列,细致描绘了晚明王朝从盛世到覆亡的历史长卷,尤为可贵的是,作者将晚明历史置于 15 世纪末地理大发现背景下的世界历史进程中考察,视角独特,立意新颖,从纷繁复杂的历史细节中勾勒和展现出晚明历史的各个方面,不仅独具史识,而且叙事清晰,文笔流畅,充分呈现了晚明斑驳陆离的历史世界。

晚明,按照樊树志先生的定义,为明万历元年至崇祯十七年,即 1573 年至 1644 年间的七十一年,持续长度约占整个明朝的三分之一。本书《新政与盛世》,是"重写晚明史"系列的一种。为了说明万历一朝与前期历史的承接,向前追溯到嘉靖、隆庆时代。特此说明。

中华书局编辑部

二〇一八年七月

目　录

第一章
嘉靖隆庆时代的政局与内阁

所谓晚明,并无统一的定义。谢国桢《晚明史籍考》与李文治《晚明民变》,所涉及的时间段就不相同。如果与晚清相比较,或许有所启发,找到一个大多数人可以接受的说法。学术界比较倾向于把1840—1911年之间的清朝称为晚清,约七十一年的时间。如果我们把晚明定位于万历元年至崇祯十七年,即1573—1644年,恰好也是七十一年。这当然是偶然的巧合。明清两朝都有二百六七十年历史,七十一年还不到三分之一,以早中晚来划分,把最后的七十一年称为"晚",大概是不成问题的。为了说明历史,还得向前追溯到嘉靖隆庆时代。

一 拨乱反正的呼声

1. 张居正《论时政疏》

万历朝堪称有明一代最为繁荣昌盛的一段时光,倘要推崇它的奠定者,那么非张居正莫属。万历元年至万历十年(1573—1582)担任内阁首辅兼帝师的张居正,辅佐十岁的小皇帝朱翊钧治理国家,大刀阔斧地推行改革,力挽狂澜,扭转了嘉靖以来国匮民穷的颓势。当然,在帝制时代,如果没有皇帝的支持,再出类拔萃的大臣也难以施展拳脚。张居正是幸运的,他得到了皇帝和他的生母慈圣皇太后的全力支持,得以大权独揽。正如他自己所说,他是代帝摄政,按当时人的说法,叫做"宫府一体"，把皇帝与政府的大权集于一身，使得改革得以顺利实施。因此我们也可以说，是张居正与朱翊钧联手缔造了辉煌的万历时代。张居正在嘉靖年间提出的《论时政疏》，隆庆年间提出的《陈六事疏》，都没有得到采纳，更谈不上付诸实施；到了万历元年以后，他的治国理念才得以付诸行动，这当然和皇帝与太后的支持有很大的关系。明神宗朱翊钧对张居正敬重备至，言听计从，对这位首辅兼帝师的长者，待之以"师臣"之礼，口口声声称"先生"或"张先生"，从不直呼其名；在下御札时，只称"先生"或"元辅"；在传旨批奏时，只写"谕元辅"。群臣附和，在奏章疏稿中，也多不敢直呼其名，只称"元辅"。直到张居正死后，余威犹存，言官奏事，欲仍称"元辅"，碍于元辅已有新任，便改称"太师"①。

张居正，字叔大，号太岳，湖广荆州府江陵县人，按照当时官场以籍贯相称的惯例（如夏言称作夏贵溪，严嵩称作严分宜，徐阶称作徐华亭），称"张江陵"。嘉靖二十六年（1547）是丁未年，张居正顺利通过会试与殿试，登上了科举的最高台阶，进士及第。按照常规，新科进士必须有一个见习的过程，张居正也不例外，被分配到翰林院充当庶吉士。翰林院是掌管制诰、修史、图书的机构，庶吉士是没有品级的练习生，其中的优秀者可以授予翰林院编修、检讨，直至升为侍读学士、侍讲学士，统称为翰林。仅从字面上理解，翰林院是一个清闲机构，其实不然。在明朝的政治体制中，内阁大学士以及吏、礼二部尚书、侍郎，大多是翰林出身。当时人把庶吉士看作"储相"——内阁的储备人才，内阁大学士的候补队伍。与张居正同科成为进士的都是一时之选：一甲第一名李春芳，后来成为张居正的顶头上司；其他如殷士儋、王世贞、汪道昆、王宗茂、凌云翼、陆光祖、宋仪望、杨继盛等，都声名显赫。张居正自诩为磊落奇伟之士，鹤立鸡群。一般进士大多沉迷于写诗作文，他夷然不

---

① 王世贞《嘉靖以来首辅传》卷七《张居正传》。王世贞《觚不觚录》，《弇州史料后集》卷三十九。

屑,潜心讲求国家典故与政务之要①。在翰林院期间,他为内阁首辅严嵩起草过一些歌功颂德的文章,和严嵩的关系处得不错。内阁诸大佬如徐阶等,都很器重他,竞相推许。

嘉靖二十八年(1549),翰林院编修张居正向皇帝呈上《论时政疏》,首次显示不同凡响的政治眼光,企求改革政治的强烈渴望。奏疏开头就挑明犯颜直谏的缘由:"臣闻明主不恶危切之言以立名,志士不避犯颜之诛以直谏,是以事无遗策,功流万世……臣虽卑陋,亦厕下庭之列,窃感当时之事,目击心怀,夙夜念之熟矣。"②张居正用人身来比喻国家,他说,人之所以有生命,全赖血气,血气流通不息,身体各个部分都受到熏蒸灌溉,于是乎耳聪目明,手脚便利而无害。人身一旦壅瘀,血气不能升降,就会形成臃肿痿痹的疾患。他推断当今的世势,似乎存在血气壅瘀之病一种,臃肿痿痹之病五种,如果现在不抓紧治疗,今后再来补救,恐怕无能为力了。

什么是血气壅瘀之病?张居正用一代明君——弘治皇帝的勤政来批评嘉靖皇帝的倦怠。他说,从前弘治皇帝急于求治,早朝以后,继续与亲信大臣密议国家大事,直至日暮,仍不停息;鼓励六科给事中与监察御史大胆批评,虚心采纳,即使语气有些狂悖,也不加罪。因为这样的关系,弘治时代堪称盛世,"百工奉职,官无留事,德泽旁洽,流于无穷,一时际会之盛,至今可想也"。相比之下,嘉靖时代又如何呢?他对于"今陛下即位以来二十八年"的评价很差:"阴阳不调,灾异数见,四夷未宾,边尘屡警。"国事如此不堪,却不能引起皇上"宵旰之忧",原因何在?是奉职者未得其人,还是君臣上下心志未通呢?张居正把它归结

<hr>

① 傅维鳞《张居正传》,《明书》卷一百五十。
② 张居正《论时政疏》,《新刻张太岳先生文集》卷十五。按:张居正文集有不少版本,本书乃其中之一,由其子张懋修编辑,唐国达于万历四十年刊刻出版,卷首有张居正门生沈鲤、吕坤所写序言。

为皇帝痴迷于道教玄修而不理朝政——"今群臣百僚不得望陛下之清光已八九年"，八九年来，大臣见不到皇帝一面，实在是咄咄怪事。"今陛下所与居者，独宦官宫妾耳。夫宦官宫妾岂复有怀当时之忧，为宗社之虑者乎？今大小臣工虽有怀当时之忧，为宗社之虑者，而远隔于尊严之下，悬想于於穆之中，逡巡嗫口而不敢尽其愚。异日以台谏不言之故，常加谴责矣，是臣下不匡之刑也。而至今无一人举当时之急务以为言者，无已则毛举数事以塞责。"①造成这种现象的根源就在于皇帝的倦怠、君臣之间的沟通渠道堵塞，"大臣虽欲有所建明而未易进，小臣虽欲有所献纳而未敢言"。因此张居正断言，病症就在于，血气壅瘀而不通，导致臃肿痿痹之病乘间而生。

张居正一一列举"臃肿痿痹之病"——五种政治的积弊。

一是宗室骄恣。明朝开国皇帝朱元璋把他的二十几个儿子封为藩王，代代世袭，到了嘉靖时期，成为庞大的寄生群体，成事不足，败事有余。"一二宗藩，不思师法祖训，制节谨度，以承天休，而舍侯王之尊，竞求真人之号，招集方术逋逃之人，惑民耳目。斯皆外求亲媚于主上，以张其势，而内实奸贪淫虐，凌轹有司，搏刻小民，以纵其欲。"②

二是庶官瘝旷。所谓"瘝"，有痛苦之意；所谓"旷"，有荒废之意。造成官员痛苦而荒废的现状，责任不在官员自身，而在朝廷用人不当。张居正说："今国家于人才素未尝留意以蓄养之，而使之又不当其器。一言议及，辄见逐去。及至缺乏，又不得已轮资逐格而叙进之，所进或颇不逮所去。今朝廷济济，虽不可谓无人，然亦岂无抱异才而隐伏者乎？亦岂无罹微眚而永废者乎？"

三是吏治因循。官僚队伍风纪不振，敷衍塞责，歪风盛行，是正德、嘉靖时期的老问题，张居正把它作为"臃肿痿痹"五大病症之一揭示出

---

① 张居正《论时政疏》，《新刻张太岳先生文集》卷十五。
② 张居正《论时政疏》，《新刻张太岳先生文集》卷十五。

来。地方长官只知对上级部门"奔走成顺",以应付考核为急务,以承望风旨为精敏。而上级部门对下属又不深入考察,以至于举劾参差,毁誉不定,结果是官吏的升降进退严重失实,贿多者、巧宦者官运亨通。他大声责问:"以此成风,正直之道塞,势利之俗成,民之利病,俗之污隆,孰有留意者乎?"

四是边备未修。明朝的边患始终是"北虏",虎视眈眈的漠北蒙古各部,时常越过长城边关南下。就在张居正上疏的第二年,由于内阁首辅严嵩的失职,导致蒙古铁骑兵临北京城下,朝野震惊,引为堂堂天朝之奇耻大辱,史称"庚戌之变"(嘉靖二十九年是庚戌年)。张居正在此之前已经预感到形势的严重性,他曾说:"今虏骄日久,迩来尤甚,或当宣、大(按,指宣府、大同),或入内地。小入则小利,大入则大利。边圉之臣皆务一切幸而不为大害,则欣然而喜,无复有为万世之虑,建难胜之策者。"

五是财用大匮。嘉靖时期财政困境日趋严重,可以用"国匮民穷"一言以蔽之。海瑞的名言"嘉靖者,言家家皆净而无财用也",可谓真实写照。张居正的看法是:"天地生财自有定数,取之有制用之有节则裕,取之无制用之不节则乏。今国赋所出,仰给东南,然民力有限,应办无穷,而王朝之费又数十倍于国初之时,大官之供岁累巨万,中贵征索溪壑难盈。"在这种情况下,财用大匮是必然的。

他给皇帝的建议是:"览否泰之原,通上下之志,广开献纳之门,亲近辅弼之佐,使群工百僚皆得一望清光,而通其思虑,君臣之际晓然无所关格,然后以此五者分职而责成之,则人人思效其所长,而积弊除矣。"①希望皇帝振作起来,急于求治,君臣上下同心同德,积弊何患不除! 正如他在奏疏开头所说,"明主不恶危切之言以立名,志士不避犯

---

① 张居正《论时政疏》,《新刻张太岳先生文集》卷十五。

颜之诛以直谏,是以事无遗策,功流万世"。嘉靖皇帝最不喜欢臣下向他犯颜直谏,《论时政疏》如石沉大海,但是也没有给张居正带来什么麻烦,和以后的杨继盛、海瑞因上疏致祸相比,要幸运多了。

2. 杨继盛《请诛贼臣疏》

嘉靖三十二年(1553),刑部员外郎杨继盛(字仲芳,号椒山,保定府容城县人)上疏,弹劾内阁首辅严嵩"十大罪""五大奸"。所谓"十大罪"是:一,坏祖宗之成法——太祖革除中书省,不设丞相,而严嵩俨然以丞相自居,挟皇上之权,侵百司之事;二,窃人主之大权——严嵩以代帝拟旨,窃弄威福,用舍赏罚之权既归于严嵩,大小臣工又依附于严嵩;三,掩君上之治功——见皇上行政之善,即令其子严世蕃传言于人,归功于己,是掩君美也;四,纵奸子之僭窃——严嵩的"拟旨"全由其子严世蕃代拟,一个是"既以臣而窃君之权",一个是"复以子而弄父之柄",故而京师有"大丞相""小丞相"之说;五,冒朝廷之军功——严嵩之孙严效忠,并未亲历战场,妄冒奏捷军功,授予锦衣卫千户,窃皇上爵赏之权,以官其子孙,又以子孙之故,升迁其私党;六,引悖逆之奸臣——仇鸾因为贪虐受到惩处,严嵩通过严世蕃接受仇鸾三千两银子贿赂,威迫兵部推荐其为大将军,进用贤者应受上赏,进用不肖者应受显戮,严嵩之罪出仇鸾之上;七,误国家之军机——嘉靖二十九年(1550),蒙古军队深入内地,严嵩指示兵部尚书丁汝夔按兵不动,坐误战机。及至皇上下旨逮治丁汝夔,严嵩犹许密疏奏保;八,专黜陟之大柄——严嵩窃据皇上激励人心之大柄,以中伤天下之善类:郎中徐学诗因弹劾严嵩而罢官,又借考察连累其兄徐应丰;科臣厉汝进因弹劾严嵩降职为典史,再借大计予以削籍;九,失天下之人心——严嵩大权独揽,吏部、兵部官员之选除,不论人之贤否,惟论贿银之多寡,后果是,武官多朘削,而士卒失所;文官多贪虐,而百姓流离;十,坏天下之风俗——严嵩当政,诡谀以欺君,贪污以率下,所谓嵩好利天下皆尚贪,嵩好谀天下皆尚谄,习俗渐成,牢不可破。①

严嵩又有五种奸术以掩人耳目,使皇上堕于术中而不觉。其一,厚贿皇上左右太监,凡圣意所在,皆得预知而逢迎,是皇上左右皆嵩贼之间谍;其二,严嵩以干儿赵文华任职通政司使,阻塞天下之言路,御史王宗茂弹劾严嵩之奏疏,赵文华扣留五日,是皇上之喉舌皆嵩贼之鹰犬;其三,严嵩惧怕厂卫缇骑缉访,令其子严世蕃与东厂、锦衣卫高官结姻,以遂其掩饰之计,是皇上之爪牙皆嵩贼之瓜葛;其四,严嵩畏惧监察御史与六科给事中弹劾,凡进士初选,非出其门者不得为言官,推荐县官,非通贿者不得与征取,是皇上之耳目皆嵩贼之奴仆;其五,严嵩顾虑六部官员有言,令其子严世蕃将各部有才望者全部网罗门下,耿介者斥逐殆尽,是皇上之臣工皆嵩贼之心腹。

杨继盛的结论是,希望陛下察其奸,治其罪,重则置宪典,轻则着致仕,以全国体。②

长期清虚学道的皇帝,痴迷于道家的养生术,祈求长生不老,对于处理繁杂的朝政不感兴趣,特地从大内搬往西苑,和道士们混在一起,把朝政全权委托给宠臣严嵩,纵容他擅权乱政。因此,严嵩"十大罪""五大奸"的根源就在皇帝身上。在这种情况下,杨继盛无异于明知山有虎偏向虎山行,他自知弹劾严嵩必定触怒皇帝,绝不会有好下场,还是冒死谏诤。

杨继盛书生气太足,居然在奏疏中批评皇上"甘受嵩欺""堕于术中而不觉",还要让他的三子裕王、四子景王来揭发严嵩的罪恶。老奸巨猾的严嵩抓住把柄,指责杨继盛心怀叵测,胆敢挑拨皇帝与藩王的关

---

① 杨继盛《请诛贼臣疏》,《杨忠愍公集》卷一。孙逢奇《杨忠愍公传》,《夏峰先生集》卷五。陈建、沈国元《皇明从信录》卷三十一,嘉靖三十二年正月。
② 杨继盛《请诛贼臣疏》,《杨忠愍公集》卷一。孙逢奇《杨忠愍公传》,《夏峰先生集》卷五。陈建、沈国元《皇明从信录》卷三十一,嘉靖三十二年正月。

系。嘉靖皇帝勃然大怒,当即拿起朱笔,在杨继盛的奏疏上写下这样的批示:"这厮因谪官怀怨,摭拾浮言,恣肆渎奏。本内引二王为词,是何主意?着锦衣卫拿送镇抚司,好生打着究问明白来说。"杨继盛赤胆忠心的谏诤,在皇帝看来是别有用心,是贬官后的肆意发泄,牵连两位藩王,肯定有什么不可告人的阴谋,必须严刑拷打。关进了特务机构锦衣卫的镇抚司监狱之后,既然圣旨明言"好生打着究问明白",那些打手们毫不手软地动用种种酷刑,追究他为何要把裕王、景王牵涉进来。杨继盛堂堂正正地回答,除了二位藩王,谁不怕严嵩?行刑前好心人给他送来蚺蛇胆疗伤,他淡然回绝:我自己有胆,何必蚺蛇胆?随即遭到杖责一百棍,顿时皮开肉绽。夜半时分,他用碎碗片,把腿上的腐肉连带筋膜一并割去。一旁的狱卒掌灯察看,差一点昏厥。杨继盛却意气自若,自叹道:"忽然而死,忽然而生,如睡又醒,人之死生固甚易也。"①庭审时,他口吟一诗:

> 风吹枷锁满城香,簇簇争看员外郎。
>
> 岂愿同声称义士,可怜长板见君王。
>
> 圣明德厚如天地,廷尉称平过汉唐。
>
> 性癖生来归视死,此身原自不随杨。②

他被处死时年仅四十,临刑前,他留下了绝命诗:

> 浩气还太虚,丹心照千古。
>
> 平生未报恩,留作忠魂补。③

诗句中流露的是至死不悔之心,对置他于死地的皇上毫无怨言,对自己来不及报答皇恩有所遗憾,真是一片赤胆忠心。而皇帝对他却视之如

---

① 孙奇逢《杨忠愍公传》,《夏峰先生集》卷五。张廷玉《明史》卷二百九《杨继盛传》。
② 陈建、沈国元《皇明从信录》卷三十一,嘉靖三十四年十一月。
③ 陈建、沈国元《皇明从信录》卷三十一,嘉靖三十四年十一月。《明史》本传所记绝命诗与之相同,但"平生"写作"生平"。

草芥,弃之如敝屣。这样的悲剧令人感慨,引来后人无尽的追思。

3. 严嵩、严世蕃父子的下场

严嵩,字惟中,号介溪,江西袁州府分宜县人,十九岁中举人,二十六岁成进士。此人很有一些才华,办事干练老到,从翰林院、国子监等清水衙门做起,直至进入权力中枢,嘉靖十五年(1536)升任礼部尚书,嘉靖二十一年(1542)进入内阁,嘉靖四十一年(1562)罢官,专擅朝政二十年之久,究其原因,最关键的就是深得皇帝宠信。

皇帝朱厚熜痴迷于道教玄修,醉心"求长生"。大臣们阿谀奉承,全力支持他"静摄",为他撰写"青词"。所谓青词,是道教举行斋醮仪式时奉献给玉皇大帝的表文,用红笔写在青藤纸上,故而叫做青词。严嵩颇有文才,早年和文坛著名的"前七子"——李梦阳、何景明、徐祯卿、边贡、王廷相、康海、王九思互相唱和。这样的文字功底,用来写青词贺表,简直是"小菜一碟"。正如《明史》所说:"醮祀青词,非嵩无当帝意者。"[1]因而博得"青词宰相"之名。执迷不悟的皇帝需要一个投其所好、让他放心的内阁首辅,来摆平朝廷政治,严嵩正是这样一个角色。谄媚逢迎是他的品格特征,马屁功夫十分了得,皇帝把他看作心腹股肱,他则把皇帝当作护身符。

严嵩出任内阁首辅时,已经六十五岁,操弄政坛权术愈加老辣,但毕竟年岁不饶人,精力不济,便把儿子严世蕃推到了前台。严世蕃是他的独子,相貌奇丑,五短身材,又是独眼龙,虽然机智敏捷,却不学无术,很难从科举正途向上爬。依靠父亲的"恩荫",进入国子监镀金,尔后在顺天府混个五品官,越级升任尚宝司卿(替皇帝掌管印信、发布政令)。后调任工部侍郎,其实是在代行父亲的内阁首辅权力,号称"父子两阁

---

① 张廷玉《明史》卷三百八《严嵩传》。

老"。内阁处理朝廷日常事务的权力由严世蕃一手操纵,大臣向严嵩请示,他一概回答:去问小儿东楼(严世蕃号东楼)。"小丞相"的政治智慧远远不及"大丞相",却有他的应付办法,豢养一帮门客——赵文华、鄢懋卿、万寀之流,结成一个盘根错节的权力网络,为他出谋划策,收受贿赂,还陪他宴饮嬉戏,寻欢作乐。为了聚敛财富,"小丞相"公然卖官鬻爵,"按质论价",有监察权的言官,白银五百两、八百两至一千两;有人事权的吏部郎中、主事,白银三千两至一万三千两。何乔远说:"(严)世蕃嗜酒凶诞,姬妾满前,倚父宠,窃国柄无忌,受四方财贿累数百万。"[1]

所谓"财贿累数百万"云云,显然估计不足。王世贞说,明朝遭到"籍没"(抄家)的巨贪权贵六人,其中三个是太监:王振、刘瑾和冯保,另外三个是佞幸:江彬、钱宁以及奸臣严嵩[2]。严嵩倒台后,籍没家产,《留青日札》与《天水冰山录》记载的抄家清单,文物珍宝、黄金白银、田地房产、店铺商号,应有尽有,令人眼花缭乱。在中国贪官行列中,严嵩足可以和乾隆时代的巨贪和珅相比。有人估计,和珅贪赃财产相当于国库几年的总收入。严嵩、严世蕃的赃财岂止数百万而已!

上行下效,官场贪风愈演愈烈,政治腐败至极。严嵩设计陷害内阁首辅夏言,排挤打击内阁次辅翟銮,激起正直官员的义愤,纷纷弹劾他"人品卑劣""素著奸恶""专柄揽权",在嘉靖皇帝看来,批评他的宠臣,"本色则是谤讪"——其实是在诽谤讥讽皇帝,所以经常帮严嵩说话,树立他的威信。比如说,在西苑万寿宫,当着大臣的面,给他嘉奖手谕,赏赐"忠勤敏达"银质印章一枚,可以用来"密封言事",直接向皇帝密报朝廷动态。又比如说,严嵩在家乡建造豪华宅邸,皇帝为他书写匾额,厅堂的匾额是"忠弼"二字,楼堂的匾额是"琼翰流辉"四字。以此昭告世人,在皇帝眼里,严嵩是"忠勤""忠弼"的大臣。何乔远说:"上玄西苑坛

[1] 何乔远《名山藏》卷九十四《臣林杂记四·严嵩》。
[2] 王世贞《弇州史料后集》卷三十六《国朝从记·籍没权贵》。

而醮,命辅臣冠道士冠,诣坛上香。(夏)言不奉旨,嵩独笼纱帽而入,既诣坛,脱帽见冠上香。(夏)言故以此得罪,而天子久内亲嵩。嵩既为相,念自幸于天子,即朝夕直苑中板房,不敢洗沐私家。天子称嵩'忠勤敏达',每召对便殿,辄至夜分,赏赐频繁逾等。"①因此,无论官员们如何前仆后继地弹劾,都无法扳倒他。

嘉靖二十九年(1550),由于严嵩失职,致使蒙古军队兵临城下,激起公愤。朝廷中的高级官僚慑于严嵩的威势,个个噤若寒蝉。一个小官沈炼(字纯甫,浙江绍兴人)挺身而出,向皇帝指责奸臣误国,矛头直指严嵩。皇帝命内阁辅臣李时起草谕旨,李时不敢自作主张,向严世蕃征求意见。和被弹劾者商量处理意见,岂不荒唐!更为荒唐的是,严世蕃居然和赵文华一起炮制了"票拟",让李时照抄,然后作为皇帝圣旨公布。结局是可想而知的,沈炼被加上了"恣肆狂言,排陷大臣"的罪名,杖责之后,流放塞外。六年后,在严氏父子的指使下,沈炼竟然以莫须有的"谋叛"罪名被处死,长子充军,次子、三子被活活打死。② 严嵩用这样的手法向人们显示,企图扳倒他的人绝没有好下场。

儒家政治伦理熏陶出来的士大夫精英分子把气节看得高于一切,宁为玉碎不为瓦全,于是有杨继盛更加严厉的弹劾。此后对严嵩、严世蕃父子的弹劾始终没有间断,吴时来、张翀、董传策的弹劾都以失败而告终。严嵩之所以不能被扳倒,原因很简单,有皇帝撑腰。一旦失去皇帝的恩宠,情况就大不同了。

嘉靖四十一年(1562)的某一天,江西道御史邹应龙(字云卿,陕西长安人)为了避雨,进入太监房中,攀谈中得知,皇上请道士蓝道行扶乩,沙盘上出现了这样几行字:"贤不竞用,不肖不退";"贤如徐阶、杨

① 何乔远《名山藏》卷九十四《臣林杂记四·严嵩》。
② 王世贞《沈少卿青霞公志略》,《弇州史料后集》卷十七。尹守衡《沈炼传》,《明史窃》卷九十二。

博,不肖如嵩"。笃信道教的皇帝对蓝道行的扶乩深信不疑,以为是上天对他的告诫,遂有罢黜严嵩之意。① 邹应龙从太监那里得到了这样高度机密的情报,机不可失时不再来,连夜赶写奏疏,弹劾严嵩、严世蕃父子。

邹应龙从太监处得到机密情报,弹劾严氏父子,这一说法为朱东润所引用,出现在他的名著《张居正大传》中②,流传颇广。然而,和其他史料加以比较,就会发现,另一种说法似乎更有说服力。这种说法是,邹应龙是得到内阁次辅徐阶的授意,才上疏弹劾严氏父子。

张岱《石匮书》说:"壬戌(嘉靖四十一年〔1562〕)五月,上命方士蓝道行扶乩,直指嵩父子不法事,上心动。(蓝)道行出,以告大学士徐阶,(徐)阶授意(邹)应龙,遂劾奏疏。"③

亲历嘉靖、隆庆两朝的监察御史沈越(字韩峰,南京人)所写的《皇明嘉隆两朝闻见纪》,写到"大学士严嵩罢,诏逮系其子世蕃于狱,论戍边",透露了一些不为外人所知的信息:"其子世蕃,以父任官工部侍郎,贪恣狠愎,无所不至。以中书舍人罗龙文为心膂,厮养严年为羽翼,鬻官剥民,公行不忌。上亦微知之,念嵩不忍发。会有术者蓝道行,以箕仙术进,上事必咨之。一日命中使持片纸焚于鼎,密书云:'世蕃恶毒,上帝何不殛之?'(蓝)道行潜匿御札,以别纸焚之,诡作仙笔报云:'世蕃恶贯满盈,固宜殛之,以在辇毂下,恐震惊皇帝,欲俟外遣,戮为齑粉耳。'上心益动,亟欲遣之而无由。至是,御史邹应龙上疏,劾世蕃……"④

万历时的太常寺少卿唐鹤徵(字凝庵,常州武进人),揭示了徐阶在幕后操纵的细节。他的这段文章值得细细品味:

---

① 张廷玉《明史》卷二百十《邹应龙传》,卷三百八《严嵩传》。
② 朱东润《张居正大传》,陕西师范大学出版社,2009年,第65—66页。按:此书初版于1943年,此后多次再版重印,陕西师大版为最新版本。
③ 张岱《邹应龙列传》,《石匮书》卷一百五十四。
④ 沈越《皇明嘉隆两朝闻见纪》卷十一,嘉靖四十一年四月。

先是，嵩子世蕃卖官鬻爵，恣肆无忌，上亦微知之，念嵩不忍发。会有术者蓝道行以箕仙术进，上颇信眷，事必咨之。(徐)阶因深与之交。上有所问，密封使中官至乩所焚之，不能答，则咎中官秽，不能格真神仙。中官乃与方士谋，启示而后焚之，则所答具如旨。(蓝)道行狡，乃伪为纸封若中官所赉者，及焚而匿其真迹，以伪封应。

上一日问：今天下何以不治？

对曰：贤不竟用，不肖不退耳。

则问：谁为贤、不肖？

曰：贤者辅臣(徐)阶、尚书(杨)博，不肖者(严)嵩父子。

上复问：我亦知嵩父子贪，念其奉玄久，且彼诚不肖，上真胡以不震而殛之？

报云：世蕃罪恶贯盈，固宜速殛，以在辇下，恐震惊皇帝，欲俟外遣，戮为齑粉矣。

(蓝道行)密以告(徐)阶，阶恐稍迟则圣意解，半夜遣人邀御史邹应龙具疏，劾嵩父子，诘朝上之。上勒嵩致仕，下其子世蕃狱，戍之。①

由此可见，蓝道行把扶乩的秘密告诉徐阶，徐阶授意邹应龙上疏弹劾严氏父子，是真实的。以邹应龙的性格，断然不敢根据太监的风闻贸然上疏。皇帝勒令严嵩致仕之后，每每念及他"赞修"之功，竟然忽忽不乐，写了一纸手札给新任内阁首辅徐阶："严嵩已退，其子已伏罪，敢有再言者，同应龙俱斩。"②流露出对邹应龙弹劾严氏父子的不满情绪。邹应龙感受到了杀身之祸，不敢赴新任——通政司参议，在徐阶的调护下，才惴惴不安地赴任视事。如果不是徐阶授意他弹劾严氏父子，徐阶

① 唐鹤徵《徐文贞阶》，《皇明辅世编》卷五。
② 张岱《邹应龙列传》，《石匮书》卷一百五十四。

何必冒险为他"调护"呢?

邹应龙的弹劾奏疏虽然是授意之作,却写得有理有据,气势逼人,值得一看:

> 工部侍郎严世蕃,系大学士严嵩之子,凭借父势,专利无厌,私擅爵赏,广致贿遗。每一开选,则视官之高下而低昂其值;及遇升迁,则视缺之美恶而上下其价。以致选法大坏,市道公行,群馈兢趋,索价转巨。聊举一二,如刑部主事项治元以一万三千金而转吏部,举人潘鸿业以二千二百金而得知州。夫以司属末职、郡邑小吏,而贿以千万计,则大而卿尹方岳,又何所涯际耶?至于交通赃贿、为之关节者,不下百十余人。而伊子锦衣严鹄、中书严鸿,家奴严年,中书罗龙文为甚。即数人之中,严年尤为黠狡,世蕃委以心腹,诸所鬻官卖爵自世蕃所者,(严)年率十取其一。不才士夫兢为媚奉,呼曰鹤山先生,不敢名也。遇嵩生日,(严)年辄万金为寿。彼一介仆隶,其尊大富侈如是,则主人当何如耶?……今天下水旱频仍,南北多警,民穷财尽,莫可措手者,正由世蕃父子贪婪无度,掊克日棘,凡四方小吏莫不竭民脂膏、剥民皮骨,欲偿己买官之费。如此,则民安得不贫,国安得不竭,天下灾警安得不迭至也?

奏疏揭露了严氏父子的罪状和他们对于国家的危害。邹应龙亮出了他的底牌——严世蕃斩首,严嵩罢官:"臣请斩世蕃首,悬之藁竿,以为人臣不忠不孝者戒。其父嵩受国厚恩,不思报效,而溺爱恶子,任其播弄利权,植党蔽贤,黩货敤法,亦宜令休退,以清政本。"在奏疏的末尾,他振振有词地发誓:"如臣有一言不实,即斩臣之首,以谢嵩父子之恨,并为言官欺诳者戒。"

皇帝看了奏疏,随即降旨:"严嵩力赞玄修,寿君爱国,人所嫉恶既多年矣,乃纵爱逆子,言听计行,不复思朕优眷,特命致仕,乘传以去,仍岁给禄米百石。世蕃等命锦衣卫逮赴镇抚司拷讯。"三法司审讯以后,判处严世蕃遣戍烟瘴地区,严鹄、严鸿、罗龙文遣戍边远地区,严年禁锢于狱。①

严嵩虽已退休,并未伤筋动骨;严世蕃流放雷州,不过虚应故事而已,行至半路就返回江西老家,威风依旧。他的党羽罗龙文也从流放地逃回江西分宜严府,与严世蕃策划如何翻盘。

袁州知府了解到这一动向,通报给巡江御史林润,夸张地说严府"聚众练兵谋反"。林润先前曾经弹劾严世蕃的党羽鄢懋卿,已与严氏结有不解之仇,得到消息,立即上报朝廷,添油加醋地说:"臣巡视上江,备防江洋,盗贼多人逃军罗龙文之家。龙文卜筑深山中,乘轩衣蟒,有负险不臣之志,素推严世蕃为主,事之若奴隶。世蕃自罪谪之后,愈肆凶顽,日夜与龙文诽谤时政,动摇人心。近者假治第,而聚众至四千余人,道路汹汹,咸谓变且不测。乞早正刑章,以绝祸本。"②字里行间流露出严世蕃、罗龙文图谋不轨,有聚众谋反的嫌疑。

皇帝朱厚熜对于严嵩罢官有点后悔,严世蕃流放途中擅自逃回,也就睁一眼闭一眼,不予追究。作为一国之君,可以容忍贪赃枉法,绝对不能容忍谋反,接到林润的报告,他马上下达圣旨:逮捕严世蕃、罗龙文,押解来京。林润再次上疏,揭发严世蕃种种骄奢淫逸、横行不法之事。一则说,严世蕃罪恶滔天,积非一日,近日不法之事又非一端,任用彭孔为主谋,罗龙文为羽翼,恶男严鯵等人为爪牙,穷凶极恶,无所不至。二则说,严氏父子在袁州霸占官地侵夺民房,建造五座府邸,南府为严鹄所居,西府为严鸿所居,东府为严绍庆所居,中府为严绍祥所居,而严嵩、严世蕃所居之相府,廊房回绕万间,环亘数里。三则说,严世蕃

---

① 张岱《邹应龙列传》,《石匮书》卷一百五十四。
② 张岱《林润列传》,《石匮书》卷一百五十四。

召集四方亡命之徒为护卫之壮丁，森然有分封之架势。数千壮丁，白天伐鼓而聚，黄昏鸣金而散。比当年宁王宸濠谋反，有过之而无不及。最后总结道：严嵩宠冠百僚，公然欺主。严世蕃流放途中逃回，朦胧包庇，以王言为不足恤，以国法为不足遵，惟知私恩，不知公议，以为严嵩不能无罪。①

皇帝下旨，命三法司审讯。严世蕃似乎早就做好了预案，胸有成竹。他听说官员们想通过治他的罪，为沈炼、杨继盛平反，很是高兴，洋洋得意地对党羽说"任他燎原火，自有倒海水"。那么，他的"倒海水"是什么呢？在审讯、定案时，可以接受贪赃枉法罪，因为皇帝对此并不在意；最可怕的是"聚众谋反"之类的罪状，务必要买通关节，删去这些词句；必须强调沈炼、杨继盛的冤狱，因为是皇帝钦定的案子，以此来激怒皇帝。一旦皇帝勃然大怒，推翻此案，便可安全脱身。他的党羽到处制造舆论，一则说，沈炼、杨继盛之冤渴望昭雪；再则说，平反冤狱可以慰藉士大夫愤懑不平之心；三则说，如果牵扯所无之事，人们不信，皇上也会生疑，岂非"伴秉公论，阴主奸谋"！与此同时，严世蕃通过昔日的关系网，很容易地买通三法司的官员，接受他的主张。果然，"其语渐闻于当道，刑部尚书黄光昇、都察院左都御史张永明、大理寺卿张守直，亦以为然，依其说具稿"②。这段史料值得细细回味，三法司的首长黄光昇、张永明、张守直"亦以为然"的是严世蕃党羽的说辞；"依其说具稿"云云，就是完全按照严世蕃的对策，在定案文书中强调为沈炼、杨继盛平反的文句。由此可见，已经沦为罪犯的严世蕃能量之巨大，"任他燎原火，自有倒海水"，并非虚言。这是一个很难觉察的阴谋，因为对于沈炼、杨继盛的惩处，是皇帝亲自决定的，为沈、杨翻案，就等于要皇帝承

---

① 林润《申逆罪正典刑以彰天讨疏》，《皇明经世文编》卷三百二十九。张岱《林润列传》，《石匮书》卷一百五十四。

② 张岱《林润列传》，《石匮书》卷一百五十四。

认错误,即所谓"彰上过",这必定会激怒刚愎自用的皇帝。这样的话,可能性极小的严世蕃翻盘计划,或许由于皇帝的一句话,成为现实。

严世蕃精心策划的险招,被老谋深算的内阁首辅徐阶识破了。三法司官员把严世蕃定罪文书草稿交给徐阶过目,他一下就看出了问题——要害就是"彰上过",却隐忍不发,若无其事地打了一句官腔:"法家断案良佳。"然后把三法司的黄光昇、张永明、张守直引入内室,屏退左右,推诚布公地分析"彰上过"的要害,双方之间有一场精彩的对话。

徐阶问:"诸君子谓严公子当生乎死乎?"

黄光昇等回答:"死不足赎罪。"又补充道,为杨继盛、沈炼平反,必须"抵死"。

徐阶笑着说:"别自有说。杨、沈事诚出其谋,诚犯天下万世公恶。然杨(继盛)以计中上所讳,取特旨;沈(炼)暗入招中,取泛旨。上英明,岂肯自引为己过? 一入览,疑法司借严氏归过于上,必震怒,在事者皆不免,严公子平平打发出国门矣。赦出固善,抑法司不能辞责,我亦何以自解? 我不足惜,诸公方负物望,擢居要地,且夕冢宰,此举又众所瞻仰,如斯而已乎!"

这一席话令三法司首长个个目瞪口呆,表示要把文件带回去重新改写。

徐阶严肃地说:"离此一步,迟此一刻,泄此一语,从中搅挠者必多,事且有变。今当以原疏为主而阐发聚众本谋,以试上意。"所谓"阐发聚众本谋",意即在聚众谋反上做文章。并且说,按照常规应当由刑部尚书执笔。吓得黄光昇连声说不敢当。

众人说:"天下事惟相公能测。"希望徐阶勉为其难。

徐阶早有准备,不慌不忙地从袖子中拿出一个文件,让他们过目,问道:"拟议久矣,诸公以为何如?"徐阶的基调定在严世蕃与罗龙文"聚众谋反"上——"多聚亡命,南通倭,北通虏,共相响应"。众人点头表示同意。随即唤入书吏，按照正式文书誊写，加盖三法司印章密封，送呈皇上。①

严世蕃约略知道三法司文稿的大意，暗自窃喜自己的阴谋已经得逞，对罗龙文说：他们要以你我为沈、杨抵命，奈何？罗龙文不解其意，没有说话。他抓住罗龙文的手耳语道：且畅饮几杯，不出十日释放而归，皇上因怀念老父别有恩命，亦未可知；虽然，先取徐阶首，当无今日，亦是老父欠断，养成其恶；今落我度中，且暂归，再来收拾徐阶还不晚。严世蕃果然诡计多端，心狠手辣，殊不知徐阶棋高一着，使他的如意算盘落空。

徐阶代替三法司起草的定罪文书，强调的重点别出心裁，是皇帝毫不知情的新罪状：通倭、通虏、谋反。为此虚构了不少情节。例如说："曩年逆贼汪直勾倭内讧，罪在不宥。(汪)直徽州人，与罗龙文姻旧，递投十万金于世蕃，拟为授官。"又说："龙文亦招集汪直通倭余党五百余人，谋与世蕃外投日本。其先所发遣世蕃班头牛信，径自山海卫弃伍北走，拟诱致北虏，南北响应。"这些情节显然意在证明严世蕃"通倭""通虏"。下面的情节则意在证明他妄图谋反："诸所专擅僭越，淫逸凶恶之事，擢发难数。陛下曲宥其死，谪充雷州卫军，不思引咎感恩，乃快怀怨望，安居分宜，足迹不一至戍所。龙文亦自浔州卫逃归，相与谤言诅咒，构煽狂谋，招集四方亡命奸盗，及一切妖言幻术天文左道之徒，至四千余人，以治宅为名，阴延谙晓兵法之人，训习操练。厚结刺客十余人，专令报仇杀人，慑制众口。至于蓄养奸人细作无虑百数，出入京城，往来道路，络绎不绝。"②

严世蕃擅权乱政，贪赃枉法，罪大恶极，不杀不足以平民愤。不过

① 王世贞《徐文贞状略》，《弇州史料后集》卷九。谷应泰《明史纪事本末》卷五十四《严嵩用事》。张岱《林润列传》，《石匮书》卷一百五十四。
② 张岱《林润列传》，《石匮书》卷一百五十四。谷应泰《明史纪事本末》卷五十四《严嵩用事》。

平心而论,把子虚乌有的"通倭""通虏""谋反"的罪状强加于他,是用不实之词掩盖真正的罪状。不过这样一来,避开了"彰上过"的要害,皇帝朱厚熜平静地接受了,指示三法司:仅凭林润的揭发材料,还不足以定案,也不足以昭示天下后世,必须进一步审讯核实。徐阶和三法司再度耍弄手腕,根本没有审讯核实,径直由徐阶代替三法司向皇帝报告:"事已勘实,其交通倭虏,潜谋叛逆,具有显证,前拟未尽其辜,请亟正典刑,以泄神人之愤。"①

嘉靖四十四年(1565)三月二十四日,皇帝下达圣旨,批准三法司的拟议,以"交通倭虏,潜谋叛逆"的罪名,判处严世蕃、罗龙文斩首。严、罗二人得到消息,大失所望,抱头痛哭。家人请他们写遗嘱给父亲及妻子,手颤抖不能成字。京师百姓人心大快,相约各自带酒前往西市观看行刑,饮酒庆祝,一时间西市热闹得如同节日。随之而来的是查抄严府,严嵩黜革为民,孙子充军。曾经不可一世的权奸,精神彻底崩溃,寄食于墓舍,一年之后命归黄泉。王阳明的弟子邹守益(字谦之,号东廓,江西安福人),对严嵩之死的细节描摹得颇有意味,他写道:"籍没时,(严嵩)携故衣以出,向县官拱手曰:'还我一介书生也。'临死,援笔书曰:'作屋因募夫,诬以聚兵名。其曰数千辈,无影并无形。千古含冤事,伤哉何繇明?'又大书云:'死后从人说是非。'长吁一声而绝。此老到底护短。"②

严嵩严世蕃父子恶贯满盈,罪有应得,留给人们深思的是,以往持续多年的义正词严的弹劾,为何始终不能奏效,而充满阴谋与权术的做法却取得了成功?几年后,新朝的史官编纂《明世宗实录》,对此表示质疑:严世蕃凭借父亲的权势,"浊乱朝政","盗弄威福","罄国帑,竭民膏",完全可以用"奸党"罪处死,三法司偏偏要用毫无根据的"谋逆"罪

---

① 谷应泰《明史纪事本末》卷五十四《严嵩用事》。
② 许重熙《嘉靖以来注略》卷五,嘉靖四十四年三月条引"邹守益曰"。

处死,显然是"悉非正法"的处置。① 万历时的礼部尚书徐学谟(字叔明,一字子言,号太室山人,苏州府嘉定县人)也有类似看法:"(严)世蕃一凶囨竖子耳,即其罪状,宜作奸党之条,岂谓无可杀哉? 指为谋叛,非正法也。"②所谓"非正法"云云,就是没有以事实为依据,以法律为准绳,用非法手段处死本该处死的罪犯。史官和徐学谟的评论毫无疑问是正确的,但有些书生气。须知,要想用"浊乱朝政""盗弄威福"的罪名处死严世蕃,几乎不可能,因为这是"彰上过"。

4. 海瑞《治安疏》

严嵩倒了,嘉靖皇帝还活着,依然故我,朝政没有起色,这令有识之士忧心忡忡,最终引来了震动天下的海瑞上疏。黄仁宇《万历十五年》对此有一段精彩的议论:"嘉靖皇帝当日已御宇四十年。他的主要兴趣在于向神仙祈祷和觅取道家的秘方以期长生不死。他住在皇城的别墅里,然而又不能以一般的荒惰目之,因为他除去不在公开场合露面以外,对于国家大事仍然乾纲独断,有时还干涉到细节。这位皇帝的喜爱虚荣和不能接受批评世无其匹,只接近少数佞臣,听到的是各种虚假的情况。当他发现大事已被败坏,就把昔日一个亲信正法斩首,以推卸责任而平息舆论。这种做法使得廷臣但求自保而更加不去关心国家的利害。1565 年,严嵩去职虽已三年,但人们对嘉靖的批评依然是'心惑'、'苛断'和'情偏'。然而他对这些意见置若罔闻,明明是为谀臣所蒙蔽,他还自以为圣明如同尧舜。"③

嘉靖四十五年(1566)二月,户部云南清吏司主事海瑞向皇帝上疏,题目是"为直言天下第一事以正君道明臣职求万世治安事"。他在奏疏

---

① 《明世宗实录》卷五百四十四,嘉靖四十四年三月辛酉。
② 许重熙《嘉靖以来注略》卷五,嘉靖四十四年三月条引"徐学谟曰"。
③ 黄仁宇《万历十五年》,中华书局,1982 年,第 138 页。

中两次提及严氏父子倒台后，朝政依然没有起色。一处说："迩者严嵩罢黜，世蕃极刑，差快人意，一时称清时焉。然严嵩罢相之后，犹之严嵩未相之先而已，非大清明世界也，不及汉文帝远甚。"另一处说："即近事观，严嵩有一不顺陛下者乎？昔为贪窃，今为逆本。梁材①守官守道，陛下以为逆者也，历任有声，官户部者，至今首称之。虽近日严嵩抄没，百官有惕心焉。无用于积贿求迁，稍自洗涤。然严嵩罢相之后，犹严嵩未相之先而已，诸臣宁为严嵩之顺，不为梁材之执。今甚者贪求，未甚者挨日，见称于人者，亦廊庙山林，交战热中，鹘突依违，苟举故事。洁己格物，任天下重，使社稷灵长终必赖之者，未见其人焉。"他是有感而发的。

刚直不阿的海瑞，以无所畏惧的姿态，锋芒毕露的文字，批评皇帝，抨击朝政。一时间，这份奏疏广为传抄，朝野轰动，誉为"直声震天下"。所谓"直声震天下"，并非浪得虚名。沈炼、杨继盛、林润等人的直言极谏，都集中于弹劾严氏父子，并未涉及皇帝，不敢"彰上过"。而海瑞偏偏要"彰上过"，所以有人称为海瑞"骂皇帝"。

——陛下即位初年，天资英断，政令一新，天下欣然望治。乃未久而妄念牵之而去，一意玄修，侈兴土木。二十余年不视朝，纲纪弛矣；数行推广事例，名爵滥矣。二王不相见，人以为薄于父子；以猜疑诽谤戮辱臣下，人以为薄于君臣；乐西苑而不返宫，人以为薄于夫妇。

——天下吏贪将弱，民不聊生，水旱靡时，盗贼滋炽。自陛下登极初年亦有之，而未甚也。今赋役增常，万方则效。陛下破产礼佛日甚，室如悬磬，十余年来极矣。天下因即陛下改元之号，而臆之曰："嘉靖者，言家家皆净而无财用也。"

---

① 梁材，字大用，号俭庵，南京人，弘治十二年进士，嘉靖时累迁户部尚书，执掌国家财政，砥节如一日，因得罪权幸郭勋，失帝意，勒令致仕。

——……兴宫室，工部极力经营；取香觅宝，户部差求四出。陛下误举，诸臣误顺，无一人为陛下正言焉……夫天下者，陛下之家也，人未有不顾其家者。内外臣工，其官守，其言责，皆所以奠陛下之家而磐石之也。一意玄修，是陛下心之惑也；过于苛断，是陛下情之偏也。

——陛下之误多矣，大端在修醮，修醮所以求长生也。自古圣贤止说修身立命，止说顺受其正……使陛下得以访其术者陶仲文，陛下以师呼之，仲文则既死矣，仲文不能长生，而陛下独何求之？

海瑞列举了皇帝的种种过失，希望他能幡然悔悟，日视正朝，与宰辅、九卿、侍从、言官，讲求天下利害，洗数十年君道之误，使其臣亦得洗数十年阿君之耻。天下何忧不治，万事何忧不理，此在陛下一振作间而已。

最后他说明此次上疏的缘由："君道不正，臣职不明，此天下第一事也，于此不言，更复何言？大臣持禄而外为谀，小臣畏罪而内为顺。陛下诚有不得知而改之行之者，臣每恨焉，是以昧死竭惓为陛下一言之。"①

上朝前，海瑞特地买了一口棺材，诀别了妻儿老小，把后事托付给同乡好友庶吉士王弘诲。这一切表明，他决心冒死谏诤，为了使皇上幡然悔悟，必须言辞激烈，就好比治重病要下猛药。对皇帝下猛药，旧史家称为"批逆鳞"，势必引起龙颜大怒，进谏者往往难逃一死。他知道后果的严重性，慷慨赴死。他一向反对官场上的庸俗风气——"医国者只一味甘草，处世者只二字乡愿"，用味甜性温的甘草无法医治国家的重病，用明哲保身的乡愿哲学混迹于官场必将祸国殃民。

---

① 海瑞《治安疏》，《海忠介公集》卷一。

这帖猛药让嘉靖皇帝无法消受。此公自比为尧舜,书斋也以"尧"命名,而海瑞说他连汉文帝都不如,气得他浑身发抖,把奏疏扔到地上。过了一会,又捡起来,看看后面还写些什么。勃然震怒之余,他吩咐身边的太监黄锦:把他抓起来,不要让他跑了!黄锦告诉他:海瑞自知触怒皇上必死无疑,诀别妻子,买了棺材来上朝,等待入木,不会逃跑的。并说海瑞为人刚直有声,为官不取一丝一粟。听了黄锦的话,皇帝平静下来,再三阅读这份奏疏,叹息道:真是忠臣,可以和比干相媲美,但朕并非殷纣王。随即给内阁首辅徐阶写手谕:"今人心恨不新其政,瑞可见也,疏言俱是。"这不过是私底下的表态,只有徐阶一个人知道,为了维护自己的威望,皇帝一定要处死海瑞。徐阶内心赞成海瑞对皇帝的批评,这从他后来代替嘉靖皇帝起草的遗诏,可以看得很清楚。如果直白地说出来,局面反而不好收拾。他用另外的方式援救海瑞,对皇帝说:海瑞这样的草野小臣,无非是想沽名钓誉,如果杀了他,恰恰成就了他青史留名,不如留他一命,使他无法沽名钓誉,也显得皇恩浩荡。①

不久,嘉靖皇帝突然驾崩。海瑞在狱中听到噩耗,如丧考妣,呼天抢地,嚎啕大哭,呕吐得一塌糊涂,昏厥了过去。次日清晨,他披麻戴孝,为死去的皇帝服丧。史家评论说,由此可以看到真正的忠臣心态。海瑞骂皇帝,并不是痛恨他,而是希望他从此振作起来,做一个好皇帝。比起那些"一味甘草,二字乡愿"的官僚,他才是真正的忠臣。

徐阶在嘉靖、隆庆交接时期,拨乱反正,代替大行皇帝起草遗诏,让已经死去的皇帝检讨自己痴迷于道教玄修的错误,为那些因进谏而遭到惩处的官员恢复名誉和官职。海瑞由此得以释放,官复原职,后来又提升为都察院右佥都御史,巡抚苏州、松江等府。这一带是全国的经济中心,朝廷想借重他的威望,整顿这个财赋重地。海瑞的任命一公布,

---

① 王弘诲《海忠介公传》,焦竑《国朝献征录》卷六十四。黄秉石《海忠介公传》,《海忠介公集》卷首。何乔远《名山藏》卷七十七《臣林记·嘉靖臣六·海瑞》。

那些贪官污吏慑于他的声威,望风挂印而去;一向骄横的苏州织造太监,出行坐八抬大轿,听说海瑞将至,立即去掉四个轿夫;一些显赫的豪门富室,为了炫耀,把门墙涂成红褐色,听到风声,一夜之间改成黑色。[①]

5. 张居正《陈六事疏》

嘉靖四十五年(1566)十二月十四日,嘉靖皇帝朱厚熜逝世,徐阶起草的遗诏,用遗言的形式反省清虚学道、斋醮玄修的失误,为遭到惩处的建言官员平反昭雪,处分道士,停止斋醮。十二月二十六日,穆宗隆庆皇帝即位,徐阶起草的即位诏书,强调了遵奉遗诏,启用因建言而得罪的诸臣,处罚道士,停止斋醮,破格擢用贤才,裁革冗员。徐阶把嘉隆之际的政治交接处理得巧妙妥帖,先是以遗诏的形式让先帝表示悔悟,再让穆宗以遵奉遗诏的形式拨乱反正,避免了"改祖宗之法"的非难。

内阁中,徐阶是元老耆宿,李春芳折节好士,郭朴、陈以勤是忠厚长者,唯独高拱最不安分,躁率而又不得志于言路。高拱对徐阶引用门生张居正起草遗诏,瞒过内阁同僚,耿耿于怀,在外面散布流言蜚语,怂恿言官弹劾徐阶。徐阶在嘉靖、隆庆之际的政绩有目共睹,人们把他与正德、嘉靖之际的内阁首辅杨廷和相提并论,赞誉为"杨廷和再世"。高拱此举激起很多官员的反感,纷纷弹劾高拱,迫使他引疾辞官,郭朴也因言官论及,辞官而去。

但是,权力斗争仍在继续,徐阶的好景不长,不久也遭到言官弹劾,只得向皇帝请求辞职。穆宗皇帝居然同意了,举朝挽留不成。于是李春芳升任内阁首辅。此公为人温和,不倚势凌人,持论平允,又不事操切,但是抱负、才力远远不及徐阶。内阁中还有陈以勤、张居正。万斯同写道:"居正与春芳同年,而恃才傲物,视春芳蔑如也。(徐)阶以人言

① 何乔远《名山藏》卷七十七《臣林记·嘉靖臣六·海瑞》。

罢去,春芳叹曰:'徐公尚尔,我安能久容,计且夕乞身耳。'居正遽曰:'如此,庶保令名。'春芳愕然。"[1]

隆庆二年(1568)八月,张居正向皇帝呈上了著名的《陈六事疏》,全面阐述他的治国理念和改革思想。张居正不以文章驰名,但这篇奏疏写得很有气势,不但论证详尽,逻辑严密,而且文采斐然,掷地有声。开篇就直奔主题——图治之大本与救时之急务:"臣闻帝王之治天下,有大本,有急务。正心修身建极,以为臣民之表率者,图治之大本也;审几度势,更化宜民者,救时之急务也。大本虽立,而不能更化以善治,譬之琴瑟不调不解,而更张之不可鼓也。"所谓"不能更化以善治",也就是救时之急务,他简单概括为:"近来风俗人情积习生弊,有颓靡不振之渐,有亟重难反(积重难返)之几,若不稍加改易,恐无以新天下之耳目,一天下之心志。"他把颓靡不振之渐、积重难返之几,梳理为六大事项,并且针对性地提出改革措施。

第一是省议论。就是少发议论,多干实事。他的核心理念是两句话,一句是"虑之贵详,行之贵力"——考虑贵在周详,行动贵在得力;另一句是"谋在于众,断在于独"——谋划要靠众人,决断必须独裁。

他说,近年以来,朝廷内部议论太多,每每遇到一件事情,甲赞成乙反对,同一个人早晨赞成晚上反对,前后背道而驰,毁誉自相矛盾。大是大非混淆于唇吻之间,采用或舍弃取决于个人爱憎,因此政策不断变更,没有统一的法纪。总督、巡抚初到地方,下车伊始,就大发议论,或者漫言数事,或者更置数官,给人造成颇有才华、敢于任事的假象。其实莅任之始,地方利病岂能尽知? 属官贤否岂能洞察? 辞藻虽然华彩,却空洞无物,无所指归,过了一阵,自己早已把当初的豪言壮语忘得一干二净。他对官场的弊病深恶痛绝:"始则计虑未详,既以人言而遽行,

① 万斯同《明史》卷三百三《李春芳传》。

终则执守靡定,又以人言而遽止。加之爱恶交攻,意见横出,谗言微中,飞语流传,寻之莫究其端,听者不胜其眩,是以人怀疑贰,动见诪张,虚旷岁时,成功难睹。语曰:'多指乱视,多言乱听。'此最当今大患也。"他关于励精图治的对策是:"扫无用之虚词,求躬行之实效。"如果要办一件事,事先须审慎考量,务求周到停当,一旦决策已定,立即当机立断予以推行。朝廷提倡"省事尚实"的宗旨,各部门一切章奏务必简切,是非可否明白直陈,不得彼此推诿,徒托空言。

第二是振纪纲。就是加强法纪,统一号令。核心理念是一句话:"综核名实,信赏必罚。"他的口号是:"法所当加,虽贵近不宥;事有所枉,虽疏贱必申。"

他说,近年以来,纪纲不肃,法度不行,官场上下务为姑息,办事推诿徇情,调停矛盾的唯一做法就是模棱两可,善于做官的不二法门就是委曲迁就。法律只强加于身份微贱之人,强梗者虽然破坏法纪,谁也奈何不得。如果加以整肃,必定有人反对,不是说违背人情,就是说务为操切。他认为,徇情并非顺情,振作并非操切。所谓徇情,是不顾理之是非、事之可否,只从人情考虑。所谓振作,是整齐严肃,把法律宣示于民众,而使之不敢犯法。严刑峻法,虐使其民,才是操切。他的对策是:"张法纪以肃群工,揽权纲而贞百度,刑赏予夺一归之公道,而不必曲徇乎私情;政教号令必断于宸衷,而毋致纷更于浮议。"①

第三是重诏令。就是朝廷制定法令必须审慎,一旦制定,就要不折不扣地执行,令行禁止。国君主持政令,臣下执行君令治理人民;如果国君不主持政令,臣下不执行君令,无法无天,必将天下大乱。

他说,根据旧规,各衙门的奏疏,如果有"某部看了来说"的圣旨,必定是紧要事情、重大机务;如果有"某部知道"的圣旨,虽然稍缓,也是必

---

① 张居正《陈六事疏》,《新刻张太岳先生文集》卷三十六《奏疏一》。

须实行的事务,或是关系各地方民情利病,有关衙门应该参酌缓急,分别答复。但是,近年以来,吏治败坏,官员的考成形同虚设,朝廷政令被各级政府看作一纸具文,根本不照办。他的原话是这样说的:"朝廷诏旨多废格不行,抄到各部,概从停阁;或已题奉钦依,一切视为故纸,禁之不止,令之不从。至于应勘应报、奉旨行下者,各地方官尤属迟慢。有查勘一事而数十年不完者。"简直匪夷所思,因此他希望皇上指示六部、都察院等衙门,不论大小事务,既然有明确的圣旨,必须在几天之内做出答复。如果事理清楚明白,就应该据理做出决断,不得推诿给地方的巡抚、巡按去议论处理。至于交给地方政府办的事情,也要根据轻重缓急、路程远近,严格规定期限,责令尽快报告处理结果,由中央政府有关部门设立号簿,登记注销。如果有超越期限不行奏报的官员,处以"违制"之罪,吏部要以此作为官员考成的依据。张居正后来推行的考成法的雏形,已经清晰可见。

第四是核名实。就是官员的任免与奖惩是否得当,关键在于"综核名实",亦即全面考核官员的名声与实绩。现在的问题是,名实不核,拣择不精,所用非其所急,所取非其所求。于是乎形成这样的状况:把笨牛与良马绑在一起驾车,结果两败俱伤;把优秀的乐师与滥竽充数者混在一起演奏乐曲,结果良莠莫辨。

他指出当前人事制度的问题在于,没有综核名实,事前不试用,事后不考成,形成种种怪现状:"椎鲁少文者以无用见讥,而大言无当者以虚声窃誉;偶傥伉直者以忤时难合,而脂违逢迎者以巧宦易容。其才虽可用也,或以卑微而轻忽之;其才本无取也,或以名高而尊礼之。或因一事之善,而终身借之以为资;或以一动之差,而众口訾之以为病。加以官不久任,事不责成,更调太繁,迁转太骤,资格太拘,毁誉失实。"有鉴于此,他的对策是,主管人事的吏部,应该严格官员的考课制度,京官三年一次考核,外官六年一次考核,分别评定为"称职""平常""不称职"，以此决定晋升、留用、降级、开除，而不是皆大欢喜的滥给恩典。值得注意的是，他提出了辩证的用人原则："用舍进退，一以功实为准，毋徒眩于声名，毋尽拘于资格，毋摇之以毁誉，毋杂之以爱憎，毋以一事概其平生，毋以一眚掩其大节。"他的意思是，对于一个官员的任用或罢免，提升或降职，应该用事功与实绩为唯一的衡量标准，不要被他的名声所迷惑，不要完全拘泥于资格，不要摇摆于对他的赞誉或诋毁之词，不要掺杂个人喜爱或厌恶的感情，不要用一件事情来概括那个人的一生，不要用一点过失来否定那个人的大节。这样的高明眼光，不独当时人望尘莫及，即令现代人也叹为观止。

第五是固邦本。就是巩固国家的根本。《尚书》说："民为邦本，本固邦宁。"既然人民是国家的根本，那么安定人民就是"固邦本"的前提。只有百姓安乐，家给人足，才能做到邦本深固。

他说，由于前朝各种靡费，导致民穷财尽，必须矫枉过正，若不痛加省节，恐怕不能挽救。皇上应该为天下带头，停免一切不急工程、无益征办，敦尚俭素。然后指示吏部，慎选良吏，牧养小民，凡事守己端洁，实心爱民，才可以定为"上考称职"；如果仅仅善事上司，对于百姓没有实政者，只能定为"中考"；如果贪污显著者，除了严限追赃，还应罢官流放。他认为皇上还须指示户部，悉心研究财政收入日益匮乏弊端何在，举凡风俗侈靡、豪强兼并、赋役不均等，都应整治。消除了这些弊端，财政自然充裕，何必勒索穷困之民，自耗国家元气！

第六是饬武备。就是加强国防建设。他认为，当今之事最可虑的，莫重于边防，庙堂之上应当日夜谋划者，莫急于边防。具体说来，北方蒙古南下侵扰日甚一日，而边防事务早已废弛，已经到了刻不容缓的地步了。但是战争毕竟是危险的事，未可轻易言战，如今的上策，莫如自治（即同意"封贡"）。有人担忧兵不多、食不足、将帅不得其人，他认为此三者皆不足患。"臣之所患，独患中国无奋励激发之志，因循怠玩，姑务偷安,则虽有兵食良将,亦恐不能有为耳。"①

《陈六事疏》充分体现了张居正的法治思想。他虽以儒术起家,但深知单用儒术不足以力挽狂澜,非用申不害、韩非的法术不可。"综核名实,信赏必罚","法所当加,虽贵近不宥;事有所枉,虽疏贱必申",就是这种法治思想。他根据这一宗旨,提出的六条,切中时弊,如果照此认真执行,朝政的改观是大有希望的。隆庆皇帝对此颇为欣赏,批示道:"览卿奏,俱深切时务,具见谋国忠恳,该部院看议行。"②

既然皇帝圣旨要求六部、都察院等"看议行",各衙门立即响应,都察院针对"振纪纲""重诏令",提出具体方案;兵部针对"饬武备",提出具体方案;户部针对"固邦本",提出具体方案。似乎可以付诸实施了。但是内阁首辅李春芳不以为然,他是一个"一味甘草,二字乡愿"之类的人物,只想用"甘草"来治理国家,用"乡愿"来明哲保身。万斯同为他立传,评论道:"及代(徐)阶为首辅,益务以安静称帝意。帝亦察其廉谨,深倚信焉。"③所谓"以安静称帝意",就是维持现状,不想有所作为,更不想大动干戈。内阁次辅陈以勤明白李春芳的意图,干脆不置可否。张居正的治国理念和改革建议,没有得到内阁的认可,当然无法付诸实施。他的这些理念,直到自己出任内阁首辅之后,才得以实施。

从《论时政疏》到《陈六事疏》,所体现的思想是一贯的。隆庆五年(1571),他再次批判朝政的四种弊病:病在积习、病在纪纲、病在议论、病在名实,实际上是《陈六事疏》的继续发挥。他特别强调:"法不可以轻变也,亦不可以苟因也。苟因则承敝袭舛,有颓靡不振之虞,此不事事之过也。轻变则厌故喜新,有更张无序之患,此太多事之过也。二者法之所禁也,而且犯之,又何暇责其能行法哉!"他遵循的原则是"法制

---

① 张居正《陈六事疏》,《新刻张太岳先生文集》卷三十六《奏疏一》。
② 张居正《陈六事疏》,《新刻张太岳先生文集》卷三十六《奏疏一》。
③ 万斯同《明史》卷三百三《李春芳传》。

无常,近民为要;古今异势,便俗为宜"。依据这样的原则,他抨击当时存在的四种弊病。

一是积习之病。这和他的理念——法治应该严肃而不松弛,人情必须振奋而不懈怠——格格不入。"今固已怠矣,干蛊之道如塞漏舟,而今且泄泄然以为毋扰耳。一令下,曰何烦苛也;一事兴,曰何操切也。相与务为无所事事之老成,而崇尚夫坐啸画诺之悖大。以此求理,不亦难乎。"

二是纪纲之病。这和他的理念——天下之势理应上重下轻——格格不入。"今法之所行,常在于卑寡;势之所阻,常在于众强。下挟其众而威乎上,上恐见议而畏乎下,陵替之风渐成,指臂之势难使。"

三是议论之病。这和他的理念——多指乱视,多言乱听——格格不入。"今或一事未建,而论者盈庭;一利未兴,而议者踵至。是以任事者多却顾之虞,而善宦者工遁藏之术。"

四是名实之病。这和他的理念——采其名必稽其实,作于始必考其终,则人无隐衷,而事可底绩——格格不入。"今一制之立,若曰著为令矣,曾不崇朝而遽闻停罢;一令之施,若曰布海内矣,而畿辅之内且格不行,利害不究其归,而赏罚莫必其后。"①

他的结论是,这四种弊病,熟于人之耳目,入于人之心志,已非一日,如今若不大力祛除这些弊病,冲决壅堵,疏通障碍,要想推行法治,即使每日更改制度,每月修订法令,也毫无益处。历史上的明君之所以能够振刷综理,其不二法门就是:实事求是,而不采虚声;信赏必罚,而真伪无眩。②

万历元年,张居正出任内阁首辅以后,大权在握,才得以把他的治国理念付诸实施,雷厉风行地推行改革。他给太仆寺卿李世达的信,强

---

① 张居正《新刻张太岳先生文集》卷十六《辛未会试程策二》。
② 张居正《新刻张太岳先生文集》卷十六《辛未会试程策二》。

调"法所宜加,贵近不宥;才有可用,孤远不遗。务在强公室,杜私门,省议论,核名实",就是先前在《陈六事疏》中反复阐述的准则。他在信中写道:

> 明兴二百余年矣,人乐于因循,事趋于苦窳。又近年以来习尚尤靡,致使是非毁誉纷纷,无所归究。牛骥以并驾而俱疲,工拙以混吹而莫辨,议论蜂兴,实绩罔效。所谓怠则张而相之之时也。况仆以草茅孤介,拥十龄幼主立于天下臣民之上,国威未振,人有侮心,若不稍加淬励,举祖宗故事以觉寤迷蒙,针砭沉痼,则庶事日隳,奸宄窥间,后欲振之不可得矣。故自仆受事以来,一切付之于大公,虚心鉴物,正己肃下,法所宜加,贵近不宥;才有可用,孤远不遗。务在强公室,杜私门,省议论,核名实,以尊主庇民,率作兴事。亦知绳墨不便于曲木,明镜见憎于丑妇,然审时度势,政固宜尔。且受恩深重,义当死报,虽怨诽有所弗恤也。[①]

由此,人们也可以看出《陈六事疏》的深意了。如果要深入追究的话,张居正的治国理念和改革思想,深受前辈徐阶、高拱的影响。

二 力挽狂澜的铁腕人物:
徐阶、高拱、张居正

张居正的政治生涯中,有两位导师徐阶、高拱,对他提携扶持,关怀有加。这两位导师先后担任内阁首辅,张居正尊称他们为"师相",感恩

---

① 张居正《与李太仆渐庵论治体》,《新刻张太岳先生文集》卷二十五《书牍》。按:李世达,字子成,号渐庵,陕西泾阳人,累官至刑部尚书、都察院左都御史。

不已。他的文集中,《答师相徐存斋》《少师存斋徐相公七十寿序》《少师存斋徐相公八十寿序》,以及《翰林为师相高公六十寿序》《门生为师相中玄高公六十寿序》诸篇,清楚地显示了这一点。

1."天下翕然想望风采"

隆庆二年(1566)七月,徐阶一再"乞休",终于获得皇帝恩准,得以致仕回乡。已经出任内阁大学士的张居正写信向他致谢。这封信在他的文集中标题为《答上师相徐存斋》,向老师吐露心声:"不肖受知于老师也,天下莫不闻老师以家国之事托之于不肖也;天下亦莫不闻丙寅之事,老师手扶日月,照临寰宇,沉几密谋,相与图议于帷幄者,不肖一人而已。既而获被末光,滥蒙援拔,不肖亦自以为不世之遇,日夜思所以报主恩、酬知己者。后悟人事不齐,世局屡变,使老师经纶匡济未获尽纾,不肖感激图报之心竟成隔阂。故昨都门一别,泪簌簌而不能止,非为别也,叹始图之弗就,慨鄙意之未伸也。"①

徐阶与张居正的关系非同一般,他是张居正在翰林院担任庶吉士时的指导老师。当时徐阶以吏部左侍郎身份兼任翰林院掌院学士,职责之一就是指导庶吉士,是张居正名副其实的业师。这种师生关系在官场至关重要,日后徐阶提拔重用张居正都与此有关。看似平静的朝廷已经隐约可见风云变幻的迹象,徐阶非常需要张居正这样的得力助手,因此多方提携,先是把他从翰林院编修提升为右春坊右中允,兼任国子监司业;继而又把他调入裕王府邸,担任裕王朱载垕(即后来的穆宗皇帝)的讲读官。这是深谋远虑的安排,成为皇储的侍从亲信,一旦朱载垕即位,就是从龙功臣。信中所说的"丙寅之事",就是嘉靖四十五年世宗去世,徐阶和张居正起草世宗遗诏以及穆宗即位诏书之事。此

---

① 张居正《答上师相徐存斋七》,《新刻张太岳先生文集》卷三十四。

事瞒过了内阁同僚,确实如信中所说"老师手扶日月,照临寰宇,沉几密谋,相与图议于帷幄者,不肖一人而已"。

隆庆六年(1572),徐阶七十大寿时,张居正向乡居已达三年多的"师相"寄去贺信,表达感激之意:"余既为公门人,不自意又从公政府之后,诸所为佐国家者,一惟公是师。"①从庶吉士时代的门生身份,到政府中的助手,张居正一直尊徐阶为师。徐阶八十大寿时,万历新政成就卓著,张居正把这一切都归之于"师相"的教导:

> 居正尝谓,士君子所为尊主庇民,定经制,安社稷,有自以其身致之者,有不必身亲为之,而其道自行于天下,其泽自被于苍生者,窃以为此两者惟吾师兼焉。当嘉靖季年,墨臣柄国,吾师所为矫枉以正,矫浊而清者,幸及耳目,其概载在国史,志在缙绅,里巷耆长尚能道焉。此以身致治者也。比功成而归老也,则挈其生平所为经纶蓄积者,尽以属之居正……万历以来,主圣时清,吏治廉勤,民生康阜,纪纲振肃,风俗淳朴,粒陈于庾,贯朽于府,烟火万里,露积相望……一时海内号称熙洽,人咸谓居正能,而不知盖有所受之也。此不必身亲为之者也。故此两者惟吾师兼焉。②

这并非张居正的阿谀之词,徐阶确实当得起他的赞誉。申时行称赞徐阶"神襟迥秀,而内持养深坚,执义甚果"。徐阶身为诸生时,就与出任华亭知县的聂豹切磋理学;出任京官以后,又与欧阳德、邹守益、罗洪先、郑晓、赵时春、唐顺之等学者型官僚,阐明王阳明的良知之学,相磨淬砺。他有深厚的学识,却不迂腐,从政游刃有余。申时行说他"于群书无不综贯,而惟以资经济,自本朝典章条格,边防阨塞,度支盈缩,刑

---

① 张居正《少师存斋徐相公七十寿序》,《新刻张太岳先生文集》卷七。
② 张居正《少师存斋徐相公七十寿序》,《新刻张太岳先生文集》卷七。

名比详,远方谣俗利蠹,耳濡手注,强记精识。长于议论,与人言,刃迎缕解,愈扣而愈响应无穷者。喜诱引后进,当世知名士多出其门"。①

徐阶,字子升,号少湖,一号存斋,松江府华亭县人。嘉靖二年(1523),他以第三名进士及第,张岱写道:"(徐)阶为人短小白皙,秀眉目,善容止。辅臣杨廷和见而异之,指以语其僚曰:'此少年名位不下我辈'。"②杨廷和是正德、嘉靖之际的内阁首辅,面对复杂形势,运筹帷幄,拨乱反正,天下仰望其风采。他的戏言"此少年名位不下我辈",居然一语成谶。徐阶在嘉靖、隆庆之际,力挽狂澜,"务收人心,用物望,严杜筐篚,天下翕然想望风采"③,被人们赞誉为杨廷和再世。

徐阶在严嵩专权的险恶形势下,能够与之合作共事而又安然无恙,充分显示了智谋和权术兼而有之的秉性。张岱说:"(徐)阶为人阴重,有权略,其始事嵩甚谨,与缔交联姻,治第分宜,曰:'谢政后且居分宜就公'。"④所谓"阴重""有权略",就是阴谋与权术兼而有之,为了消除严嵩的戒心,不惜与之联姻,而且在严嵩家乡分宜县建造住宅,打算退休后和严嵩比邻而居,时时请教。这并非张岱的一家之言,万历朝的高官于慎行也提及徐阶附籍江西一事,说得更加具体,"分宜相(严)嵩既杀贵溪(夏言),逐诸城(翟銮),专任二十年。独华亭(徐阶)与之左右,势且不免。会吴中有岛寇,华亭(徐阶)即卜宅豫章(江西),佯为避寇之计,有司为之树坊治第,附籍江右,又与世蕃结亲。江右士大夫皆讲乡曲之谊,于是分宜(严嵩)坦然,不复介意。"⑤又说:"分宜(严嵩)在位,权宠震世,华亭(徐阶)屈己事之,凡可以结欢求免者,无所不用,附籍结姻以固

---

① 申时行《特进光禄大夫柱国少师兼太子太师吏部尚书建极殿大学士赠太师谥文贞徐公墓志铭》,《赐闲堂集》卷二十三。
② 张岱《徐阶列传》,《石匮书》卷一百四十八。申时行的"文贞徐公墓志铭",记杨廷和对同僚所说的话是:"是少年者我辈人也。"
③ 唐鹤徵《徐文贞阶》,《皇明辅世编》卷五。
④ 张岱《徐阶列传》,《石匮书》卷一百四十八。
⑤ 于慎行《谷山笔麈》卷四《相鉴》。

其好,分宜(严嵩)不喻也。其后分宜(严嵩)宠衰,华亭(徐阶)即挤而去之。"严嵩罢官、严世蕃处死以后,徐阶立即把江西分宜的宅邸出售,解除了江西的户籍。可见他的讨好严嵩,不过是权宜之计,一种权术而已,目的是保全自己,寻找机会,潜移帝意,促使严氏父子垮台。

徐阶主政以后,拨乱反正,在内阁办公室的墙壁上写了一个条幅:

以威福还主上

以政务还诸司

以用舍刑赏还公论①

他成为内阁首辅以后,邀请内阁次辅袁炜一起办公,共同为皇帝票拟谕旨。皇帝以为不妥,认为只须首辅一人票拟即可,徐阶解释说,事情出于众人合议就公正,而公正是所有美德的基础;独断专行就自私,而自私会导致百弊丛生。当时给事中、御史不断抨击勾结严氏父子的官员,皇帝对此很反感,徐阶委婉曲折地作出解释,缓解了皇帝的怒气,保护了言官。②

嘉靖四十二年(1563)正月十一日,徐阶和皇帝谈起人才难得,希望皇上"广听纳""容人言"。他说:自古人心难测,因为最大的奸佞貌似忠诚,最大的欺诈貌似诚信,这就是知人很难的原因;必须广泛听取各种意见,那么就有人为我抵挡穷凶极恶,为我揭发隐匿深情,而且能够不让没有用的人才滥竽充数,即使已经用了也不至于再侥幸留用;做到了这一点,皇上不下堂阶就可以周知天下事情。他还以严世蕃害国戕民为例,如果皇上早日听取人言,也不会如此之甚。因此凡是官员进言,必须详加询察,如果事情大,言有实据,就采纳实行;如果所言不实,事

---

① 申时行《特进光禄大夫柱国少师兼太子太师吏部尚书建极殿大学士赠太师谥文贞徐公墓志铭》,《赐闲堂集》卷二十三。王世贞《嘉靖以来首辅传》卷五《徐阶传》。
② 唐鹤徵《徐文贞阶》,《皇明辅世编》卷五。

情小就不必计较,事情大也须容忍,稍加谴责就可,目的是广泛吸收天下之言。① 皇帝听了他的一番宏论,"称善良久"。②

可见他对于治国、用人是很有一些想法的。他引用门生张居正为裕王(即后来的穆宗皇帝)讲学,保证皇位更替得以顺利进行。世宗皇帝临终之时,他连夜紧急召见张居正,一起谋划,起草遗诏,次日清晨当朝公布,稳定了嘉靖、隆庆之际的政局。

嘉靖四十五年(1566)十二月十四日,皇帝朱厚熜去世,他的遗诏并非临死之前口授,而是由徐阶和张居正起草的,其基调是,让已故皇帝作自我检讨:"只缘多病,过求长生,遂致奸人诳惑,祷祠日举,土木岁兴,郊庙之祀不亲,朝讲之仪久废……每一追思,惟增愧恨。盖愆成美,端仗后贤。皇子裕王仁孝天植,睿智夙成,宜上遵祖训,下顺群情,即皇帝位,勉修令德……各稽祖宗旧典,斟酌改正。自即位至今,建言得罪诸臣,存者召用,殁者恤录,见监者即先释放复职,方士人等查照情罪,各正刑章。斋醮工作,采买等项不经劳民之事,悉皆停止。"③这些话,一看便知不是朱厚熜愿意讲的,而是徐阶和张居正想要表达的政见。

徐、张二人之间的密切关系于此可见一斑。正如张居正自己所说:"天下莫不闻丙寅(嘉靖四十五年〔1566〕)之事,老师手扶日月,照临寰宇,沉几密谋,相与图议于帷幄者,不肖一人而已"④。这种关系,隆庆元年(1567)大理寺右丞耿定向也看到了,他在给徐阶的信中,直截了当地指出:"某尝念门下士无虑千数,乃阁下独属意江陵张君,重相托付,诚为天下得人矣。同志中有识者金谓'此阁下相业第一筹也'。"⑤可谓知人之论。

———————

① 徐阶《答知人谕(嘉靖四十二年正月十一日)》,《世经堂集》卷二《奏对二》。
② 唐鹤徵《徐文贞阶》,《皇明辅世编》卷五。
③ 徐阶《拟遗诏》,《世经堂集》卷五《视草》。
④ 张居正《答上师相徐存斋七》,《新刻张太岳先生文集》卷三十四。
⑤ 耿定向《启徐存斋相公书》,《耿天台先生文集》卷四《书牍二》。

同年十二月二十六日,穆宗皇帝即位,他的即位诏书也是由徐阶和张居正起草的,一再强调遵奉先帝遗诏,既避免了"改祖宗之法"的非难,也进一步把他们的政见具体化。这份即位诏书,列举了三十多条拨乱反正的政策措施。其中三条是执行遗诏的具体措施:一是遵奉遗诏,自正德十六年(1521)四月以后至嘉靖四十五年(1566)十二月以前为建言而得罪的官员,存者召用,殁者恤录,吏部、礼部、兵部尽快查开职务姓名,报告朝廷。二是遵奉遗诏,方士人等查照情罪,各正刑章,有的按照"妄进药物致损圣躬"罪,命锦衣卫拿送法司,从重究问;有的以画符做法而滥叨恩赏,立即押送原籍;书造局、真人府聘用的道士,一律发还原先道观;太常寺授予的官职、名号,全部取消。三是遵奉遗诏,斋醮工作悉皆停止,因斋醮而形成的赋税加派,全部取消。其余各条大多涉及各种弊政的对策,兹选录几条于下:

　　——朝廷用人,惟求任当其才,若拘泥资格,使举人绝望于九卿(京官),岁贡不得为方面(地方官),殊非饬吏治、作士风之意。今后吏部用人,毋拘三途,但有才能卓异者,即便破格擢用,以示激励。

　　——各处府州县大小繁简、冲僻难易不同,或逸而得誉,或劳而速谤,既乖升黜之宜,遂起避趋之巧,士风日坏,吏治不修。吏部通将天下府州县逐一品第,定为上中下三等,遇该推升选补,量才授任。

　　——在外两司有司官贪酷恣肆,皆由巡按御史不能正身格物,及举劾不公所致。其御史失职,又由都察院徇情,将考核视为虚文所致。今后御史出差回道,都察院务要秉公持正,严行考核,如或隐护,该科即行纠劾,该科如敢扶同,事发一体重究。

　　——今后在京在外文武衙门大小官员,俱要励端慎廉静之节,去虚浮怠玩之私,上报国恩,下保名位。一应弊政,诏书开载未尽者,陆续自行查议奏革。其凡可以正士习、纠官邪、安民生、足国用等项长策,仍许诸人直言无隐。①

这些政策举措,体现了徐阶在积重难返之际,力挽狂澜的治国方略,其中不少为张居正所汲取,在万历新政中付诸实施。

徐阶的治国方略,不仅体现在他代拟的即位诏书中,自他出任内阁首辅以来,日夜思考如何拨乱反正,整顿颓靡的政局。他在给同僚的信中感叹:"仆浅薄,叨冒天恩,踰溢涯分,犬马之齿亦遂六十……即日局面似有更新之机,但人心陷溺已久,非有重望不能转移;诸务废弛已极,非有高才不能整顿。而仆皆无之,此昔贤所以有'有时无人'之叹也。"②还说"天下事非一人所能为,惟是倡率则有所在。仆不肖,幸凤闻父师之教,朋友之切磨,又滥荷圣明之误眷,所谓倡率,不敢辞其责矣。"③他的"整顿""倡率"并没有停留在口头上,而是谨慎地采取了行动。

他推心置腹地敦请严讷(字敏卿,号养斋,苏州府常熟县人)出任吏部尚书,整顿吏治。严讷为了改变严嵩造成的"吏道污杂"局面,与同僚约法三章:

一,谈公事一律到吏部衙门,不得到他的私宅。

二,慎重选择吏部的郎中、主事等中层官员,要他们"务抑奔竞",也就是杜绝开后门、通路子。

三,选拔人才不要拘泥于资格,即使是州县小官,如果政绩优异,就应该破格提升。

申时行对此有详细的描述:"亡何,吏部尚书阙,上手诏用公(严讷)。公自以荷上眷知,位冢宰(吏部),操群吏黜陟,宜矢心戮力以报。

---

① 徐阶《拟登极诏》,《世经堂集》卷五《视草》。
② 徐阶《复杨朋石提学》,《世经堂集》卷二十四《书三》。
③ 徐阶《复胡柏泉中丞》,《世经堂集》卷二十四《书三》。

而又念向者柄臣墨吏相贸市为奸,浊乱海内,非苦身为天下率,吏治不清。乃下教诸以公事谒及攻吾阙者之待漏所,毋私第,吾不受私谒。又饬其家张具,若召客者实亡所召,而尽呼苍头饮食,劳苦之曰:'若辈幸守吾操束,内迹毋外。'择谨厚吏守邸舍,而戒之曰:'若幸视吾扃钥,外迹毋内。'有郡守使人上谒,公(严讷)以属吏而镌守三秩,曰:'吾不爱一守以明吾志。'门庭阒然。然延接宾客,咨访人才,孜孜无倦,一时卓行异能之士,毋问乡举岁荐,皆骤得优擢,曰:'祖宗朝兼用三途,奈何以资格限天下士!'异时名公卿屏田间,上所尝谴怒而不欲收者,乘间为请,次第推毂起家几尽。于时耆贤布列,吏治烝烝不奸,天下翕然以公(严讷)为知人能任职也。"①

严讷的整顿,改变了先前"吏道污杂"的状况,"铨政一新"——吏治焕然一新。严讷并不居功,上则归功于内阁首辅徐阶,下则归功于司属官员。他说吏部是一个特大部门,我掌管吏部两年,适逢徐阶主持内阁,大力支持,办事毫无阻力。确实如此。徐阶不仅全力支持严讷,而且尽量争取皇帝的默许,使得吏治整顿得以顺利进行。为此他经常向皇帝赞誉严讷,比如他说:"臣闻(严)讷在吏部殊有志,为皇上守法,但请托既绝,恐不免怨谤。此却仰赖圣明主张,乃能行其志也。"②为了打破论资排辈的陋习,他向皇帝建议:"缘循资按格,其来已久。(严)讷初到部,未能即破旧套,今须仰仗圣明,特降一谕,使唯才是用,勿专论资格,庶(严)讷有所遵奉也。"为此,他尖锐地批判陈腐的人才观:"臣窃见士大夫以虚文巧适为有才,而诚愨者则诋以为拙;以怙势作威为风力,而敬慎者则笑以为懦;以怠安泄沓为得体,而勤励者则鄙以为俗流;以容奸庇恶为长厚,而明作者则谤以为生事。甚至以谋国为过计,以恤民

---

① 申时行《光禄大夫太子太保吏部尚书武英殿大学士赠少保谥文靖严公合葬墓志铭》,《赐闲堂集》卷二十三。
② 徐阶《答冢宰力行谕(嘉靖四十二年七月初一日)》,《世经堂集》卷二《奏对二》。

为迁谈,以持法为苛刻,以秉公为乖僻。"①但拨乱反正,谈何容易!所以请求皇帝下一道特别谕旨:"唯才是用,勿专论资格。"

徐阶不仅重用吏部尚书严讷,而且重用兵部尚书杨博(字维约,号虞坡,山西蒲州人)、工部尚书雷礼(字必进,江西丰城人)。他向皇帝谈到人才,特别表扬了这三位:"(严)讷为人畏慎,又肯留意人才,孜孜查访,今仕路颇清,实得其力。(杨)博之任未见有可代者……臣见(雷)礼每事皆亲干,面垢声哑……答云:工部官钱粮在手,第一要不贪,第二要任劳任怨,第三要知工作事宜,会调度。"他由此发挥关于人才的标准:"大抵用人须得心行才识俱好,若才识好而心行不好,则反以其才坏事,心行好而才识不好,则又干不得事。"②

2. 徐阶与高拱的嫌隙与倾轧

正当徐阶大展宏图之际,政坛高层的倾轧渐露苗头,最突出的表现就是内阁中徐阶与高拱的矛盾明朗化。高拱于嘉靖四十五年(1566)进入内阁,这得益于徐阶的推荐。徐阶的考虑是周全的,一方面,高拱先后主持礼部、吏部工作,办事干练,很有革新精神,徐阶希望得到他的协助;另一方面,高拱长期在裕王府邸工作,与当时的皇储(后来的皇帝)关系非同一般,徐阶希望他在皇位交替过程中起到沟通作用。

高拱此人性格刚直,自视甚高,入阁以后,颇为骄横,与其他阁僚对待徐阶的态度截然不同。李春芳在内阁中排名仅次于徐阶,却谦虚谨慎,见到徐阶,"侧行伛偻若属吏"。③ 位居第三的郭朴,也是徐阶引荐的,很是谦恭。位居第四的高拱最不安分,经常挑战徐阶的权威,攻击

---

①　徐阶《答推用某某等谕(嘉靖四十二年十一月十七日)》,《世经堂集》卷二《奏对二》。
②　徐阶《答用人谕(嘉靖四十四年三月十四日)》,《世经堂集》卷三《奏对三》。
③　张岱《高拱列传》,《石匮书》卷一百六十五。

徐阶"大假言路""非大臣体"①。徐阶非常不满，授意他的同乡、吏科都给事中胡应嘉弹劾高拱"不忠"。无非是说，高拱在内阁值班，嫌"直庐"(值班室)过于狭隘，擅自把他的家搬到西安门外，半夜潜回家中。皇上近来身体违和，他竟然把内阁直庐的器具搬回家中。胡应嘉认为高拱"不守直庐""骤移器具"，是"不忠"，请求皇上"究斥"。高拱惶恐奏辩，幸亏此时皇上病重，没有理睬，事情不了了之。②

徐阶瞒过内阁同僚，与张居正起草"遗诏"和"登极诏"，高拱极为不满，抓住"遗诏"中先帝表示悔悟的词句，攻击徐阶把先帝的过错公示于天下，诋毁先帝，大逆不道。他的同乡郭朴在朝堂上扬言，徐阶诽谤先帝，可斩。高拱与他一唱一和。由此，徐高两人之间的嫌隙暴露于光天化日之下，愈演愈烈。一天，内阁成员会餐，高拱突然对徐阶发问：我经常半夜不寐，多次按剑而起——你在先帝时，带头写青词以求媚，皇上晏驾，就一夕变脸；如今交结言路，全力驱逐藩邸心腹之臣，为什么？徐阶惊愕语塞，良久才回应道：你错了，言路口舌很多，我哪里能够一一交结，又怎么能够指使他们来攻击你？而且我能交结言路，你就不能交结？我并非违背先帝，而是想为先帝收拾人心，使恩惠由先帝发出——你说我带头为先帝写青词，归罪于我，难道你忘记了当初在礼部的事情？先帝写了密札问我：高拱愿意效力斋醮事宜，可许否？这份密札还在我手上。这一席话说得高拱面红耳赤，张口结舌。李春芳出面打圆场，拉着高拱向徐阶谢罪。两人撕破了面皮，都向皇帝引罪，坚卧不出，皇帝只得再三挽留。③

隆庆元年(1567)正月，新任吏部尚书杨博主持京官的考察工作，罢黜了言官郑钦、胡维新，而杨博的山西同乡都不在罢黜之列。吏科都给

---

①　张岱《高拱列传》,《石匮书》卷一百六十五。
②　王世贞《徐高之却》,《弇州史料后集》卷三十三《国朝丛记三》。
③　张岱《高拱列传》,《石匮书》卷一百六十五。

事中胡应嘉弹劾杨博"挟私愤""庇乡里",为郑钦、胡维新鸣不平。高拱因胡应嘉曾经弹劾他"不忠",乘机报复,说胡应嘉作为吏科都给事中,辅佐吏部考察京官,公然批评考察工作,显然自相牴牾,应该处以重罪。皇帝把胡应嘉交由内阁议处,高拱一脸怒气,以为应该严惩。徐阶主张宽容,为了避嫌,不敢力争。郭朴奋然说:胡应嘉无人臣礼,应当革职为民。于是内阁就按照郭朴意见拟旨"斥为民"。此举引来言官们极大的不满,谴责高拱"以私怨逐应嘉",一时间舆论哗然。兵科给事中欧阳一敬上疏,说高拱奸险无异于蔡京,声称胡应嘉的奏疏他事先与闻,罢黜胡应嘉不如罢黜自己。给事中辛自修、御史陈联芳也上疏力争,为胡应嘉求情。徐阶拟旨,胡应嘉降调为建宁县推官。言官们还不解气,不断攻击高拱。高拱要求把一两个带头的言官抓起来,实施"廷杖"酷刑,徐阶不同意。高拱在内阁中当面斥责徐阶,徐阶从容不迫为之辩证,使得高拱理屈词穷。高拱仍不罢休,写了语气粗鲁的奏疏,攻击徐阶"专权蠹国",诬蔑徐阶曾反对以裕王为皇储,还附带指责李春芳"声势相倚"。他自己不出面,由他的门生御史齐康署名,弹劾徐阶。[①] 言官们认为齐康受高拱指使,群集朝门外,对他责骂唾弃。尤其值得注意的是,时任大理寺丞的海瑞也公开支持徐阶,谴责高拱、齐康,他说:"(徐)阶自执政以来,忧勤国事,休休有容,有足多者。而(齐)康乃甘心鹰犬,搏噬善类,其罪又浮于(高)拱。"又说:"徐阶在先帝朝不可不谓之容悦之臣,其在今日不可不谓社稷之臣。"[②]皇帝采纳了海瑞的意见,谴责齐康"妄言",把他降二级外调。

舆论依然汹涌,言官们弹劾高拱无虚日,送到皇帝御案上的奏疏堆积如山,有几十份之多。在强大的舆论压力下,高拱无可奈何"引疾乞

① 王世贞《徐高之却》,《弇州史料后集》卷三十三。张岱《高拱列传》,《石匮书》卷一百六十五。
② 沈越《皇明嘉隆闻见纪》卷十二,隆庆元年五月。张岱《徐阶列传》,《石匮书》卷一百四十八。

归",得到皇帝批准,黯然离去。郭朴因与高拱关系密切,惴惴不安,也"引疾乞归"。

隆庆二年(1568)七月,徐阶由于遭到兵科给事中张齐弹劾,心灰意冷,萌生去意,一而再再而三地向皇帝乞休,皇帝一再挽留不成,终于批准他致仕,以高于当年杨廷和的优厚待遇荣休,终于离开了这个是非之地。

令人奇怪的是,在徐阶与高拱互相倾轧之时,张居正选择了中立、沉默,没有像海瑞那样挺身而出为"师相"讲几句好话。为此他感到内心有愧,给乡居的"师相"写信请罪:"捧读台翰,涕泗交零,以不肖之浅薄,猥辱老师甄陶引拔,致有今日,恩重于丘山,报微于毫末。元年之事,选愞中立,不能昌言以树正帜,一罪也。及谗言外哄,中人内搆,不能剖心以明老师之诚节,二罪也。"①这一席话,清楚地表明在隆庆元年徐高二人互相攻击时,他懦弱地选择了中立,没有旗帜鲜明地站在徐阶一边,也没有对各种谗言进行反击,更没有对高拱予以批判。这究竟是为什么呢?张居正为自己预留了后步,他预判皇帝会敦请高拱再度出山。事实上正是他促成了此事。他对内阁的李春芳、赵贞吉充满了失望与不满,暗中和司礼监太监李芳等人密谋策划,鼓动皇帝重新召用高拱入阁,并且兼任吏部尚书,来遏制赵贞吉,削夺李春芳的权力。

徐阶虽然荣休回乡,却难以优游林下,怡然自得。隆庆三年(1569)十二月,皇帝召回了高拱,以内阁首辅兼任吏部尚书。高拱大权在握,首先想到的是打击报复徐阶。张居正也想到了这一点,在给朋友的信中多次提及。一则对徐阶的家人说,高拱不至于如此:"中玄(高拱)再相,未及下车,区区即以忘怨布公之说告之。幸此翁雅相敬信,近来举动甚惬舆情。区区在位一日,当为善类保全一日。"②再则对主管松江地

---

① 张居正《答上师相徐存斋七》,《新刻张太岳先生文集》卷三十四。
② 张居正《答囧卿徐敬吾》,《新刻张太岳先生文集》卷三十四。

区政务的应天巡抚说,请他出面慰藉徐阶:"存斋老先生以故相家居,近闻中翁(高拱)再相,意颇不安,愿公一慰藉之。"①

高拱自己也写信给徐阶,信誓旦旦,捐弃前嫌,决不报复。信中写道:"仆不肖,昔在馆阁,不能奉顺公(指徐阶)意,遂至参商,狼藉以去。暨公谢政,仆乃召还。佥谓必且报复也。而仆实无纤芥介怀,遂明示天下以不敢报复之意。天下之人固亦有谅之者,然人情难测,各有攸存。或怨公者,则欲仆阴为报复之术;或怨仆者,则假仆不忘报复之名。或欲收功于仆,则云将甘心于公;或欲收功于公,则云有所调停于仆。然而皆非也,仆之意盖未得甚明也。古云无征不信,比者地方官奏公家不法事,仆则恻然谓公以元辅居家,岂宜遂有此也!且兔死狐悲,不无伤类之痛,会其中有于法未合者,仆遂力驳其事,悉从开释,亦既行之矣,则仆不敢报复之意,亦既有征可取信于天下矣。盖虽未敢废朝廷之法以德报怨,实未敢借朝廷之法以怨报怨也……今以后,愿与公分弃前恶,复修旧好,毋使借口者再得以鼓弄其间,则不惟彼此之幸,实国家之幸、缙绅大夫之大幸也。丈夫一言,之死不易,皇天后土,所共鉴临,惟公亮之不宣。"②口口声声"决不报复""不敢报复",表示要和徐阶"分弃前恶,复修旧好",而且发誓"丈夫一言,之死不易,皇天后土,所共鉴临"。其实是在释放烟雾,暗地里指使地方官以"横行乡里"的罪名,把徐阶的三个儿子逮捕入狱,把徐家数万亩田产充公。难道是"修复旧好"?

这使得张居正陷入尴尬境地,他声称要"为善类保全一日",并且关照地方官"慰藉"徐阶,如今出现这样的状况,他依然不相信出于高拱的指使。在给蔡国熙的信中如是说:"乃近闻之道路云,存翁相公(徐阶)家居,三子皆被重逮,且云吴中上司揣知中玄相公(高拱)有憾于徐,故

---

① 张居正《答应天巡抚朱东园》,《新刻张太岳先生文集》卷三十四。
② 吴履震《高拱与徐存翁书》,《五茸志逸》卷三。陈继儒《见闻录》卷六。

为之甘心焉。此非义所宜出也。夫古人敌惠敌怨，不及其子，中玄公光明正大，宅心平恕，仆素所深谅，即有怨于人，可一言立解，且中玄公曾有手书奉公，乃其由衷之语，必不藏怒蓄恨，而过为已甚之事者也。且存翁以故相终老，未有显过闻于天下，而使其子皆骈首就逮……"①其实蔡国熙是策划其事的主要人物，松江人李延昰揭露了实情，蔡国熙原本是徐阶门生，为了讨好高拱，仰承他的旨意，下此辣手。李延昰说："方新郑（高拱）之入也，对士夫曰：'华亭（徐阶）于我有旧恩，后小相失，不足为怨。'及柄用久，情志稍露，门下士各务效奇博宠。广平蔡国熙者，故华亭门下士也，且以讲学事华亭。至是，请行抵吴郡邑，刺华亭苍头不法，文致其三子，皆论戍边。三子者，一为太常，二为尚宝。华亭子孙牵衣号泣，华亭曰：'吾方逃死，安能相活耶？'即跳杭之西湖避之。平湖陆五台亦华亭门人，皆号为入室，因往为华亭求解，冀以门情故谊动之，而终不可得。"②蔡国熙一手策划此事，平湖人陆光祖以同门的身份，请求蔡国熙看在"门情故谊"份上，从宽发落，遭到拒绝。

事情总算有了一点转机，高拱迫于舆论压力，把这个案子暂时搁置下来。其中的缘由，请看张岱的记载："（徐）阶从困中上书（高）拱，其辞哀，拱心动，居正亦婉曲为解。蔡国熙所具狱，戍其长子璠、次子琨、琅，其少子瑛，家人之坐戍者，复十余人，没其田六万亩于官。御史闻之朝，拱拟旨谓太重，令改谳。（蔡）国熙闻而色变曰：彼卖我，使我任怨而自为恩。"③从蔡国熙所说"彼卖我"一句，足以证实高拱幕后指使的勾当。所以李延昰说："华亭（徐阶）受谤，无所不至"，"新郑（高拱）不免以怨报德"。④ 高拱以怨报德，手段毒辣，正如王世贞所说："诋媒翁讪，顷刻万状"，"而爪牙吏横出，为郡邑守令，至号召奸黠创狱以拟，太常君兄弟

① 张居正《答松江兵宪蔡春台（讳国熙）》，《新刻张太岳先生文集》卷三十四。
② 李延昰《南吴旧话录》卷下《徐华亭》。
③ 张岱《高拱列传》，《石匮书》卷一百六十五。
④ 李延昰《南吴旧话录》卷下《徐华亭》。

(指徐阶之子)几不免"①。

不过,高拱的"改谳"没有来得及,他就被张居正、冯保联手打倒。在张居正关照下,徐阶儿子得以昭雪,长子、次子官复原职,徐氏家族逃过一劫,徐阶终于可以颐养天年。他八十寿诞之际,张居正向万历皇帝进言:"(徐)阶辅相世庙,承严嵩之后,矫枉以正,澄浊为清,一时朝政修明,海内治安……今八十,宜有优典。"皇帝接受这一请求,派遣使臣前往松江存问,赏赐白金蟒币,任命少子为中书舍人。徐阶每每告诫儿子:"无兢之地,可以远忌;无恩之身,可以远谤。"②可谓久经政治风波之后的经验之谈。

3."期于周召夹辅之谊"

张居正与高拱的关系一向很好,尊称他为"师相"。隆庆五年高拱六十大寿,张居正写了两份祝寿词。一份以翰林名义的祝寿词写道:"今少师高公起家词林,已隐然有公辅之望,公亦以平治天下为己责。尝与余言,大臣柄国之政,譬之提衡,与之轻重,与之低昂,而己无与焉。在皇极之畴曰无偏颇,无作好恶,无偏党反侧,而后人无有比德,民无有淫朋,是谓平章军国之理。余深味其言,书之座右,用以自镜。其后与公同典胄监,校书天禄,及相继登政府,则见公虚怀夷气,开诚布公,有所举措,不我贤愚,一因其人有所可否,不我是非,一准于理;有所彰瘅,不我爱憎,一裁以法;有所罢行,不我张弛,一因于时。无兢兢以贬名,无屑屑以远嫌。身为国相,兼总铨务,二年于兹,其所察举汰黜,不啻数千百人矣,然皆询之师言,协于公议。即贤耶,虽仇必举,亦不以其尝有德于己焉,而嫌于酬之也。即不肖耶,虽亲必斥,亦不以其尝有恶于己

① 王世贞《徐文贞公状略》,《弇州史料后集》卷九。
② 张岱《徐阶列传》,《石匮书》卷一百四十八。

而嫌于恶之也。少有差失,改不旋踵,一言当心,应若响答。盖公向之所言,无一不售者,公信可谓平格之臣已。"①称赞高拱为政"开诚布公","一准于理","一裁以法","一因于时"。

另一份以个人名义的祝寿词对高拱的政绩讲得更加具体:"今少师中玄高公相肃皇帝及今天子有年矣。入则陈王道之阃,启乃心纳乎圣听;出则兼冢宰之重,鸠众材庀乎主职。……虏从庚子(嘉靖十九年)以来,岁为边患,一旦震惧于天子之威灵,执我叛人,款关求贡,中外相顾,骇愕莫敢发,公独决策,纳其贡献,许为外臣。虏遂感悦,益远徙不敢盗边,所省大司农刍粟以巨万计。曹沛淮徐间数苦河决,公建请遣使者按视胶莱,河渠修复,海运故道又更置督漕诸吏,申饬法令,会河亦安流,舳舻啣尾而至,国储用足。是时方内乂安,四夷向风,天下翕然称治平矣……即余驽下,幸从公后,参预国政,五年于兹,公每降心相从,宫府之事,悉以咨之,期于周召夹辅之谊,以奖王室,此神明所知也。"②

其中不免有次辅对首辅的恭维之词,但也并非无根之谈。两人长期相处,了解至深,大多是由衷的赞扬。其中最重要的是末尾一段话,张居正跟随高拱五年,虚心学习处理宫廷与政府事宜的经验,相期以周公、召公辅佐周天子为楷模,重铸天朝辉煌。

王世贞对高拱有这样的评价:"(高)拱为人有才气,英锐勃发,议论蜂起。而性迫急,不能容物,又不能藏蓄需忍,有所忤,触之立碎。每张目怒视,恶声继之,即左右皆为之辟易。既渐得志,则婴视百辟,朝登暮削,唯意之师,无敢有抗者。"③对高拱个性的描摹刻画可谓入木三分,栩栩如生。但是,他说"拱刚愎强忮,幸其早败,虽有小才,乌足道哉"④,未免过于武断,过于轻描淡写。

① 张居正《翰林为师相高公六十寿序》,《新刻张太岳先生文集》卷七。
② 张居正《门生为师相中玄高公六十寿序》,《新刻张太岳先生文集》卷七。
③ 王世贞《嘉靖以来首辅传》卷六《高拱传》。
④ 王世贞《嘉靖以来首辅传》卷六《高拱传》。

高拱颇有政治眼光,精明干练,敢作敢当,和张居正的性格颇为相近,互相之间也颇为欣赏。朱载垕封为裕王之后,高拱就进入裕王府邸,成为裕王的侍讲官,深受裕王信赖。张居正成为裕王侍讲官以后,和高拱有了同事关系。高拱以太常寺卿兼任国子监祭酒,张居正是国子监司业,成为高拱的副手。张居正比高拱小十几岁,资历也浅得多,以下级对待上级、晚辈对待前辈的姿态,希望得到高拱的提携。两人都对当时朝政的颓靡腐败深表不满,希望有所整顿,有所改革,在这一点上两人是有共同语言的。

　　从隆庆三年(1569)十二月第二次入阁,到隆庆六年(1572)六月下台,高拱掌权达两年半时间,已经展示出骄人的政治业绩。例如与北方的蒙古达成“隆庆和议”,也就是张居正所说的“公独决策纳其贡献,许为外臣,虏遂感悦,益远徙不敢盗边,所省大司农刍粟以巨万计”。又如开凿山东新河,也就是张居正所说的“胶莱河渠修复”,“河亦安流,舳舻唧尾而至,国储用足”,如此等等,很难用“无足道哉”一笔抹煞。

　　王世贞对高拱以内阁首辅兼任吏部尚书颇有非议,他说:“故事,居内阁者不当出理部事,理部事不当复与阁务。拱称掌,不言兼,当为部臣矣。”[1]为了使自己不过分突兀,怂恿阁僚赵贞吉兼掌都察院,任左都御史。王世贞说:“拱绾绶历年两司内外考察,至居首揆,尚握铨柄,出而启事,入而条旨,尤为异闻。”[2]从中可以看到高拱的权势欲,但也可以看到他企图凭借权势大力整顿的愿望。他的整顿,首先从吏治入手,先后撰写《论考察》《再论考察》,详细论述先前有关“考察”的弊端,以及今后的改进措施。

　　高拱在《论考察》中提及官员考察的弊端:其一是,不照规章制度办事,照理京官三年考察一次,每次三轮考察,之后才谈得上升级或

① 王世贞《嘉靖以来首辅传》卷六《高拱传》。
② 王世贞《弇州史料后集》卷四十八《异典述二》。

降级，但是有不到三年而升官的，又有升官不满三年又升、再升的，四五任都没有考察一次，哪里谈得上"三考"！其二是，地方官六年考察一次，但是，以六年之官而由二三人考察，又以二三日来考核六年之事，哪里能够得到善恶之真？其三是，每次考察所淘汰的名额是固定的，天下岂有六年之间不肖者皆有定数！考察原本为了淘汰不肖者，如果不肖者多，不妨全部淘汰；如果没有不肖者，不妨全部保留。其四是，考察之时，不肖者造谣生事，煽风点火，陷害好人。被淘汰者不需答辩，言官纠劾不公，遂使权奸乘机忮害。为此他主张，今后官员淘汰之事，令吏部考功司、都察院河南道在三、六、九年考满之时进行，比较合理。原因是"考察"简略而"考满"详细，"考察"暧昧而"考满"明白。他主张把以前的考察标准"略""粗""暧昧""匆剧"，改变为考满标准"详""精""明白""从容"。考察也不可无，但不必定在六年，偶一为之，去其太甚者数人以示惩戒。如果有被害亏枉者，许人申诉，审查核实后予以昭雪，以期小人不得施其溷，蜚语不得遂其谗，奸人不得终其毒。①

在《再论考察》中，对于在京五品以下文职官员，以及在外布政司、按察司官员的考察，有所谓"八法"（即八项标准）——一贪；二酷；三不谨；四疲软，冠带闲住；五老；六疾，致仕；七才力不及；八浮躁浅陋，降调外任——都有细致规定，但是具体执行者往往含糊其词，暧昧不明。比如说"贪"，不列举贪污的具体情况，徒有其名目，没有列举事实，难以压服人心，原因就在于察访不确，所知不真，不但含糊其词，而且以无作有，以轻作重。所以他主张，今后在考察时，吏部、都察院务必核名实，如说某官贪，必须列举贪污事实。其余皆然，一概明指直言。②

有关官员考察，他还有一系列具体规定，例如官员赴任或回籍，有

① 高拱《论考察》，《高文襄公集》卷二十九。
② 高拱《再论考察》，《高文襄公集》卷三十一。

严格的时限:"将见任者的限文到三月以里,回籍者的限文到半年以里,俱要依期问结回奏。过限不到,听本部该科参降,并容臣等通将以前提勘未报各抚按查催,分别罚处。"① 再如官员调动,务必到任支俸,并以到任支俸之日起始,计算考满日期:"京官以命下之日为始者,谓其身未出京原无旷日云尔。若乃自内而外,如部院之为督抚;自外而内,如督抚之回部院。自此而彼,如某督抚升调某处督抚,虽皆系京官,然必到任支俸,乃作实历,非谓命下之日即实历之日也。近来法纪渐废,朦胧弊多,遂有命下为始之说,不必到任支俸,皆作正日而计以考满者,非唯以虚为实,事属欺罔……以后或自内而外,或自外而内,或自此而彼,俱以到任支俸之日为始,总计考满,其在途在家日月,不许一概朦胧扣算。"②

日本学者樱井俊郎认为,高拱是和张居正一样的铁腕首辅,都力图以法治国,以法治吏,在革新吏治方面都引入了强化管理的制度化手段,因此,从高拱的考课法到张居正的考成法,有着内在的有机联系。在嘉靖到万历初的历史转变时期,独断专行型的首辅政治是必要的,在共同的时代背景之下,他们两者之间的连续性是不言自明的。③ 这是很有意思的政治现象。从徐阶到高拱,从高拱到张居正,都为了最高权力而互相倾轧,正如张岱所说:"新郑(高拱)狠躁自用,屡中奇祸,亦是其性气使然。而华亭(徐阶)一言不协,用成仇隙,两虎相争,遂无已时。乃新郑再正揆席,鱼肉华亭,政用自快,而又岂知江陵(张居正)之议其后乎!"④ 然而作为政治家,他们的形势判断,以及政策取向,竟然惊人的一致,因此从嘉靖末年到万历初年,政策的连续性始终没有被打断。高

① 高拱《申饬朝觐考察重典以励庶官疏》,《高文襄公集》卷十四。
② 高拱《申明京官考满事例以一法守疏》,《高文襄公集》卷九。
③ 樱井俊郎《隆庆时代的内阁政治——以高拱的考课政策为中心》,载小野和子编《明末清初的社会和文化》,京都大学人文科学研究所,1996年,第27—59页。
④ 张岱《高拱传》,《石匮书》卷一百六十五。

拱无情地打击报复徐阶,却继承了他的整顿吏治政策;张居正无情地打倒高拱,却继承了他的考课政策。对于张居正而言,徐、高两人都是他尊重的"师相"。

三 顾命大臣内讧:张居正、冯保与高拱斗法

1. 高拱、张居正由合作到分裂

隆庆五年(1571)五月,李春芳致仕,高拱升任内阁首辅。十一月殷士儋致仕,内阁中剩下了高拱、张居正二人(这种状况一直维持到隆庆六年四月高仪入阁)。高、张二人的行事风格类似,权力欲望极强,都喜欢大权独揽。所谓"一山难容二虎",两人的关系由此从合作走向分裂。

张居正是内阁次辅,又是后辈,欲与高拱较量,显然处于劣势。为了弥补这种劣势,他结交势头日甚的司礼监太监冯保。高拱一向精明强干,对于张居正与冯保的关系,早有所知。他晚年所写的回忆录,这样回顾往事:"荆人(张居正)卖众,别走路径,专交通内臣,阴行事于内。而司礼太监冯保者,狡黠阴狠,敢于为恶而不顾者也。荆人倾身结之,拜为兄弟,诣事无所不至。(冯)保有慧仆徐爵,极所信任,即阴事无不与谋。荆人深结之,每招致于家,引入书房,共桌而食,啖以重利。唯其所为皆倾意为之成就。(徐)爵深德之,为之斡旋于内,益固其交。于是,三人者遂成一人,而(徐)爵无日不在荆人所,喘息相通。荆人每有意指,即捏旨付(冯)保,从中批出,以为出自上意,而荆人袖手旁观,佯

为不知此事。予甚患之,而莫可奈何。"①

如果说高拱是当事人,他的回忆录可能掺杂一些情绪,未必客观,那么申时行作为一个旁观者,谈到高、张二人由合作到分裂,或许比较客观:"始,新郑(高拱)再起,与江陵(张居正)比,事无巨细必相与商榷,江陵有所荐引,无不如志。而新郑之门生幕客,殷勤杯酒间以私干请者,皆不得入,则思所以间之。一日,新郑问诸门生:'外间云何?'皆对曰:'师虽秉铨部,实江陵为政,江陵所荐拔皆引为己功,外人知江陵不知师也。'新郑乃渐疏江陵,事皆专决,不复有所咨问。而江陵亦自疑。诸为间者,益复以蜚语相煽,两家遂为水火。辛未(隆庆四年)今上在东宫,议以明春出阁讲学,时余(申时行)与王少保元驭为左右中允,新郑皆题升谕德,以余为穆宗日讲官,而元驭掌南院,去东宫讲读,校书悉以门生充补。江陵数举以语人曰:'两中允见为官僚不用,而用其私人者何也?'新郑为之愧悔,而恨江陵益深。然新郑方操权据位,所为耳目爪牙,用者率非端人,故时望咸属江陵。两家客百方居间,终莫能解也。"②

张岱为张居正立传,谈及高拱报复徐阶,张居正从中缓解,提供了一个细节:高拱的门客挑唆,说张居正收了徐阶儿子三万两银子贿赂。高拱怀恨在心,一日谈及居正多子,调侃道:造物不均,为何你独多子呢?张居正大叹苦经:多子多累,颇为衣食担忧。高拱忽然正色说:你有徐氏三万两银子,何忧衣食?张居正脸色大变,对天发誓,绝无此事。高拱语气缓和道:这是外人说的,我哪里知道。谈完这一细节,张岱写道:"以故两自疑,而(高)拱之客谓间可乘也,日稍稍以居正过闻(高)拱。都给事中宋之韩具疏且论居正,草成,居正知之,走见拱,盛气言曰:'公不念香火盟,忍逐我耶?'拱错愕出不意曰:'谁敢论公者?'居正曰:'公之门人宋之韩已具草矣。'拱曰:'亟呼而止之。'居正曰:'公发

---

① 高拱《高文襄公集》卷四十三《病榻遗言·矛盾原由上》。
② 申时行《赐闲堂集》卷四十《杂记》。

之,安能止之?'拱曰:'请出之外,以明我心。'"次日清晨高拱来到吏部,把宋之韩调到外省去当参政,平息此事,从此高拱"疑居正益甚"。①

高拱为了约束张居正,向皇帝请求内阁添人。张居正拟旨交付冯保,以皇帝名义批出:二人同心辅政,不必添人。高拱感到进退两难:一方面,朝中大臣都以为皇上充分信任内阁辅臣高、张二人,不必添员,足可胜任;另一方面,张与冯在算计自己,自己一旦遭到弹劾,就要回避,独剩张居正一人,便可与冯保内外为计,置自己于死地。②

隆庆六年(1572)三月初,皇太子朱翊钧出阁就学。按照以前的旧制,阁臣只看视三天,以后就不再看视。高拱以为皇太子年幼,讲官又是新手,不在旁边有点于心不安,建议阁臣"五日一叩讲筵看视"。不料冯保在旁与高拱唱反调:"东宫幼小,还着阁臣每日轮流一员看视才好。"穆宗皇帝以为言之有理,表示同意,冯保便将"着阁臣每日轮流一员看视才好"的圣旨传出。高拱原本想讨好皇帝,反而落得个疏慢的嫌疑。而且,阁臣每日轮流到文华殿关注皇太子学习,为张居正与冯保交流提供了机会。高拱后来回忆道:凡是轮到张居正"看视"皇太子讲学的日子,冯保必定到文华殿东小房,两人屏退左右,秘密交谈,直到皇太子讲学完毕,方才分手。③

高拱、张居正分裂的标志性事件,是户科给事中曹大埜(字仲平,号荔溪,四川巴县人)弹劾高拱。三月下旬张居正的幕僚曾省吾(字三省,号确庵,湖广钟祥人)向门生曹大埜授意,皇上病重,不省人事,凡事都由冯太监主行,而冯太监与张相公实为一人,你此时弹劾高阁老,必定成功。张相公一旦秉政,一定大力提拔你。④曹大埜心领神会,立即上疏弹劾大学士高拱"大不忠十事":

① 张岱《张居正列传》,《石匮书》卷一百六十六。
② 高拱《高文襄公集》卷四十三《病榻遗言·矛盾原由上》。
③ 高拱《高文襄公集》卷四十三《病榻遗言·矛盾原由上》。
④ 高拱《高文襄公集》卷四十三《病榻遗言·矛盾原由上》。

——陛下身体违和,群臣寝食不宁,唯独高拱谈笑自若,还到姻亲刑部侍郎曹金家饮酒作乐;

——东宫皇太子出阁讲读,应当每日近侍左右,高拱只欲三八日叩头而出,是敢于自尊,无人臣礼;

——自从高拱复出,即以复仇为事,凡是昔日直言高拱过错的官员,如岑用宾等二三十人,一概罢黜,善类一空;

——高拱掌管吏部以来,越级提拔的都是亲信门生,如儿女亲家曹金,由副使超升至刑部侍郎;如亲爱门生韩楫,由给事中超升为右通政使;

——科道官(给事中、御史)是陛下耳目,高拱为了蔽塞言路,每次选授科道官,必先在吏部训诫,不许擅言大臣过失;

——科道官多是高拱心腹,对于高拱的罪恶皆隐讳不言,只知有高拱,不知有陛下;

——昔日严嵩只是总理阁务,如今高拱兼掌吏部,官员的用舍予夺,都在他掌握之中,权重于严嵩,专权放恣;

——高拱亲开贿赂之门,接受副使董文宷贿赂,提升为河南参政;接受侍郎张四维贿赂,即授予东宫侍班,招权纳贿,赃迹大露;

——沈炼弹劾严嵩,流放保安,受杨顺、路楷诬陷而死,人人切齿,高拱接受路楷贿赂,为之强辩脱罪;

——给事中吴时来在先朝弹劾严嵩,所谓忠臣,高拱因私仇,借一小事罢黜。大学士徐阶受先帝顾命,所谓元老,高拱以私恨,多方陷害,必欲置之死地。①

曹大埜所说的"大不忠十事",并非不实之词,但这一奏疏上的不是时候。穆宗皇帝对高拱正有所依赖,视为股肱,加之重病缠身,心情不

① 吴瑞登《两朝宪章录》卷二十,隆庆六年三月己酉。朱国祯《皇明大事记》卷三十八《阁臣》。

畅,看了奏疏立刻大怒,下旨处治曹大埜。司礼监太监冯保不得不按皇上意思拟旨:"曹大埜这厮,排陷辅臣,着降调外任。"拟旨后,赶紧征求张居正意见。张居正稍作修改,抹去"这厮排陷辅臣"及"降"字,改成"曹大埜妄言,调外任",缓和了语气。张居正和曹大埜的关系,由此露出了一些蛛丝马迹。朱国祯说,曹大埜是曾省吾的门生,曾省吾则是张居正同乡中"最相厚者"。① 或许可以这样说,曾省吾指使曹大埜弹劾高拱,其实仰承张居正之意。

高拱受到曹大埜弹劾,料定后面有人指使,立即反击。一手是,掼乌纱帽,向皇帝"乞休",引来兵部尚书杨博、给事中雒遵、御史唐炼等人的奏疏,请求皇帝挽留,造成声势。另一手是,策动言官攻击曹大埜,矛头直指张居正。御史张集的奏疏含沙射影地指向张居正,其中写道:"昔赵高杀李斯而贻秦祸甚烈。又先帝时,严嵩纳天下之贿,厚结中官为心腹,俾彰己之忠,而媒蘖夏言之傲,遂使夏言受诛,而己独蒙眷,中外蒙蔽离间者二十余年。而后事发,则天下困穷已甚。"②

张居正看了张集的奏疏,顿时脸红气急,良久,大声喊道:"这御史如何比皇上为秦二世?"冯保密切配合,派太监到内阁传话:"万岁爷爷说:张集如何比我为秦二世!"同时在朝廷上公开扬言:"上怒,本(指张集奏疏)在御前,意叵测,将欲廷杖为民矣。""廷杖时,我便问他:今日谁是赵高?"③

这些消息不胫而走,张集早已吓得魂不附体,每日在朝房等候逮捕,以为必遭廷杖,便买了蚺蛇胆、棺木,吩咐家人准备后事。张居正的门客见状,询问道:"这事如何了?"张居正轻描淡写地说:"再困他几日,使他尝此滋味。"虽然冯保已将张集奏疏扣下,但它的抄本早已

---

① 　朱国祯《皇明大事记》卷三十八《阁臣》。
② 　高拱《高文襄公集》卷四十三《病榻遗言·矛盾原由上》。
③ 　高拱《高文襄公集》卷四十三《病榻遗言·矛盾原由上》。

流传各衙门,联系到曹大埜事件,不少言官都攘臂切齿要弹劾张居正。郎中王篆对张居正说:"张集事一日不了,则添一日说话。见今人情如此,而尚可激之乎?"张居正当即派王篆到朝房对张集说,张相公致意,奏疏已不下,无事了,你回家吧。剑拔弩张的形势一下子缓和了。

高拱也不想把事情闹大,就在朝房约见科道官,劝他们以君父为重,不必再提此事。既然高拱态度趋向和解,张居正也顺势下台阶,专程赶赴高府致歉。两人的对话,高拱显得理直气壮,张居正则小心翼翼。

高拱问:"公何言?"

张居正嗫嚅再三,说:"曹大埜事,谓我不与知,亦不敢如此说。今事已如此,愿公赦吾之罪。"

高拱举手指天说:"天地、鬼神、先帝之灵在上,我平日如何厚公,公今日乃如此,如何负心如此?"

张居正说:"以此责我,我将何辞?但愿公赦吾之罪,吾必痛自惩改,若再敢负心,吾有七子,当一日而死。"

高拱乘机问道:"昨姚旷封送秘帖与冯保,不图吾见之。问之,则曰遗诏耳。我当国,事当我行,公奈何瞒我而自送遗诏与(冯)保乎?且封帖厚且半寸,皆何所言?安知非谋我之事乎?"

张居正低头说:"公以此责我,我何地自容?今但愿赦罪,容改过耳。"

高拱见张居正诚心诚意悔过,就不再追究,淡然地说:"公不须困心,兹科道啧啧有言,吾已托四科官遍告,力止之矣。"①

一场风波就此暂时平息。事实表明,张居正信誓旦旦地对高拱说

① 高拱《高文襄公集》卷四十三《病榻遗言·矛盾原由上》。

"若再敢负心,吾有七子,当一日而死",不过说说而已,后来他两次"负心",他的七个儿子也没有一日而死。把政治家的发誓当一回事,未免过于天真。

穆宗皇帝死后,冯保与张居正的交往越发频繁,或遣使往来,或秘帖相传,一日数次,旁若无人。高拱不能容忍大权旁落,决定拿冯保开刀。他多次向刚刚即位的小皇帝请求,今后凡有内降命令、府部章奏,都应公听并观,博咨详核,一切必须自己决断。①意图显而易见,要扩大内阁的权力,遏制司礼监太监的权力,不让冯保过多干预朝政。唯恐他凭借大内总管的权力,疏通皇后、贵妃门路,局面难以收拾,决定先下手为强。

高拱想争取阁僚高仪的支持,对他说,现在新主年幼,冯、张二人所作所为,必成社稷之忧。要想去掉这二人,有碍于先帝之托。委而不顾,不忠;依违取容,则有负于先帝之托,更不忠。怎么办呢?

高仪(字子象,号南宇,浙江杭州人),隆庆六年(1572)四月以礼部尚书兼文渊阁大学士,入阁办事,人微言轻,不愿意卷入这场政治赌博,面对高拱的问话,顾左右而言他:天道六十年一周,正德初年(1506),太监刘瑾弄权,其时内阁的刘健、谢迁被逐,而另一阁僚李东阳委曲求全,得以留用;六十年后的今日,事情相像,岂非天意!

高拱不以为然:我不是刘健(字希贤,号晦庵,河南洛阳人,弘治十一年接任首辅)。李东阳不过暗通刘瑾,还顾忌行迹。如今皇上才十岁,张居正阴狠更甚,交通冯保不顾行迹,我的一言一行都报告冯保。凡是他的谋划一概交付冯保实施,而冯保的所作所为都出自他的主意。明明是欺侮幼主,以为得计。如此,我怎么能治理国家?

高拱意在逼高仪表态,谨小慎微的高仪避免表态,只是反问:然则

<hr>

① 文秉《定陵注略》卷一《逼逐新郑》。

如何?

高拱只得和盘托出:日前接受顾命时,我已向先皇以死相许,不复有其身。我只根据正理正法而行,成功,是国家之福;不成功,为正理正法而死,犹可见先皇于地下。而且皇上登极后,即当行事,他们阴谋从中相左,与其争执费力,不如预先挑明。我准备在皇上登极之日,在奏疏中提出五项事宜,使君父做主,政有所归,既防止太监假传圣旨,又防止他们彼此串通。如果行得通,再提出致治保邦之策;如果行不通,那就任凭他们朋谋倾陷,死生不顾了。①

高拱在官场奋斗多年,虽有挫折,最终还是胜利,排斥了对手。他最不能容忍大权旁落,听任摆布,倘若落到这一地步,还不如斗个鱼死网破。所以已经草拟了《陈五事疏》,准备新皇帝登极时,立即呈上,以突然袭击的方式,攻倒冯保,然后钳制张居正。对于近乎赌博的政治较量,高仪感到没有把握,不置可否地对高拱说:你说得对,确实是大丈夫的事,然而祸福难以预料,我不敢赞成,也不敢劝止。② 他采取明哲保身的超然态度。

高拱自视甚高,对事情的复杂性估计过低。他决定《陈五事疏》采用阁臣联名的方式,确保一举成功。高仪已经打过招呼,当然还得征求张居正的意见。他派心腹韩楫(字伯通,号元川,山西蒲州人)把此事通报张居正:"当与公立此不世功。"张居正当面一口答应,还佯笑道:"小事耳,何足言不世功!"③等韩楫一走,立即派人通报冯保,早做准备,二人合力对付高拱。

六月初十日,高拱向小皇帝提出新政所急五事,奏疏的题目是《特陈紧切事宜以裨新政事》。这份奏疏很重要,《明史·高拱传》只

① 高拱《高文襄公集》卷四十四《病榻遗言·矛盾原由下》。
② 高拱《高文襄公集》卷四十四《病榻遗言·矛盾原由下》。
③ 张岱《石匮书》卷二百八《宦者列传下·冯保》。高拱《高文襄公集》卷四十四《病榻遗言·矛盾原由下》。

写了一句话："拱以主上幼冲,惩中官专政,条请黜司礼,权还之内阁。"王世贞《嘉靖以来首辅传》也是一笔带过,但他说"大指使政治归内阁而不旁落",还是抓住了焦点。《明实录》虽然写了一个摘要,却大大冲淡了"惩中官专政"的微言大义。高拱自己写的《病榻遗言》,收录了全文,从中可以看到他的良苦用心。他所说的新政所急五事,大体如下:

——今后令司礼监每日将该衙门应奏事件,开一小揭帖,写明某件不该答,某件该答,某件该衙门知道,及是、知道了之类。皇上御门(上朝)时收拾袖中,待各官奏事,取出一览,照件亲答。至于临时裁决,如朝官数少,奏请查究,则答曰:着该衙门查点。其纠奏失仪者,重则锦衣卫拿了,次则法司提了问,轻则饶他,亦须亲答。

——命司礼监查复旧规,将内外一应章奏,尽数呈览,果系停当,然后发行。庶几下情得通,奸弊可弭,而皇上亦得以通晓天下之事。

——上朝之后,请皇上在文华殿接见阁臣,当面陈奏。此外若有紧要事情,容许阁臣不时请见。

——请求皇上,今后所有奏疏全部发给内阁,由阁臣票拟谕旨,如有不当,退回内阁改拟。如果有未经内阁票拟的奏疏,容许阁臣查明,方可施行。

——今后所有奏疏,径行发下,倘有未发者,容许原上疏之人再次上疏,请求皇上明旨。①

高拱表面上是以顾命大臣、内阁首辅的身份,辅导小皇帝如何处理朝政,连细节也一一交代清楚,而隐含于内的深层用意,就在于限制司礼监太监的权力,由内阁全权处理奏疏,票拟谕旨。平心而论,高拱的意见是无可争议的。正德年间,皇帝把批答奏疏的权力交给

---

① 高拱《高文襄公集》卷四十四《病榻遗言·矛盾原由下》。亦见《明神宗实录》卷二,隆庆六年六月丁卯。

了司礼监太监刘瑾,使他成为皇帝的代言人,当时人称刘瑾是"立地皇帝"。大臣们上朝时,坐在龙椅上的皇帝朱厚照,完全听凭站在身边的刘瑾吩咐。大臣们山呼万岁,跪地叩拜时,受礼的不仅是皇帝,还有刘瑾。因此京师盛传这样的政治谣言:"一个坐皇帝,一个立皇帝","一个朱皇帝,一个刘皇帝"。就这样,刘瑾有了"立地皇帝"的桂冠。高拱的本意是不想看到冯保成为第二个刘瑾,但是又不能明说,所以这份奏疏由高拱、张居正、高仪三名阁臣联名,带有顾命大臣按照先皇付托,悉心辅佐之意,并非专为冯保而发,可谓用心良苦。倘若得到皇帝批准,所有奏疏都由内阁处理,票拟谕旨的大权收归内阁,以后再发动言官弹劾冯保,由内阁票拟谕旨,予以罢黜,便水到渠成。

冯保毕竟不是等闲之辈,接到高拱的奏疏,并不转送内阁,而由他代皇帝拟旨:"知道了,遵祖制。"短短六个字,高拱一看便知,这是皇帝不予理会的委婉表达方式。① 于是,他再上第二疏强调"本月初十日恭上紧切事宜五件"的重要性,指出"臣等第一条奏未发票,即未蒙明白允行,恐失人心之望","伏望皇上鉴察,发下臣等拟票"。冯保无奈,只得于第四天把高拱的奏疏发给内阁"拟票"。高拱随即在自己的奏疏上,草拟皇帝的批语:"览卿等所奏,甚于时政有裨,俱依议行。"②这就意味着,皇帝已经批准了"权还之内阁"的主张。

高拱以为时机已经成熟,便策动他的门生故吏弹劾冯保。他自恃与言官关系不错,招之即来,发动一场舆论攻势,迫使冯保下台是有把握的。

---

① 吴伯与《高文襄公状略》,《内阁名臣事略》卷九。吴氏写道,高拱的奏疏呈进后,"(冯保)私念如此则事权悉归内阁,而司礼益轻,乃请上批云:照旧制行。公(指高拱)见之,夷然曰:'安有十岁天子能裁决政事者乎?'"此话被冯保抓住,作为把柄,导致高拱下台。
② 《明神宗实录》卷二,隆庆六年六月丁卯。

2. 冯保其人其事

冯保,号双林,真定府深州人。其人文化修养之高,在太监中可谓凤毛麟角。万历、天启年间的太监刘若愚对他有真切的了解,在《酌中志》中这样形容冯保:"冯保,号双林,笃好琴书,雅歌投壶,有儒者风。神庙(指神宗皇帝)曾赐牙章,曰'光明正大',曰'尔惟盐梅,汝作舟楫',曰'鱼水相逢日,风云际会时'。凡冯(保)写大字匾联之类,即以前章或'双林'及'景仰前哲'诸图书印识之。"又说,神宗身边的太监孙海、客用之流,每天多以狗马拳棍引导皇帝习武,冯保则反其道而行之,引导皇帝习文,他所主持的司礼监,为皇帝刊刻了《启蒙集》《四书》《书经》《通鉴直解》《帝鉴图说》等书,"至今见之者每为咨嗟叹惜焉"。[①]

知书达理,喜爱琴棋书画,颇有儒者风度的太监,在明朝确实不多见。开国皇帝朱元璋深知历朝宦官干政的弊端,内廷深宫之中又少不了这帮阉割过的奴才,既要使用又要加以制约,为此,他明令宦官不许读书识字,目的是防止他们干预朝政。他的子孙违背了这一"祖训"。燕王朱棣为了刺探朝廷的政治动向,收买建文帝身边的宦官,为他的"靖难之役"立下汗马功劳。待他登上皇帝宝座以后,特别重用宦官,派他们出使、专征、监军,设立由宦官掌控的特务机构——东厂,刺探臣民隐私。成祖朱棣的孙子——宣宗朱瞻基,继承了祖父的传统,在宫内设立内书堂,挑选十岁以下的小宦官,由大学士、翰林教他们读书识字,从此成为定制。以后的宦官大多有一点文化,但不过粗通文墨而已。像冯保那样的少之又少。

关于他何时进宫,在嘉靖年间的经历,史书大多语焉不详。万历十年(1582)他写过一份向皇帝请辞的奏疏,回顾自己进宫以后的履历。

---

① 刘若愚《酌中志》卷五《三朝典礼之臣》。

这是一份简单的自传，很多史家忽略了，王世贞独具慧眼，把它揭载出来："臣嘉靖十五年蒙选入内中馆读书，十七年钦拨司礼监六科廊写字，三十二年转入房掌印。三十九年升管文书房，蒙简拔秉笔，与黄锦一同办事，赏蟒衣、玉带、禄米，许在内府骑马，寻赐坐蟒。四十五年龙驭上宾，恩典照旧，赐凳杌，命提督东厂官校办事，又命掌御马监事。隆庆六年五月内，圣躬不豫，特召内阁辅臣同受顾命，以遗嘱二本令臣宣读毕，以一本恭奉万岁爷爷，一本投内阁三臣。次日卯时分，先帝(朱载垕)强起，臣等俱跪御榻前，两宫亲传懿旨：'孟冲不识字，事体料理不开，冯保掌司礼监印。'蒙先帝首允，臣伏地泣辞，又蒙两宫同万岁(朱翊钧)俱云：'大事要紧，你不可辞劳，知你好才用你。'迄今玉音宛然在耳，岂敢一日有忘。"①

从他所说"犬马之年见逾六十"，"犬马效劳四十余年"，可以推知，他嘉靖十五年(1536)进宫当小宦官时，不过十四岁左右，在内书房读书，以后在六科廊写字("写字"是一项职务，皇帝叫他"大写字"②)，嘉靖三十九年(1560)升任文书房秉笔太监，后转司礼监秉笔太监。嘉靖四十五年(1566)世宗驾崩，穆宗即位，他升提督东厂太监，兼掌御马监，地位仅次于司礼监掌印太监孟冲。隆庆六年(1572)五月，穆宗临终前，任命他为司礼监掌印太监，成为权力最大的太监。

明朝的宦官不仅权重，而且机构庞大，号称"内府"(宫内的政府)，共有二十四衙门，即十二监、四司、八局。

十二监：

司礼监——掌管皇城内一应仪礼刑名，处理内外奏疏，按照内阁票拟批朱；

① 王世贞《弇州史料前集》卷十六《中官考六》。
② 张居正《司礼监太监冯公预作寿藏记》，《新刻张太岳先生文集》卷九。张氏写道：公昔以勤诚敏练，早受知于肃祖(指世宗皇帝)，常呼为"大写字"而不名。

内官监——掌管国家营造宫室陵墓,以及婚礼所需铜锡妆奁器用,下辖东行、西行、油漆、火药等十个作坊,以及米盐、营造、皇坛等仓库;

御用监——掌管御前所用围屏、床榻等木器,紫檀、象牙、乌木、螺钿等玩器以及书籍画册;

司设监——掌管皇帝的卤簿、仪仗、帷幕等;

御马监——掌管马匹及其他动物;

神宫监——掌管太庙等皇家庙宇的洒扫、香灯诸事;

尚膳监——掌管御膳、宫内食用,以及筵席宴请诸事;

尚宝监——掌管宝玺、敕符及将军印信等;

印绶监——掌管古今通集库与铁券、诰敕、贴黄、印信、勘合、符验、信符诸事;

直殿监——掌管大内各宫殿及廊庑扫除事宜;

尚衣监——掌管御用冠冕、袍服、履舄、靴袜之事;

都知监——掌管各监的行移、关知、勘合之事。

各监编制有太监(正四品),左右少监(从四品),左右监丞(正五品),典簿、长随、奉御(从六品)等。

四司:惜薪司(掌管薪炭之事)、钟鼓司(掌管上朝钟鼓及内乐、传奇、过锦、打稻等杂戏)、宝钞司(掌造粗细草纸)、混堂司(掌管沐浴之事)。

八局:兵仗局(掌管制造军器)、银作局(掌管打造金银器件)、浣衣局(年老及罢退宫女居所,兼管洗衣)、巾帽局(掌造宫内所需帽靴)、针工局(掌造宫内所需衣服)、内织染局(掌管织染御用及宫内应用绸缎)、酒醋面局(掌管宫内食用酒、醋、酱、面等物)、司苑局(掌管蔬菜瓜果)。

以上总称二十四衙门。宦官机构不止这些,另有很多库、房,比如:内府供用库、司钥库、内承运库、甲字库、乙字库、丙字库、丁字库、戊字库、承运库、广盈库、广惠库、赃罚库,以及御酒房、御药房、御茶房、牲口房、刻漏房、更鼓房、甜食房、弹子房等。

林林总总,无所不有,所以称为宫内的小政府,几乎可与宫外的大政府相比拟。其中尤以司礼监的权力最大,设有掌印太监一员,秉笔太监、随堂太监四五员或八九员。地位最高的是掌印太监,人称"内相",视若外廷的内阁首辅。其次是秉笔太监兼东厂提督太监,视若外廷的都察院左都御史、内阁次辅。司礼监太监的权力来源于皇帝,他们的职责是代替皇帝批阅公文,凡是每日呈进的奏疏等公文,皇帝御笔亲批几本,其余都由司礼监太监"分批"。司礼监太监遵照内阁所票拟的字样,用朱笔楷书批在公文上。他们是皇帝的机要秘书,也是耳目喉舌,在宫内位高权重。每个司礼监太监都有一套工作班子,即所谓"各家私臣":有的叫做"掌家"——掌管一家之事;有的叫做"管家"——办理食物,出纳银两;有的叫做"上房"——掌管箱柜锁钥;有的叫做"掌班""领班"——钤束两班答应宦官;有的叫做"司房"——打发批文书,誊写应奏文书,此外还有一些看管琐碎事务的宦官。[1]

隆庆元年(1567),冯保已经是司礼监秉笔太监兼东厂提督太监。[2] 此时的他,权势已十分显赫,还想上升一步,成为司礼监掌印太监。当时掌印太监恰巧空缺,按照惯例,冯保由秉笔太监升任掌印太监,是名正言顺的。事不凑巧,冯保因小事冒犯皇帝,内阁首辅高拱一向忌惮冯保权力过于膨胀,乘机推荐御用监太监陈洪代理。按宫中规矩,御用监太监不能掌管司礼监,高拱的推荐显然不合常例,意在钳制冯保,由此招致冯保的嫉恨。

陈洪受此推荐,感恩戴德,极力为高拱"内主",互相策应。但是此

---

[1] 万斯同《明史》卷七十《职官志下·宦官》。刘若愚《酌中志》卷十六《内臣职掌纪略》。
[2] 东厂设立于永乐十八年,与先前设立的锦衣卫并称"厂卫",是直接听命于皇帝的特务机构。东厂的外署设于东安门外以北,内署在宫内东上北门之北街东,混堂司之南,是冯保为了扩张权势,于万历元年设立的。

人是个大老粗，没有文化，不久因忤旨而罢官。高拱一不做二不休，还是不推荐冯保，而推荐尚膳监太监孟冲。孟冲因为主管皇上饮食而深得宠信，破例滥竽充数，当上了司礼监掌印太监。①

穆宗皇帝临终前，冯保终于升任司礼监掌印太监。高拱断定，冯保活动于皇后、皇贵妃处，斥逐孟冲，由自己取而代之，而且是作为穆宗遗诏当众宣布的"着冯保掌司礼监印"，他认为其中颇有"矫诏"的成分，意思是这个遗诏是假的。②冯保的说法截然相反："隆庆六年五月内，圣躬不豫，特召内阁辅臣同受顾命，以遗嘱二本令臣宣读毕，以一本恭奉万岁爷爷，一本投内阁三臣。次日卯时分，先帝强起，臣等俱跪御榻前，两宫亲传懿旨：'孟冲不识字，事体料理不开，冯保掌司礼监印。'蒙先帝首允，臣伏地泣辞，又蒙两宫同万岁俱云：'大事要紧，你不可辞劳，知你好才用你。'"③言之凿凿，高拱所说"矫诏"云云，纯属臆测，冯保出任司礼监掌印太监是穆宗与皇后、皇贵妃以及皇太子的共同意愿。

问题在于，按照当时的惯例，司礼监掌印太监与东厂提督太监，权力太大，一向由两个人分别担任。东厂提督太监的关防上刻了十四个字"钦差总督东厂官校办事太监关防"，受皇帝钦差，行使凌驾于三法司的权力，气焰嚣张，不宜再担任司礼监掌印太监，控制枢密大权。只有前朝太监麦福、黄锦兼领二职，大多数时候是不兼领的。冯保居然兼领二职——"以印带厂"，不可一世。④高拱与冯保的矛盾激化了。

按照高拱的部署，首先发难的是以工科给事中程文（字载道，号碧川，江西东乡人）为首的一批言官。他们弹劾冯保有"四逆""六罪""三大奸"，罪名骇人听闻，措辞毫不掩饰，直截了当，欲置冯保于死地。比

---

① 王世贞《嘉靖以来首辅传》卷六《高拱传》。
② 高拱《高文襄公集》卷四十三《病榻遗言·顾命纪事》。
③ 王世贞《弇州史料前集》卷十六《中官考六》。
④ 沈德符《万历野获编》卷六《东厂、东厂印》。

如"不可赦"罪第一条——"冯保平日造进诲淫之器,以荡圣心;私进邪燥之药,以损圣体。先帝因以成疾,遂至弥留",显然指责冯保为害死先帝的元凶。第二条指责冯保玩弄"矫诏"手段升任司礼监掌印太监。第三条是将先帝遗诏以邸报方式公布,内中有皇太子"依三阁臣并司礼监辅导"字句,一时人皆传抄,传遍四方,为自己擅权造舆论。第四条是神宗登极典礼之时,冯保在皇帝御座旁站立,逼挟天子而同受文武百官朝拜。此外还有"耗国不仁""窃盗名器""贩鬻弄权"之类的罪状。言官们请求皇上"敕下三法司,亟将冯保拿问,明正典刑。如有巧进邪说、曲为保救者,亦望圣明察之"。① 这前一句,不仅要把冯保罢官,而且要他的性命;这后一句,含沙射影指向张居正,不得"曲为保救",使冯保没有回旋余地。

其中第一条指责冯保向皇帝进献房中术与春药,使之得病,并非无根之谈。朱载垕的父亲朱厚熜,打着"养生"的幌子,热衷于"采阴补阳"的"房中术"。有其父必有其子,前几年已有言官在进谏中隐隐约约提及此事。例如隆庆二年(1568)正月,户科给事中石星条陈六事,第一条就指出,皇帝"入春以来天颜渐癯",原因就在于"纵长夜之饮,耽声色之欲","万一起居失调,圣躬亏损,悔将安及?"②又如隆庆三年(1569)三月,给事中吴时来条陈九事,其中第三条希望皇上"戒嗜好"——"声色宝玩最易溺人,小人借以固宠,人主因之丧邦"。③ 也隐约涉及"诲淫"之事。由此可见程文等言官所揭发的情节,并非向壁虚构。

接着是六科的两巨头的弹劾,分量也很重。吏科都给事中雒遵(字道行,号泾坡,陕西泾阳人)的弹劾,直斥冯保为"僭横":"方今司礼太监

---

① 高拱《高文襄公集》卷四十四《病榻遗言·矛盾原由下》。
② 沈越《皇明嘉隆闻见纪》卷十二,隆庆二年正月。
③ 沈越《皇明嘉隆闻见纪》卷十二,隆庆三年三月庚午。

冯保,僭窃横肆,坏乱朝纲,若不明法大斥其罪,则祸本未除,其何以号令天下,而保安社稷哉!"他忿然指责冯保,不过是一个侍从之仆,竟敢在皇上即位之日,立于御座之旁,文武百官是拜皇上,还是拜冯保?欺陛下幼冲,无礼至此!要求皇上务必将冯保交付三法司,追究其僭横情罪,依法惩处。①

礼科都给事中陆树德(字与成,号阜南,松江华亭人)在奏疏中谴责冯保:"刚愎自用,险恶不悛,机巧善于逢迎,变诈熟于窥伺,暴虐久著,贿赂彰闻。"他特别指出冯保升任司礼监掌印太监是个阴谋:"五月二十六日卯时,先帝崩逝;辰时,忽传冯保掌司礼监。大小臣工无不失色,始而骇,既而疑。骇者骇祸机之隐伏,疑者疑传奏之不真,举相谓曰:果先帝意乎?则数日之前何不传示,而乃传示于弥留之后?是可疑也。"因此他主张不要授予他大权,以免后患。②

广西道监察御史胡涍(字原荆,号蓬渠,常州无锡人)弹劾冯保"窥视名器",他表示:原先的司礼监掌印太监孟冲没有听说有革职令旨,就被冯保取代,所传令旨出自冯保,臣等相顾惊愕,请皇上严格驾驭身边近臣,不要为他们的谄谀所迷惑。③

一切都按照高拱的布置在进行。为了防止冯保利用司礼监的权力,扣押奏疏,高拱事先要官员把奏疏的副本送到内阁,有利于造成"倒冯"舆论,他正好从中拟旨,驱逐冯保。

3. 张居正"附保逐拱"

冯保虽然老谋深算,对嘉靖以来朝中的权力斗争早已司空见惯,但

---

① 万斯同《明史》卷三百二十六《雒于仁传(附父遵)》。高拱《高文襄公集》卷四十四《病榻遗言·矛盾原由下》。
② 高拱《高文襄公集》卷四十四《病榻遗言·矛盾原由下》。万斯同《明史》卷三百一十六《陆树德传》。
③ 《明神宗实录》卷二,隆庆六年六月己巳。朱彝尊《静志居诗话》卷十三《胡涍》说:胡涍因此事卷入政治斗争漩涡,终于落职为民。

如今自己挨整,毕竟有点手足无措。他唯恐百官面奏皇上,局面难以收拾,便派亲信徐爵向张居正请教对策。张居正说:不要怕,正好将计就计应付。他不同于谨小慎微的高仪之流,精通申不害、韩非的权术,深知协助高拱逐去冯保对自己并无好处;反之,协助冯保逐去高拱,自己就可以升任首辅。正如文秉所说,张居正是"深中多谋"之人,"耻居拱下,阴与(冯)保结为生死交,方思所以倾(高)拱"。① 何况他对冯保的印象一向很好,根本不相信高拱与言官所说的"矫诏"之事。作为顾命大臣了解很多外人所不知的内情,他日后回忆:"穆宗不豫,召辅臣至御榻前受顾命,公(指冯保)宣遗诏,音旨悲怆。今上(指神宗)践祚,奉先帝遗命,以公掌司礼监事。适余得上召见于平台,付以国政,宫中府中事无大小,悉咨于余而后行,未尝内出一旨,外干一事。"② 这一说法与冯保的自述是一致的,这种互相信任提供了合作的基础。穆宗临终之际,皇后、皇贵妃和皇太子极力主张冯保出任司礼监掌印太监,因此只要激怒皇后、皇贵妃和刚刚由皇太子即位的小皇帝,冯保就可以化被动为主动。张、冯的亲信姚旷、徐爵连夜开东华门,三番五次往来沟通声气。

冯保终于抓住高拱的把柄。高拱一向自傲,口不择言,出口伤人。十岁的小皇帝即位以后,他在公开场合多次感叹:十岁太子如何治天下? 张居正和冯保定计抓住这一句话,激怒皇后、皇贵妃、小皇帝。关于此事,各种文献的记载大同小异。

吴伯与说:冯保抓住高拱所说"安有十岁天子能裁决政事者乎!"遂谬其辞以激上曰:"高阁老言十岁孩子安能决事!"③

朱国祯说:"(隆庆六年〔1572〕五月二十六日)卯初刻,上(指穆

---

① 文秉《定陵注略》卷一《逼逐新郑》。
② 张居正《司礼监太监冯公预作寿藏记》,《新刻张太岳先生文集》卷九。
③ 吴伯与《高文襄公状略》,《国朝内阁名臣事略》卷九。

宗)崩,三臣在阁,闻报皆哭,(高)拱尤悲切,屡顿足曰:'十岁的太子如何做得皇帝!'冯保素惮(高)拱强直难与言,即遣小竖飞报两宫曰:'高阁老呼太子为十岁的孩子做不得皇帝。'两宫皆讶之,太子在侧色变。"①

万斯同说:"一日,内使传旨至阁,(高)拱曰:'旨出何人? 上冲年,皆若曹所为,吾且逐去若曹矣。'(冯)保大惊,居正亦欲逐拱,觊首辅,遂与(冯)保合谋。"②

以上诸位的措辞略有差异,要点却是一致的,高拱怀疑十岁的孩子如何能够做皇帝。王世贞的说法别具一格:"时居正当视陵地不出,(高)拱使所厚语居正曰:'当与公立此不世功。'因语云云。居正阳笑曰:'小事耳,何足言不世功。'而密遣人报(冯)保,保得为备,乃言于皇后、贵妃曰:'拱欺太子幼冲,欲迎立其乡周王以为功,而已得国公爵矣,又多布金于两宫之近侍,俾言之。'皇后与贵妃皆错愕。保乃抑给事、御史疏不遽达,而拟旨逐拱。"③不知王世贞所谓"迎立周王"的说法有何根据? 从史料考证来看,此说迹近于谣言。张岱却信以为真,在高拱列传中全文照引。④

最为正确的记载来自申时行,他作为亲历者目击者,提到高拱所说的"十岁天子安能决事"的来龙去脉,说得最为具体细致,也最可信。他写道:高拱呈上新政所急五事疏,"上御文华,讲读毕,即与阁臣面决政事,具仪式以请。(冯)保念以为审尔,则事权悉归内阁,而司礼益轻,欲格其奏,乃请上批云:'照旧制行。'使文书内臣持到(内)阁,新郑(高拱)言:'此疏不发阁议拟,而旨从中出者何也?'内臣以御批对,新郑曰:'安有十岁天子而能裁决政事者乎?'内臣还报,(冯)保失色,故谬其词以激

① 朱国祯《皇明大事记》卷三十六《纪事》。
② 万斯同《明史》卷四百六《宦官传下·冯保》。
③ 王世贞《嘉靖以来首辅传》卷六《高拱传》。
④ 张岱《高拱列传》,《石匮书》卷一百六十五。

上曰:'高阁老云:十岁孩子安能决事?'上怒,入奏两圣母,皆相持而哭。是日,给事、御史论劾(冯)保恣横不法疏凡七上,(冯)保益惶急,而故善江陵(张居正),则使所亲问计,江陵方恶新郑,与乘机逐之,则以计授(冯)保。"①

于是乎,张居正"附保逐拱"的好戏上演了。

隆庆六年(1572)六月十六日,宫中传出话来:"有旨,召内阁、五府、六部众皆至!"高拱满以为是皇上要下令处分冯保,颇为兴高采烈。高仪预感到不祥之兆,为了避祸,称病在家。张居正前几天前往天寿山视察穆宗陵地,归途中暑,正在家中调理,几经催促,才姗姗来迟,扶曳而入。高拱见了他,难以抑制兴奋的心情,连声说:"今日之事,必是为昨科道本(指科道官弹劾冯保)。有问,我当对,我必以正理正法为言,言必忤意,公可就此处,我去则无事矣。"张居正心中自然有数,并非"为昨科道本",但又不能点破,便不置可否地敷衍了一句:"公只是这样说。"②

高拱、张居正一行来到会极门,太监王蓁手捧圣旨出来,文武百官下跪接旨。王蓁朗声喊道:"张老先生接旨!"全场一片肃静,只听得王蓁一字一句地高声念道:"皇后懿旨、皇贵妃令旨、皇帝圣旨:说与内阁、五府、六部等衙门官员,我大行皇帝宾天先一日,召内阁三臣在御榻前,同我母子三人亲受遗嘱,说:'东宫年少,要你们辅佐。'今有大学士高拱专权擅政,把朝廷威福都强夺自专,通不许皇帝主管。不知他要何为?我母子三人惊惧不宁。高拱便着回籍闲住,不许停留。你每大臣受国家厚恩,当思竭忠报主,如何只阿附权臣,蔑视幼主,姑且不究。今后都要洗心涤虑,用心办事。如再有这等的,处以

---

① 申时行《赐闲堂集》卷四十《杂记》。
② 高拱《高文襄公集》卷四十四《病榻遗言·矛盾原由下》。

典刑。钦此。"①

今日之事大大出乎高拱预料。先是王太监所说"张老先生接旨"一句,便大有蹊跷,他是首辅,为何不说"高老先生接旨"？已经感到大事不妙。愈往下听,愈觉得不对劲,想不到遭到斥逐的不是冯保而是他自己,顿时浑身瘫软,直冒冷汗。据王世贞描述,当时高拱"面色如死灰,汗陡下如雨,伏地不能起",在一旁的张居正"掖之起","使两吏扶携出"。②

高拱毕竟是久经风雨的老政客,对这种结局多少也作过一些考虑。在上五事疏之前,就曾向高仪提及"若不得行,则任彼朋辈倾陷,死生不复顾";今日上朝时,又与张居正说起"言必忤意,公可就此处,我去则无事"。③ 只是这样的结局来得太突然,而且已经无法挽回,圣旨严令"回籍闲住,不许停留",次日就离京返乡。高拱的下场出乎很多官员的意料,引起猛烈的震动,吏部左侍郎魏学曾就是一个例子。张岱描写道:"壬申(隆庆六年)神宗践祚,(高)拱与江陵张居正同在政府,各以才相倾轧,朝臣分左右祖,(魏学)曾独中立其间。亡何,高拱罢,廷臣失色,(魏学)曾独大言曰:'践祚甫数日,上首逐顾命大臣,岂正始事？且诏出何人手,不可不明示!'百官朝罢,要九卿诣居正所,诸大臣有至有不至者,居正则谢病罢客。拱遂狼狈行,而居正不无快(魏学)曾意,未几,晋南京右都御史,嗾言官论列,诏褫新命,以侍郎归里。"④可见对于高拱罢官,廷臣都大惊失色,噤若寒蝉,唯独魏学曾公然对诏书表示怀疑,而且

① 朱国祯《皇明大事记》卷三十六《纪事》。何乔远《名山藏》卷二十九《典谟纪二十九·穆宗庄皇帝》。《明神宗实录》卷二,隆庆六年六月庚午。各书所写字句大同小异,如"东宫年少,要你们辅佐"一句,《名山藏》作"东宫年少,赖尔辅导";《明实录》作"东宫年少,要他每辅佐"。
② 王世贞《嘉靖以来首辅传》卷六《高拱传》。
③ 高拱《高文襄公集》卷四十四《病榻遗言·矛盾原由下》。王世贞《嘉靖以来首辅传》卷六《高拱传》。
④ 张岱《魏学曾列传》,《石匮书》卷一百七十四。

知道张居正参与其事,要找他理论。张居正避而不见,事后又对魏学曾打击报复。张居正"附保逐拱"的蛛丝马迹,已经显露无遗。

张居正为了避嫌,与高仪联名上疏,请皇后、皇贵妃、皇帝收回成命,挽留高拱。这篇奏疏写得情真意切,丝毫没有落井下石的意味,张居正说:"臣不胜战惧,不胜忧惶。臣等看得高拱历事三朝三十余年,小心端慎,未尝有过。虽其议论侃直,外貌威严,而中实过于谨畏,临事兢慎如恐弗胜……惟先帝付托之重,国家忧患之殷,日夜兢兢,唯以不克负荷为惧,岂敢有一毫专权之心哉!"张居正还为高拱的陈五事疏辩解,其本意不过是恢复祖制,明确职掌,有益于新政,虽然词句直率,其实并无他意。何况又和臣等彼此商榷,联名同上,倘若皇上以此为高拱之罪,那么臣等也罪责难逃,请求将臣等与高拱一体罢斥。[①] 在不明真相的人看来,张居正果然君子坦荡荡,挺身为高拱分担罪责,百端为高拱评功摆好,希望皇上予以挽留。然而联系到连日来与冯保密谋策划如何斥逐高拱的活动,人们不禁对他的虚情假意感到愕然,为政治家特有的两面派作风感到汗颜。皇帝的圣旨很快下达:"卿等不可党护负国。"[②]不同意收回成命、挽留高拱。这其实是在张居正预料之中的,他的上疏不过是显示姿态而已。

第二天一早,高拱赶去辞朝,向皇帝告别。张居正对他说:我为你向皇上乞恩,请你驰驿行。所谓驰驿行,是指高级官僚享受国家驿站提供交通工具的优待特权。张居正的意思是让高拱体面地离京回乡,高拱却不领情,一口回绝:走就走,何必驰驿行?还顺便挖苦一句:你不必如此,难道不怕"党护负国"圣旨再次下达吗?张居正尴尬地应了一句:你到底只是如此。

---

① 《明神宗实录》卷二,隆庆六年六月庚午。高拱《高文襄公集》卷四十四《病榻遗言·矛盾原由下》。
② 《明神宗实录》卷二,隆庆六年六月庚午。

高拱辞朝后,仓促乘坐一辆骡车离开京城,出宣武门踏上返乡的归路。张居正所说的"乞恩驰驿行",倒并非敷衍之词,果然在高拱辞朝后,对皇帝说,高拱原籍河南,距离京师一千五百余里,长途跋涉,实在苦难,伏望皇上垂念旧劳,特赐驰驿行。①

　　因为没有享受驰驿行的特权,高拱出京途中十分狼狈,厂卫的缇骑兵丁跟踪逼逐,所带行李囊筐被抢夺一空,随行的奴婢仆人带了盘缠四散逃亡。出都门二十余里,饿极了,在一家野店胡乱进食果腹。② 高拱一行途经良乡真空寺,正好有亲朋故友前来接风送饭。高拱刚下车,就见到一名小吏手持文书进入寺中,原来是张居正派何文书送来"驰驿行"的勘合(证件)。到了此时此际,高拱仍然耿耿于怀,他始终认为自己的下台是张、冯串通一气的阴谋,请求恩准驰驿行是做给别人看的政治手腕。他那傲视一切的习性压抑不住地流露出来,对着文书讽刺张居正,"欲上本救我,则上本救我;欲言党护负国,则言党护负国;欲乞驰驿,则乞驰驿;欲准驰驿,则准驰驿"。说得激动,形容两面三刀的民间俗语脱口而出:"俗言云:'又做师婆又做鬼','吹笛捏眼,打鼓弄琵琶,三起三落'。"③这话粗俗不堪,却生动之极,流露出高拱对张居正的看法:"又做师婆又做鬼","三起三落"云云,讥刺张居正任意拨弄皇上于掌股之间。饭毕,高拱负气不愿"驰驿行",送行的亲朋故友再三相劝,他也思忖:虽是张居正的安排,但既称君命,安敢不受! 乘势下台阶,放弃骡车,改为"驰驿行"。

　　卧病在家的高仪,听到高拱"回籍闲住"的消息后,大惊失色,担心连累自己,忧心忡忡,顿时病情加剧,呕血三日而死。高仪入阁办事才一个多月,与高拱、张居正一起成为顾命大臣,在两位铁腕人物

---

① 《明神宗实录》卷二,隆庆六年六月壬午。
② 文秉《定陵注略》卷一《逼逐新郑》。
③ 王世贞《嘉靖以来首辅传》卷六《高拱传》。

的倾轧中,避免了麻烦,虚与委蛇,称病不出。高仪身为高官,却一向淡泊明志,简静寡欲,徐象梅说他:"雅饬如书生,自视恂恂无他技,及见权势煊赫,群然风靡者,若无有也。雅恬素绝纷华珍玩之好,家不蓄姬媵,独文史自娱。官三十年,世业不增尺寸。"①高仪一生秉礼循法,过着清贫生活,旧屋焚毁后并未再建,一直寄居于他人篱下,如此清正之人以这样的方式谢世,结束三十年的为官生涯,未免令人唏嘘,令人感慨。

三位顾命大臣,一逐,一死,剩下张居正一人,理所当然地成为内阁首辅,一人独当辅佐小皇帝的重任。不久吕调阳以礼部尚书文渊阁大学士身份入阁,毕竟人微言轻,难以撼动张居正的权力。张居正"附保逐拱"的结果,意味着内阁与司礼监的关系达到前所未有的牢不可破,为张居正日后厉行改革,实施新政,奠定了坚实的权力基础。正如日后他的副手申时行所说:"由是,宫禁事皆决于(冯)保,而朝廷政务悉归阁中,江陵(张居正)得行一意,无阻挠者矣。"②天启年间出任阁臣的朱国祯,谈到嘉靖以来内阁的权力斗争,不无感慨地说:张璁刚愎自用逼逐费宏、杨一清,严嵩陷害夏言至死,徐阶以阴柔扳倒严嵩,议论道:"凡若此者,原非同调,便生异心。小者逞口诤,大者动杀机,势逼使然,深心独运。然未有新郑(高拱)之知江陵(张居正),与江陵逐之之狠者。"③政治斗争就是如此,"小者逞口诤,大者动杀机"。斥逐高拱固然心狠手辣,不过是"逞口诤",后面的"王大臣案"才是"动杀机"。

---

① 徐象梅《礼部尚书文渊阁大学士高子象仪》,《两浙名贤录》卷十四。
② 申时行《赐闲堂集》卷四十《杂记》。
③ 朱国祯《皇明大事记》卷三十八《阁臣》。

四 "王大臣案"——张冯权力联盟的强化

1. "先生忠而高拱邪"

六月十九日,小皇帝为了表示嘉奖之意,在平台单独召见新任内阁首辅张居正。与乾清宫相对的云台门的两旁,东面是后左门,西面是后右门,也称云台左右门,这就是平台,是皇帝召见阁臣的地方。

张居正因为视察穆宗陵墓,中暑致病,在家调理。十九日清晨,接到宫中内侍传达圣旨,宣召入宫,立即赶来。小皇帝已在平台御座上等候,请张居正到御座前,对他嘉奖一番,其中最重要的一句话是"先生忠而高拱邪"。小皇帝说:"父皇在御日,尝一再聆德音,谓先生忠而高拱邪。先生幸自爱,悉心见辅。"①斥逐高拱引来一片非议声,听到皇上如此斩钉截铁的表态——先生忠心而高拱邪恶,张居正再三叩头谢恩,感激得不能仰视,索性伏在地上回答皇上的关照——"凡事要先生尽心辅佐",说:"臣叨受先帝厚恩,亲承顾命,敢不竭力尽忠,以图报称。方今国家要务,唯在遵守祖制,不必纷纷更改。至于讲学亲贤,爱民节用,又君道所当先者,伏望圣明留意。"②这是张居正作为内阁首辅第一次向皇帝阐明施政纲领,这位极力主张扫除廓清历年积弊的改革家,此时只字不提改革,反而强调"遵守祖制,不必纷纷更改",用心良苦,非不为也,

---

① 张岱《张居正列传》,《石匮书》卷一百六十六。
② 张居正《新刻张太岳先生文集》卷三十七《奏疏二·谢召见疏》。

是不能也,地位尚未巩固,时机还不成熟。他是个"沉深有城府,莫能测"①的政治家,正在为今后的改革创造条件。小皇帝望着这位身材颀长,眉目清秀,长须至腹的美髯公,对他说的"遵守祖制"云云,表示赞同:"先生说的是。"谈完了政事,张居正还不忘以长辈身份叮嘱皇上:"目今天气盛暑,望皇上在宫中慎起居,节饮食,以保养圣躬,茂膺万福。"小皇帝答道:"知道了。"随即吩咐左右内侍:"与先生酒饭吃!"赏赐白银五十两,苎丝四表里(即衣料面子、里子各四套),内中有蟒龙、斗牛各一匹。②

这次平台召见,是朱翊钧即位后第一次与内阁首辅张居正的单独对话。在朱翊钧方面,一则感谢他为父皇陵寝奔波的辛劳,二则肯定张居正忠而高拱邪,希望他尽心辅佐。在张居正方面,一则对皇上的信任与厚爱表示感谢,二则以顾命大臣、内阁首辅的身份告诫皇上,遵守祖制,讲学亲贤,爱民节用。

张居正叩头谢恩退出后,觉得意犹未尽,立即写了《谢召见疏》,呈送小皇帝。这是他十年辅佐生涯给神宗皇帝的第一份奏疏,除了谢恩的客套话,着重表达秉公为国的思想:"人臣之道,必秉公为国,不恤其私,乃谓之忠。臣少受父师之训,于此一字,讲明甚熟……臣之区区,但当矢坚素履,馨竭献为。为祖宗谨守成宪,不敢以臆见纷更;为国家爱养人才,不敢以私意用舍。"希望皇上"讲学勤政,亲贤远奸,使宫府一体,上下一心,以成雍熙悠久之治"。③ 他所提出的这几条原则,颇为真切地反映了要想有所作为的心态。而要想有所作为,必须营造"宫府一体"——宫廷与政府意见一致的局面,他后来的十年辅

① 张岱《张居正列传》,《石匮书》卷一百六十六。
② 《明神宗实录》卷二,隆庆六年六月癸酉。张居正《新刻张太岳先生文集》卷三十七《奏疏二·谢召见疏》。
③ 张居正《新刻张太岳先生文集》卷三十七《奏疏二·谢召见疏》。

政生涯确实达到了"宫府一体"的目标,而张冯权力联盟就是实现这一目标的保证。

2. "王大臣"闯宫事件

高拱回籍闲住,冯保胜利了,心里还不踏实。事实上,高拱有过回籍闲住后再度复出的先例,为了防止他东山再起,一手策划了诬陷高拱的"王大臣案"。

万历元年(1573)正月十九日清早,皇帝朱翊钧按例出宫视朝,他的轿子刚出乾清门,晨雾迷蒙中,有一个太监打扮的男子,从西阶下直奔过来,被警卫人员抓住。初步审讯后,知道此人名叫"王大臣",是常州府武进县人,其余一概不说。司礼监掌印太监兼东厂提督太监冯保作为主管,将此事报告皇帝,声称在他身上搜查出刀剑各一把。皇帝当即下旨:"王大臣拿送东厂究问,还差的当办事校尉着实缉访来说。"[1]其实,王大臣身上的刀剑是冯保事后安放在他身上的。[2]

张居正与冯保密切配合,立即以内阁首辅的身份插手此案,向皇帝报告案情,并且要求追查幕后主使人。他说:"适见司礼监太监冯保奏称:十九日圣驾出宫视朝,有一男子身挟二刃,直上宫门碱磋,当即拿获……虽其人当即擒获,逆谋未成,然未然之防,尤宜加慎。臣等窃详,宫廷之内侍卫严谨,若非平昔曾行之人,则道路生疏,岂能一径便到!观其挟刃直上,则其造蓄逆谋殆非一日。中门又必有主使勾引之人。据其所供姓名、籍贯,恐亦非真。伏乞饬下缉事问刑衙门,仔细究问,多方缉访,务得下落,永绝祸本。"[3]张居正的意思十分明显,要顺藤摸瓜,查出"王大臣"的幕后主使勾引之人。皇帝当即批复:"卿等说的是,这

① 《万历起居注》,万历元年正月十九日庚子。
② 朱国祯《皇明大事记》卷三十八《阁臣》。朱氏写道:冯保"令人以刀剑各一,置(王)大臣怀袖中"。
③ 《万历起居注》,万历元年正月二十二日癸卯。

逆犯挟刃入内,蓄谋非小。着问刑缉事衙门,仔细研访主逆勾引之人,务究的实。该日守门内官,着司礼监拿来打问具奏,守卫法司提了问。"①

在官样文章掩盖下,一场政治阴谋正在悄悄酝酿、发作。因为皇帝有旨,将案犯拿送东厂审问,而东厂正是冯保主管的部门,一切按照他的谋划,企图把高拱定为"主使勾引之人",以行刺皇帝罪,置他于死地。

高拱是受害者,而且是无辜的,他晚年在回忆录《病榻遗言·毒害深谋》中对此案的始末记述得特别详细,兹转述于下:

正月十九日早朝,皇上出乾清门,见一内使(宦官),行走慌张,左右随从人员上前捕获。搜查后得知,此人是无须男子穿内使巾服,冒充内使。审讯后,知其本名章龙,从总兵戚继光处来。张居正听说后,急忙派人对冯保说:"奈何称戚总兵! 禁勿复言。此自有作用,可借以诛高氏灭口。"随即票拟谕旨一道:"着冯保鞫问,追究主使之人。"冯保派人把刀剑各一把,置于王大臣怀袖中,随后亲自去东厂审问,关紧门窗,屏退左右,悄声对王大臣说:"汝只说是高阁老使汝来刺朝廷,我当与汝官做,永享富贵。"随后给心腹伙长辛儒赏银二十两,嘱咐他与王大臣朝夕相处,教他诬陷高拱指使行刺的口供,又教他诬陷高阁老的家人李宝、高本、高来参与同谋。冯保当即派东厂校尉前往河南新郑县,捉拿高府家人李宝、高本、高来,作为证人,定高拱之罪。

《皇明从信录》记载此事,取材于高拱的《病榻遗言》,这表明了这部编年史作者的倾向,认为事实真相就是如此:"时正月十九日早,上出乾清宫,见一无须男子,假装内使,趋走章皇。左右执之,问其名,曰王大

① 《万历起居注》,万历元年正月二十二日癸卯。

臣。问自何来,曰自总兵戚继光所来。时辅臣张江陵随票旨:'着东厂鞫问。'且嘱曰:'奈何称戚总兵,禁勿复言,此自有作用。'大臣既下(东)厂,随有一辛儒者,与朝夕同处,供其饮食男女之欲,备极款厚,因教之曰:'但称自阁老高拱所来,欲阴行刺上,而(东)厂校缇骑已集高之门矣。'"①

学者型官僚朱国祯与高拱所说大同小异,这"小异"之点很重要:此案原非张居正的本意,但又不能与冯保对立,所以才上疏皇帝,请求追究主使人,引来外界的种种怀疑。朱氏写道:"万历元年正月十九日早朝,上出乾清门,见一内使趋走周章,执之,则无须男子假内使巾服者也。问其名,曰王大臣(本名章龙)。问自何来?曰自戚总兵来。阁票着冯保鞫问,保令人以刀剑各一把置大臣怀袖中,而自下厂莅之,密语大臣曰:'汝只说是河南高老使汝来刺朝廷,我与汝官,享富贵。'随嘱一心腹伙长辛儒,赏银二十两,使与大臣朝夕同处,共饮食,唆行前计,又教之诬称高老家人李宝、高本、高来同谋。保发(东)厂校五名,至新郑擎此三人,硬成其事。原非张(居正)本意,又难与保异同,复疏请令追究主使。中外大骇,谓居正实主之。"②确实如此,事件发生后,"中外大骇,谓居正实主之",人们并没有冤枉他。

一时间,朝廷内外,街头巷尾,人们莫不汹汹惊愕。张居正感受到巨大的舆论压力,与刚刚转任吏部尚书的三朝元老杨博商量:"此事当如何处?"杨博说:"此事关系重大,若果为之,恐惹事端,且大臣人人自危,似乎不可。"张居正颇为沮丧。杨博与都察院左都御史葛守礼(字与立,号与川,山东德平人)是同年,关系相当深厚,便将此事透露给他。葛守礼又把这一消息告诉右都御史陈省(字孔霞,号约斋,福建长乐人)。陈省原是张居正的幕僚,当即向张居正通报。消息不胫而走,太

---

① 陈建、沈国元《皇明从信录》卷三十四,万历元年正月。
② 朱国祯《皇明大事记》卷三十八《阁臣》。

仆寺卿李幼滋(字元树,号义河,湖广应城人)一听此事,不顾疾病缠身,支撑起身体赶往张府,对张居正说:"公奈何为此事?"张居正否认:"何谓我为?"李幼滋说:"朝廷拿得外人,而公即令追究主使之人。今(东)厂中称主使者即是高老。万代恶名必归于公,将何以自解?"张居正仍矢口否认:"我为此事忧不如死,奈何谓我为之!"[1]

给事中和御史们忿忿不平,欲上疏挑明此事,又畏惧张居正的权势,不敢贸然行动。多名刑科给事中互相议论:此事关乎刑科职责,若无一言,我辈如何见人!于是写了语气平和的奏疏,建议把案犯王大臣从东厂送出,交由三法司审理。为了取得张居正的首肯,他们前往朝房向他解释。张居正极力劝阻,告诉他们事情已经成了。

言官们接连等了五天,从早到晚,不见张居正的踪迹。御史钟继英(字乐华,广东东莞人)按捺不住,上疏影射此事。张居正票拟谕旨"令回话",又恐更多言官上疏言事,不好收拾,颇为踌躇,便去午门关圣庙求签。但见那签文写道:

> 才发君心天已知,何须问我决嫌疑。
>
> 愿子改图从孝悌,不愁家室不相宜。

下面还有一段注解:"所谋不善,何必祷神,宜决于心,改过自新。"[2]

张居正委派锦衣卫左都督朱希孝会同冯保一起审讯案犯王大臣,成为案件的转折点,而促成转折的关键人物正是杨博、葛守礼。

3. 危机的化解

何乔远《名山藏》记载,张居正与杨博商量如何处理王大臣案,杨博说:"事大,迫之恐起大狱。抑上神圣英锐,待公平察。高公虽粗暴,天

---

① 高拱《高文襄公集》卷四十四《病榻遗言·毒害深谋》。
② 高拱《高文襄公集》卷四十四《病榻遗言·毒害深谋》。

日在上，万无此事。"又说："愿相公持公议，扶元气。厂中（指东厂太监冯保）宁有良心？倘株连者众，事更有不可知者。"张居正表示愿意挽回，但不知后局如何了结，杨博为他出了个主意："相公患不任耳，任何难结，须得一有力世家与国休戚者，乃可委按。"所谓"有力世家与国休戚者"，既是皇室亲戚又手握大权的元老重臣，当然非锦衣卫左都督朱希孝莫属。张居正领悟了他的意思，松口说："上前度处之。"意思是要向皇上请示才能定夺。①

张居正请示皇帝批准，命东厂太监冯保与都察院左都御史葛守礼、锦衣卫左都督朱希孝，三堂会审。朱希孝知道此事冯保一手操纵，事情十分棘手，受命后恐惧而哭，急忙找张居正商量。张居正要他去见杨博。杨博对朱希孝说："欲借公全朝廷宰相体耳，何忍陷公！"②

杨博还为朱希孝出主意如何平反冤狱，为高拱昭雪。万斯同《明史》对此有详细记叙，被张廷玉奉敕编纂的《明史》采用，很值得一看："及王大臣狱兴，居正与冯保将借以杀（高）拱。（杨）博间语居正曰：'事不可诬，高公虽粗暴，天日在上，安得有此？'居正面发赤而退。都御史葛守礼语（杨）博曰：'事急矣，非公莫能救。'即同造居正，博曰：'愿相公持公议，养元气。'因历数先朝政府同心辅政，及后数公递相倾轧，可为殷鉴。居正愤曰：'二公谓我甘心高公耶？'博等曰：'吾两人非谓相公甘心高公，以回天非相公不能耳。'会帝命（葛）守礼偕都督朱希孝会讯，希孝惧甚，博阴为画计，使校尉怵（王）大臣改供，又令（高）拱仆杂稠众中，令（王）大臣识别，茫然不辨也，事乃白。人以是益称博长者。"③

都察院左都督葛守礼在其中的作用也不可小觑。《国榷》记载，葛守礼获悉王大臣案，拉着吏部尚书杨博去见张居正，展开了一场唇枪舌

① 何乔远《高拱传》，《名山藏》卷八十《臣林记·隆庆臣一》。
② 谈迁《国榷》卷六十八，万历元年正月庚子。
③ 张廷玉《明史》卷二百一十四《杨博传》。

剑般的交锋。

张居正明确表示支持东厂对此案的处理："东厂狱具矣，同谋人至，即疏处之。"

葛守礼反驳道："守礼敢附乱臣党耶，愿以百口保高拱。"张居正沉默不语。葛守礼继续说："先时，如贵溪（夏言）、分宜（严嵩）、华亭（徐阶）、新郑（高拱），递相倾轧，相名坐损，可鉴也。"

张居正愤愤然说："二公意我甘心高公耶？"奋起入内，取出一份东厂揭帖给二人看，意思是此案系东厂所为，与己无关。揭帖中张居正亲笔加了四个字"历历有据"，自己却忘记了，葛守礼认识张居正的笔迹，就笑着把揭帖藏入袖中。张居正此时才省悟，讪讪地说："彼法理不谙，我为易数字耳。"一下子暴露了他参与此案的秘密。

葛守礼乘机规劝道："此事密，不即上闻，先政府耶？吾两人非谓公甘心新郑，以回天非公不能。"

张居正口气软了下来："苟可效，敢不任，第后局何以结？"

杨博说："公患不任耳，任何难任，须世臣乃可共。"[1]

赵吉士所记，与此大体相同："张江陵欲甘心高新郑，左都督葛守礼与冢宰杨博力争之。居正愤曰：'二公意我甘心高公耶？'奋入内，取厂中揭帖，投（杨）博曰：'是何与我事？'中有居正窜改四字，曰'历历有据'，居正忘之。守礼识其字，笑纳诸袖。居正觉曰：'彼法理不谙，为易数字耳。'（葛守）礼曰：'机密重情，不即上闻，先政府耶？吾二人非谓相公甘心高公，以回天非公不能。'居正揖谢曰：'苟可效，敢不任。'高拱卒无虞。"[2]

因此，人们对葛守礼给予高度评价。申时行说："公立朝大者，当其夙夜兢兢，进止有恒度，事上最谨，而不薪为恭。称引国事当否，徐以数

---

① 谈迁《国榷》卷六十八，万历元年正月庚子。
② 赵吉士《寄园寄所寄》卷一《囊底寄·智术·张江陵》。

言折群议,屹然中立,不与众俯仰,不蕲为直。"①于慎行说他"居常峻峻简默,言不出口,及当大义大谋,众莫敢发,公独守经据古,侃侃指画,常以片言取决。平生取予去就,严于一介,至臧否人物,常依宽大,耻为刻深。盖老成正直君子也……历事三朝,一意奉法,孤立无所阿曲,正色直气,望之俨然。"②

朱希孝得到杨博、葛守礼的指点,为了万无一失,会审之前做了周密的安排。一是花几千两银子贿赂宫中大太监,请他们尽量缓解皇贵妃(即朱翊钧生母慈圣太后)的怒气。二是派锦衣卫校尉提前秘密审问王大臣,要他从实招供,或可免罪。问他从哪里来? 他回答:从冯保那里来,所有口供都出自冯保之口。校尉对他说,进宫谋逆按照法律要株连九族,为什么甘心为此? 如果讲实话,或许可以免罪。王大臣茫然而哭:开始时对我说,主使者罪至大辟,自首者不但无恙,还可做官获赏。哪里晓得应当讲实话。朱希孝还令高府家人李宝、高本、高来混杂在身穿便服的校尉之中,要王大臣辨认同谋之人,王大臣根本无法辨认(原本子虚乌有)。朱希孝又诘问王大臣:刀剑从何而来? 王大臣回答:冯保家奴辛儒所给。这一切都在会审之前进行,冯保并不知晓。③

二月十九日,是三堂会审的日子。这天原本风和日丽,朱希孝、葛守礼、冯保一行来到东厂,突然狂风大作,雾霾弥漫,不一会,又雨雹不止。东厂"理刑官"白一清对另外两个"问刑千户"说:天意如此,不可不畏。高老是顾命元老,此事原本与他无关,强加诬陷,我辈都有身家妻子,他日能免诛夷之祸? 二位受冯公公厚恩,当进一忠言为是,何况王大臣言语不一,二位所取"招由",却说"历历有据",是何所据? 两个"问

① 申时行《赐闲堂集》卷二十二《太子少保都察院左都御史赠太子太保谥端肃葛公墓表》。
② 于慎行《谷城山馆文集》卷二十五《明故太子少保都察院左都御史赠太子太保葛端肃公神道碑铭》。
③ 谈迁《国榷》卷六十八,万历元年正月庚子。

刑千户"回答："历历有据"四字，是张阁老亲笔改的。白一清又说：你该当死罪，东厂机密狱情怎么可以送给内阁修改？

等了一些时辰，天色稍稍开朗，会审开始。按照惯例，东厂、锦衣卫审案，必须对案犯先加刑罚，以杀威风。于是先打王大臣十五大板。

王大臣大叫："原说与我官做，永享富贵，如何打我？"

冯保打断他的话，喝问："是谁主使你来？"

王大臣瞪目仰面说："是你使我来，你岂不知？却又问我。"

冯保见他的阴谋已被揭穿，气得面色如土，为了挽回局面，又强问："你昨日说是高阁老使你来刺朝廷，如何今日不说？"

王大臣回答："你教我说来，我何曾认得高阁老？"

朱希孝见真相大白，唯恐王大臣把隐情和盘托出，局面难以收拾，厉声喝道："这奴才，连问官也攀扯，一片胡说，只该打死。"顺势对冯保说："冯公公，不必问他。"

在一片尴尬气氛中，会审草草收场。

冯保还不罢休，回宫后，仍然坚持"高老行刺"的说法。皇帝身边年逾七旬的殷太监听后，跪下启奏："万岁爷爷，不要听他。那高阁老是个忠臣，他如何干这等事！他是臣下，来行刺，将何为？必无此事，不要听他。"转过身来对冯保说："冯家（原文注：宫内宦官同行列者相互称呼以姓，曰某家），万岁爷爷年幼，你当干些好事，扶助万岁爷爷。如何干这等事！那高胡子是正直忠臣，受顾命的，谁不知道？那张蛮子夺他首相，故要杀他灭口。你我是内官，又不做他首相，你只替张蛮子出力为何？你若干了此事，我辈内官必然受祸，不知死多少哩！使不得，使不得。"太监张宏也对冯保说，此事不可。

冯保听了大为沮丧，猛然省悟，当即差人报告张居正："内边有人说话，事不谐矣。"张居正知道事情已经不济，便对言官发布消息："此事我当为处，只不妨碍高老便了，你每不必上本罢！"

事已至此,冯保恐怕真相败露,连夜派人让王大臣饮生漆酒,使他变成哑巴。第二天(二月二十日)夜里,王大臣押往三法司审讯时,已经不能说话。二十一日,三法司再次审讯,当即宣判王大臣死刑,匆匆了事。①

这是高拱《病榻遗言》关于王大臣案的追述,细节颇为具体,读来不由人不信其为真。

申时行作为这一事件的目击者,他的回忆录证实高拱所说并非虚构。申氏说:"(王)大臣者,浙中庸奴,以浮荡入都,与一小竖交匿,窃其牌帽,阑入禁门。群阉觉其有异,捕送东厂。(冯)保素恨新郑(高拱),未有以中之,阿意者遂欲因事锻炼,乃以双剑置(王)大臣两腋间,云受新郑指,入内行刺,图不轨。榜掠不胜楚,遂诬服,为言新郑状貌及居址城郭云云……是时,道府以兵卫环新郑家而守之,祸且不测。然众论皆知其冤,颇尤江陵(张居正)。江陵迫公议,亟从中调剂。(冯)保意解,乃独归罪(王)大臣,论斩。新郑得无恙。"②

天启年间任礼部尚书兼文渊阁大学士的朱国祯,对此事有所耳闻,他认为"张欲杀高甚的"。他在《涌幢小品》中说:"王大臣一事,高中玄谓张太岳欲借此陷害灭族,太岳又自鸣其救解之功。看来张欲杀高甚的。张不如是之痴,或中有小人,窥而欲做,则不可知。一曰冯保之意,庶几得之。"③朱国祯的另一个身份是历史学家,他写的《皇明大事记》,谈到王大臣案,大量转引高拱《病榻遗言》的文字,在他看来,高拱的记述基本可信。朱氏关于此事的记述,从万历元年(1573)正月十九日早朝王大臣闯宫写起,直到二月二十一日王大臣被斩首处决,与高拱《病榻遗言》完全一致。只在末尾一段,表明自己的看法:"二月二十日夜,

---

① 参见高拱《高文襄公集》卷四十四《病榻遗言·毒害深谋》。
② 申时行《赐闲堂集》卷四十《杂记》。
③ 朱国祯《涌幢小品》卷九《阁臣相构》。

(王)大臣送法司,已中毒,哑不能言。二十一日,三法司同审,更不问所以,王大臣亦只伏首处决。张对人曰:'高老一事我忧愁,今才救得下。'又写书南都及四方之人,皆以救高为功。中间虽有饰词,然全以坐之,则未阴狠而拙至此!"①

朱国祯所说,"写书南都及四方之人,皆以救高为功",值得细细分析。张居正为此事写了不少信件,替自己洗刷。一封信写道:"尔顷奸人挟刃入内,诬指新郑(高拱)所使。上自两宫主上,下自闾阎细民,一闻此语,咸以为信。而抵隙者遂欲甘心焉。中外汹汹,几成大狱。仆切心知其不然,未有以明也,乃面奏主上,斯事关系重大,窃恐滥及无辜,又委曲开导以国法甚严,人臣不敢萌此念,请得姑缓其狱,务求真的,乃可正法。荷主上面允,而左右中贵人亦皆雅相尊信,深谅鄙心,不敢肆其钩巨之巧。伏念六七日至于旬时,果得真情,新郑之诬始从辩释,国家元气乃得无损。不然,此公之祸固不待言,而株连蔓引,流毒缙绅,今不知作何状矣。嗟乎,如仆苦心,谁则知之?日来为此形神俱瘁,须发顿白,啖茶茹蘖,又谁与怜之?耿耿丹心,只自怜耳。"②另一封信写道:"不穀与玄老(高拱)为生死交,所以疏先后先,虽子弟父兄未能过也。叵奈中遭险人交构其间,使之致疑于我,又波及于丈(指曹傅川)。悠悠之谈诚难户晓,惟借重一出,则群喙自息,况此乃区区推毂素心,敬闻命矣。"③联系到前面所说有关王大臣案的来龙去脉,不免令人怀疑,冯保原本确实想借此株连高拱,置他于死地,张居正是知情的支持的,却只字不提。只强调后来派朱希孝参与会审,处死王大臣结案,还高拱清白。他"以救高为功",到处宣扬,唯恐别人不谅解他的苦心,以至于"形神俱瘁,须发顿白"。

---

① 朱国祯《皇明大事记》卷三十八《阁臣》。
② 张居正《答张操江》,《新刻张太岳先生文集》卷三十四《书牍》。
③ 张居正《答司马曹傅川》,《新刻张太岳先生文集》卷三十五《书牍》。

但是,凡事都有两面。对于张居正而言,经过"附保逐拱"和"王大臣"案,促成了内阁与司礼监的权力整合。张居正与冯保向政坛显示了他们的默契配合,难以动摇的权力联盟,为他们辅佐幼主,推行新政,创造了较为理想的政治环境。经过此次风波,高拱虽然幸免于难,不过东山再起的可能性几乎断绝。一方面,正如朱国祯所说,高拱受到极度惊吓,"自是奄奄不复振"①,再度复出几无可能。另一方面,在皇帝心目中留下了极深印象——张居正忠而高拱邪。直到万历六年九月,高拱去世,夫人张氏向皇帝请求恢复原先的政治待遇,皇帝愤愤地说:"高拱不忠,欺侮朕躬,他妻还来乞恩,不该准他!"由此可见,即使高拱不死,皇帝也不会再度起用他。在张居正担任内阁首辅的年代,没有一个人能够威胁他的权力和地位,这对于推行新政是一个极有利的条件。

万历元年(1573)九月,冯保在京城西南二十里香山碧云寺附近,为自己建造一座"寿藏"(寿坟),胜利者志得意满的情绪流露无遗。万历二年九月工程完成,他请盟友张居正为"寿藏"写一篇碑文。在碑文中,张居正对冯保称颂不已:"今上践阼,奉先帝遗命,以公掌司礼监事。余适得上召见于平台,付以国政,宫中府中事无大小,悉咨于余而后行,未尝内出一旨,外干一事。调和两宫,赞成圣孝,侍上左右,服勤备至,凡宸居早暮、出入饮膳,皆有常度,趋御供事皆选端慎者以充。上日御讲幄,无间寒暑,公惓惓劝学,侍立终日,日无惰容。凡宫中冗费悉从减省,务在节财爱民,如人庖减供御,惜薪司裁去柴炭,御马监省刍豆数,皆公所奏施行。余每对便殿,从容语及国家事,有关于君德治道者,公必导上曰:'先生忠臣,先帝简托以辅上者,所言宜审听之。'宫壶之内尤极严肃,有干纪者悉置之理,虽所厚亦不少贷。故上以冲龄践阼,中外宁谧,宫府清晏,盖公之力为多。"②这篇歌功颂德的碑文,核心是在表扬

① 朱国祯《皇明大事记》卷三十八《阁臣》。
② 张居正《司礼监太监冯公预作寿藏记》,《新刻张太岳先生文集》卷九。

司礼监掌印太监对内阁首辅的大力支持与密切配合,宫中、府中事无大小全部由张居正决策,冯保"未尝出一内旨,外干一事",达到"宫府一体"的理想境界。冯保经常在皇帝面前谆谆教导:张先生是忠臣,他的话"宜审听之"。冯保为张居正营造了"中外宁谧,宫府清晏"的氛围,张居正自然感激涕零。这就是他之所以写这篇碑记的根本原因。

第二章
张居正与万历新政

从隆庆六年(1572)六月到万历三年(1575)八月,在内阁与张居正共事的仅吕调阳一人。此后,阁臣先后增加了张四维、申时行、马自强,却形同虚设,朝廷大事无一不取决于张居正,名副其实的独断专行。大权在握,张居正按照自己的治国理念,大刀阔斧地推行改革。于是,万历新政以崭新的面貌登上历史舞台。正如史家所说:"时上冲幼,虚己委居正。居正既得国,亦慨然以天下为己任,中外想望风采。"①"居正之为政,大约以尊主权、明赏罚、一号令,万里之外,朝下而夕奉行,如疾雷迅风,无所不披靡。"②

万历五年(1577)八月,张居正向皇帝表白,为了推行新政不惜鞠躬尽瘁:"(先帝)临终亲握臣手,嘱以大事","用是盟心自矢,虽才薄力孱,无能树植鸿巨,以答殊眷。惟于国家之事,不论大小,不择闲剧,凡力所能为,分所当为者,咸愿毕智竭力以图之。嫌怨有所弗避,劳瘁有所弗辞,惟务程功集事,而不敢有一毫觊恩谋利之心"。③

史家强调的是"慨然以天下为己任","朝下夕奉行,如疾雷迅风"。张居正自己强调的是"嫌怨有所弗避,劳瘁有所弗辞"。从不同侧面反映了张居正作为改革家的风格。为了贯彻自己在《陈六事疏》中所勾画的新政主张,他不遗余力,遵循申不害、韩非的法治主义,综核名实,信赏必罚,雷厉风行,大刀阔斧,扫除廓清,大破常格,无所顾忌地推行新政。

① 张岱《张居正列传》,《石匮书》卷一百六十六。
② 王世贞《嘉靖以来首辅传》卷七《张居正传》。
③ 张居正《纂修成书辞恩命疏》,《新刻张太岳先生文集》卷四十《奏疏五》。

一　万历新政的展开

张居正的改革首先从政治领域开始,然后转向财政经济领域,道理是显而易见的。如果不整顿吏治,不严格考成,做不到令行禁止,那么涉及根本利益的改革就无从谈起,也无法推行。

1. 整顿吏治,推行考成法

隆庆六年(1572)七月,张居正向皇帝说明,为了纠正弥漫官场的颓靡之风,必须对文武群臣进行一番戒谕。他说:"人心陷溺已久,宿垢未能尽除,若不特行戒谕,明示以正大光明之路,则众心无所适从,化理何由而致?"七月十六日早朝,皇帝命吏部官宣读张居正代他起草的"戒谕"。群臣侧耳倾听皇上对吏治败坏的批评:"乃自近岁以来,士习浇漓,官方玩缺,钻窥隙窦,巧为猎取之谋;鼓煽朋傀,公肆挤排之术;诋老成廉退为无用,谓谗佞便捷为有才。爱恶横生,恩仇交错,遂使朝廷威福之柄徒为人臣酬报之资。"接下来又听到皇上准备大事廓清的决心:"朕初承大统,深烛弊源,亟欲大事芟除,用以廓清氛浊……自今以后,其尚精白乃心,恪恭乃职,毋怀私以罔上,毋持禄以养交,毋依阿淟涊以随时,毋噂沓訾訾以乱政……当虚心鉴物,毋任情于好恶,以开邪枉之门。"职能部门,或内或外,各宜分猷念以济艰难;监察部门,公是公非,各宜奋谠直以资听纳。①

张居正凭借内阁首辅代替皇帝拟旨的特权,把自己"大事芟除,廓

---

① 《明神宗实录》卷三,隆庆六年七月己亥。张居正《请戒谕群臣疏》,《新刻张太岳先生文集》卷三十七。

清氛浊"的思想,变成了皇帝的旨意,告诫各级官员崇养德望,砥砺廉隅。营造出荡涤污泥浊水的气氛后,张居正在万历元年(1573)六月正式提出整顿吏治的有力措施——考成法。这显然是对于高拱考课法的继承与延伸,不过角度有所不同。

在官僚政治时代,政府职能运作,很大程度上依赖于公文的传递与处理,一言以蔽之,是一种公文政治,极易滋生官僚主义、文牍主义、形式主义之类的弊端。最为突出的就是,六部、都察院的公文,发至地方巡抚、巡按复勘时,地方官或是考虑到事情不易推行,或是还须按查复核,或是两方各执一词需要对质,或是以私相轧、扣押公文。结果是,拖延数十年而不决,搁置起来成为一堆废纸。①

有鉴于此,张居正检讨了近年来各级衙门公文反映出来的积弊:"近年以来,章奏繁多,各衙门题复,殆无虚日,然敷奏虽勤,而实效盖少。"这些积弊表现形式多种多样:

——言官建议一项法案,朝廷批准,通过邮驿传到四方,言官已经尽责,不必过问这项法案是否便于实施;

——六部决定厘清一项积弊,朝廷批准,通过邮驿传到四方,六部已经尽责,不必过问这项积弊是否已经厘清;

——某官员的罪状应当提审,但是碍于请托之私,一再拖延;

——某项事宜应当议决,但是由于意见分歧,有的赞成有的反对,难以上报朝廷;

——赋役的征发有时间规定,有催督稽验,往往成为一纸空文。对于圣旨,也是敷衍,不是说"着实奉行",就是说"该科记着"。

张居正把这种现象概括为一句话:"上之督之者虽谆谆,而下之听之者恒藐藐。"他对此大为不满,甚至引用民间谚语加以比喻:"姑口顽

---

① 王世贞《嘉靖以来首辅传》卷七《张居正传》。

而妇耳顺。"感叹道："今之从政者殆类于此，欲望底绩而有成，岂不难哉!"①

为此，他回顾自己在隆庆年间提出的《陈六事疏》，内有"重诏令"一款，曾经提及，吏部发文，欲各衙门都建立勘合文簿，下达各地巡抚、巡按，明确订立公文处理程限。但是没有听说各衙门有如期执行者，寝格如故。对于这种积重难返的官场积弊，他忍无可忍，以为是违反《大明会典》所规定的祖宗成宪，必须制订一种明确可行又易于检查监督的制度。他说："查得《大明会典》内一款，凡六科每日收到各衙门题奏本状奉圣旨者，各具奏目送司礼监交收，又置文簿，陆续编号，开具本状，俱送监交收。又一款，凡各衙门题奏过本状，俱附写文簿，后五日，各衙门具发落日期，赴科注销，过期稽缓者参奏。又一款，凡在外司府衙门每年每月按将完销过两京六科行移勘合，填写底簿，送各科收贮，以备查考。钦此。及查见行事，例在六科，则上下半年仍具奏目缴本；在部院，则上下半月仍具手本，赴科注销。以是知稽查章奏自是祖宗成宪，第岁久因循，视为故事耳。请自今伊始，申明旧章。"②表示考成法并非新创，而是祖宗成宪的再现。

他的后人所写《太师张文忠公行实》说："万历元年七月上言：臣当先帝时所上便宜六事，其一愿上幸综核名实，乃当事者玩岁愒月，卒不能以实应，即所敷奏徒文具耳。请令自今天下吏民所上封事，有事下四方郡国者，请令诸曹皆置记籍，与为约期，而月令科臣按之，设所在抚按奉行诏书不以时奏报，或已奏报而诸曹故慢令，不与可否者，臣等当条列其事，请诏下所司诘问，责令对状。报可。"③表面上看起来，考成法的起点似乎很低，其实是寓有深意的。它规定：凡是六部、都察院把各类

---

① 张居正《请稽查章奏随事考成以修实政疏》，《新刻张太岳先生文集》卷三十八。
② 张居正《请稽查章奏随事考成以修实政疏》，《新刻张太岳先生文集》卷三十八。
③ 《太师张文忠公行实》，《新刻张太岳先生文集》卷四十七。

章奏及圣旨,转发给各衙门,事先酌量路程远近,规定处理程限,并设置文簿存照,每月底予以注销。除通行章奏不必查考者,其他转行复勘、提问议处、催督查核等公文,另造处理文册两本,注明公文内容提要及规定处理程限,一式两份,一份送六科注销,一份送内阁查考。六科据此逐一核查,下月陆续完销。上下半年各总结汇查一次,分类检查簿内事件有无违限,未予注销。如有耽搁拖延,即开列上报,并下各衙门责问,令其讲明原委。次年春夏季再次通查上年未处理完事件,秋冬二季也照此进行,直到查明完销为止。如有不照此规定执行的衙门、官员,必加追究。巡抚、巡按拖延耽搁,由六部举报;六部、都察院在注销时容隐欺蔽,由六科举报;六科在缴本具奏时容隐欺蔽,由内阁举报。如此,月有考,岁有稽,使声必中实,事可责成。

这样就形成了一个自上而下的考成系统:由内阁稽查六科,由六科稽查六部、都察院,由六部、都察院稽查巡抚、巡按,建立起健全的行政运作系统。在这个系统中,最关键的是六科。所谓六科,是指洪武六年(1373)设立的吏、户、礼、兵、刑、工六科,每科设置给事中若干,对口稽查驳正六部(如吏科稽查驳正吏部,户科稽查驳正户部)的违误。六部尚书是二品衔,六科的首长——都给事中仅为七品衔,却可以纠劾封驳六部。以小官钳制大官,以六科监察六部,是明朝的创举。张居正把六科的职能予以扩大,使之直接向内阁负责,成为内阁控制政府各部门的重要助手。

皇帝完全赞成考成法,在张居正的奏疏上批示:“卿等说的是,事不考成,何由底绩? 这所奏都依议。其节年未完事件系紧要的着该部院另立期限,责令完报;若不系紧要及年远难完的,明白奏请开除,毋费文移烦扰。”①皇帝说“都依议”,即意味着全部照办,于是大权集于内阁,政

---

① 张居正《请稽查章奏随事考成以修实政疏》,《新刻张太岳先生文集》卷三十八。

令必责实效,从六部到地方政府,必须按时考查,所谓月有考、岁有稽,以求法之必行,言之必效,朝下令而夕奉行。

考成法收到明显的成效,最显著的是吏治肃清。万历元年(1573),张居正在写给南京太仆寺卿李世达(字子成,号渐庵,陕西泾阳人)的信中谈及改革,发了一通议论,从中可以看到此时此际他的内心思考:"明兴二百余年矣,人乐于因循,事趋于苦窳。又近年以来习尚尤靡,致使是非毁誉纷纷,无所归究。牛骥以并驾而俱疲,工拙以混吹而莫办,议论蜂兴,实绩罔效。所谓怠则张而相之之时也。况仆以草茅孤介,拥十龄幼主立于天下臣民之上,国威未振,人有侮心,若不稍加淬励,举祖宗故事以觉寤迷蒙,针砭沉痼,则庶事日隳,奸宄窥间,后欲振之不可得矣。仆自受事以来,一切付之于大公,虚心鉴物,正己肃下,法所宜加贵近不宥,才有可用孤远不遗。务在强公室,杜私门,省议论,核名实,以尊主庇民,率作兴事。亦知绳墨不便于曲木,明镜见憎于丑妇,然审时度势,政固宜尔。且受恩深重,义当死报,虽怨诽有所弗恤也。"①

万历三年(1575),张居正与出任山东巡抚的李世达再次谈到整顿吏治,对考成法充满信心,概括为一句话:"考成一事,行之数年,自可不加赋而上用足。"他写道:"窃闻致理之要在于安民,欲民之安,责在守令。今主上年虽冲龄,已知注心邦本。然而上泽未能下究,下隐未能上通者,则以吏治欠核,而玩权挠法之豪,诡御窃辔之奸,鲠乎其中故耳……昨计部稍去太甚者,然未能尽拔根株,俟一二年后,将盐法、屯田经理就绪,内外储蓄少充,当尽罢之。考成一事,行之数年,自可不加赋而上用足……故仆以浅薄谬膺重寄,主上虚己而任之,自受事以来,昼作夜思,寝不寐,食不甘,以忧国家之事,三年于此矣。"②

万历四年(1576),张居正在给保定巡抚孙丕扬的信中,又一次强

①　张居正《与李太仆渐庵论治体》,《新刻张太岳先生文集》卷二十五《书牍》。
②　张居正《答山东抚院李渐庵言吏治河漕》,《新刻张太岳先生文集》卷二十七《书牍》。

调,百姓安才能邦本固,而肃清吏治是前提,他写道:"近来吏治颇为肃清,惟司牧者计日待迁,终鲜实效。夫均徭、赋役、里甲、驿递,乃有司第一议,余非所急也。四事举,则百姓安,百姓安则邦本固,外侮无可患矣。"①为了肃清吏治,他主张用人应当首先考核功能,而不必拘泥于资格。《嘉靖以来注略》记载了一次君臣对话,很有意思。山东巡抚向皇帝报告,昌邑知县居官贪鄙,窃取帑金。皇帝拿了奏疏对辅臣说:"此人与盗何异?"张居正回答:"方今法纪粗张,贪风未止。若要太平,须是官不要钱。"皇帝问:"此人乃进士,何无耻如此?"张居正说:"惟自恃进士,故敢放肆。皇上用人惟当考其功能,不必拘以资格,若不要钱者,虽异途下僚,亦当显擢;贪赃坏法,即高第贵游亦当重处。"②

万历六年(1578),户科给事中石应岳(字钟质,号介峰,福建龙岩人)等人向朝廷报告考成法实行的成效:"自考成之法一立,数十年废弛丛积之政渐次修举。今逾岁终,例当纠举。臣等节据吏部等衙门开报……逐款稽查,共一百三十七事,计按抚诸臣胡执礼、郑国仕等七十六员,完报属愆期,法当参奏。但其中接管有先后,历任有深浅,伏乞圣明区别多寡,量加罚治一二。"数十年积弊渐次修举,是一大成效;稽查出七十多名官员没有按照考成法办事(完报愆期),也是一大成效,是考成法题中应有之义。皇帝立即批示:"这各官且饶这遭,今后查参考成,还要分别在任久近议罚。"③可见考成法是在认真实行的,有成效的。不过也暴露出一些问题,在一百三十七件中有七十六人愆期,并非小数目,说明积重难返,骤然绳之以法,谈何容易!

在传统政治中,官僚主义、文牍主义、形式主义是顽固而保守的陈

---

① 许重熙《嘉靖以来注略》卷七,万历四年六月。
② 许重熙《嘉靖以来注略》卷七,万历四年十月。
③ 《明神宗实录》卷七十一,万历六年正月乙巳。

年积习，看来只能限制，难以铲除。无论监察部门议建一法，或行政部门议厘一弊，习惯程序是：写一公文，上报朝廷，获得批准后，通过邮递部门传达四方，就算大功告成。至于各衙门是否照办，办的成效如何，根本不闻不问。于是，一批批公文从京师发出，经过长途跋涉，进入各衙门以后，便束之高阁，并不着实奉行。因循积习，年久日深，张居正偏要反其道而行之，扫除廓清，严厉整顿，给各级官员施加压力，不得再像以往那样混日子，阻力之大是可以想见的。

从宏观视角看来，考成法只是张居正整顿吏治的一个方面。另一方面是按照"综核名实信赏必罚"的原则，强调公铨选、专责成、行久任、严考察。

所谓公铨选，讲究的是官员的用舍进退，一以功实为准，不徒眩虚名，不尽拘资格，不摇之以毁誉，不杂之以爱憎，不以一事概生平，不以一眚掩大节。用人先求其平淡，而后求其聪明，只要能办事，不计较其他，故而才路大开，不觉人才匮乏。

所谓专责成，强调既用一人，就要赋予事权，使之得以施展才能。勤加指导，俾可成就；笃于信任，俾免沮丧。人臣能诚心担责，是国家之宝，能够荐达保护，即使蒙嫌树怨，也不回避。

所谓行久任，强调官员任职必须久任，才能熟悉事理，善于行政，否则，成效难见，贤否难分，无从综核名实。应该反对官不久任，更调过于频繁，迁转过于急骤，因为那将导致事不责成、毁誉失实。

所谓严考察，强调定期考察，或者随事考成，或者探访告诫。定期考察即一定期限届满，考察官员政绩，以此决定升降去留。京官六年一次考察，叫做"京察"；外官三年一次考察，叫做"外察"。随事考成即对于每件公事要限期办完，不得拖延推诿。探访告诫即对官员的奏报是否符合事实，必须加以探访，防止隐瞒不报或奏报不实。

扫除廓清、大破常格的政治革新，营造了雷厉风行的氛围，大小臣工鳃鳃奉职,中外淬励,莫敢有偷心。改变了官场的颓靡之风,实在是了不起的成功。

2. "今之从政者大抵皆然,又不独学校一事而已" ——教育和考试制度改革

学校教育培养人才,与科举考试密切相关,也就是说,人才通过科举考试的选拔机制,成为官员的后备队伍,士风的好坏直接影响官场的风气。因此教育和考试成为政治问题,而引起朝廷的高度重视,正是在这种意义上,教育和考试制度改革的本质就是政治改革。万历二年(1574)四月的一道圣谕说:"责成提学官,近来造士徇情姑息,借誉士口,以致习尚浮薄,学行空虚。投之以政,全无实效,殊失朝廷育才待用之意。今后有不职者,该科参奏。"①显然这道圣谕并没有就教育论教育,就士风论士风,直接点明"习尚浮薄,学行空虚"的后果,是"投之以政,全无实效",落脚点在政治上。

万历三年(1575)五月,张居正向皇帝提出教育和考试制度的改革,意在整顿士风,振兴人才,落脚点也在政治,说它是政治改革也不为过。张居正的这篇奏疏洋洋洒洒,开列了十八条改革举措;为了引出十八条改革举措,他集中火力抨击当时的学校风气与官场风气。话题从学校和督学说起:"养士之本在于学校,贞教端范在于督学之臣。"明初最重督学之臣的选拔,不独须学行优秀,又必须能执法持宪、正己肃下。这"执法持宪"和"正己肃下",就是极高的政治标准。张居正说他年幼时所见到的提学官,"多海内名流,类能以道自重,不苟徇人,人亦无敢干以私者,士习儒风犹为近古"。话锋一转,近年以来情况大不一样,学官地位下降,自己又不自重,"既无卓行实学以压服多士之心,则务为虚谭

---

① 许重熙《嘉靖以来注略》卷七,万历二年夏四月。

贾誉,卖法养交,甚者公开倖门,明招请托……以故士习日敝,民伪日滋,以驰骛奔趋为良图,以剽窃渔猎为捷径。居常则德业无称,从仕则功能鲜效"。这几句话是在讲学官的堕落,实际是对整个官场的素描——虚谭贾誉,卖法养交,公开倖门,明招请托,以驰骛奔趋为良图,以剽窃渔猎为捷径——其中任何一条都可以在官场找到影子。如果整个官场风气不变,单要学官改变风气,必然流于空谈。张居正说,去年就要吏部整顿学官,一年过去,毫无效果,原因在于整个官场风气未变:"良以积习日久,振蛊为艰,冷面难施,浮言可畏。奉公守法者,上未必即知,而已被伤于众口;因循颓靡者,上未必即黜,而且博誉于一时。故宁抗朝廷之明诏,而不敢挂流俗之谤议;宁坏公家之法纪,而不敢违私门之请托。盖今之从政者大抵皆然,又不独学校一事而已。"[1]

张居正对政坛的积弊洞若观火,因循颓靡,违法乱纪,私门请托等,积习已久,所以他说"今之从政者大抵皆然,又不独学校一事而已",由此可以看到,他请求"申旧章饬学政振兴人才",本意还在于革新政治。他提出的十八条改革举措,放在这个背景下才能理解其良苦用心。

一,"圣贤以经术垂训,国家以经术作人,若能体认经书,便是讲明学问,何必又别标门户,聚党空谭? 今后各提学官督率教官、生儒,务将平日所习经书义理,着实讲求,躬行实践,以需他日之用。不许别创书院,群聚徒党,及号招他方游食无行之徒,空谭废业,因而启奔竞之门,开请托之路。违者提学御史听吏部、都察院考察奏黜,提学按察司官听巡按御史劾奏,游士人等许各抚按衙门访拿解发"。

二,"孝弟廉让乃士子立身大节,生员中有敦本尚实,行谊著闻者,虽文艺稍劣,亦必量加奖进,以励颓俗。若有平日不务学业,嘱托公事,或捏造歌谣,兴灭词讼,及败伦伤化,过恶彰著者,体访得实,不必品其

<hr>

[1] 张居正《请申旧章饬学政以振兴人才疏》,《新刻张太岳先生文集》卷三十九《奏疏四》。

文艺,即行革退"。

三,"我祖宗设立卧碑,天下利病,诸人皆许直言,惟生员(引者按:府州县学的学生,即秀才)不许。今后生员务遵明禁,除本身切己事情许家人抱告,有司从公审问,倘有冤抑,即为昭雪。其事不甘己,辄便出入衙门,陈说民情,议论官员贤否者,许该管有司申呈提学官,以行止有亏革退。若纠众扛帮,聚至十人以上,骂詈官长,肆行无礼,为首者照例问遣,其余不分人数多少,尽行黜退为民"。

四,"国家明经取士,说书者以宋儒传注为宗,行文者以典实纯正为尚。今后务将颁降《四书五经》《性理大全》《资治通鉴纲目》《大学衍义》《历代名臣奏议》《文章正宗》,及当代诰律典制等书,课令生员诵习讲解,俾其通晓古今,适于世用。其有剽窃异端邪说,炫奇立异者,文虽工弗录。所出试题亦要明白正大,不得割裂文义,以伤雅道"。

五,"各省提学官奉敕专督学校,不许借事枉道,奔趋抚按官,干求荐举。各抚按二司官亦不许侵伊职掌行事,若有不由提学官考取,径自行文给与生儒衣巾,及有革退生员赴各衙门告诉复学者,即将本生问罪革黜。若提学官有行止不端、怠玩旷职者,许巡按御史指实劾奏"。

六,"该管地方每年务要巡视考校一遍,不许移文代委。及于隔别府分调取生儒,以致跋涉为害。亦不许令师生馈饷迎送,考毕即于本地方发落,明示赏罚。不许携带文卷于别处发案,致令吏书乘间作弊,士子无所劝惩。亦不许招邀诗朋酒友,游山玩水,致启佌门,妨废公务"。

七,"提学官巡历所属,凡贪污官吏单民不法重情,及教官干犯行止者,原系宪司理当拿问……其生员犯罪,或事须对理者,听该管衙门提问,不许护短曲庇,致令有所倚恃,抗拒公法"。

八,"廪膳(引者按:官府发给在学生员的膳食津贴)增广,旧有定额。迨后增置附学名色,冒滥居多。今后岁考务要严加校阅,如有荒疏庸耄,不堪作养者,即行黜退,不许姑息。有捏造流言,思逞报复者,访实拿问,照例问遣。童生必择三场俱通者,始收入学,大府不得过二十人,大州县不得过十五人。如地方乏才,即四五名亦不为少。若乡宦势豪干托不遂,暗行中伤者,许径自奏闻处治"。

九,"两京各省廪膳科贡,皆有定额。近来有等奸徒利他处人才寡少,往往诈冒籍贯,投充入学。及有诡写两名,随处告考。或假捏士夫子弟,希图进取;或原系倡优、隶卒之家,及曾经犯罪问革,变易姓名,援纳粟纳马等例,侥幸出身,殊坏士习。访出严行拿问革黜。若教官纳贿容隐,生员扶同保结者,一体治罪革罢"。

十,"府州县提调官员宜严束生徒,按季考校,凡学内殿堂、斋房等屋损坏,即办料量工修理。其斋夫、膳夫、学粮、学田等项,俱要以时拨给,不许迟误克减"。

十一,"生员之家,依洪武年间例,除本身外,户内优免二丁差役"。

十二,"生员考试不谙文理者,廪膳十年以上,发附近去处充吏;六年以上,发本处充吏;增广十年以上,发本处充吏;六年以上,罢黜为民"。

十三,"儒学教官,士子观法所系,按临之日,考其学行俱优者,礼待奖励。其行履无过,但学问疏浅者一次考验,姑行戒饬,再考无进,送吏部别用。老病不堪者,准令以礼致仕。若卑污无耻,素行不谨者,不必试其文学,即拿问革黜"。

十四,"考贡(引者按:考入国子监读书的生员即贡生)照近日事例,每岁预将次年应贡生员限年,六十以下、三十以上,屡经科举者六人,严加考选,取其优者充贡。定限次年四月到部,听候廷试。文理不通者即行停降,年老衰惫者姑授与冠带荣身,不许但挨次滥贡"。

十五,"补贡有缺,务查人文未经到部,果在一年以里者将原给批咨硃卷追缴,方取年力精壮、文学优长者一人补贡,定限该贡年份,次年到部,方准收考"。

十六，"遇乡试年份，应试生儒名数，各照近日题准事例，每举人一名，取科举三十名，此外不许过多一名。两京监生亦依解额照数起送，有多送一名者，各监试官径行裁革，不许入场"。

十七，"名宦乡贤、孝子节妇，及乡饮礼宾，皆国之重典，风教所关。近来有司忽于教化，学校是非不公，滥举失实，激劝何有？今后提学官宜以纲常为己任，遇有呈请，务须核真。非年久论定者，不得举乡贤名宦；非终始无议者，不得举节妇孝子；非乡里推服者，不得举乡饮宾僎。如有妄举，受人请求者，师生人等即以行止有亏论，其从前冒滥混杂，有玷明典者，照近例径自查革"。

十八，"所辖境内有卫所学校，一体提调整理，武职子弟悉令习读《武经七书》《百将传》，及操习武艺。有愿习举业者，听社学师生一体考校，务求明师责成，量免差役。其行止有亏，及训诂句读音韵差讹，字画不端，不通文理者，即行革退"。[①]

这十八条举措，非常具体细致，对违背祖宗旧章的肆意妄为，痛加批判，措辞严厉，一个接一个的"不许"，如有违犯，一律拿问黜革，决不姑息。由于明初定制，生员(俗称秀才)可以享受优免差役特权，除本身外，家庭成员还可以优免两人的差役。获得举人、进士等功名，优免特权更大。学校教育和科举考试，成为获取特权利益的手段，各种弊端层出不穷。为了制止这些弊端，张居正提出各种举措。例如第五条规定，已经革退的生员，通过关系而复学，立即问罪开除；如系提学官渎职，巡按御史应该指实弹劾。又如生员名额旧有定额，以后增加的名额，大多数属于冒滥，应予开除；第九条规定南北两京以及各省的名额固定，一些奸徒利用某些地方考生较少，假冒籍贯投充入学，也就是后世所谓移民考试入学，一经查实，应予问罪，如有教官纳贿容隐，一体治罪。如此

---

① 张居正《请申旧章饬学政以振兴人才疏》，《新刻张太岳先生文集》卷三十九《奏疏四》。

等等,目的在于纠正歪风邪气。

最值得注意的是,这一改革的着眼点是统一思想,钳制舆论。这在第一条和第三条、第四条反映得最为明显。嘉靖以来王学流行,冲决旧思想的网罗,以至于"六经注我,我注六经"。针对这种倾向,张居正主张遵循儒家经术,体认经书便是讲明学问,不许别标门户,聚党空谭,更不许剿窃异端邪说,炫奇立异。这些规定在正统经学家看来,似乎是天经地义的事情。张居正并非正统经学家,却比他们更为厉害。一方面宣布不许各级学校的生员议论"天下利病",另一方面宣布不许别标门户、聚党空谭,不许别创书院,打出来的幌子是提倡"躬行实践",反对"空谭废业"。不仅说说而已,真的付诸"实践",万历七年(1579)正月,皇帝发布诏令:毁天下书院。这个诏令以常州知府施观民私创书院赃私狼藉为借口,不但把他创办的书院捣毁,而且明确宣布,各地方所建书院,遵照皇明祖制,一律改为公廨衙门,书院的田粮查归里甲。同年七月、十月,再次重申这一禁令。

请看《万历邸钞》关于"毁天下书院"的记载:"吏部题复参究文武不职官员,大肆枭贪等事。奉旨:'施观民原劾赃私狼藉,不止科敛民财,私创书院一节,明系勘官私庇容隐,独以一事坐罪。姑依拟,着革了职,冠带闲住。其所创书院,并各省直有私建的,着遵照皇祖明旨,都改为公廨衙门,田粮查归里甲。再不许聚徒游食,扰害地方,各巡按御史仍将查过缘由,立限从实具奏。其各提学官,候科场事毕,你部里会同礼部,照前旨从公考察。目今预行体访,如有违背敕谕徇私作弊的,着不候考察,即便奏来处治。'本年七月,吏部又奉旨:'该省书院,应存留改建改正等项,俱依拟。其田粮,除白鹿洞留三百亩供祀外,其余都召民上价承买,各归里甲,办纳粮差,仍将召买价数,并归入里甲缘由,类造核册,报部稽查。各省直都照例行。'十月,又旨:'今后巡盐御史再不许仍立书院名色,旷废本职,聚徒讲授,致滋奔竞嘱托之弊。如违,回道之日听本院考察参奏。'"①

从"姑依拟""俱依拟"的字面看来,这些谕旨都是根据张居正的票拟发出的。正如夏燮所说:"是时士大夫竞讲学,张居正特恶之,尽改各省书院为公廨,凡先后毁应天等府书院六十四处。"②打着不许"空谭废业"的幌子,明令规定"不许别创书院,群聚徒党",其本意就是钳制舆论、统一思想,不许士子们在书院里肆意议论朝政,对当前的改革说三道四。不管其出发点如何合理,落脚点必然矫枉过正,缺乏法理的支撑,显得太不合事理。另一条同样不合事理,居然宣称:国家政治的利弊得失,民众都可以直言,唯独府州县学校的生员不许发表意见。禁止学生议论国家大事,无论对学校或者对国家,有百害而无一利。

根据皇帝的诏令,取缔并捣毁全国六十四处书院,许多历史上声名远扬的书院,都在这时寿终正寝。宋代以来蔚然成风的书院讲学活动,繁荣了学术,培养了人才,居然在这时戛然而止,弦歌之声终成绝响,令人惋惜之至。然而在张居正的逻辑中,却是理所当然的。他一再声称"嫌怨有所弗避",不在乎别人对他有什么非议和埋怨,昂首阔步,独断专行。运用政权的力量来统一舆论,是法家惯用的手段,韩非、李斯主张"以法为教""以吏为师",以法律作为教材,以官吏作为教师,就是为了统一舆论。张居正继承了这一点,他在第四条中强调,国家以经术选拔士子,学校教育应该以宋儒传注为宗,熟读四书五经之外,特别指出,"当代诰律典制等书,课令生员诵习讲解,俾其通晓古今,适于世用"。所谓"当代诰律典制",就是大明的法律,诸如《大诰》《大明律》《皇明制书》《大明会典》之类,"课令生员诵习讲解",颇有"以法为教""以吏为师"的味道。不许生员议论"天下利病"(即国家大事),由此可以获得索解。

---

① 钱一本《万历邸钞》,万历七年己卯卷,春正月毁天下书院。
② 夏燮《明通鉴》卷六十七,万历七年正月戊辰,诏毁天下书院。

这种矫枉过正的做法激起众多儒生的反感,著名的何心隐事件就是一例。何心隐本名梁汝元,江西永丰人,以聚徒讲学而闻名。当时王艮的泰州学派高举反潮流旗帜,讲学风靡天下。何心隐与之遥相呼应,游学南北,到处聚徒讲学。这种行为触犯了当局"不许别创书院,群聚徒党"的规定,何况他还率性而行,在讲学时讽议朝政,违反了生员不许议论国家大事的规定。张居正对于何心隐"鸠聚徒众,讥切时政"极为愤怒,示意湖广地方官严加惩处。湖广有关官员,迎合内阁首辅的旨意,把何心隐击毙在监狱中。

著名的离经叛道思想家李贽,为此写了一篇纪念文章——《何心隐论》:"人莫不畏死,公(何心隐)独不畏,而直欲博一死以成名……公今已死矣,吾恐一死而遂湮灭无闻也。今观其时武昌上下,人几数万,无一人识公者,无不知公之为冤也。方其揭榜通衢,列公罪状,聚而观者咸指其诬,至有嘘呼叱咤不欲观焉者,则当日之人心可知矣。由祁门而江西,又由江西而南安而湖广,沿途三千余里,其不识公之面而知公之心者,三千余里皆然也。非惟得罪于张相(张居正)者有所憾于张相而云然,虽其深相信以为大有功于社稷者,亦犹然以此举为非是,而咸谓杀公以媚张相者之为非人也。"[1]

万历七年(1579)颁布的"毁天下书院"的诏令,显然矫枉过正,有悖于时代潮流。四年之后,许多官员向朝廷呼吁,重建书院,恢复昔日自由讲学的风气。其中最有代表性的首推吏科给事中邹元标,他在万历十一年(1583)八月向皇帝进言五事:培君德、亲臣工、肃宪纪、崇儒术、饬抚臣。其中"崇儒术"提及毁书院一事,措辞严厉地指出,毁天下书院的实质是"假伪学以钳天下之口"。

他写道:"臣所忧者学术未明,而儒道大诎也,儒道大诎始于上之推

---

① 李贽《何心隐论》,《焚书》卷三《杂述》。

剥而法令行也。常州知府施观民靡费民财,私创书院,毁之诚是矣。乃概将先贤遗迹一概拆废,臣不知其解也。彼敢于蔑先圣之道者,不过恶聚讲,假伪学以钳天下之口耳……宋真宗赐九经于州县学校矣,尤及聚徒讲诵之所。聚徒讲诵自古已然,未闻概以伪学斥也。天下生材,囿于所禀,资有纯驳,故功有真伪,百伪之中得一真焉,亦足以维世道、匡颓风,因伪弃真,是因沙废金,因噎废食矣……天启圣明,将宋儒白鹿、石鼓等院不许概弃,是陛下且欲卫先圣之道以诏来兹。虽然,岂谓我朝人物出宋下哉? 祖宗菁莪朴棫作人者深,诸儒渐仁摩义特立者众,如薛瑄、陈献章、罗伦、王守仁等先后以理学名者不下数十人,提躬垂训,宛然濂洛家法,未可谓国无真儒也。今儒风不振久矣,上之所禁,下之所避;上之所作,下之所效也。士不鼓不趋,教不振不从。臣愚以为,凡所拆过书院先贤遗迹,宜敕礼部令郡邑或概议修复,或量为调停,虽未必真儒辈出,然使天下晓然知陛下崇儒重道盛心。学术从此而正,士习从兹而端,未可知也。"①

邹元标讲得有理有据,"聚徒讲诵自古已然,未闻概以伪学斥也",用毁书院的手段来"钳天下之口",无异于因噎废食。朝廷采纳了他的建议,很多书院陆续修复,新的书院不断兴建,自由讲学的风气再度重现。

二 改革的反弹:余懋学、傅应祯、刘台的非议

张居正的新政毫无疑问是切中时弊的,但过于操切,矫枉过正,一

---

① 邹元标《直抒肤见以光圣德以奠民生疏》,《万历疏钞》卷二《圣德类》。钱一本《万历邸钞》,万历十一年癸未卷。

开始就遭到强烈的反对,引来诸多怨声,一时间甚嚣尘上。鉴于新政拨乱反正,成效卓著,反对者难以抓住把柄,便从攻击张居正个人品行下手,离间皇帝与他的关系,达到迫使他下台,中断新政的目的。

要攻击张居正,找一些话题,其实是并不太难的。

譬如,有的下属对他拍马奉承,阿谀献媚,竟然送给他黄金制成的对联,上面写道:

日月并明万国仰大明天子

丘山为岳四方颂太岳相公①

那些进士出身的官员,多少有一点文学底子,用在拍马屁上绰绰有余,文字对仗工整,把"太岳相公"与"大明天子"相提并论,颇有点僭妄嫌疑,张居正却安之若素。

又如,皇太后、皇帝把朝廷大权全部委托给张居正,又有冯保与之配合,宫府一体,使他得以专断独行,对于言官的批评议论极为反感。正如王世贞所说:"一事小不合,诘责随下,敕令其长加考察。以故御史、给事中虽畏居正,然中多不平。"②御史、给事中偏偏有不少耿介之士,喜欢唱反调,对新政的不满和对张居正本人的非议,纠缠在一起。

再如,人们对张居正显赫之后善于敛财,议论蜂起。有的说,严嵩被抄家,十分之九财产进入宫中,后又逸出,大半落入宗室朱忠僖家,"而其最精者十二归江陵(张居正)","江陵受他馈遗亦如之,然不能当分宜(严嵩)之半计"。③ 虽然不及严嵩一半,也令人咋舌了。张居正忙于营建自己的私第,也引起了人们的注意。万历元年(1573)他在江陵城东建造太师府邸,皇帝不但为他亲笔书写堂匾、楼匾和对联,而且还拿出一大笔内帑银两赞助。上行下效。于是湖广官员纷纷出资行贿。

---

① 吕毖《明朝小史》卷十四《万历纪》。
② 王世贞《嘉靖以来首辅传》卷七《张居正传》。
③ 王世贞《觚不觚录》,《弇州史料后集》卷三十九。

这座豪华府邸历时三年建成,耗资二十万两银子,张居正自己拿出来的不到十分之一。[①] 他还在北京建造了同样豪华的官邸,据目击者说,"其壮丽不减王公";他死后,这座建筑改为全楚会馆(湖广同乡会馆)。[②] 由此推知,其规模之大非一般住宅所可比拟。

一些阿谀奉承之徒为了讨好张居正,千方百计为他的儿子参加科举考试开后门、通路子。万历二年(1574),沈一贯担任会试主考官,同僚以张居正之子相托,沈一贯有点担忧:"某于阅卷,鬼神临之,私安敢?"对方说:"相公功在社稷,录其子不为私。"沈一贯不愿意作弊:"所以糊名易书者何?既知其人矣,谓非私不可。"将要发榜时,同僚再次请求沈一贯通融:"公不可,得毋累吾辈何!"沈一贯不为所动:"休矣,复相公(张居正),第云:沈生不可。"又说:"如有复我者,当鸣鼓于堂乃出。"发榜后,张居正"为拂然久矣"。[③] 但是其他主考官并不都像沈一贯那样坚持原则,张居正的几个儿子相继跃登龙门,人们怀疑其中颇有花样。

平心而论,这些现象在当时的上层官僚中是司空见惯的。如果张居正是一个平庸之辈,人们也许置若罔闻。然而张居正是一个独断专行的内阁首辅,对下属特别是言官钳制甚严,引来强烈的反弹。《五茸志逸》记录一则逸闻,足以印证这一点:

> 曹介人述江陵相公钤束台省,台省不敢扬眉吐舌,绝无一
> 人轻言说者。士人因编一噱语云:
>
> > 江陵谓选郎:"科道最难得人,即如孔门四科十哲,未必人
> > 人可用。"

---

① 王世贞《嘉靖以来首辅传》卷七《张居正传》。光绪《荆州府志》卷七《地理志·古迹》,引《江陵志余》。
② 光绪《顺天府志》卷七十《故事志·杂事》。
③ 徐象梅《两浙名贤录》卷十四《吏部尚书中极殿大学士沈肩吾一贯》。

文选曰:"德行如回,何如?"

　　张公曰:"回也,于吾言,无所不说(借读言说之说),未可用也。"

　　"文学如商何如?"

　　张公曰:"商也人闻圣道而说,出见纷华而说,未可用也。"

　　(文选曰:)"政事如求何如?"

　　张公曰:"非不说子之道,未可用也。"

　　张公曰:"然则政事如由,但恐其好勇耳。"

　　张公曰:"子见南子,子路不说,尽可用,尽可用。"

　　选郎唯唯而退。[1]

　　士人所编的这一"噱语",是否杜撰,不得而知。但说张居正钤束科道官过严,当不太离谱,引来科道官的反感也在情理之中。

1. 余懋学的"政严则苦,法密则扰"论

　　第一个出来弹劾张居正的,是人称"抗劲喜事者"——南京户科给事中余懋学。余懋学,字行之,徽州婺源人,隆庆二年(1568)进士,万历初年(1573)提升为南京户科给事中。万历二年(1574)五月,翰林院有白燕,内阁有碧莲花早开,张居正把这种现象当作"祥瑞",献给皇上。遭到冯保的当面批评:"主上冲年,不可以异物启玩好。"[2]碍于冯保的特殊地位,张居正没有话好说。不料余懋学也抓住此事大做文章,弹劾张居正,大意是说,皇帝正在为大旱担忧,特地颁布罪己诏,希望与百官共同修身禳灾,而张居正却献祥瑞,不是大臣应有之宜。[3] 小小的给事中

---

① 吴履震《五茸志逸》卷二《曹介人述江陵相公钤束台省》。
② 万斯同《明史》卷四百六《宦官传下·冯保》。
③ 焦竑《大司空余公传》,《皇明文海》卷四百一十九。张岱《余懋学列传》,《石匮书》卷一百六十七。

也敢借此为口实,对内阁首辅指手画脚,张居正十分嫉恨,却不便发作,确实被人抓住了辫子。

万历三年(1575)二月,余懋学再次弹劾张居正,从崇惇大、亲謇谔、慎名器、戒纷更、防谀佞五个方面,对新政提出非议。所谓"崇惇大",意在非议考成法,"精明之过则操切乘之"。他说:"陛下临御以来,立省成之典,复久任之规,申考宪之条,严迟限之罚,大小臣工靡不鳃鳃奉职,治功既精明矣。臣愚所过虑者,政严则苛,法密则扰。今综核既详,弊几尽剔,而督责复急,人惧不堪。诏旨多切责之辞,臣工右刻核之治,窃谓非所以培元气而存浑厚之体也。"他主张反其道而行之,"政令之行,依于忠厚,而不专尚刻核之实,更乞明诏群吏,洗涤烦苛,宁为山薮之藏,无为渊鱼之察";"庙堂议事,无竭泽以焚林;台谏论人,勿索瘢于洗垢"。由此营造"宽严相济,政是以和"的局面。①这显然是和新政唱反调,反映了一些官员对于考成法过于操切、过于烦苛的不满情绪。

所谓"亲謇谔",意在为言官提供宽松的环境:"言路通塞,治忽攸关……臣顷见诸臣属疏再四迟回,惧触时忌。窃以为危言危行之时不宜有也。夫谏官未必皆贤,所言未必皆是,为君人者须宽假之、优待之,庶謇谔之气由之而振。"

所谓"慎名器",意在提醒皇帝要牢牢掌握名器:"惟名与器不可假人,国制诰敕之典以风有位,非考满称职不与,非大庆覃恩不与,至慎重也……旧制难逾,邪心无厌,其渐不可长也。"

所谓"戒纷更",意在强调"祖宗之法不可变":"《诗》咏率章,《书》言由旧,祖宗之法不可变也,则自古记之矣……迩年以来,建白者炫奇,题覆者徇私,今日以某言立某法矣,明日辄以某言而罢之;今日以某言更某法矣,明日又以某言而复之。法令滋更,从违靡定……愿陛下申饬群

① 余懋学《陈五议以襄化理疏》,《万历疏钞》卷一《圣治类》。

工,恪守成宪,诸臣建白,酌之事体,无得剿说以邀名;该部题复,要于妥帖,无得依违以取媚。"

所谓"防谀佞",意在批评六部大臣谀佞阁臣之风:"敬事后食,臣子之节,上下相谀,非国家之利。切见近时该部题复边功,往往首列阁臣勋猷,盛夸督抚功伐。"还说:"涿州桥工告完,天下明知为圣母济人利物之仁,而该部议功,乃至夸述阁臣、司礼之绩,例虽沿旧,词涉献谀。"讽刺部臣向张居正、冯保献媚。他认为,"该部尤不得辄加赞扬,以长谀佞,庶几朝多不伐之风,人怀敬事之念"。①

含沙射影,指桑骂槐,一向是言官常用的笔法,张居正岂有不知,看了这份奏疏,勃然大怒,立即票拟谕旨,以圣旨名义发出,将余懋学革职为民。《万历邸钞》这样写道:"春正月庚辰,南京给事中余懋学削籍。懋学疏陈五事……居正怒,有旨:某妄指时政操切,假借惇大之说,邀买人心,阴坏朝政,必得受赃官富豪贿赂,为之游说。似这等乱政险人,本当依律论治,念系言官,姑从宽革职为民,永不叙用。"②圣旨说他"受赃官富豪贿赂,为之游说"云云,显然是无稽之谈,他反对新政反对考成法,出于自己的政见,与受贿游说无关。此人为官一向清正廉洁,在罢官回乡途中,路过徽州府城,适逢歙县、休宁、婺源等五县民众争议丝绢不妥,他为此写了《豁释丝绢大辟疏》。③此时他已无官一身轻,却还要上疏言事,其忠心忧民之情也可见一斑。

张岱为他立传,对于他"好言事不谐于时"印象深刻。张居正死后,余懋学官复原职,愈加意气发舒,直言慷慨,晋升南京尚宝司卿。当时人人以争言为快,余懋学看到了问题的症结,"恐渐致壅蔽,乃列为十蠹上之。为执事者,得必居功,而失则归挽回之难,曰诬上之蠹。受官公

---

① 余懋学《陈五议以襄化理疏》,《万历疏钞》卷一《圣治类》。
② 钱一本《万历邸钞》,万历三年乙亥卷,春正月。
③ 康熙《婺源县志》卷十二《艺文志》。小野和子《东林党和张居正》,载《明清时代的政治和社会》,京都大学人文科学研究所,1983年,第63—102页。

家而因以为市，曰招权之蠹。己不受言而苛求于上，曰讳疾之蠹。敢于拂天子而难于忤要人，曰雷同之蠹。逆距言者而销其气，曰阻塞之蠹。倒置是非，曰欺罔之蠹。好胜不已而忿争，忿争不已而党比，曰争胜之蠹。结欢要津，媚悦近习，曰谀佞之蠹。自负时流，急于表异，不触而撞击，无疾而呻吟，曰乖戾之蠹。后言皆验，而亦以好言事不谐于时。"[1]对余懋学的评判是深刻的——"好言事不谐于时"，他的反对新政，反对考成法，也应作如是观。

2. 傅应祯的"三不足"论

如果说余懋学的弹劾不过是序幕，那么傅应祯的弹劾便是重头戏。

傅应祯，字公善，号慎所，江西安福人，隆庆五年进士，曾任零陵知县，万历初年出任御史。万历三年(1575)十二月二十一日，河南道试御史傅应祯向皇帝上疏，议论三事：其一是"存敬畏以纯君德"，其二是"蠲租税以苏民困"，其三是"叙言官以疏忠谠"。这篇奏疏用尖刻的措辞非议新政，弹劾张居正误国，批评皇帝失德，写得毫无顾忌。

他所说的第一事，是要皇帝常存敬畏之心，以纯君德。他向皇帝一连发出三个问题：岂真以天变不足畏乎？岂真以祖宗不足法乎？岂真以人言不足恤乎？进而谴责"敬天""法祖""求贤"之心未纯：

——臣闻今岁雷震端门兽吻，地震于京师直省者，不下数四……虽由大小臣工失职，曾未见皇上下修省一诏，以回天意，晏然如处无事。岂真以天变不足畏乎？要亦敬天之心未纯也。

——遣太监往真定府抽印，原非国初令典，事创于正统间也。先朝用李芳之言，停止前差，地方稍就苏息。陛下不能纳

---

① 张岱《余懋学列传》，《石匮书》卷一百六十七。

科道之谏，必欲差往，奈何甘心效中朝失德之故事。岂真以祖制不足法乎？要亦法祖之心未纯也。

——臣又近闻户科给事中朱东光陈言保治，不过一二语直切时事，犹未若古人言之解衣危论，折槛抗疏也。几于触犯雷霆，本又留中。岂真以人言不足恤乎？要亦侧席求贤之心未纯也。

兜了一大圈，图穷匕首见，傅应祯终于把张居正与王安石挂起钩来："此'三不足'之说，王安石所以误(宋)神宗，陛下肯自误耶？"

文章写得漂亮，思想却颇为迂腐。所谓"三不足"，即天变不足畏、祖宗不足法、人言不足恤，是王安石变法的精神支柱，无可非议。改革者如果没有"三不足"思想，势必一事无成。傅应祯以此批评皇上"自误"，其实是指责内阁首辅张居正以"三不足"误皇上，流露出对新政的不满。他希望皇帝乐于纳谏，宽容言官："凡人臣进言，如朱东光批鳞蹑尾，岂无畏死之心？无非感荷国恩，思效犬马，不必计其论列之是与非也，均当容受，使知朝廷乐于从谏；不必计其章疏之当与否也，俱下该衙门知道，使知朝廷无所忌讳。"[①]其实是以朱东光为例，希望朝廷乐于从谏，为自己犯颜进谏预留退路，没有料到自己的下场会如此之惨。

他所说的第二事"请蠲逋税以苏民困"，是请求减免欠税。他回顾神宗皇帝初登宝位时下诏宣布，蠲免嘉靖三十四年至隆庆元年之间的"未完钱粮"——所欠田赋全部免缴；隆庆二年(1568)至四年未完钱粮，一律"免三征七"——减免三成只征七成。由于实行考成法，征税作为一项考核指标，使得原先的德政化作泡影。他写道："官司乃尔穷追，不过为囊橐计耳。近奉稽查章奏，完不及分数者，抚按听参，郡县听降，诸

① 傅应祯《披血诚陈肤议以光圣治疏》，《万历疏钞》卷一《圣治类》。傅应祯两次提到的朱东光，号存敬，原籍江西临川，徙居福建浦城，嘉靖四十年举人，隆庆二年进士，历任祁门知县，以政绩卓异提升户科给事中，上疏请皇上防微杜渐。

司望风而股慄……钱粮一日未完，则俸一日不开，俸一日不开，则罪谴一日未释。彼之处心积虑，设法杖并者将无不至，民之椎膏折髓，彼暇顾哉！盖朝廷以此责成抚按，抚按以此责成郡县矣，其取盈于民者亦势也。尝见披枷带锁相藉于道路，提携保抱逃窜于他境，形似失巢之鸟，苦如游釜之鱼。"[1]为了征收未完钱粮，朝廷责成各省巡抚、巡按，巡抚、巡按则向下责成府州县官，钱粮一日未完，就停发官员俸禄，官员为了俸禄，千方百计催征，不顾人民椎膏折髓。这种负面信息，放大了新政不为人知的另一面。

他所说的第三事"叙用言官以开忠谠"，是为余懋学翻案。他说："南京给事中余懋学条陈五事，直切时政，其间不无指摘太过之弊。皇上将余懋学禁锢终身，不使再用。无非寓仁恕于惩创之内，使言者慎重而不敢轻也。"接下来话锋一转，指出后果的严重性："远近臣民不悟圣意，遂谓朝廷之讳直言如此，其逐谏官又如此，相与私相感叹，凡事之有关于朝政者，皆畏缩不敢矢陈。"如果皇上能够重新起用余懋学，"则正直之气弘，而謇谔之风兴，岂非太平盛事也哉"！[2]

这当然是不可能的，他不但救不了余懋学，连自身也难逃厄运。张居正推行新政，岂能半途而废，又岂能有人反对就改弦更张！尤其使他不能容忍的是，傅应祯竟敢用王安石以"三不足"之说误宋神宗，来影射他以"三不足"之说误明神宗。张岱说得好："时江陵（张居正）当国，（傅应）祯上疏言三事……疏入，江陵大怒，谓以王安石语侵己，拟旨逮（傅应）祯，诏狱拷讯，五毒备至。"[3]张居正草拟的圣旨语气极为严厉："朕以冲昧为君，朝夕兢兢……傅应祯无端以'三不足'诬朕，又自甘欲与余懋学同罪。这厮每必然阴构党与，欲以威胁朝廷，摇乱国是。着锦衣卫拿

---

① 傅应祯《披血诚陈肤议以光圣治疏》，《万历疏钞》卷一《圣治类》。亦参见钱一本《万历邸钞》，万历四年丙子卷，春正月；文秉《定陵注略》卷二《建言诸臣》。
② 傅应祯《披血诚陈肤议以光圣治疏》，《万历疏钞》卷一《圣治类》。
③ 张岱《傅应祯列传》，《石匮书》卷一百六十七。

送镇抚司,好生打着问了来说!"①

傅应祯的下场比余懋学要惨多了。因为他落到了锦衣卫镇抚司的手里。设立于洪武十五年(1382)的锦衣卫是一个特务机构,有两大任务:一是直驾侍卫,二是巡察缉捕。为了巡察缉捕,锦衣卫专设镇抚司,直接承办皇帝交付的重案要案,特设"诏狱"——遵照皇帝诏令查处人犯的监狱,权力凌驾于政府的司法部门之上,惯于刑讯逼供。既然皇帝圣旨明言"好生打着问",要追究"阴构党与"之事,镇抚司诏狱的严刑拷打便名正言顺。傅应祯始终没有屈打成招,没有招认子虚乌有的"阴构党与"。② 被打成重伤之后,户科给事中徐贞明(字伯继,号孺东,江西贵溪人)闻讯,披头散发赤脚进入狱中,为他送药粥。广东道御史李桢、陕西道御史乔岩也随之赶来,慰问傅应祯。朝廷察觉此事,诘问三人,徐贞明辩解道:"傅应祯直臣也,臣知其无罪,故往问之,无他意。"皇帝大怒,把三人降二级调外任。③

十二月二十三日,傅应祯被发配往定海卫充军终身。傅应祯喜出望外:"臣无生理,主上犹待以不死,使得执戟海上,臣老死奚憾!"到了定海,市井小民拦路围观,纷纷说,这就是上奏减免欠税,救活我小民的人啊。争相让出房屋给他居住,送子弟向他求学。④

万历四年(1576)正月,皇帝在文华殿讲读完毕,对张居正谈起傅应祯的事,仍心有余恨。

皇帝问:"昨傅应祯以'三不足'之说讪朕,朕欲廷杖之,先生不肯,何也?"

张居正答:"此无知小人,若论其罪,死有余辜。但皇上即位以来,

① 《明神宗实录》卷四十五,万历三年十二月乙酉。
② 邹元标《南大理寺丞慎所傅公状》,《皇明文海》卷九百十一。
③ 张岱《傅应祯列传》,《石匮书》卷一百六十七。康熙《安福县志》卷三《傅应祯传》。
④ 《明神宗实录》卷四十五,万历三年十二月丁亥。张岱《傅应祯列传》,《石匮书》卷一百六十七。

圣德宽厚，海内共仰，此何足以介圣怀。且昨旨一出，人心亦当儆惧，无敢有妄言者矣。国家政事或宽或严，行仁行义，惟皇上主之。"

皇帝说："前有救应祯者，既疏称其母老，朕查应祯止有父在，而顾言母，欺朕如是！"

张居正说："言官不暇致详，何足深罪。"

皇帝对在旁的阁臣吕调阳、张四维说："昨文书房持应祯疏到阁，二先生何故不出一语？须同心报国，不得避忽。"

吕调阳、张四维听到皇上的批评，赶忙表态："臣等敢不同心！"[1]

这场君臣对话，反映了皇帝与内阁首辅步调完全一致，向非议新政者显示了毫不退让的强硬态度。而且看起来皇帝对傅应祯的痛恨比张居正更甚，竟然打算廷杖，若不是张居正出面劝阻，傅应祯此番不是死于杖下，也要重伤致残了。

3. 刘台的"擅作威福"论

言官中颇有一些不怕死的人。傅应祯的同乡、辽东巡按御史刘台挺身而出，写了长达五千字的奏疏，弹劾张居正，反对新政。

刘台，字子畏，江西安福人，隆庆五年(1571)进士，授刑部主事，万历初年改御史，巡按辽东。他对于张居正钳制言论，动辄斥责言官，植党营私，动摇国是的"专恣"作风早已不满。他虽是张居正所选拔的士人，却不愿徇私而缄口沉默，扬言：忠臣不私，私臣不忠，终不可以荐举之私恩忘君父之大义。[2] 就在傅应祯充军一个月后，即万历四年(1576)正月二十三日，写了题为《恳切圣明节收辅臣权势》的奏疏，弹劾张居

---

[1] 钱一本《万历邸钞》，万历四年丙子卷，春正月。《明神宗实录》卷四十六，万历四年正月庚子。

[2] 万斯同《明史》卷三百二十四《刘台传》。康熙《安福县志》卷三《刘台传》。按：张居正主考会试，刘台中第七名；廷试时张居正是读卷官，刘台中二甲第四名；刘台列部属官三年，张居正荐举他为辽东巡按御史。

正。他不像傅应祯那样以"三不足"之说影射张居正，而是直截了当地指名道姓，谴责张居正"擅作威福"，"畏居正者甚于畏陛下，感居正者甚于感陛下"，这种离间皇帝与首辅的手法是极易奏效的。张居正推行新政，一再强调遵循祖宗之法，他就从"祖宗之法"切入，层层批驳。

首先提及的是，张居正以宰相自居，擅作威福，显然违背祖宗之法。他说：太祖高皇帝鉴于前代之失，废除丞相。成祖文皇帝开始设置内阁，参预机务，当时官阶不高，不可能专制。二百年来，即使有擅作威福者，也惴惴然避宰相之名而不敢居，因为有祖宗之法在。张居正居然以宰相自居，"自内阁大学士张居正专政以来，每每自道必曰：'吾相天下，何事不可作止，何人不可进退？'大小臣工，内外远近，非畏其威，则怀其德"；"居正自大学士高拱逐去后，擅威福者三四年矣。每一闻谏官微言婉辞稍侵及之，必曰：'吾奉天子守祖宗法，若等安得为是狂直耶！'"①

刘台紧紧抓住"吾守祖宗之法"这一挡箭牌，列举事实，逐条批驳。

——往者王大臣狱兴，诬连高拱。夫拱擅则有矣，逆未闻也，公议籍籍不平。（居正）密为书令拱切勿惊死，恐已负杀大臣名。夫逐之诬之，宰相威也，已而私书安之，宰相福也。祖宗之法若是乎？

——今诏旨一下，果严耶，居正曰：'我费多少力方如此'。由是人不敢不先谢之，是人畏居正甚于畏陛下矣。果温耶，居正则曰：'我费多少力方如此'。由是人不敢不先谢之，是人怀居正甚于怀陛下矣……祖宗之法果如是乎？

——居正条陈章奏考成，有曰：各省抚按凡考成章奏，每二季该部各造册二本，一本送内阁，一本送（六）科。抚按延

<hr />

① 刘台《恳切圣明节收辅臣权势疏》，《万历疏钞》卷十八《发奸类》。钱一本《万历邸钞》，万历四年丙子卷，春正月。

119

迟,该部举之;该部隐蔽,该科举之;该科隐蔽,阁臣举之。夫部院分理邦事,举而劾之其职也;科臣封驳奏疏,举而劾之其职也。阁臣例无印信,衔列翰林,翰林之职止备顾问,不侵政事,祖宗制也。居正创为是说,不过欲制胁科臣,总听己令……祖宗之法如是耶?

在咄咄逼人的驳斥后,刘台揭发张居正作威作福的事例:

——为固宠计,献白燕、白莲,致诏旨切责,传笑天下。

——为择好田宅计,指授该府道,诬辽王以重罪,今武冈王又议罪矣。

——为子弟连中乡试,而许御史舒鳌以京堂,布政使施尧臣以巡抚,今年嫡子又起觊心矣。

——居正之贪,不在文官而在武臣,不在腹里而在边鄙。不然,入阁未几,而富冠全楚,果何致之耶? 宫室舆马,妻妾奉御,有同王侯,果何供之耶?

为了激起皇帝对张居正的愤恨,刘台对皇帝说:"当此之时,谏人主易,言大臣难。而为大臣者,每每一闻人言,则藉人主之宠,激人主之怒,或曰诽谤,或曰奸党,或曰怨望,或罪一人以畏惕乎众,或连众人以阴杜乎后……于是有一种无籍恶徒起而附会之,言者之祸益烈,大臣之恶日滋,而天下之事日去矣……臣故曰谏人主易也,但言涉辅臣,则祸在不测。余懋学反覆四条,隐言张居正之辅政操切;傅应祯愤发三款,俱比王安石之辅政不职,此固天下所共知也。天下所共知犹可言也,至其中则有负性刚果,持身正大,不从其指授,不出其门下,举不当其意,劾不出其私,则乘机会以他事中之迁之。迁之而遇考察也,则又以考察锢之。"①

---

① 刘台《恳切圣明节收辅臣权势疏》,《万历疏钞》卷十八《发奸类》。

神宗皇帝看了如此肆无忌惮的言论,大为光火,以为是"诬枉忠良,肆言排击,意在构党植私,不顾国家成败",下令锦衣卫把他逮捕。① 张居正更加不能容忍,刘台把前两次弹劾联系起来,说余懋学是"隐言张居正之辅政操切",傅应祯把他"比王安石之辅政不职",又多次攻击他以权谋私,什么"子弟何功,而尽列巍科",什么"家殷于全楚,道路宣言",什么"居正之贪不在文官而在武臣,不在腹里而在边鄙"等。使他陷于空前的被动之中,不得不向皇帝当面辩解:"(刘)台与傅应祯素厚,应祯之言,实有所主。彼见应祯谪戍,三御史又以连累得罪,妄自惊疑,惧将来之不免,故无顾忌而发愤于臣。以为排击辅臣,既可免于公法,又足以沽直声而希后用,此为臣致谤之由。"他还颇带感情地对皇帝慨叹:自从遭到刘台弹劾,"其门巷寥寂,可设雀罗","国朝二百余年并未有门生排陷师长,而今有之"。②

由于遭到二百余年未有的门生排陷师长的奇耻大辱,张居正于次日(二十四日)向皇帝递交了辞呈。皇帝颇感意外,赶紧慰留:"卿赤忠为国,不独简在朕心,实天地祖宗所共降监。彼谗邪小人,已有旨重处。卿宜以朕为念,速出辅理,勿介浮言。"③看来,刘台对他的伤害确实比余懋学、傅应祯厉害,第二天(二十五日),张居正再次提出辞呈。他一方面承认,现在朝廷诸多事务还未走上正轨,海内百姓尚未咸若,不是言去之时。另一方面表示,"擅作威福"的非议,有损他的气节,声辩:"言者以臣为擅作威福,而臣之所以代主行政者,非威也,则福也。即其近似而议之,则事事皆可以为作威,事事皆可以为作福。虽皇上圣明,万万不为之投杼,而使臣常负疑谤于其身,亦岂臣节所宜有乎!"皇帝理解他的想法,肯定他的气节,再次慰留:"卿精诚

---

① 《明神宗实录》卷四十六,万历四年正月丁巳。
② 钱一本《万历邸钞》,万历四年丙子卷,春正月。
③ 张居正《被言乞休疏》,《新刻张太岳先生文集》卷三十九。

可贯天日,虽负重处危,鬼神犹当护佑,逸邪阴计岂能上干天道!朕亦知卿贞心不二,决非众口所能摇慑……卿宜即出视事,勉终先帝顾托,勿复再辞。"①

据说,张居正向皇帝递交辞呈时,难过得伏地痛哭流涕,迟迟不肯起身。皇帝走下龙椅,手掖张先生站起,对他说:"先生起,吾为逮(刘)台,竟其狱以慰先生。"再三慰问,张居正仍不肯出来办公。② 皇帝只得派司礼监太监孙隆,拿着他的亲笔手谕和赏赐品,到张府慰问,当面传达皇上的谕旨:"先帝以朕幼小,付托先生。先生尽赤忠以辅佐朕,不辞劳,不避怨,不居功,皇天后土祖宗必共鉴知。独此畜物为党丧心,狂发悖言,动摇社稷,自有祖宗法度。先生不必介意,只思先帝顾命,朕所倚任,保安社稷为重,即出辅理,朕实惓惓伫望。特赐烧割一份,手盒二副,长春酒十瓶,用示眷怀。先生其钦承之,慎勿再辞。"张居正捧读御笔谕旨后,立即上疏谢恩:"司礼监太监孙隆恭捧到臣私寓,臣焚香望阙,叩头祗领,捧诵未毕,涕泪交零……既特孚皇上昭鉴,则呶呶之口诚无足为重轻……虽嫌怨以奚辞。"皇帝看到"虽嫌怨以奚辞",高兴地说:"览卿奏,知卿勉出辅理,朕心乃悦。"③

几天后,刘台披枷带锁从辽东押解至北京,关进锦衣卫镇抚司诏狱。在狱中,受到严刑拷打,他没有屈服,言辞越发尖刻。众人莫不为他的处境而担忧,他却慷慨自若。④ 镇抚司审讯后,决定以"廷杖遣戍"上报。张居正虽然对刘台恨之入骨,还是请求免于廷杖。他不得不这样做,因为上次傅应祯谤讪皇上,他曾请求免于廷杖,这次刘台诋毁内阁首辅,更应该免于廷杖。所以他在奏疏中说:"前傅

① 《明神宗实录》卷四十六,万历四年正月己未。张居正《被言乞休疏》,《新刻张太岳先生文集》卷三十九。
② 王世贞《嘉靖以来首辅传》卷七《张居正传》。万斯同《明史》卷三百二十四《刘台传》。
③ 张居正《谢恩疏》,《新刻张太岳先生文集》卷三十九。《明神宗实录》卷四十六,万历四年正月庚申。
④ 康熙《安福县志》卷三《刘台传》。

应祯诬诋圣德,至再三恳宥免杖,天下莫不称仁。今(刘)台所诬诋者臣,比之君父悬矣。若欲尽法,是臣所恶于天下者,事上而爱君父不如爱己,臣不敢也。"①皇帝十分欣赏他的处事原则,称赞道:"(刘)台谗狠奸人,卿犹申救,可谓忠慈之至矣。"②既然张先生已经表态,刘台诬诋首辅,罪状应该低于诬诋皇帝的傅应祯,于是下旨将刘台削籍为民。

余懋学、傅应祯、刘台掀起不大不小的政治波澜,在皇帝与内阁首辅的通力合作下,终于打压下去了。不过付出了沉重的代价,留下了难以弥补的政治后遗症。人们对于他们同情多于憎恨,影响绵延多年。汤显祖有诗赞扬刘台:

> 哀刘泣玉太淋漓,棋后何须更说棋。
> 闻道辽阳严谴日,无人敢作送行诗。③

余、傅、刘的言论或许偏颇甚至迂腐,同情他们的人并非都赞同他们的观点,但是对于言官的封驳职权遭到无情打压,有一种难以言说的不满情绪。张岱对张居正钳制言官的批评,就是如此:"以江陵(张居正)之威力,控制一二言官,政如泰山压卵,无不糜烂。乃又有石压笋斜出,如七君子之闵不畏死者,亦铮铮为天下之奇男子矣。嗟乎,江陵防口如川,乃决壤穿垠,水势奔腾,毕达其性。江陵虽忮,其亦奈之何哉!"④继余懋学、傅应祯、刘台之后,吴中行、赵用贤、艾穆、沈思孝前仆后继,掀起另一番波澜,可歌可泣。张岱把他们并称为不怕死的七君子,铮铮之奇男子。

---

① 《明神宗实录》卷四十六,万历四年正月丁巳。
② 《明神宗实录》卷四十六,万历四年正月丁巳。
③ 汤显祖《题东光驿壁刘侍御台绝命处》,《明诗纪事》庚签卷二。
④ 张岱《余赵吴傅沈艾刘列传》,《石匮书》卷一百六十七。

三 围绕张居正"夺情"的
政治风波

1. 张居正"丁忧"

张居正在神宗皇帝支持下,仍一如既往地实施新政。万历四年(1576)十月,他以少师兼太师、吏部尚书、中极殿大学士的职衔,九年考满。十九日,皇帝对张先生以一品九年考满,向吏部下了一道圣旨:"元辅受命皇考,匡弼朕躬,勋德茂著。兹一品九年考绩,恩礼宜隆。着加进左柱国,升太傅,支伯爵俸,兼官照旧,给予应得诰命,还写敕奖励,赐宴礼部,荫一子尚宝司司丞,以称朕褒答忠劳至意。"[1]为了褒奖,他派文书房太监前往张府,赐银五十两、苎丝四表里、羊三只、茶饭五桌、酒三十瓶、新钞五千贯。

面对如此皇恩隆遇,张居正有点诚惶诚恐,立即上疏辞免,说自己"学术迂疏,行能浅薄。朝夕献纳,不过口耳章句之粗;手足拮据,率皆法制品式之末。心力徒竭,绩效罔闻"。因此,面对非常之赏,不胜感激惶惧之至。[2] 次日,皇帝特遣司礼监随堂太监孙秀带着他的亲笔手谕前往张府,再次表示恩赏之意,请勿再辞。尔后,又派文书房太监孙得胜带去奖励敕书一道。张居正还是感谢、辞免。次日,皇帝再下圣旨,表彰张先生功在社稷,泽被苍生,所辞不允。张居正继续辞免,情辞颇为恳切,大意是,人之受享,各有分量,受过其量,鲜不为灾。早夜思维,如

---

① 《明神宗实录》卷五十五,万历四年十月丙子。
② 张居正《考满辞免恩命疏》,《新刻张太岳先生文集》卷四十《奏疏五》。

负芒刺。皇帝再次降旨,赞扬他精忠大勋,经邦论道,特晋崇阶,允孚公论。张居正还是辞免,皇帝不得已。准予辞去太傅头衔与伯爵俸禄。①

父荣,子随之而贵。万历五年(1577)二月,张居正的次子张嗣修,会试中式。张居正因儿子即将殿试,请求回避读卷。皇帝不允:"读卷重要,卿为元辅,秉公进贤,不必回避。"②这场会试仅仅是形式而已,结果是在意料之中的:张嗣修进士及第,成为榜眼(一甲第二名)。张居正利用讲课的机会,当面向皇帝谢恩:"臣男嗣修,钦蒙圣恩,赐进士及第。"皇帝回答得很直爽:"先生大功,朕说不尽,只看顾先生的子孙。"③原来如此! 皇帝是用"看顾先生的子孙"作为报答的,所谓"看顾",就是特批。如果说要追究科场舞弊,那么这算得上最大的舞弊,不过在皇恩浩荡掩盖下,又算不得舞弊,因为那些"进士及第出身",都是皇帝赏赐的,赐予张三与赐予李四,别无二致。

然而人算不如天算。正当张居正志得意满之时,噩耗传来,父亲病故。对于一般人而言,父亲去世是家庭私事,但是对于张居正这样众人瞩目的首席大臣而言,如何处理亡父的丧事,竟然蒙上了一层浓烈的政治色彩,酿成轰动一时的特大风波。

张居正的父亲张文明,字治卿,号观澜,在科举道路上困顿得很,连考七次乡试,都名落孙山。在二十岁那年,花钱补了一个府学生,一直到死,还是名府学生。父以子贵,儿子既为内阁首辅,父亲也就非同一般,有点得意忘形,纵容家人奴仆横行乡里。张居正无法掩饰,只得低声下气向地方官打招呼:"老父年高,素怀坦率,家人仆辈颇闻有凭势凌

---

① 张居正《考满辞手敕加恩疏》《再辞恩命疏》《三辞恩命疏》,《新刻张太岳先生文集》卷四十。《明神宗实录》卷五十五,万历四年十月丙子。
② 《明神宗实录》卷五十九,万历五年二月乙丑。
③ 钱一本《万历邸钞》,万历五年丁丑卷,三月壬寅策士条,写道:"赐沈懋学、张嗣修、曾朝节等进士及第出身。嗣修,居正嫡子。上御文华(殿)讲毕,居正致词:'臣男嗣修钦蒙圣恩,赐进士及第。'上答曰:'先生大功,朕说不尽,只看顾先生的子孙。'前刘御史台疏云'子弟连中乡试,今年嫡子又起觊心'者此。"

轹乡里，溷扰有司者，皆不能制。"①言外之意，希望地方官多多包涵。

万历五年(1577)，七十四岁的张文明患病，张居正本想请求皇上赏赐一个月的假期，回乡为父母二老祝寿。恰逢宫中筹备皇帝大婚，作为内阁首辅，身系重任，请假之事难以启齿。因此常常缅然长思，伤心落泪。皇帝也看出张先生近日面容清瘦，问左右侍从，是否思念父母？左右侍从叩头回答：正是思念二老。于是皇太后、皇帝拿出内帑，派人送往荆州张府，皇帝还亲笔写了手谕给张先生，说明这是"朕致先生父母"的心意。张文明受到太后、皇帝的赏赐，感动得五体投地，向使臣再三跪拜说：臣文明死无以报，愿借助臣的儿子报答陛下。张居正见皇上如此恩礼隆异，越发不敢提出回乡探亲的请求了，毕竟放心不下，写信给叔父，想把父母接来北京奉养。岂料张文明不同意，回信把儿子训斥一通：怎么可以为了照顾老人，而分散效忠国家之心？请看他的原话："肩巨任者不可以圭撮(按：圭撮是很小的计量单位)计功，受大恩者不可以寻常论报，老人幸未即衰，儿无多设不然之虑，为老人过计，徒令奉国不专耳。"为了解除儿子的后顾之忧，张文明每天要家童抬轿携酒，与二三老者游行于山水之间，故作矫健状。因此友人从江陵赴京，总是向张居正报告"大父善饭"的好消息。不料故作矫健弄巧成拙，某日登"王粲楼"，冒着秋天的霜露在外面小睡，受到风寒，一病不起，十一天后便与世长辞。②

张居正原本想在明年夏初回乡探望老父，不料万历五年(1577)九月十五日父亲遽尔病逝。二十五日，噩耗传到北京。次日，内阁辅臣吕调阳、张四维把噩耗报告皇上，希望引用先朝金幼孜、杨溥、李贤的"夺情起复"故事，请求皇上挽留张居正。

---

① 张居正《与楚抚赵汝泉言严家范禁请托》，《新刻张太岳先生文集》卷二十五。
② 《太师张文忠公行实》，《新刻张太岳先生文集》卷四十七。

中国的传统伦理讲究孝道,皇帝都标榜"以孝治天下",官僚必须遵守"丁忧"制度。所谓"丁忧",就是嫡亲祖父母、父母死亡,作为子孙的官僚应该辞去官职,回家服丧守孝二十七个月,叫做"丁忧守制"。期满以后,再回到原来的岗位,叫做"服满起复"。这种规定,未免过于死板,过于迂腐,作为政府首脑的内阁大臣,离开岗位二十七个月,朝务难以顺利进行,因此就有了变通的特例。宣德元年(1426)正月,内阁大学士兼礼部尚书金幼孜(名善,以字行,号退庵,江西新淦人),母亲死了,要去"丁忧",皇帝用诏书的形式"夺情"——不准他回乡服丧守孝,继续留在岗位上工作,即所谓"夺情起复"。宣德四年(1429)八月,内阁大学士杨溥(字弘济,湖广石首人),以母丧"丁忧"离职,随即"夺情起复"。成化二年(1466)三月,内阁首辅李贤(字原德,河南邓州人)遭父丧,宪宗皇帝只让他"丁忧"了两个月,就"夺情起复"了。

不过这种特事特办,不符合祖宗旧制。"国初令,百官闻丧,不待报,即去官。后京官有勘合,在外官有引,起复有程限,夺丧、短丧、匿丧有禁,视昔加严云。"对于官员"匿丧",正统七年(1442)有令"俱发原籍为民",意味着革职罢官。正统十二年(1447)又有令:"内外大小官员丁忧者,不许保奏夺情起复。"①所以此类事例并不多见。明武宗时代的内阁首辅杨廷和,父亲病故,他请求回家奔丧"丁忧",皇帝不许,经过再三请求,才得到批准。在"丁忧"期间,皇帝要"夺情起复",杨廷和再三坚持,始终没有"夺情起复"。内阁首辅能够为父母丁忧二十七个月,杨廷和开创了先例,得到不少人的赞扬。官员们必定会拿杨廷和的先例来要求张居正。张居正面临的压力之大,可想而知。

2. "夺情起复"的幕后与台前

按照人之常情及祖宗旧制,官员必须丁忧守制。但是张居正不是

---

① 万历《大明会典》卷十一《吏部十·丁忧》。

一个按常规办事的人，经常说：有非常之人，然后有非常之事，何恤訾议！况且大权在握，新政正在展开，他不愿意因为丁忧而离开岗位二十七个月。碍于祖宗旧制和舆论压力，必须策划一个两全之计。接到荆州来的讣闻后，他首先与司礼监掌印太监冯保谋划，竭力促成皇上"夺情起复"。谋划已定，就示意内阁次辅吕调阳、张四维，由他们出面，引用先朝金幼孜、杨溥、李贤的"夺情"先例，请求皇上挽留张居正。与此同时，冯保在皇帝面前一而再再而三地敦促"夺情"。这些幕后活动的细节，在正史中找不到痕迹，只有史家个人所写的别史才有所透露。不妨略举一二：

朱国祯《皇明大事记》写道："万历五年九月，其父文明讣至，时夜漏已下二鼓。昧爽，特旨留之。香币油蜡金钞布粲之赐，以千百计。内竖络绎至，(张居正)对之作擎曲状，扶以仆隶，叩头强之立而受，曰：'此头寄上冯公公也。'密议起徐华亭代首揆，以俟终制。二次辅阿指，引夺情例以闻，褒答曰赴，请勉留文。遣吏部尚书张瀚往谕，六卿而下踵门如织，保留之疏南北大小衙门几遍。内阁官送本票旨，即举笔曰：急务不可缓也。"[1]从中可以看到几点，其一是，吕调阳、张四维请求皇帝挽留张居正，是"阿指"，即按照张居正的旨意行事。其二是，皇帝下达"特旨"挽留张居正，是冯保促成的，所以张居正要向小太监叩头，并且声明"此头寄上冯公公"。其三是，张居正与冯保甚至已经做好预案，万一皇帝不"夺情起复"，建议起用已经退休多年的徐阶代理首辅，等待张居正终制复出。

这并非孤证，文秉《定陵注略》写到"万历五年九月大学士张居正丁父艰，上命夺情视事"，透露的内情大体相同："大珰冯保，挟冲主，操重柄，江陵(张居正)素卑事之。新郑(高拱)既逐，(冯)保得江陵甚，凡事

---

① 朱国祯《皇明大事记》卷三十八《阁臣》。

无不相呼应如桴鼓。江陵闻父讣,念事权在握,势不可已,密与(冯)保谋夺情之局已定,然后报讣。次辅蒲州(张四维)进揭,即微露其一斑……疏入,漏下已二鼓。昧爽,特旨从中出,留之。香币油蜡之赐以千百计。内阉将司礼之命络绎而至,附耳蹑踵。江陵时作擎曲状,令小厮扶掖内阉,乃叩头谢,强之立而受,云:'此头寄上冯公公也。'"①这段文字与朱国祯所写的主体部分,亦即吕调阳、张四维"阿旨"、冯保促成"夺情"几乎一样,所不同的是文秉特别强调,"夺情起复"是张居正的本意——"念事权在握,势不可已,密与(冯)保谋夺情之局已定,然后报讣"。

钱一本《万历邸钞》所写虽然简略,也强调"夺情起复"是张居正自己的愿望,不屑于按照常理服丧守制:"居正闻丧,初辞疏,即云:'守制是常理小节。'且云:'有非常之人,然后有非常之事,何恤訾议。'再辞,忽且请留京守制,以次子驰驿回籍营丧事。盖其自为计非朝夕,以故讣疏方上,而慰留即下云。"②从"讣疏方上","慰留即下","自为计非朝夕",隐约透露与冯保密谋"夺情"之局的微言大义。

当然,"夺情"是皇帝的特权,一切取决于皇帝的态度。皇帝朱翊钧本人深感不可一日无"元辅张先生",更不愿新政半途而废。所以他接到吕调阳、张四维的奏疏后,立即下旨:"元辅张先生亲受先帝付托,佐朕冲年,安定社稷,关系至重。况有往例,卿等亟当为朕劝勉,毋事过恸。"他还写了手札给张先生:"朕今览二辅所奏,得知先生之父弃世已十余日了,痛悼良久。先生哀痛之心,当不知如何哩!然天降先生,非寻常者比,亲承先帝付托,辅朕冲幼,社稷奠安,天下太平。莫大之忠,自古罕有。先生父灵,必是欢妥。今宜以朕为念,勉抑哀情,以成大孝。

① 文秉《定陵注略》卷一《江陵夺情》。
② 钱一本《万历邸钞》,万历五年丁丑卷,秋九月。

朕幸甚,天下幸甚。"①接着他又指示吏部:"元辅朕切倚赖,岂可一日离朕! 父制当守,君父尤重,准过七七,照旧入阁办事,侍讲侍读,期满日随朝。该部即往谕朕意。"②

张居正闻命,过了"七七",照旧入阁办事,有所为难。对皇上说:臣幸而未死,报国之日还长,而且国家没有战争之事,而令披麻戴孝的大臣在朝廷,非盛世所当有。皇上潸然流涕说:卿笃孝至情,朕非不感动,但念朕当十龄而皇考见背,丁宁卿尽心辅导,朕垂拱仰成,顷刻离卿不得,何况远待三年? 且卿身系社稷安危,其勉遵前旨,以副我皇考委托之重。张居正接到皇上的诏书,三天水浆不入口,又叩心流涕上疏:先帝临终属臣以大事,臣何敢中道弃去! 但念生离臣父十九年,即死不及殡,攀号莫及。愿赐臣归葬,使得身自负土,加一篑丘垄之上,过此以往,死生唯陛下所用,臣死且不朽。皇帝看了奏疏,焦然不宁,写了手谕给张先生:卿言终是常理,今朕冲年,国家事重,岂常时可同! 连日不见,朕心如有所失,七七之期犹以为远。卿平日所言,朕无一不从,今日此事却望卿从。又给内阁发去谕旨:元辅必不可离,即百疏不允。吕调阳、张四维把皇上的旨意转告张居正,张居正嚎啕大哭。③

然而张居正毕竟是"非常之人",他并不想真的丁忧守制,离开政坛,碍于传统伦理纲常,不敢冒天下之大不韪。冯保要皇上一而再再而三地降旨,挽留元辅张先生;而张居正一而再再而三地上疏,乞求归里守制,演出了一幕逼真的戏文。张岱一语道破:"居正惑之,乃阳上书乞守制,而露意冯保,使固留之。时识者皆以为非,然不敢颂言之。"④

九月二十六日,张居正在私寓接到司礼监太监李佑送来皇上的御

① 张居正《闻忧谢降谕宣慰疏》,《新刻张太岳先生文集》卷四十一《奏疏六》。
② 《明神宗实录》卷六十七,万历五年九月己卯。
③ 《太师张文忠公行实》,《新刻张太岳先生文集》卷四十七。
④ 张岱《张居正列传》,《石匮书》卷一百六十六。

札,再次上疏:"本月二十五日,得臣原籍家书,知臣父张文明以九月十五日病故。臣一闻讣音,五内崩裂。兹者伏蒙皇上亲洒宸翰,颁赐御札……臣不忠不孝,祸延臣父,乃蒙圣慈曲轸,哀怜犬马余生,慰谕优渥。臣哀毁昏迷,不能措词,唯有痛哭泣血而已。"①次日,皇帝特意派司礼监太监魏朝送来太后、皇帝所赏赐的香烛布匹等物,张居正表示感谢:"臣一家父子,殁者衔环结草,存者碎首捐躯,犹不足以仰报圣恩于万一也。"②

九月底,他向皇帝表示,对于皇上的"夺情",一则说他十分痛苦:"臣在忧苦之中,一闻命下,惊惶无措。"再则说他能承受:"臣闻非常之恩者,宜有非常之报。夫非常者,非常理之所能拘也。"这其中,话里有话,他强调"非常"一词,即"非常理之所能拘",是为下文做铺垫:"如皇上之于臣,若是之恳笃者,此所谓非常之恩也。臣于此时,举其草芥贱躯,摩顶放踵,粉为微尘,犹不足以仰答于万一。又何暇顾旁人之非议,徇匹夫之小节,而拘拘于常理之内乎!"③

由于张居正的本意是希望皇上"夺情",但又不得不按照惯例向皇上"乞恩守制",所以这篇奏疏写得颇费周章。既要向皇帝"乞恩守制",又要向皇帝表示可以接受"夺情",他可以不拘常理,不顾非议,以反潮流的姿态坚守岗位。《明实录》的编者在记述他的《乞恩守制疏》时,也看出了这层意思,点评道:"观此,而夺情之本谋尽露矣。"④可谓一语道破其中奥秘。"夺情"本是皇帝以强制手段剥夺大臣丁忧服丧之情,一般大臣多不愿意"夺情"。张居正则不然,他可以不顾非议,不徇小节,不拘常理,与冯保策划了"夺情"之局,即所谓"夺情之本谋",但又不能公开提请皇帝"夺情",所以《乞恩守制疏》就显得很别扭。

---

① 张居正《闻忧谢降谕宣慰疏》,《新刻张太岳先生文集》卷四十一《奏疏六》。
② 张居正《谢遣官赐赙疏》,《新刻张太岳先生文集》卷四十一《奏疏六》。
③ 张居正《乞恩守制疏》,《新刻张太岳先生文集》卷四十一《奏疏六》。
④ 《明神宗实录》卷六十八,万历五年十月丙戌。

十月初五日,他再次乞恩守制,依然是这样的语气:"先帝不知臣不肖,临终托臣以大事,叮咛付嘱,言犹在耳。中道而背之,虽施于交友,然且不可,乃敢以此事吾君父,而自蹈于诛夷之罪乎!"①流露出来的仍是不忍遽尔离去之意。十月初八日,他第三次乞恩守制。皇帝依然不同意,下旨:"朕为天下留卿,岂不轸卿迫切至情,忍相违拒!但今日卿实不可离朕左右。着司礼监差随堂官员一员,同卿子编修嗣修驰驿前去营葬卿父,完日即迎卿母来京侍养,用全孝思。"②同时派司礼监太监带去亲笔敕谕,除了重申挽留之意,还告诉他,已经决定派遣司礼监随堂太监随同其子嗣修,一起赶赴江陵安排丧事,丧事完毕迎接老母来京侍养云云。③

既然皇上再三挽留,并且作了妥善安排,张居正顺水推舟,不再坚持乞恩守制,转而提出"在官守制"的折中方案:遵旨在家中服丧七七四十九天,七七期满后,不随朝,赴阁办事,所有薪俸尽数辞免,一应祭祀吉礼全不参与;侍讲侍读以及在阁办事,容许臣青衣角带,回家后仍旧披麻戴孝;使执事不废于公朝,下情得展于私室。④皇帝除了不同意他提出的明年春季允许假期归葬之事,其他一概批准。

这就是张居正的"在官守制"。为了表明"守制"的虔诚之心,他特地辞去俸禄。皇帝过意不去,向内府及各衙门发去谕旨:元辅张先生俸禄都辞了,他平素清廉,恐怕生活拮据,关照主管宫内膳食的光禄寺,每天送去酒饭一桌;其他衙门每月送米十石、香油二百斤、茶叶三十斤、盐一百斤、黄白蜡烛一百支、柴二十杠、炭三十包。⑤所得之数远远超过他

① 张居正《再乞守制疏》,《新刻张太岳先生文集》卷四十一《奏疏六》。
② 张居正《三乞守制疏》,《新刻张太岳先生文集》卷四十一《奏疏六》。《明神宗实录》卷六十八,万历五年十月辛卯。
③ 张居正《谢降谕慰留疏》,《新刻张太岳先生文集》卷四十一《奏疏六》。《明神宗实录》卷六十八,万历五年十月辛卯。
④ 张居正《暂遵谕旨辞俸守制预允归葬疏》,《新刻张太岳先生文集》卷四十一《奏疏六》。《明神宗实录》卷六十八,万历五年十月丙申。
⑤ 张居正《谢内府供给疏》,《新刻张太岳先生文集》卷四十一《奏疏六》。

的俸禄。① 如果加上"不可胜计"的"其余横赐",那就更可观了。神宗皇帝以这种方式表示他对张先生"在官守制"的支持。

3. 咄咄逼人的反对声浪

"夺情"之局以"在官守制"的形式定了下来,政府的运作一切如常,张居正依然大权在握。岂料,这一安排激起一些官员的强烈反对,其声势之咄咄逼人,为朱翊钧与张居正始料不及。

反对得最为激烈的是翰林院编修吴中行、翰林院检讨赵用贤、刑部员外郎艾穆、刑部主事沈思孝,他们分别写了措辞严厉的奏疏,弹劾张居正。

十月十八日吴中行首先上疏。吴中行,字子道,号复庵,常州武进人,嘉靖四十年(1561)乡试中举,隆庆五年(1571)进士及第,选为庶吉士,万历元年(1573)授翰林院编修。张居正丁忧,与冯保谋划"夺情"之局,内阁同僚吕调阳、张四维援引前朝"夺情"先例,促成"夺情",这些让他极为愤怒。赵南星为他立传,提及此事,这样写道:"上冲年委政,江陵横甚,见公至谬厚,欲收之。会其父死,姻权不欲归,同官知其意,即以夺情之例请。而一时公卿台省皆上疏保留,得旨。公发愤上疏……"②《毗陵人品记》所写,与之相似:"万历丁丑十月,彗星见。会张居正有父丧,矫制夺情,廷臣交章,(冯)保留中。(吴中)行不胜愤,因星变陈言,上《植纲常明大义疏》,言婉而刺。"③

吴中行的这篇奏疏的主旨,是申论张居正应该"乞归守制",因为这是"万古之纲常所系,四方之观听攸关",不可等闲视之。奏疏写得颇有

---

① 《明神宗实录》卷六十九,万历五年十月己未,记述张居正辞去俸禄后所得赏赐,评论道:"直逾俸赐"。
② 赵南星《明侍读学士复庵吴公传》,《赵忠毅公诗文集》卷十三《传》。
③ 毛宪、吴亮《毗陵人品记》卷十《吴中行》。

感染力："元辅夙夜在公,勤劳最久。谓父子相别十九年矣,则子之由壮至强,由强至艾;与其父从衰至白,从白得老,音容相睽,彼此未睹。而今长逝于数千里之外,遂成永诀。乃不得匍匐苫块,一凭棺临穴,其情有弗堪者。"接下来,笔锋一转,在婉约的言辞中充满了讥刺,点到了"夺情"的焦点不在于丁忧本身,而在于政治:"皇上之特眷元辅者,不以其贤乎! 域中之共仰元辅者,又不以其贤乎! 贤者,礼义之宗也,矧位当天下之重任,则身系海内之具瞻,必正己然后可以正百官,而后可以正万民,其理有必然者。今皇上之所以必留,与元辅之所以不容不留者,其微权深意,非圆神通方者,未可告语。彼逷观逖听之夫,拘曲守常之士,人人然也。或因其不去之迹,而归以不韪之疑,安能家喻户晓,而使之无里谈巷议乎!"如果说这些话是含沙射影,那么下面所说就直截了当多了:"乃内阁辅臣(按:指吕调阳、张四维)首题之疏方以讣闻,遂以例请,亦谬矣! 至台省诸谏官乞留之疏,实为赘辞,尤昧成宪,抑又谬矣!"他特别强调,丁忧守制二十七个月,是祖宗成宪,庸人小吏"匿丧",不丁忧守制,要受到法律严惩。以前曾有"夺情起复"的先例,大多是提前"起复",并非一天也不去"守制",即使如此,也受到当时诤言、后世讥讽。① 言外之意,张居正一天也没有回乡守制,只有"夺情",并无"起复"可言,更加违背祖宗成宪。

吴中行把奏疏呈上后,将副本送给张居正过目,张居正愕然问道:"疏进耶?"吴中行回答:"未进,不敢白也。"②

十月十九日,赵用贤上疏,把张居正"夺情"事件与"维人纪""定国是""隆圣治"相联系。赵用贤,字汝师,号定宇,苏州府常熟县人,少年即有才名,隆庆五年进士,官翰林院检讨。邹元标为他的文集作序,称

① 吴中行《植纲常疏》,《赐余堂集》卷一。吴中行《因变陈言明大义以植纲常疏》,《万历疏钞》卷五《纲常类》。按:《万历疏钞》编者吴亮是吴中行之子。
② 张廷玉《明史》卷二百二十九《吴中行传》。

赞道："铁面长髯,矢口直肠,在班行中望之如长松拂霄,又如群少年袗服为欢,忽一燕赵奇男子排闼而至,令人骨竦。"①张居正不奔丧,冯保扣押言官弹劾奏疏,他上疏抗言夺情非法。他着重分析辅臣张居正一再请求丁忧守制,陛下一再"夺情"挽留之不妥。

一则说,陛下强留张居正,使得多年积累的勋望败于一日:"陛下所以不允辅臣之请者,岂非谓朝廷政令赖以参决,四海人心赖以观法乎?今辅臣方负沉痛,其精神之恍惚,思虑之迫切,必有不能如曩日之周且悉,而四海之遥听风声者,又且以拘曲寻常之见疑之,亦何以如曩日之敬信而承服。是辅臣之勋望积之以数年,而陛下顾败之于一日,臣又不知陛下何忍而为此也!"

再则说,如果推贤让能,类似张居正的人才自当涌现:"陛下诚于朝讲之暇,悉心体采,自内阁讲读以至部院大臣,非时召对,考之行以验其心术之端邪,委之事以稽其才猷之通塞,使人人得以所长自见,当必有如辅臣者踔出于其间,以称陛下之任使。如是则辅臣即去,犹之其留,陛下不至以孤注视辅臣,而辅臣因是以获推贤让能之誉,顾不愈于以忧劳萃辅臣之一身,使其乖父子之性,而伤天地之和也哉!"

因此他的建议是,遵循先朝故事,特派礼部官员护送张居正回乡丁忧守制,限定时间返回,不得延误。如此一举而两得:"如是则父子音容之乖隔于十九年者,庶几泄其痛于凭棺一恸,辅臣之心既可少安,天下之人心亦可以无疑,而陛下所以处辅臣君臣父子之间者,庶几备道而无遗议矣!"②

十月二十日,艾穆、沈思孝联名上疏——"俯容辅臣奔丧守制以植万古纲常"。艾穆,字和父,号纯卿,湖南平江人,嘉靖三十七年(1558)

---

① 邹元标《松石斋集序》,《松石斋集》卷首。
② 赵用贤《星变陈言疏》,《松石斋集》卷一《奏疏》。赵用贤《星变陈言以维人纪以定国是疏》,《万历疏钞》卷五《纲常类》。钱一本《万历邸钞》万历五年丁丑卷,冬十月。

举人,累迁刑部员外郎。沈思孝,字纯父,号继山,浙江嘉兴人,隆庆二年(1568)进士,累迁刑部主事。他们二人联名的奏疏,写得气势非凡,表明了昧死进言的决心:"顷大学士张居正有父之丧,朝廷援杨溥、金幼孜、李贤事例,夺情勉留……讵期附炎鄙夫如御史曾士楚、都给事中陈三谟,甘犯清议,望风保留,致使人心长死,举国若狂,纪纲风俗将大坏而不可反矣。矧今星变未消,火灾随继,天地祖宗之灵,所以儆圣衷者益惓切焉。臣又安得以无言责而缄默苟禄哉!臣非不知陛下雷霆之威不可测也,顾思平生所学何事?而又爱君忧国,天植其性,与其徒泣无益,不若昧死进言,即进言以死,而万古纲常获赖以明,则臣虽死犹生也。"既然是昧死进言,当然就无所顾忌,痛斥"夺情"。

——今陛下举天下以听居正,固以居正为心腹臣也……且明主之治天下,未有不自元辅始也,以元辅大臣者,纲常之表也。居正今斩然在缞绖之中,柴骨灰心,形影相吊,而强颜所不安,使之峨冠茹哀于岩廊之上,大非朝廷礼。

——今居正以例留,而厚颜就列矣,如异时国家有大庆贺、大祭祀,为元辅大臣者,若云避之,则于君臣大义为不可;欲出,则于父子至情又不安。臣不知斯时陛下何以处居正,居正何以自处?

因此,艾穆、沈思孝向皇上建议:"速令奔丧守制,以全忠孝大节,则纲常植而朝廷正,朝廷正而百官万民莫不一于正,而一正足以格天,尚何灾异之不可弭哉?"①

值得注意的是,钱一本在引述吴中行、赵用贤、艾穆、沈思孝的弹劾奏疏之后,有一段议论:"而疏中实先言其预谋夺情,恋位遗亲云。至

---

① 艾穆、沈思孝《俯容辅臣奔丧守制以植万古纲常疏》,《万历疏钞》卷五《纲常类》。钱一本《万历邸钞》,万历五年丁丑卷,冬十月。

是,闻讣之夜,漏已下二鼓,而昧爽时,特旨即从中出留也。香币油蜡金钞布粲之赐,悉以千百计。内竖将司礼之命,络绎至,附耳蹑踵。居正时作擎曲状,至以仆隶扶掖内竖乃叩头谢,强之立而受云:'此头寄上冯公公也。'(吴)中行等触目击衷,遂各有伏阙之思。十八日(吴)中行疏上,十九日(赵)用贤疏上,二十日(艾)穆、(沈)思孝合疏上。"①钱一本的意思很清楚,吴、赵、艾、沈四人对于张居正"预谋夺情,恋位遗亲",已经有所觉察,"触目击衷,遂各有伏阙之思",于是接连上疏表示反对。

这些人谴责"夺情",立论的支撑点当然是传统伦理纲常,其中又夹杂对新政的不满情绪,使得"夺情"之争蒙上了浓厚的政治色彩。司礼监掌印太监冯保把这些奏疏"留中"不发,让被弹劾者张居正票拟谕旨。张居正怒不可遏,与冯保商定,对四人实施"廷杖"酷刑,以非常手段制止此风蔓延。

礼部尚书马自强(字体健,号乾庵,陕西同州人)料知事情不妙,出面向张居正疏通,说:"外议藉藉,并有章奏在,相公自处,息此纷争。"张居正一时语塞,竟把往日矜持的风度抛得一干二净,向马自强下跪,一手捻着长须,口中念念有词:"公饶我,公饶我!"②

吏部右侍郎申时行与翰林院掌院学士王锡爵,一起向张居正请求宽恕反对"夺情"的官员,张居正拒不接受。申时行只得密谋于锦衣卫的主管,行刑时手下留情。③

翰林院掌院学士王锡爵(字元驭,号荆石,苏州太仓人)聚集翰林院与礼部官员数十人,径直闯入张府,为上疏诸人求情,说:"书生轻率,亦是一种道理,平平处之,则无事矣。"张居正辩解说:"圣怒不可测。"王锡爵说:"即圣怒,亦为老先生而怒。"张居正无言以对,突然下跪,举手索

① 钱一本《万历邸钞》,万历五年丁丑卷,冬十月。
② 钱一本《万历邸钞》,万历五年丁卯卷,冬十月。朱国祯《涌幢小品》卷九《张太岳》。朱国祯《皇明大事记》卷三十八《阁臣》。
③ 吴伯与《国朝内阁名臣事略》卷十三《申文定公状略》。

刀作刎颈状,说:"上强留我,而诸子力逐我,且杀我耶!"又连声喊道:"你来杀我,你来杀我!"吓得王锡爵赶忙逃出,深知事情已经不可挽回了。① 这种极富戏剧性的细节,并非杜撰,焦竑、李维桢为王锡爵立传,都提到这一细节。焦竑写道:"是岁,江陵父死,谋夺情视事。编修赵用贤、检讨吴中行疏劾之。先生(指王锡爵)忧祸叵测,约秩宗而下数十人,诣江陵求解,拒不见。先生径造丧次切责之,江陵不知所对,泣且拜曰:'上强留我,而诸子力逐我,我何以处? 第有自刭而已。'竟入不顾。"② 李维桢所写大体相同:"江陵不奔父丧,史臣赵用贤、吴中行疏论之。(王锡爵)与同官诣江陵求解,拒不见,公径造丧次,江陵泣且拜曰:'上固留我,而诸子力逐我,我将何居? 有死而已。'直入不顾。"③ 简直是一幕生动的喜剧,王锡爵的勇气可嘉,张居正的做功令人绝倒。

这样一来,"夺情"的幕后戏闹到了台前。十月二十二日,圣旨下达:命锦衣卫押解吴、赵、艾、沈四人至午门前"廷杖";吴、赵二人各杖六十,发原籍为民,永不叙用;艾、沈二人各杖八十,发极边充军,遇赦不宥。④

4. 余波与回响

吴中行获悉"廷杖"的圣旨后,显得格外镇定,向南遥拜远在常州的母亲殷氏,说:"儿死矣,有子事吾母也。"然后告别夫人毛氏,说:"知子能事母托孤,吾长逝无所恨。"说毕,准备跃马而出,锦衣卫缇骑已经到了家门。他回首对儿子吴亮喊道:"取酒来!"一饮而尽之后,大步随缇

---

① 《明神宗实录》卷六十八,万历五年十月乙巳。钱一本《万历邸钞》,万历五年丁卯卷,冬十月。朱国祯《涌幢小品》卷九《张太岳》。朱国祯《皇明大事记》卷三十八《阁臣》。
② 焦竑《光禄大夫少保兼太子太保吏部尚书建极殿大学士赠太保谥文肃荆石王先生行状》,《澹园续集》卷十六。
③ 李维桢《王公神道碑》,《王文肃公文集》卷五十五。
④ 《明神宗实录》卷六十八,万历五年十月乙巳。

骑锒铛而去。①

吴、赵、艾、沈廷杖时,天气骤变,赵南星说:"天晴,阴云倏起,雷隆隆动城阙。"②不仅私家记载如此说,连一本正经的《明实录》也如此说:"阴云忽结,天鼓大鸣,惨暗者移时。"③艾穆事后回忆当时那种令人胆战心寒的情景,写道:廷杖时,长安街上聚集了数以万计看热闹的人群,御林军围成几圈,手持兵器和木棍者林林而立。司礼监太监与随从十余人手捧圣旨而来,大喝一声:"带犯人上来!"千百人齐声回应,响彻长安街上空。然后由司礼监太监宣读圣旨,先杖吴中行、赵用贤六十棍,后杖艾穆、沈思孝八十棍。④

廷杖完毕,锦衣卫校尉用布条把他们拖出长安门,用门板抬走。

吴中行口耳鼻都在流血,抬出后,几乎气绝。中书舍人秦柱(字汝立,号余山,常州无锡人)带了医生赶来,紧急治疗,剜去大腿及臀部腐肉几十块,一尺方圆,深达一寸,敷药包裹以后,才慢慢苏醒。故人好友纷纷前来探视,士兵立即询问记录。不久,东厂、锦衣卫的命令接踵而至,吴中行仓促裹伤而行,彻夜呻吟不止。事后他对赵南星说:廷杖时,张居正派太监在边上监视,欲击毙,其恶如此!⑤

赵用贤身体肥胖,受杖刑后,臀部皮肉腐烂掉落。他的妻子把掉落的肉腌渍之后,保存起来,用作刻骨铭心的纪念。⑥

艾穆、沈思孝受杖刑后,身负重伤,戴上镣铐,关入监狱。三天后,用门板抬出都城时,仍不省人事。艾穆遣戍陕西行都司的凉州卫(今甘肃武威),沈思孝遣戍广东高州府的神电卫(今广东电白东)。艾穆是张

---

① 赵南星《明侍读学士复庵吴公传》,《味檗斋文集》卷九。
② 赵南星《明侍读学士复庵吴公传》,《味檗斋文集》卷九。
③ 《明神宗实录》卷六十八,万历五年十月乙巳。
④ 艾穆《艾熙亭先生文集》卷四《恩谴记》。
⑤ 赵南星《明侍读学士复庵吴公传》,《味檗斋文集》卷九。《明神宗实录》卷六十八,万历五年十月乙巳。
⑥ 万斯同《明史》卷三百二十五《赵用贤传》。

居正的大同乡(同是湖广人),遭受如此严惩,张居正仍有点悻悻然,对人说:当年严嵩没有同乡攻击者,我比不上严嵩![①] 沈思孝遣戍岭南,差一点被巡抚暗害,朱彝尊记载他的事迹,提及此事:"先生封事,大触江陵怒,杖毕即加镣铐,复下狱三日始金解发戍。既抵岭南,巡抚欲杀之,以媚政府,遽以尺符召之行。至恩平,先生袖匕首示县令曰:'巡抚必欲杀我,我当与俱毙,不然,伏尸军府中,令天下士大夫皆知巡抚所杀也。'县令密以告巡抚,得不死。蔡副使文范作《壮哉行》送之。其归也,胡元瑞赠诗云:'豆蔻花前千里梦,桄榔树下十年人'。"[②]

用"廷杖"这种酷刑来惩罚官员,是太祖高皇帝朱元璋的发明。此公信奉"以重典驭臣下",认为臣下应该唯唯诺诺,否则,即施以廷杖。永嘉侯朱亮祖父子当廷打死,工部尚书薛祥毙于杖下,便是两个显例。他的后代继承这一传统,廷杖之事几乎不绝于耳。一些官员无辜被杖,天下以为无上光荣,终身令人羡慕。病态社会酿成的病态心理,是正常社会的正常人难以理解的。这四名官员离开京城时,许多人唯恐避之不及,日讲官许国(字维桢,谥文穆,徽州歙县人)对被杖诸公倾慕之至,赠诗留念。《万历邸钞》《皇明大事记》《皇明从信录》记载:

> 十月二十四日,四人同时受杖。(吴)中行、(赵)用贤即日驱出国门,人不敢候视,许文穆方以庶子充日讲官,镌玉杯一,曰:

> 斑斑者何? 卞生泪。

> 英英者何? 蔺生气。

> 追之琢之,永成器。

> 以赠中行。

> 镌犀杯一,曰:

① 万斯同《明史》卷三百二十五《艾穆传》。
② 朱彝尊《静志居诗话》卷十五《沈思孝》。

文羊一角，其理沉黝。

不惜剖心，宁辞碎首。

黄流在中，为君子寿。

以赠用贤。①

几十年之后，朱彝尊提及此事，仍充满无限感慨："江陵夺情，事在万历五年七月，迨十月之朔，彗星见，大内火。于是既望三日，吴公疏上；次日赵检讨用贤疏上；又次日，艾员外穆、沈主事思孝疏上。江陵怒不可止，而诸公均受杖矣……许文穆以庶子充日讲官，为吴赵二公饯，镌玉杯一，铭曰：'斑斑者何？卞生泪。英英者何？蔺生气。追之琢之，永成器。'以赠吴公。犀杯一，铭曰：'文羊一角，其理沉黝。不惜剖心，宁辞碎首。黄流在中，为君子寿。'以赠赵公。玉杯今不见，犀者为吾乡何少卿蓥音所得，余尝饮此作歌。"②

吴中行等人因上疏获罪，翰林院侍讲赵士皋、张位、于慎行、李长春，以及翰林院修撰习孔教、沈懋学等人，纷纷上疏申救。但是，奏疏无法呈进。沈懋学写信给他的同年、张居正之子张懋修，请他为之疏通，信中不乏批评之意："老师（指张居正）之留，原出圣明眷注，且古人豪杰为天下安危，一己虚名弗顾也，人亦安得执常行议之。顾皇上留之既恳矣，老师亦不忍恝然请归矣。而保留之疏似出逢迎，此诸君所以有激而言也……且子之孝臣之忠同伦一心，原无轩轾。老师以纯忠报主，而容诸君存孝之说，以植纲常、收人心、广相业，计当出此。而廷杖之举，老师竟不力救，门下（指张懋修）亦不进一言，不得称诤子矣！天下所系以为安危者在老师，而老师英风独智，位绝百僚，诛者不欲规，愚者不能

① 朱国祯《皇明大事记》卷三十八《阁臣》。钱一本《万历邸钞》，万历五年丁丑卷，冬十月乙卯。陈建、沈国元《皇明从信录》卷三十四，十月二十四日。按：《万历邸钞》将"永成器"误写成"永成国器"。

② 朱彝尊《静志居诗话》卷十五《吴中行》。

规,而疏远者又不敢规,非门下谁尽言哉?往者不可谏,来者犹可追,惟门下深思而预计之,则人心尚可收,相业尚可广,天下久安长治,而祸机不启,门下家世亦永有休光。"①

张懋修致函沈懋学,为其父"夺情"辩解:"今日之事,尽孝于忠,行权于经。"意思是说,"夺情"之举是在尽忠中尽孝,在纲常中求权宜。沈懋学复信予以反驳,语调仍然客客气气:"昨捧诵手札,谓今日之事,尽孝于忠,行权于经,是矣是矣。顾不佞前所奏记意或未蒙深察耳……不佞愚衷,盖不徒以老师之不奔丧为离经,而实以老师之不力救为失策,乃门下云云,或未深察,故复陈固陋如此……老师之留为世道计,而诸子之疏亦为世道计,独奈何视为狂童,斥为仇党乎?二语出,而天下疑,所云力不能救者,人不之信矣。夫宰相为天子定社稷、福苍生,必以安人心、培善类为首策。古今未有失天下之志,阻天下之善,而可以有为者。"②

沈懋学又写信给张居正的亲戚、新任工部尚书李幼滋(字元树,号义河,湖广应城人),表明他的看法:"师相之去宜决,台省之留宜止。"希望这位张居正的姻亲能够出面斡旋。李幼滋回信说:"以若所言,宋儒头巾语,此宋之所以终不竞也。今师相不奔丧,是圣贤之道,直接揖逊征诛而得其传者,若竖儒腐生安能知之!"③李幼滋其人以讲学博名,与张居正关系非同一般,每次会见,常晤谈竟日。对于此次张居正"夺情",他是大力支持的,但在公开场合又故作伉直姿态,故而沈懋学写信向他求援,不料遭到如此这般训斥。沈懋学一气之下,引疾归乡。④

与李幼滋相类似的,是都察院左都御史陈瓒(字廷裸,号雨亭,苏州常熟人)。此人久病在家休养,得知此事,以为机不可失时不再来,急忙写信给礼部尚书马自强,说:师相之事,公卿宜乞留,你应该倡导。如上

---

① 沈懋学《与张孝廉书(名懋修,江陵家子)》,《万历疏钞》卷五十《上书类》。
② 沈懋学《又复张孝廉书》,《万历疏钞》卷五十《上书类》。
③ 钱一本《万历邸钞》,万历五年丁丑卷,冬十月。
④ 文秉《定陵注略》卷一《江陵夺情》。《明神宗实录》卷七十,万历五年十二月癸未。

奏疏,慎勿遗漏我名。马自强接到此信,连连叹息,在信后写了批语:
"嗟乎,此老之病必不起,以其心先死也。"①

面对这种态势,皇帝以严厉的言词训斥:"群奸小人,藐朕冲年,忌惮元辅忠正,不便己私,借纲常之说,肆挤排之计,欲使朕孤立于上,得以任意自恣。兹已薄示处分,再有党奸怀邪,欺君无上,必罪不宥。"②但是,反对"夺情"的人仍大有人在。

十月二十四日,刑部办事人员,新科进士邹元标(字尔瞻,号南皋,江西吉水人),初涉政坛,锋芒毕露,他认为吴、赵、艾、沈的奏疏还不够尖锐,决心自己再闯一下刀山火海,即使遭受廷杖也不在乎。他的奏疏题为《亟斥辅臣回籍守制以正纲常疏》,坚决要求张居正"回籍守制",措辞比四君子厉害多了。

首先,他否定张居正的新政,以为此人不堪重用,因此皇上以"夺情"的手段挽留他是错误的决断。"皇上之留居正,岂以其有利社稷耶?不知居正之在位也,才虽可为,学术则偏;志虽欲为,自用太甚。诸所施设,乖张者难以数举。"他列举了"进贤未广""决囚太滥""言路未通""民隐未周"等事例,来证明新政一无是处。既然不堪重用,为什么还要挽留? 若令在京守制,天下后世谓陛下为何如主?

他引用皇上挽留敕谕中的话——"朕学尚未成,志尚未定,先生既去,前功尽隳",放肆地讽刺道:"幸而居正丁艰,犹可挽留,脱不幸遂捐馆舍(意即死亡),陛下之学将终不成,志将终不定耶?"

其次,他驳斥张居正自诩非常之人,不恤匹夫小节的说法。

　　——臣观居正疏言,是有非常之人,然后办非常之事。若以奔丧为常事,而不屑为者,不知人唯尽此五常之道,然后谓之人。今有人于此亲生而不顾,亲死而不奔,犹自号于世曰:

---

① 钱一本《万历邸钞》,万历六年戊寅卷,三月。文秉《定陵注略》卷一《江陵夺情》。
② 《明神宗实录》卷六十八,万历五年十月丙午。

我非常人也。然人不日残忍,则日薄行;不日禽兔,则日丧心,可谓非常之人乎?

——且其疏又曰:不顾旁人之非议,徇匹夫之小节。非病狂丧心,有此言哉?三年之丧,无贵贱一也,可谓小节乎?先朝李贤夺情起复,罗伦力排斥之。居正之不归,无情可夺,无复可起,远非(李)贤之俦矣。①

邹元标写成奏疏后,揣入怀中去上朝,适见吴中行等人受廷杖,他在一旁发愤切齿顿足,怒不可遏。等廷杖完毕,向太监提交奏疏,谎称这是"告假本",又塞给他一些银子,才使得奏疏得以呈进。明知山有虎,偏向虎山行,这种千方百计犯颜极谏的精神,后人钦佩之至。

结局是在预料之中的。当天圣旨下达:"邹元标这厮,狂躁可恶,但上疏前未见昨日谕内大义。姑着照艾穆例处治。以后再有迷顽不悟的,必遵祖宗法度置之重典不饶。"②皇帝特别开恩,鉴于他没有看到前一天的敕谕——"群奸小人,藐朕冲年,忌惮元辅忠正,不便己私,借纲常之说,肆挤排之计,再有党奸怀邪,欺君无上,必罪不宥",从宽发落,按照艾穆的先例,廷杖八十,发配极边卫所充军。

据沈德符说,廷杖诸人,吴、赵稍轻,沈、艾较重,邹元标最重。沈思孝事后回忆当时情景:"杖之日,交右股于左足上,以故伤其半,出则剔去腐肉,以黑羊生割其臑,敷之尻上,用药缝裹,始得再生。"在发配途中,血还涔涔而下。邹元标的伤势比沈思孝更重,每遇阴天,腿骨间常隐隐作痛,因此晚年不能作深揖。③

邹元标充军的地方贵州都匀卫,僻处万山丛中。据他后来回忆:

① 邹元标《论辅臣回籍守制疏》,《邹忠介公奏疏》卷一。邹元标《亟斥辅臣回籍守制以正纲常疏》,《万历疏钞》卷五《纲常类》。《明神宗实录》卷六十八,万历五年十月丁未。
② 邹元标《论辅臣回籍守制疏》,《邹忠介公奏疏》卷一。
③ 沈德符《万历野获编》卷十八《廷杖》。朱彝尊也说:"先文恪公进言曰:'(邹)元标在先朝,直言受杖,至今余痛未除也。'"(《静志居诗话》卷十五,邹元标)。

"谪戍贵州都匀卫,投荒万里,母子暌隔,伶仃孤苦,日滨九死,甘瘗骨掘穴岩之中矣。"①已经做好埋骨荒山的准备,索性坦然处之,静下心来研究理学。邹漪为他立传,提及这一细节:"在戍所,读书讲学,生徒就者数百人。有巡方御史至卫操阅,公(指邹元标)必戴铁帽号衣,持戟负弩,杂军伍中。巡方知之,亟遣人谢罪。公厉声曰:'此君命也,何以谢为?'"②

"夺情"风波至此告一段落。十月二十六日,张居正向皇帝谈起他的苦衷:"今言者已诋臣为不孝矣,斥臣为贪位矣,詈臣为禽兽矣,此天下之大辱也,然臣不以为耻也。……今诸臣已被谴斥,臣不敢又救解于事后,为欺世盗名之事。前已奏称遵谕暂出,今亦不敢因人有言,又行请乞,以自背其初心。但连日触事惊心,忧深虑切。"③皇帝照例给予安慰:"卿为朕备加恩恤,曲全父子之情;卿为朕抑情顺命,实尽君臣之义,于纲常人纪何有一毫亏损!这厮每明系藐朕冲幼,朋兴诋毁,欲动摇我君臣,倾危社稷。卿务勉遵谕旨,以终顾托。"④

转瞬间,张居正父丧七七四十九天期满。十一月初五日,皇帝派鸿胪寺少卿陈学曾传旨给张居正:父丧七七期满,请他于初六日入阁办事。到了初六,皇帝特差文书房太监孙斌宣召,要张居正到平台接受召见。这是"夺情"以来君臣二人的首次会晤。张居正《谢召见疏》对读,可以还原本次召见细节。

皇帝说:"先生孝情已尽了。朕为社稷屈留先生,先生只想父皇付托的意思,成全始终,才是大忠大孝。"

张居正听了悲哀哽咽地说:"伏奉皇上前后谕旨,委曲恳切,臣愚敢

---

① 邹元标《直抒肤见以光圣德以奠民生疏》,《万历疏钞》卷二《圣德类》。
② 邹漪《启祯野乘》一集卷三《邹忠介公传》。
③ 张居正《乞恢圣度宥愚蒙以全国体疏》,《新刻张太岳先生文集》卷四十一《奏疏六》。
④ 张居正《乞恢圣度宥愚蒙以全国体疏》,《新刻张太岳先生文集》卷四十一《奏疏六》。《明神宗实录》卷六十八,万历五年十月己酉。

不仰体？又昔承先帝执手顾托，誓当以死图报，今日岂敢背违。但臣赋性愚直，凡事止知一心为国，不能曲徇人情，以致丛集怨仇，久妨贤路。今日若得早赐放归，不惟得尽父子微情，亦可保全晚节。"这当然是一种姿态，并非真想就此辞官。

皇帝也知其意，还是免不了劝慰几句："先生精忠为国之心，天地祖宗知道，圣母与朕知道。那群奸人乘机排挤的，自有祖宗的法度治他，先生不必介怀。"

少顷，皇帝又说："今日好日子，先生可就阁办事。"说罢，赏赐白银五十两、彩缎四表里，吩咐左右太监："与张先生酒饭吃！"用膳毕，张居正在太监孙斌陪同下，前往内阁处理公务。

其实，他对内阁公务的掌控，一天也没有停止。前些日子，他居丧在家，一应大事仍非他拍板不可。他在家服丧期间，从未间断公务的处理。内阁办事人员不断拿着奏疏到张府，请他票拟谕旨，然后禀报内阁次辅吕调阳、张四维。有时候，吕调阳、张四维索性去张府请示。司礼监掌印太监冯保也常常派人赶赴张府，请问"某人某事张先生云何"？张居正虽然居丧，仍以政务为重，来者不拒，应付自如。为了接见官员方便起见，他索性在丧服中穿了官服。接见官员谈公事，就脱去外面的丧服；办丧事时，在官服外套上丧服缞绖。① 他确实是一个不曲徇于人情世故，嫌怨有所不避的磊落奇伟之士。

"夺情"事件算得上万历五年(1577)政坛上的一件大事，其影响之大，震动了朝廷上下，民间里巷也沸沸扬扬。在反对"夺情"的人群中，有一些打着维护纲常伦理的幌子，对张居正和他的新政有所非议，企图迫使张居正离职守制，从而达到中断新政之目的。有一些人出于纯粹道德层面考虑，为了端正士风民俗，而犯颜直谏，他们的立论或许有些

---

① 钱一本《万历邸钞》，万历五年丁丑卷，十一月。《明神宗实录》卷六十九，万历五年十一月戊午。

迂腐,但不畏权势,敢讲真话的风格,令人尊敬。至于张居正,在衡量了新政与守制的轻重后,毅然冒天下之大不韪,策划"夺情"之局,固执到底,毫不退让。手段固然不足为训,精神却令人感动,显示了对各种谤议在所不顾的政治家风度,也流露出这位铁腕人物对权位的贪恋心态。这样的"夺情"之局,究竟是福是祸,颇难意料。

友人写信给他,语重心长地谈及"夺情"的利弊:"伏闻哀讣,朝野震惊,以为相公不日跣奔归矣。而闻诸道路,天子下旷世之典,将使相公不得终丧。仆愚以为相公留,天下苍生幸甚;相公去,天下万世幸甚。相公名已遂矣,功已成矣。天其或者爱相公而夺尊大人以年乎!欲留者情,必去者礼……窃恐四海之内,百世之后,不以相公之自信者信相公,而以不肖度相公,且令群臣以疑乐羊之心动主上,则主上疑。主上与群臣交疑,而合之以风影之事,异日者虽百口何以自文?"[1]这是为张居正日后的下场顾虑,倘若到了"主上与群臣交疑"的时候,将百口莫辩。

更多的人是在为廷杖诸君辩护,一直持续到张居正死后。万历五年(1577)十一月,南京浙江道御史朱鸿谟说:"五臣(指吴、赵、艾、沈、邹)之罪,惟在执常人之见耳,若谓挤排辅臣,图便己私,不惟诸臣所不忍为,圣明在上,宪典俱存,此何时也,而敢萌此念哉?臣谓诸臣之罪虽不可逭,而其情尚可矜也……而诸臣蒙被恩宠,咸通仕籍,或列侍从,或厕郎署,或叨黄甲,犬马报主之心方有待于异日,乃以一眚之玷自弃明时,遣戍者未卜生还之期,削籍者永绝国门之望,后虽欲致身图报,其道无由……陛下以社稷恳留辅臣,而乃使辅臣不安于心,陛下纵不为诸臣惜,独不为辅臣惜乎!"[2]到了万历十年(1582)九月,南京河南道御史郭惟贤再次提及此事:"臣窃见往者翰林院编修吴中行、检讨赵用贤、刑部

① 吴履震《五茸志逸》卷三《宋尧俞上张江陵书》。

② 朱鸿谟《恳乞圣明俯矜狂愚小臣以广皇仁疏》,《万历疏钞》卷十五《援直类》。

员外郎艾穆、主事沈思孝、刑部办事进士邹元标,各以建言伏蒙天恩廷杖,遣戍为民,遇例不宥……今其罪废也已六年于兹矣。远戍者坚志于瘴乡,削籍者杜迹于衡门,悔悟创艾之日久,而慕君爱国之思深。耿耿孤忠,神明鉴之,行道之人恻之,皇上闻而见之,未有不愀然动也……伏乞敕下该部复议,如果诸臣情有可矜,所言不谬,望早赐特恩宽宥。"① 万历十三年(1585)八月,兵科给事中李弘道再次提及此事,鉴于吴、赵、沈、邹已经起用,唯独艾穆尚未复出,他说:"沈思孝、邹元标曾未受挫于居正,而艾穆又其乡人,吴中行、赵用贤又其所夙厚,则亦何私忿于居正也? 夫以无私忿之素,而又当居正方盛之时,其死其败俱难逆睹,则五臣之明目张胆陈忠孝大义,而言也无非以朝廷纲常为重,直犯权臣之锋而甘之矣,讵望复有今日耶? 臣故谅五臣之忠矣……故五臣其庶几乎此之节概,其足以振颓风而高物表,载之青史,谓之本朝人杰可也,而与立功名于一时者可并论乎!"②

看来"夺情"的是是非非,真是一言难尽。

四 新政的深化:财政经济改革

尽管新政招致诸多非议,张居正仍义无反顾,坚持不懈。他在给朋友与同僚的信中,显示了毫不动摇的决心。在给工部右侍郎陆光祖的信中说:"仆以一竖儒,拥十余龄幼主,而立于天下臣民之上,威德未建,人有玩心。况自隆庆以来,议论滋多,国是靡定,纪纲倒植,名实混淆。自仆当事,始布大公、彰大信,修明祖宗法度,开众正之路,杜群枉之门,

---

① 郭惟贤《恳乞天恩矜宥言事诸臣以全臣节疏》,《万历疏钞》卷十五《援直类》。
② 李弘道《明圣之朝不宜使蹇蹇忠臣难于在位疏》,《万历疏钞》卷十五《援直类》。

一切以尊主庇民、振举颓废为务,天下始知有君也。而疾之者乃倡为异说,欲以抑损主威,摇乱朝政,故不得不重处一二人,以定国是,以一人心。盖所谓刚过乎中,处大过之时者也,而丈(指陆光祖)乃以为失士心,误矣。吾但欲安国家、定社稷耳,怨仇何足恤乎!"①在给原工部尚书雷礼的信中说:"不肖猥以浅薄,谬膺重任,窃见嘉隆以来纪纲颓坠,法度陵夷,骎骎宋元之弊辙。自以亲承顾命之重,幸逢英明之主,不揣绵力,欲一举而振之,乃以此致恨于群小,流言不啻于三至矣。然礼义之不愆,何恤于人言!"②因此,虽有波折,新政一如既往地向着更深更广的方向推进着。

1. "不加赋而上用足"

万历新政是从政治改革切入的,政治改革取得一定成效之后,转入财政经济改革。要面对长期积累下来的国匮民穷的老大难问题,非大动干戈不可。而这样做,必须以综核名实、信赏必罚为原则,以考成法为激励手段,方可保证有令必行,有禁必止,才能使改革不流于形式。

财政经济的困难由来已久,远的姑且不说,嘉靖、隆庆年间,国库几乎年年亏空。据全汉昇、李龙华研究,从嘉靖七年(1528)到隆庆五年(1571),太仓银库每年收入、支出银两的统计数字比较的结果,没有一年是有盈余的。

嘉靖七年至隆庆五年太仓银库收支数(单位:两)

年　　份	岁入银数	岁出银数	盈亏约数
嘉靖七年(1528)	1 300 000	2 410 000	亏 1 110 000
嘉靖二十七年(1548)	2 000 000	3 470 000	亏 1 470 000

---

① 张居正《答奉常陆五台论治体用刚》,《新刻张太岳先生文集》卷二十八《书牍》。
② 张居正《答司空雷古》,《新刻张太岳先生文集》卷三十《书牍》。

年　　份	岁入银数	岁出银数	盈亏约数
嘉靖二十八年(1549)	3 957 116	4 122 727	亏 165 611
嘉靖三十年(1551)	2 000 000	2 950 000	亏 950 000
嘉靖三十一年(1552)	2 000 000	5 310 000	亏 3 310 000
嘉靖三十二年(1553)	2 000 000	5 730 000	亏 3 730 000
嘉靖三十三年(1554)	2 000 000	4 550 000	亏 2 550 000
嘉靖三十四年(1555)	2 000 000	4 290 000	亏 2 290 000
嘉靖三十五年(1556)	2 000 000	3 860 000	亏 1 860 000
嘉靖三十六年(1557)	2 000 000	3 020 000	亏 1 020 000
嘉靖四十二年(1563)	2 200 000	3 400 000	亏 1 200 000
嘉靖四十三年(1564)	2 470 000	3 630 000	亏 1 160 000
嘉靖四十四年(1565)	2 200 000	3 700 000	亏 1 500 000
隆庆元年(1567)	2 014 200	5 530 000	亏 3 515 800
隆庆二年(1568)	2 300 000	4 400 000	亏 2 100 000
隆庆三年(1569)	2 300 000	3 790 000	亏 1 490 000
隆庆四年(1570)	2 300 000	3 800 000	亏 1 500 000
隆庆五年(1571)	3 100 000	3 200 000	亏 100 000

资料来源：全汉昇、李龙华《明中叶太仓岁出银两研究》，载香港中文大学《中国文化研究所学报》第 6 卷第 1 期。

无怪乎隆庆二年(1568)穆宗皇帝向户部索取银两时，张居正向皇上大叹苦经："臣等看得，祖宗朝国用、边饷俱有定额，各处库藏尚有赢余。自嘉靖二十九年虏犯京师之后，边费日增，各处添兵添马，修堡修城，年例犒赏之费，比之先朝，数几百倍，奏讨请求，殆无虚日。加以连年水旱灾伤，百姓征纳不前，库藏搜括已尽。臣等备查御览揭帖，计每岁所入，折色钱粮及盐课、赃赎事例等项银两，不过二百五十余万，而一岁支放之数，乃至四百余万，每年尚少银一百五十余万，无从措处。生民之骨血已罄，国用之费出无经。臣等日夜忧惶，计无所出。"①这里所说的，每年收入白银不过二百五十余万两，支出竟达四百余万两，每年亏空一百五十余万两，与上述表格所显示的数字，大体相符。鉴于财政拮据，百姓穷困的状况，张居正与同僚向皇上建议，政府有关部门必须"加以牧养"，所谓"牧养"，意即与民休息，人民穷饿或遇灾荒，应该免除过重的赋税。他还指出，太仓储存的粮食足支八年，而大内帑藏银两短缺，民间又苦于缴纳粮食而终岁勤动，不得休暇，因而建议把百姓缴纳的粮食(实物赋税)，十分之三以上改折银两。这一建议当时并未采纳，若干年以后才得以实施。②

万历元年(1573)，张居正出任内阁首辅后，为了摆脱困境，开源节流双管齐下，加强理财的力度。他从汉武帝时代的理财家桑弘羊"民不益赋而天下用饶"的思路出发，提出"不加赋而上用足"的方针。他在给山东巡抚李世达的信中，论述了"不加赋而上用足"的方针，有赖于考成法的切实执行，很自信地说："考成一事，行之数年，自可不加赋而上用足。"不加赋而上用足，意即不必增加赋税，国家财政可以得到满足，是了不起的思想。因此之故，这封信很值得一读：

> 窃闻致理之要在于安民，欲民之安，责在守令。今主上虽冲幼，已知注心邦本。然而上泽未能下究，下隐未能上通者，则以吏治欠核，而玩权挠法之豪，诡衔窃辔之奸，鲠乎其中故耳……鬻爵诚为弊政，昨计部稍去太甚者，然未能尽拔根株，俟一二年后，将盐法、屯田经理就绪，内外储蓄少充，当尽罢之。考成一事，行之数年，自可不加赋而上用足。今计开纳所入岁不过四十万，稍加剂量，致此固无难也……仆以浅薄，谬膺重寄，主上虚己而任之。自受事以来，昼作夜思，寝不寐，食

① 张居正《请停取银两疏》，《新刻张太岳先生文集》卷三十六《奏疏一》。
② 《太师张文忠公行实》，《新刻张太岳先生文集》卷四十七。

不甘，以忧国家之事，三年于此矣。①

　　"不加赋而上用足"是一个高招，那些只会以加赋手段满足国用的庸才，是无法理解的。它不是一句漂亮的门面语，也不是用来炫耀政绩的幌子，而是有切实措施保证的，那就是极其强硬的两手："惩贪吏以足民"和"理逋负以足国"。他在与应天巡抚宋仪望（字望之，号阳山）的信中，详细地论述了这一思想："自嘉靖以来，当国者政以贿成，吏朘民膏，以媚权门。而继秉国者又务一切姑息之政，为逋负渊薮，以成兼并之私。私家日富，公室日贫，国匮民穷，病实在此。仆窃以为贿政之弊易治也，姑息之弊难治也。何也？政之贿惟惩贪而已，至于姑息之政，倚法为私，割上肥己。即如公（指宋仪望）言，豪家田至七万顷，粮至二万，又不以时纳……故仆今约己敦素，杜绝贿门，痛惩贪墨，所以救贿政之弊也；查刷宿弊，清理逋欠，严治侵渔揽纳之奸，所以砭姑息之政也。上损则下益，私门闭则公室强，故惩贪吏者所以足民也，理逋负者所以足国也。官民两足，上下俱益，所以壮根本之图，建安攘之策，倡节俭之风，兴礼义之教……今议者率曰吹求太急，民且逃亡为乱。凡此皆奸人鼓说以摇上，可以惑愚暗之人，不可以欺明达之士也。夫民之亡且乱者，咸以贪吏剥下，而上不加恤；豪强兼并，而民贫失所故也。今为侵欺隐占者权豪也，非细民也，而吾法之所施者奸人也，非良民也。清隐占，则小民免包赔之累，而得守其本业；惩贪墨，则闾阎无剥削之扰，而得以安其田里。"②

　　在这封长信中，张居正阐述的观点很鲜明，嘉靖以来，由于贿赂成风，贪污横行，各级政府姑息养奸，造成国匮民穷的恶果；解决的途径就是"惩贪吏以足民"和"理逋负以足国"。

---

① 　张居正《答山东抚院李渐庵言吏治河漕》，《新刻张太岳先生文集》卷二十七《书牍》。
② 　张居正《答应天巡抚宋阳山论均粮足民》，《新刻张太岳先生文集》卷二十六《书牍》。

什么是贪污？贪污就是化公为私，把国家财政收入据为己有，把国库收入塞入私人腰包，这是一个永无底止的大漏洞。不堵塞这个漏洞，企图扭转"私家日富，公室日贫"的局面，不啻痴人说梦。张居正"惩贪吏"雷厉风行，明确告诫吏部：发现贪官污吏必须及时报告，不得推诿放纵。以下事例足以证明，这一政策是有成效的。

——隆庆六年(1572)八月，根据云南巡抚、巡按揭发，兵科给事中的弹劾，把贪赃枉法的黔国公沐朝弼逮捕，押解北京，交由三法司审讯。

——隆庆六年(1572)八月，吏部左侍郎魏学曾贪污受贿，徇私枉法，革职查办。

——隆庆六年(1572)九月，江油知县赵佐贪污国库银子二千多两，判处死刑。

——万历元年(1573)正月，湖广总兵陈王谟在担任漕运总督期间，损失粮食百万石(实际是用"损失"名义掩盖的贪污)，撤职查办。

——万历元年(1573)十二月，大同巡抚刘应箕侵吞国库银两，撤职查办。

如此等等，严厉的打击，以非常手段遏制贪污风气的蔓延。

在奖廉抑贪方面，张居正率先垂范。他写信给两广总督刘尧晦(字君纳，号凝斋)，严厉批评广东官场的贪污贿赂之风："监司抚按取受不严，交际太多，费用太泛，皆嘉隆以来积习之弊，各省大抵皆然，而广中为甚。"他说，两广官员不断向他贿赂，都被他一一回绝："自不榖(张居正自称)戴罪政府以至于今，所却两广诸公之馈，宁止万金！若只照常领纳，亦可作富家翁矣！"他反问，诸如此类的费用，不取之于民又从何而来？为何屡禁不止？原因在于上级官员没有以身作则，"司道之取与不严，欲有司之从令，不可得矣；督府之取与不严，欲司道之从令，不可得矣！"因此稽察吏治，关键在于"清其本源"，就地方而言，本源在于巡抚巡按，就中央而言，本源在于政府。他自律甚严："不榖当事以来，私

153

宅不见一客，非公事不通私书，门巷阒然，殆如僧舍。虽亲戚故旧，交际常礼，一切屏绝。此四方之人所共见闻，非矫伪也。"他感叹道："屡拟严旨，奖廉抑贪，欲庶几以身帅众，共成羔羊素丝之风，而终不可易，乃苟且之使未尝绝也，钻刺之门未尝壿也。虽餐荼茹荤，徒自苦耳，何裨于治理耶！"①多年形成的积弊，要想在短期内消除，绝非易事，恰恰显示了"惩贪吏以足民"的重要性。

什么是"逋负"？"逋"的意思是逃亡、拖欠，"逋负"亦即"逋赋"，通俗地说就是逃税、欠税。土豪劣绅凭借权势逃税、欠税，国家本来应该收上来的赋税，被他们规避掉了。这个漏洞不堵塞，要想扭转财政的亏空，岂非空谈！他在给应天巡抚宋仪望的信中，已经表态："来翰谓苏松田赋不均，侵欺拖欠云云，读之使人扼腕。公以大智大勇诚心任事，当英主综核之始，不于此时剔刷宿弊，为国家建经久之策，更待何人？诸凡谤议皆所不恤，即仆近日举措，亦有议其操切者，然仆筹之审矣。"②

万历四年（1576）七月，张居正向皇帝建议，将明年春季例行的官员考核与"躅逋赋，安民生"结合起来。他阐明这样一个道理：治理之道首先在于安民，欲安民就必须加意于官员的治理。经过前几年的整顿，地方官莫不争自淬励，修炼职业。但是，虚文矫饰的旧习尚存，例如："剥下奉上以希声誉"，"奔走趋承以求荐举"，"征发期会以完簿书"，"苟且草率以逭罪责"。因此，当明春地方官考察之期，希望皇上指示吏部，预先虚心访核各级官员贤能与否，以安静宜民为"上考"，以沿袭旧套、虚心伪饰为"下考"。如果巡抚、巡按不能悉心甄别官员，而以旧套敷衍了事，那么抚按官就"考"为不称职，吏部宜秉公革职。如果吏部不能悉心精核，而以旧套敷衍了事，那么吏部官员就"考"为不称职，朝廷宜秉公更置。只有以这种态度才能解决"逋赋"（逋负）问题。长期以来，势豪

---

① 张居正《答两广刘凝斋论严取与》，《新刻张太岳先生文集》卷三十一《书牍》。
② 张居正《答应天巡抚宋阳山论均粮足民》，《新刻张太岳先生文集》卷二十六《书牍》。

大户侵欺积猾,规避赋税,地方官畏纵,不敢过问,反而责令下户贫民包赔。另一方面,各级政府不能约己省事,无名之征求过多,以致民力殚竭,不能缴纳正常的赋税。近几年来,因推行考成法,地方官担心降罚,不分缓急,一概严行追缴。更有甚者,追缴所得落入贪吏之囊橐。因此在处理"逋赋"时,还应注意对下户贫民予以减免,以苏民困。① 很显然,清理逋赋是针对势豪大户"侵欺积猾规避赋税"而发动的。

神宗皇帝对此是理解的,他在七月初六日接到张先生的奏疏,当天就指示吏部、户部:"朕奉天子,注存邦本,欲固国安民,必得良有司加意牧养。近来各地方官虽颇知守己奉法,然虚文粉饰旧习未除。今朝觐考察在迩,吏部访察贤否,惟牧爱宜民为最,有虚文趋谒、剥下奉上,以要浮誉者,考语虽优,必置下等,并抚按官一体论黜。"对于逋赋即钱粮拖欠,他特别强调:"钱粮拖欠,原非小民,尽是势豪奸猾,影射侵欺,以致亏损常赋。今朝廷既于例外施恩,各抚按官共严督有司,详核人户等则,均数减免,务使小民得沾实惠。"②所以张居正与河道总督吴桂芳(字子实,号自湖)谈到"蠲逋赋"时说:"顷蠲豁旧逋,乃发自圣心,仆不过仰承之耳。然须得良有司悉心综理,庶几主泽得以下究。"③

由此可见,在理财思想方面,皇帝与首辅有相当多的共同点,足以推动万历新政的财政经济改革能够顺利进行。据日本学者岩井茂树研究,以"不加赋而上用足"为特色的改革,可以概括为以下四个方面:

——抑制国家财政和宫廷财政的支出,其中包括削减南京官员的编制(按:永乐年间首都从南京迁往北京,南京仍保留中央政府的架构),终止或削减宫廷的织造项目,节约宫廷的节庆、宴会开支,缩减大规模的工程、营造等。

---

① 张居正《请择有司蠲逋赋以安民生疏》,《新刻张太岳先生文集》卷四十《奏疏五》。
② 《明神宗实录》卷五十二,万历四年七月丁酉。
③ 张居正《答河道吴自湖言蠲逋赋疏海口》,《新刻张太岳先生文集》卷二十八《书牍》。

——强化对于边防重镇的钱粮与屯田的管理，以减轻边镇军饷日趋增大的财政压力。

——为了解决地方的"民困"与中央的"国匮"，限制各种既得利益，诸如对于官僚利用驿站特权的限制，削减驿站的开支，抑制宗藩（皇室亲戚）的冒滥，削减生员的定额等。

——强化户部的财政事务管理机能。户部尚书王国光（字汝观，山西阳城人）为此采取了一系列措施：一，大规模整理征收赋税的簿册；二，督促户部的十三清吏司的各员外郎、主事等官员的出勤；三，进行边疆军饷的实态调查，制定边疆军饷政策；四，加强地方政府对户部的财政报告，使得户部能够在把握全国财政状况的基础上运营财政。①

这种紧缩的财政政策，张居正与地方官有过多次探讨。在与应天巡抚宋仪望谈到紧缩财政时说：节省用度，则里甲无征索之扰；减少趋谒，则驿递无供亿之繁，可以使得上下各自相安。他以驿递为例加以分析："今驿递一事，在东南不知何如？畿辅诸郡，十减六七，行旅初觉不便，近来亦颇相安，若小民欢呼歌诵，则不啻管弦之咈溢矣。且此项钱粮贮积甚多，将来裕国足民，更不外索。即此一事，余可类推。以今全盛之天下，为国者肯一留意于此，时时修明祖宗法度，精核吏治能否，由此富国富民，兴礼义，明教化，和抚四夷，以建万世太平之业，诚反手耳。"②他以驿递为例，阐明紧缩财政对于裕国足民，建万世太平之业的意义。无怪乎他与都察院都御史李世达再次谈及驿递，不免有些感慨："近来驿递困敝至极，主上赫然思以釐振之，明旨屡饬，不啻三令五申矣，而犹不信。承教谓，外而方面（指地方官），内而部属以上（指京官），凡得遣牌（通行证）行者，有司不敢不一一应付。若如近旨，但无勘合者

---

① 岩井茂树《张居正财政的课题和方法》，载岩见宏、谷口规矩雄编《明末清初期的研究》，京都大学人文科学研究所，1989年，第225—269页。
② 张居正《答应天巡抚论大政大典》，《新刻张太岳先生文集》卷二十八《书牍》。

皆不应付,则可尽复祖宗之旧,甦疲困之民。夫有司官卑,岂敢与大官相抗!所赖以行法振弊者,全在抚按耳。抚按官狃于故常,牵于私意,而责有司以奉法令、抗大官,势不能也。朝廷欲法之行,惟责之抚按,不责之有司,异日倘有犯者,或别有所闻,则抗命之罪必当有归。"①要对违规使用驿递的官员绳之以法,追究抚按抗命之罪,足见紧缩财政决心之大。

2."田赋之弊孔百出"

农村的耕地按照田亩面积、课税等则,分夏秋两季征收赋税,即夏税和秋粮,简称税粮,又称钱粮。一些势豪大户常常隐瞒田亩面积,规避赋税,花样百出。嘉靖《宁波府志》揭示的陋习颇具代表性,势豪大户用隐匿田亩的方式规避税粮,在田地买卖、地权转移时尤为显著。该书的编者指出"豪民作奸"的种种花样:"乃有飞洒、诡寄、虚悬诸弊,故无田之家而(黄)册乃有田,有田之家而(黄)册乃无田,其轻重多寡皆非的数,名为黄册,其实伪册也。"②黄册是一种户籍,政府从户口入手来掌握赋税与徭役,每十年编造一次,其中"人丁事产"项目,按照"旧管""新收""开除""实在"四个栏目,分别登记在册。但是豪猾富户买通衙门书吏,从中作弊,出现"飞洒""诡寄""虚悬",致使黄册不能反映真实情况,被人们蔑称为"伪册"。

何谓"飞洒"? 富人田多,为了规避重役,贿赂奸邪的衙门书手,把自家田地分别"飞洒"到别户若干亩若干分,把自家税粮"飞洒"到别户若干升斗,如果积累数十户,就可以"飞洒"田地数十亩,"飞洒"税粮数石。而被"飞洒"人家往往不明底细,或者怯懦害怕官府,忍气吞声。甚至有的农户家无立锥之地,竟然在黄册中有田亩、税粮。可见"飞洒"是

---

① 张居正《答总宪李渐庵言驿递条编任怨》,《新刻张太岳先生文集》卷二十九《书牍》。
② 嘉靖《宁波府志》卷二十四《书三·田赋书》。

"损人裕己"的手段。

何谓"诡寄"? 多田之家,为了规避赋役,把自家田地"诡寄"于有优免特权的乡宦、举人、监生、生员名下,或者"诡寄"于主管赋役的坊长、里长名下,或者"诡寄"于不必承担赋役的灶户名下。这些统称为"寄庄"。可见"诡寄"是"避重就轻"的手段。

何谓"虚悬"? 举例说,赵甲把自己拥有的田地,开到钱乙名下,钱乙又把它开到孙丙名下,孙丙又把它开到李丁名下,最后,李丁再把它开到赵甲名下,但是赵甲不收。于是乎这块田地以及它所承担的赋税,就"虚悬"在那里,没有了业主,自然没有了缴纳赋税、承担徭役的人。一言以蔽之,"虚悬"就是"一切欺隐以负国课"的手段。[①]

此外还有各种手段:

一曰"影射"——贿赂衙门书手,把田地和税粮挂到书手户下,书手利用其职权,把这些田地所应承担的税粮,分十年逐渐"消豁"到百户农民之中。

二曰"挪移"——由于官田税重,民田税轻,民田"虚悬"的税粮,假称官田,"以一埋十"。

三曰"买户"——买田十亩,只开写八九亩,仍留一二亩于原户(即卖户)。或者买田时只过割田地,不过割税粮,致使卖主无田而仍纳税,买主有田而不纳税。

四曰"干没"——买户购进田地,不除去卖户的税粮,使得一块田地而有两户承担税粮。

嘉靖年间,宁波知府曹山、鄞县知县黄仁山、奉化知县陈缟多次改革,收效甚微。有鉴于此,《宁波府志》的编者提出清查积蠹的七条建议:一,开首告之门;二,严保勘之法;三,清书手之户;四,明收除之数;

---

① 嘉靖《宁波府志》卷二十四《书三·田赋书》。

五,革田粮重会之弊;六,禁洗补之弊;七,重诡寄之役。毕竟是建议而已,似乎难以实施。①

嘉靖年间出任江西巡按御史的唐龙(字虞佐,号渔石,浙江兰溪人),也提及飞洒、诡寄之类弊端,感叹"此弊惟江西为甚"。他写道:"江西有等巨室,平时置买田产,遇造册时,贿行里书,有飞洒见在人户者,名为活洒;有暗藏逃绝户内者,名为死寄。有花分子户,不落户眼者,名为畸零带管。有留在卖户,全不过割者;有过割一二,名为包纳者。有全过割者,不归本户,有推无收,有总无撒,名为悬挂掏回者。有暗袭京官、方面(地方官)、进士、举人脚色,捏作寄庄者。"这种陋习造成的后果非常严重,赋役黄册沦为"纸上之桑",户籍沦为"空中之影",以至于地方基层组织"图"之中的虚假者数以十计;"都"之中的虚假者数以百计,县之中的虚假者数以千计乃至数以万计,此其一。其二,因历年征缴税粮、编派差役没有着落,全部由小户赔偿,迫使小户逃亡。小户逃绝,转由里长赔偿。里长逃绝,转由粮长赔偿。粮长负累既久,也皆归于逃绝。一般人家被佥当粮长,一家老小相对哭泣,亲戚相吊,民间至有"宁充军毋充粮长"之谣。其三,由于这样的关系,流亡的移民载道,死亡相枕,户口减少。由是鼠狗窃发,劫掠公行,盗贼兴起;由是争斗不息,告讦日滋,狱讼频繁。②从唐龙的一席话,足见豪门富户规避税粮后果之严重。

同时代的礼部右侍郎顾鼎臣向朝廷揭露南直隶的田赋积弊,与唐龙的看法十分接近。他指出,府州县衙门的总书、书手勾结贪官污吏,造奸作弊,手段花样百出:一,私雕印信,诈领钱粮;二,依仿判笔,套写花押;三,将上司坐派擅自增减数目;四,将府州县案卷擅自追改年月;五,将朝廷宥免的赋税,重复课征;六,将临时性的暂征一概改作固定的

---

① 嘉靖《宁波府志》卷二十四《书三·田赋书》。
② 唐龙《均田役疏》,《皇明疏议辑略》卷十三。

岁派;七,钱粮征收的总数与撒数不合,官簿与底簿不同;八,将已经征收的赋税,支调侵分;九,私收入己,申报民欠;十,将官田改作民田,肥荡改作瘦荡,损失税收;十一,将蠲免税粮额度,叩卖别区;十二,将应该征收的大户富民税粮,洒派到细户小民身上。造成的后果是:"每年粮额(税粮数额)欠以千万计,负累该州县善良人户,包补日积月欠,坐致困穷。"①

张居正对这种积弊是有充分认识的,正如《太师张文忠公行实》所说:"岁久伪滋,编户末民无所得衣食,其势必易常产(出卖田地),令豪民得以为奸,以故田赋弊孔百出,而其大者,曰飞诡,曰影射,曰养号,曰挂虚,曰过都,曰受献。久久相沿,引为故业。于是豪民有田无粮,而穷民特以力薄,莫可如何,始受其病矣。及县官责收什一,贫民鬻子妻不能输纳,则其势不得不行摊派,盖自浮粮所在多有,而天下尽受其病矣。然民愁无聊,亡逃山林,转为盗贼,则其势又不得不请减额……盖自所减额日以益多,而国家又受其病矣。太师日夜忧劳,念欲为君国子民计,非清丈不可。"②

为了以身作则,张居正写信给儿子张嗣修,要他清查江陵县自家的田地税粮是否有诡寄、影射情形。张嗣修清查后,向湖广巡抚陈省报告,确实存在诡寄、影射等弊:"近奉家父严命,查户内田粮实数,恐有诡寄、影射等弊。因吊本县《赋役丈册》一查,内开内阁张优免六百四十余石,不胜竦骇。职向闻家父相承祖产,并自置田土,计(税)粮不过七十余石,此五百余石者,何自而来耶?及细加查复,乃知其中积弊多端。有族人倚借名号,一体优免者;有家童混将私田概行优免者;有奸豪贿赂该吏,窜名户下,巧为规避而免者;有子弟族仆私庇亲故,公行寄受而免者。是以十分中论,本宅仅得其一,余皆他人包免。今既奉父命查

① 《明世宗实录》卷一百十八,嘉靖九年十月辛未。
② 《太师张文忠公行实》,《新刻张太岳先生文集》卷四十七。

出,岂容姑息！愿将本宅田粮七十四石例得优免者,尽数与小民一体当差。"①陈省接到张嗣修的揭帖,当即写了《查首冒滥恳辞优免以均赋役》的奏疏,向朝廷说明张府田产近年并无增加:"臣昔叨巡按历荆(州),见元辅田惟祖遗,居惟祖屋,淡泊清约,一如寒士。今叨巡抚历荆(州),见元辅祖业屋居,尽与诸弟侄,惟赐宅纯心堂一区,与诸子同居。其家常服用,寒素无改。"他派遣官员调查核实,张居正户下田粮实止七十四石四斗,又算遗田粮四斗八升,遵例应免共七十二石,房族弟侄有官职即生儒人等,应免十五石外,其余狡民以亲识里排,共九十九名,俱据律问罪。陈省会同郧阳抚治杨俊民、巡按朱琏,向朝廷建议:"国家经制,莫重于赋;生民休戚,莫切于役。赋役之所以不得其平者,惟是官豪势要假借优免,遂致田粮多诡寄,差役多影射,弊孔多端,莫可穷诘。恳乞天语谕令在京大臣,以及内外庶官,将各员项下粮地,逐一著令本家清查,一遵题准事例优免,有亲族冒免,猾吏奸民影射者,许自觉察改正,并行各省直抚按官,照例着实清查。"②

3. 田亩"清丈"的渐次推行

所谓"清丈",又叫做"清丈田粮",它包含清丈田亩、清理税粮的双重含义,张居正把它叫做"丈地亩,清浮粮"。首先在福建省试点,然后推行到其他各省。

经过充分酝酿,万历六年(1578)十一月,皇帝下达谕旨,在福建省试行清丈。皇帝的谕旨说:"以福建田粮不均,偏累小民,命抚按着实清丈。"③从福建的一些地方志的零星记载中,可以约略窥知当时清丈开展的情况:

---

① 钱一本《万历邸钞》,万历九年辛巳卷,夏四月。
② 钱一本《万历邸钞》,万历九年辛巳卷,夏四月。
③ 《明神宗实录》卷八十一,万历六年十一月丙子。

——福州府于万历七年(1579)正月丈量官民田亩,具体做法是:"履亩丈量均匀摊补,其亩视田高下为差,其则以原县额为定,截长补短,彼此适均"。①

——万历七年(1579),福宁州鉴于浮粮累民,奉命丈田。将官民田地全部清丈,补足税粮原额,并且把丈量后确定的新额田地赋税,刊刻书册,予以颁布。②

很明显,福建的清丈,包括丈地亩、清浮粮两个方面。改变以前官田税粮重、民田税粮轻的状况,把官民田地的税粮科则统一,所有田地根据其肥瘠程度,定为上中下三则征收税粮。这些原则后来在各地得到了推广。

在此期间,内阁首辅张居正与福建巡抚耿定向多次书信往还,探讨清丈之事,显示了他对此事的高度关注。在与耿定向议论"王霸之辩"的信中,他写道:"仆自秉政以来,除密勿敷陈、培养冲德外,其播之命令者,实不外此二事(按:指足食、足兵),今已七八年矣。而闾里愁难之声尚犹未息,仓卒意外之变尚或难支焉,在其为富且强哉。公今不以仆为卑陋,而留心于此,诚生民之福也。第须一一核实考成,乃可有效……丈田一事,揆之人情,必云不便。但此中未闻有阻议者,或有之亦不敢闻于仆之耳。苟利社稷,死生以之,仆比来唯守此二言,虽以此蒙垢致怨,而于国家实为少裨,愿公之自信而无畏于浮言也。"③这是要耿定向顶住压力,把清丈进行到底。

在另一封信中,他重申这一意见:"丈地亩,清浮粮,为闽人立经久计,须详审精核,不宜草草。"④

万历八年(1580)九月,福建清丈完毕,张居正会同阁僚张四维、申

---

① 万历《福州府志》卷七十五《时事》;卷七《食货·户赋》。
② 万历《福宁州志》卷四《食货志》。
③ 张居正《答福建巡抚耿楚侗谈王霸之辩》,《新刻张太岳先生文集》卷三十一《书牍》。
④ 张居正《答福建巡抚耿楚侗》,《新刻张太岳先生文集》卷三十一《书牍》。

时行以及户部尚书张学颜决定,把福建清丈之法推行到全国各地,以朝廷名义颁布清丈的八项规定。其中前五项是政策性规定:

——清丈以税粮是否漏失为前提,失者丈,全者免。

——清丈工作由各省的布政使总管,分守兵备道分管,府州县官专管本境。

——田有官田、民田、屯田数等,税粮有上中下数则,清丈时逐一查勘明白,使之不得诡混。

——清丈之后,恢复各类田地原本应该缴纳的税粮,如民种屯田者,即缴纳屯田税粮;军种民田者,即缴纳民田税粮。

——清丈中,有历年诡占田地及开垦荒地未申报者,如系自首,免罪;如系首报不实者,连坐;豪右之家隐占田地者,发遣重处。①

后三项是技术性规定,即关于丈量的日期、丈量的计算方法,以及丈量的经费等。

清丈令颁布后,地方官必须切实执行,否则严惩不贷。万历九年(1581)十二月,松江知府阎邦宁、汝州知府郭四维、安庆知府叶梦熊、徽州府掌印官李好问等,因为清丈工作"怠缓",遭到朝廷处分:"各住俸戴罪管事"②。

在强大的政治压力下,从万历八年(1580)到万历十一年(1583),清丈工作在全国陆续完成。《明实录》记录了各地总督、巡抚向户部提交清丈报告的时间,从中可以看到各地清丈工作的大体进程:

福建,万历八年(1580)九月庚辰;

顺天,万历九年(1581)四月己未;

山东,万历九年(1581)九月乙亥;

江西,万历九年(1581)十二月己亥;

---

① 《明神宗实录》卷一百六,万历八年十一月丙子。
② 《明神宗实录》卷一百十九,万历九年十二月己亥。

保定,万历十年(1582)正月庚午；

大同,万历十年(1582)正月庚午；

辽东,万历十年(1582)三月甲子；

蓟辽,万历十年(1582)三月丁卯；

山西,万历十年(1582)三月甲寅；

宣府,万历十年(1582)七月丙辰；

应天,万历十年(1582)七月辛酉；

贵州,万历十年(1582)七月癸亥；

广西,万历十年(1582)七月甲子；

浙江,万历十年(1582)七月己卯；

凤阳,万历十年(1582)八月庚寅；

河南,万历十年(1582)九月戊午；

湖广,万历十年(1582)十月癸丑；

宁夏,万历十年(1582)十一月乙卯；

四川,万历十年(1582)十一月戊午；

广东,万历十年(1582)十二月壬辰；

陕西,万历十年(1582)十二月戊申；

陕西三边,万历十一年(1583)正月丁卯；

甘肃,万历十一年(1583)二月戊申；

云南,万历十一年(1583)五月庚子。[①]

这是各地督抚上报清丈成果的时间。清丈后,编制簿册,统计田亩面积与税粮,均需时日,因此清丈实际完成时间,当早于此。大体而言,全国性清丈在万历九年至十年(1581—1582)陆续完成,进度还是比较一致的。

---

① 西村元照《张居正的土地丈量》,《东洋史研究》第 30 卷 1、2、3 期。

清丈的方式,以百姓自丈与官方复丈相结合为原则。这是参照嘉靖、隆庆年间某些地区局部性清丈经验而制订的。所以考察嘉隆时期的清丈方式,有助于了解万历清丈。

例如:应天府的溧阳县,嘉靖十七年(1538),知县吕光洵通括该县田土丈量,取消官田与民田税粮科则的差别,"令民自量,画图造册,里长类总,送县查算,谓之手实册"。嘉靖二十年(1541)溧阳知县沈炼推行的清丈,方法颇为细致。先把一县土地分为东西南北四区,各区草拟形似的地图,推选"大老"四人担任"区老",手持各区地图,遍行区中,将区内田地每十里或数十里为一坂,绘制一坂的地图。再将各坂地图汇总到区图之中,形成鱼鳞图,上报县衙门。县衙门再在区内推选诚实能干者若干人,充当"坂老"。"坂老"遍行坂中,以一里或半里为一坵,绘制坵图。推选诚实能干的人充当"坵老",手持坵图,"令其于坵中备查田地山塘段数,一一填补坵图之中,有渗漏者罚之"。可惜刚开始推行,沈炼就离任而去,半途而废。隆庆三年(1569),知县邹学柱继续进行清丈,"适当隆冬之时,低洼田水深至数尺,只因催督甚严,承役人不及沿坵丈步,止将草绳绕塍(田埂)围转,便将丈尺计之,以见亩数,殊未的确"。[①] 看来田亩清丈并非易事。

又如:隆庆元年(1567)海宁县的清丈,把全县三十二个"都",划分为三个"段",每段设置"段长"二名,"段长"下辖"都长"(每十里设一名)、"图长"(每里设一名),都由殷实、老成、公正之人担任,负责清丈事宜。先由业主将自己所有的田地山荡丈量一番,每日丈量一坵,在田地中树立木牌,上写:某字第几号田坵,系某人得业,东至西若干,南至北若干。有段长、都长、图长将丈量所得数据,填注手册一本,送县衙门备查。[②]

这样就形成了清丈图册,即清丈后编制的鱼鳞图册。隆庆六年

---

① 顾炎武《天下郡国利病书》原编第八册《江宁庐安》,引《溧阳县志》。
② 万历《杭州府志》卷七《国朝纪事》。

(1572)和州知州康诰制订的《丈田方略》对此有详细的描述。康诰认为,和州地处山区,由于土地兼并造成欺隐偏累的弊端,非清丈不可。但是要由政府操作,不免滋生新的弊端,因此他主张由民间"自丈量"。所以他的《丈田方略》的第一条就是"议自丈量以免骚扰":"查得本州所属含山县田地共计六千一百七十二顷六十亩九分有零,中间兼并欺隐偏累情弊不可胜言。丈量之法势不可已。如必逐亩亲量,未免稽延岁月,若或分委失人,未免增滋弊端,且骚扰小民,广开骗局,徒糜费民财而无益于事也。为今之计,似不必本州及委官沿坵履亩细量。惟责之各里都亲管排年老人,各令田主、佃人,同本都书手、算手二人,执弓如法,各自丈量。如一户某,田几坵,量得横若干弓,直若干弓,该田若干亩,东西各至某田,南北如之,俱明白标记,插立标桩,不许欺隐分厘,填入册内。限一月内各县缴报,以凭本州先委官沿坵测量回报,候本州亲诣各田,随意间抽测量。如或中有欺隐,测量得出,即将前田没官。如此,庶丈量刻期可完,而民亦不知量田之骚扰矣。"①民间自丈,官府抽检,如有欺隐,田地充公,既可以按期完成丈量,又不骚扰人民。

至于具体做法,每里每都各画一总图,备载本里本都田亩、山圩、民房、桥道之形。如本州共有四十一里(里甲之里),造册四十一本,每本首页各画一图,表明乡名,画某乡某民田坵亩段。刊刻一版,用薄竹纸一张印刷,上面写明某里某都某民田或官田一处,坐落某地,东至某田,西至某田,南至某田,北至某田,面积若干亩,或系价买,或系承租,或系祖产。下半幅书画田形、丈量日期,以及田主、佃户、书手、算手姓名。丈量完成后,再按照田地种类、肥瘠程度,分上中下三等,确定税粮。

万历清丈大体也是自丈与抽检相结合的做法,例如:万历十年(1582),常州府武进县知县孙一俊清丈该县田亩,每图设立图正、图副、

---

① 顾炎武《天下郡国利病书》原编第八册《江宁庐安》,引《和州志》。

弓手、书手、算手六名，对该图田亩进行清丈。又从今年轮空的黄册书手中指派二名，管造一乡的总图；又指派近年轮空的粮长负责监督。[1] 又如：苏州府长洲县，百姓自丈后，官府派人"携册临图复丈"，如果"弓口数目相同，验过等则无异，即与印记'丈验相同'四字于册，以便攒造归户（实征文册）"。[2] 当然，也有少数地方草率从事，全部仰赖自丈，没有进行履亩复丈。[3]

4. 万历清丈的利弊得失

清丈在各地普遍展开，由于各地方官的思想与态度不同，效果也迥然有别，利弊得失各不相同。一般说，凡认真按照朝廷制订的准则进行清丈，"诸所谤议皆所不恤"，就能体现清丈在当时具有的合理性。

第一，清丈之后，田地有定数，赋税有定额，部分地改变了税粮负担不均的状况。嘉兴府海盐县人谈及万历九年（1581）的清丈，赞誉有加："其法将田土分段立号，算实弓口亩数，备书坐落、都图、里分，业户姓名，及田圹四至，挨编入册，藏之县库。盖一准国初鱼鳞（图册）之旧，而益核之。吾乡田土自赵公（嘉靖间知府赵瀛）均平以来，此番丈算尤为一大清楚……吾乡田地丈量以后，经界既正，润色无难。若于每册推收过割之年，清查在册之总撒，抽对旧籍之号数，无心差误者听改，有意裁除者必罪，尚可支持四五十年不至于大紊。"[4]清丈可以使田亩经界清楚，税粮负担落实，在一个时期中不至于紊乱，不能不承认这是一个显著的成效。

南方如此，北方也是如此。北直隶河间府沧州，清丈以前，官宦广占田地，逃避赋役，形成负担不均的积弊。奉命清丈以后，"清浮粮，苏

---

① 万历《常州府志》卷四《户口》。
② 康熙《长洲县志》卷十二《徭役》。
③ 万历《汶上县志》卷四《政纪志·土田》。
④ 天启《海盐县图经》卷五《食货篇第二之上·田土》。

民困",把该州田地细分为几类:民地(1 674.13 顷),实在行差民地(1 088.79 顷),优免民地(461.55 顷),寄庄民地(123.79 顷),灶地(308.14 顷)。各类田地分明,按照科则征税,就比较明确,"不分肥瘠、高洼之异,一例催征",因此"清丈之后,田有定数,赋有定额,有粮无地之民得以脱虎口矣"。[1]

第二,清丈的结果,查出了不少隐匿田地,以及这些隐匿田地所规避的税粮,使得政府掌握的承担税粮的田地面积有明显的增加。如果一个县的税粮总额不变,那么每一亩田地摊派到的税粮就有所减少。例如,南直隶宁国府的宁县,万历九年(1581)清丈田、地、秧田、水荡,耕地面积"较原额丈出有余",在重新编派税粮时,把水田一亩按照八分七厘七毫征税,把山地一亩按照一分三厘三毫征税。[2] 也就是说,水田一亩分摊到原先的87.7%的税粮,山地一亩分摊到原先的13.3%的税粮,在税粮总额不变的前提下,每亩田地的负担明显减轻了。

浙江衢州府的情况与此相类似。该府所属的西安县,清丈后,不仅改变了原先因为隐匿而形成的田地缺额致使部分税粮无所着落的状况,而且新增了一些田地补足原额,之外还净增田六顷一十三亩、地一百零七顷四十五亩。把这些清丈出来的田地均摊到全县承担税粮的田地中,结果田一亩只须分摊原先的98%税粮,地一亩只须分摊原先的67%税粮,水淤田三亩承担原先一亩的税粮,山荒地二亩承担原先一亩的税粮。[3]

这种情况似乎是全国的通例。

山东巡抚何起鸣、巡按陈功在万历九年(1581)九月的清丈报告中,特别提到全省田地税粮负担如何减轻。山东清丈后新增民地三十六万

---

① 万历《沧州志》卷三《田赋志》。
② 康熙《宁国府志》卷八《田赋》。
③ 天启《衢州府志》卷八《国计志》。

三千四百八十七顷、屯地二千二百六十八顷,较原额增加了50%,全省税粮"悉照旧,往日荒地包赔者,以余地均减"。① 这就是说,原先隐匿田地规避的税粮,归由清丈后新增的田地承担,不必再由别的田地"包赔"。

江西省也有类似情况。巡抚王宗载在万历九年的清丈报告中说:江西六十州县清丈后,在田地原额外丈出六万一千四百五十九顷五十四亩,约为原额的30%,"免另行升科,即将抵消该省节年小民包赔虚粮"。所谓"免另行升科"云云,意为不增加税粮总额,用新增田地的税粮来抵消先前小民"包赔"的"虚粮"。这种做法,蓟辽总督吴兑称为"议以多余之地,补失额之粮"。②

显然,清丈后承担税粮的耕地面积有较大幅度的增加,耕地的负担趋于相对合理化,是不争的事实。

第三,北方地区统一亩制,改变了先前存在的大亩与小亩相差悬殊的陋习,一律以二百四十步为一亩。很多地方清丈后耕地面积显著增加,与亩制的变化有很大的关系。例如济南府青城县,万历十年(1582)清丈后,耕地面积比原额增加七百余顷。请看以下数据——清丈前原额:官地83.05顷,民地2 281.79顷,合计2 364.84顷;清丈后新额:上地499.11顷,中地1 674.88顷,下地368.42顷,成熟地469.38顷,荒地27.28顷,合计3 039.07顷。

《青城县志》解释该县"突然增地六百七十四顷"的原因,一是"地狭易于综核";二是"(清丈前)地不分上中下,三百四步作一亩,至万历十年清丈,地分上中下,以二百四十步作一亩。较之原额,每亩涨出六十四步,地安得不增?"③

---

① 《明神宗实录》卷一百十六,万历九年九月乙亥。
② 《明神宗实录》卷一百二十一,万历十年二月丁酉。
③ 万历《青城县志》卷一《土田》。

济南府武定州商河县的情况也是如此。万历九年(1581)清丈后，耕地较原额增加三千顷(原额七千九百三十八顷五十二亩，新额一万零二百十六顷十二亩)。这一地区的清丈，做得很马虎，"大奸巨猾隐匿无算"，主持清丈的官吏"惮于改正，一切苟简从事"，因此隐匿田地大多没有清查出来，耕地面积增加三分之一，主要是大亩改成小亩的结果。①

兖州府沂州也属于这种类型。万历九年(1581)清丈前，以六百四十步为一亩，清丈后，统一改成二百四十步为一亩，耕地面积扩大为原额的三倍：

原额地　　　　　11 075.34 顷

清丈后计地　　　32 234.91 顷②

此外，北直隶的广平府、河间府，都有"将大亩改作小亩"，"以小亩起科"的事例。③

第四，万历清丈不仅统一了亩制，地无分南北，一律以二百四十步为一亩，而且在此基础上，统一了官田与民田的税粮科则，即所谓"官民田一则"。此举改变了以前官田与民田税粮科则不一的弊端，消除了官田税粮过重，豪民多占轻则民田，小民多占重则官田的不合理状况。地方志关于万历清丈的记载中，"官民田地山塘均为一则"④，"将官民(田地)并为一则"⑤，诸如此类的说法比比皆是。

官田与民田税粮科则一元化后，确立了根据土质优劣分上中下三则课税的方法。万历清丈前的税粮科则十分烦琐，清丈后，实行官民田一则，分上中下三等课税。例如江西弋阳县，万历清丈前，田地税粮科则分为八则：上晚官田、中晚官田、下晚官田、下早官田、上晚民田、中晚

---

① 万历《商河县志》卷三《食货志》。
② 万历《沂州志》卷三《田赋》。
③ 万历《威县志》卷三《田赋》。万历《交河县志》卷三《赋役志》。
④ 康熙《婺源县志》卷七《食货》。
⑤ 崇祯《开化县志》卷三《赋役志》。

170

民田、下晚民田、下早民田。清丈后,定为三则:上则有水源肥田、中则瘠薄田、下则无水高潦田。在课税时,上则田以一亩实为一亩,中则田以一亩五分为一亩,下则田以二亩为一亩,一律按照实亩科则征收秋税米、夏税丝、棉、布等。①

江南地区出现的"均田均役"改革,也与此有关。例如嘉兴府,知府赵瀛于嘉靖二十六年(1547)创议,不分官田、民田,不分等则,一概以每亩三斗起征税粮。以后又改革役法,把原先按照里甲人户摊派徭役的做法,改变为按照田亩为主摊派徭役,称为"均田均役"。但是,这一改革一直要到万历九年(1581)清丈以后才得以实施,原因就在于:"必待丈量清楚,豁尽虚粮,然后均齐划一之政可行"。其中的道理,天启《海盐县图经》说得很清楚:"均田议嘉靖间已有之,至万历九年(1581)始克举,则自有说。"该书列举了三个原因:

——"一则,以照田编里,则田多里分须升,田少里分须并,甚有都分亦须销并者。成规顿改,难免非常之惧,未到势穷理极时,有司尚未敢做。"(按:此处所说的"里""都"是农村基层结构的称呼。)

——"一则,以此时士夫优免尚无限制,但有田地借荫在户下,并不充役。若行均甲,势必先将免额删定,然后可将余田派配……有此种种难调之情事,亦未易举。"

——"一则,以自国初到今,各里田粮偷漏渐多,坐下虚额,向系本里包纳。今若均田,将里分销并,此粮属之何人?取报升者裨补,既数不相当,就概县田摊赔,又情未通允。必待丈量清楚,豁尽虚粮,然后均齐划一之政可行。此均里美政直待二百余年积弊之后,合县士夫帖然无议之日,又适逢明例,通丈田土机会,种种凑合,可以有为。"②

总之,万历清丈后,大多数地方都不分官田民田,一律按照上中

---

① 万历《弋阳县志》卷五《田赋》。
② 天启《海盐县图经》卷五《食货篇第二之上·税粮》;卷六《食货篇第二之下·役法》。

下三则征税。官民田合并为一则,统一按照土地的肥瘠征税,是赋税制度简化的重要一步,与同时推广于全国的一条鞭法是相呼应的。

第五,在清丈的基础上重新编制鱼鳞图册。嘉兴府海盐县清丈时,对以前编制的鱼鳞图册进行复核,"其法将田土分段立号,算实弓口亩数,备书坐落都、图、里分,业户姓名,及田夬四至,挨编入册,藏之县库。盖一准国初鱼鳞之旧,而益核之"。①万历三十九年(1611),知县乔拱璧谈到新编鱼鳞图册时说:"鱼鳞册乃原丈之粮,其中号段,卖者照此号而除,买者照此号而收,号内有分收若干者,俱照除注明。"②这表明,万历九年(1581)清丈时编制的鱼鳞图册,在以后的三十年中,民间买卖田地,让渡所有权时,广泛地用来作为凭证。

常州府、镇江府也是如此。万历十年(1582)常州府清丈后,"尝造鱼鳞图","每图实费数金","推求缮写不啻再三"。③可见重新编制鱼鳞图册的工作,颇受政府的重视。该府所属武进县,把编制鱼鳞图册作为清丈的主要手段。每乡、每都以四境为界,境内田地划分为坵,坵与坵紧相挨接,绘于图册,如鱼鳞状。田地按官、民、高、圩、腴、瘠、山、荡,一一注明。后面书写业主姓名、年月、买卖、开除。因此人们对鱼鳞图册十分重视,"人虽变迁不一,田则一定不移,是之谓'以田为母,以人为子',子依乎母而的的可据"。④邻近的镇江府在其中后,"必如国初之制造鱼鳞图","田有区段,各有四至,内开某人见业。乡有封界,又有大四至,内计为田若干,自一亩至万亩,自一里至万里。各以邻界挨次而往,造成一图。则一县之田土、山乡、水乡、陆乡、洲田,与沿河有水利常稔

---

① 天启《海盐县图经》卷五《食货篇第二之上·田土》。
② 天启《海盐县图经》卷六《食货篇第二之下·役法》。
③ 万历《常州府志》卷四《钱谷》。
④ 顾炎武《天下郡国利病书》原编第七册《常镇》。

之田,其间道路之所占几何,皆按图可见"。①

情况表明,万历清丈后编制的鱼鳞图册,较之洪武时期的鱼鳞图册,更为完备。明清之际陆世仪所写的《论鱼鳞图册》一文,论及鱼鳞图册的重要性,提出若要厘正赋役,"莫若废黄册,专用鱼鳞图册","凡赋税徭役一以鱼鳞图册为主,即所谓坐图还粮也"。② 黄册是户籍,鱼鳞图册是地籍,废黄册专用鱼鳞图册,意即把政府的关注,从人户转向田地,它反映了赋役由人户转向田地的发展趋势。清初,黄册已经极为罕见,而鱼鳞图册仍在通行,并且不断重新编制。

当然,万历清丈并非尽善尽美,有一利必有一弊。清丈带有局部调整土地关系及赋役负担的意味,如果在旧的土地关系遭到破坏的背景下,清丈就比较顺利;反之,在没有社会动乱的背景下,进行清丈,使税粮负担合理化,阻力是相当大的。

万历九年(1581)五月,大同巡抚贾应元、巡按茹宗舜揭发饶阳王府镇国中尉廷墣、潞成王府奉国将军俊梯等,依仗特权,"阻挠丈地"。他们认为,并非大同一处如此,其他各地王府宗室也有类似现象,请求朝廷"通行天下王府,各严谕宗室,凡置买田土,俱听抚按官查勘明白"。朝廷十分重视此事,处分了俊梯等人,并指示各地巡抚、巡按:"丈田均粮,但有抗违阻挠,不分宗室、官宦、军民,据法奏来重处。"③

阻力不仅来自王府,还来自官僚豪绅。万历九年(1581)十二月,江西巡抚王宗载向朝廷报告:"及清丈命下,建德县豪民徐宗式等阻挠丈量,徽宁兵备道程拱宸复为部民党护。"④江南是财赋重地,也是清丈的重点地区,张居正一再表示:"吴中财赋之区,一向苦于赋役不均,豪右

---

① 顾炎武《天下郡国利病书》原编第七册《常镇》。
② 贺长龄《皇朝经世文编》卷二十九《户政·赋役》。按:该书的实际主编是魏源,贺长龄不过挂名而已。
③ 《明神宗实录》卷一百十二,万历九年五月庚午。
④ 《明神宗实录》卷一百十九,万历九年十二月己亥。

挠法,致使官民两困。"①因此这一地区清丈阻力很大,"豪右挠法"现象严重。例如,嘉兴府所属嘉兴县、秀水县清丈之际,豪绅们贿赂清丈官吏,隐瞒田地三万三千五百亩,规避的税粮由邻近的嘉善县"摊赔"。有些豪绅推荐地痞流氓担任清丈的书手、算手,欺上瞒下,任意挪移隐瞒田地数字;在新的鱼鳞图册还未编成之际,就销毁旧册,使之毫无凭据可以查对,"听其欺隐,妄报羡余,大开骗局"。②

  另一方面,清丈自身也存在问题。张居正严格遵循法治精神,"综核名实,信赏必罚",严格推行考成法,以清丈的结果作为考核官员的依据,形成自上而下的强大政治压力。不少地方官为了确保清丈后田地与税粮数字不致减少,不惜弄虚作假,采取"缩弓""加田""加税"等手段,来增加田地与税粮数字,邀功受赏。于是出现了一系列不合理现象。万历时期常州人唐鹤徵对此有透辟的分析:"万历初年,江陵(张居正)奉旨遍宇内而丈焉。初意止期均赋,不期增额也。奉行太过,悉求增以为功。然围筑开垦为日已久,从实步之,未有不增者。始虞其无增,则严刑峻法,山场沟荡,悉丈为田,增额过当。及至归户,则上行其私,下恣其弊,所增之额全不在官矣。故畏法者取盈虚丈,仍有赋而无田;巧法者阴缩增额,终有田而无赋。于今二十年来,积弊日增。"③

  弊端是由于官吏"悉求增以为功"而引起的。为了使清丈后的田地面积明显增加,不惜采取欺骗手段,最常见的是"缩弓取盈",最简单的是"虚增地亩"。有的地方在清丈时,"恐田不足原数,顾乃促其弓步",而使"田亩溢出额外"。④ 有的地方时奉户部之命"不许轻失原额",不得不"缩弓取盈"。⑤ 都是缩小丈量的弓尺,比如把十寸为一尺,缩小为八

① 张居正《答应天巡抚胡雅斋言严治善爱》,《新刻张太岳先生文集》卷二十九。
② 江东之《改正虚粮疏》,《瑞阳阿集》卷一。
③ 万历《常州府志》卷四《钱谷》。
④ 万历《宁德县志》卷一《舆地志·山川》。
⑤ 康熙《高安县志》卷四《亩课》。

寸为一尺,来求得田地面积的增加。这种做法,其实就是以每亩面积小于二百四十步的手段,取得虚假的田地面积的增加。有的地方采取更为简单的手法,在丈量时没有"缩弓取盈",丈量后,"竟将实田一亩虚增二分七厘"。① 也就是说原本一亩的面积,把它写成一亩二分七厘,虚增了 27％。有的地方清丈后,发现"亏折原额七万八千八百七十五亩",也就是说,比清丈以前的原额减少了七万多亩田地。如何填补这一亏空呢? 最简单的办法就是玩弄数字游戏,仿照"虚粮事例","每熟田一亩加虚粮田一分六毛"。② 那就是把根本不存在的"虚粮田",洒派到"熟田"上,以"熟田"每亩承担 110.6％的税粮,来掩盖"亏折原额"的真相。

短缩弓步,虚增顷亩,或者将非耕地、荒地一概当作耕地,使清丈失去了它固有的"均粮"(均税)意义。朝廷察觉以后,于万历十年(1582)九月下达公文,纠正清丈不实的现象:"各省直清丈田粮……如有短缩步弓,虚增地亩,及将山坡、湖荡、屋基、坟墓并积荒地土,升则派粮,贻累军民者,抚按官摘查明实,准与更正。但不许概行复丈,反复劳扰。"③然而此时清丈已接近尾声,诸多弊端已难消除。

为了虚增地亩,各地方清丈时,把并非耕地的山坡、湖荡、屋基、坟墓荒地等,都作为耕地予以清丈,看来是一个普遍现象。内阁次辅张四维给山东巡抚宋应昌书信,把这种现象归结为地方官"不能仰体朝廷之意"。他写道:"至于丈地,乃创行之事,民间甚惧。而有司者复多不能仰体朝廷之意,而下禁吏里之奸,即今事未举,而各处往往有称扰者矣。且部题丈田初议,原谓各州县只以原额为准,纵清出脱漏附余地,多亦从轻均摊,不加毫末。今闻各州县乃欲并关厢、村落民居丈之,又不分豁坟墓,此何说也? 山中石田,贫民费力垦艺,而收获甚险;滨水退滩,

① 崇祯《开化县志》卷三《赋役志·土田》。
② 康熙《溧水县志》卷四《田赋》。
③ 《明神宗实录》卷一百七十八,万历十年九月辛酉。

水至则成川,皆不可入额者。且今两院方具题请,待秋收后举事,而地方吏书辈闻已有检勘人田数次者,其官长岂知之也?"他特别强调"今丈田只依原额取均,不求增益",而且声明:"坊厢不丈,民居不丈,坟茔不丈,山田丈至山根可耕之地而止,其深山石岩高岭不丈,滨水退滩水暂来暂去者不丈。"①由此可见,地方官为了求得田地面积的"增益",把清丈的范围扩大到县城坊厢,乃至民居、坟茔,把山田延伸到深山石岩高岭,把水田延伸到"滨水退滩水暂来暂去"的湿地。虽然朝廷宣布"准与更正",其实形同虚文。

张居正"不加赋而上用足","理逋负以足国"的理财思想,毫无疑问是高明的,清丈是把这一理财思想付诸实践的一种手段。当年因反对张居正"夺情"而遭到革职处分的赵用贤,在张居正死后得以昭雪,官复原职,不久升任右春坊右庶子兼翰林侍读学士,他对于江南的重赋,在清丈之后仍未改观深表不满,写了洋洋洒洒的长篇奏疏论述他的意见。有意思的是,他从"不加赋而上用足"谈起:"臣窃惟财用者有国之大计,未有不取之于民而足用者,然欲其出之无穷,是必取之有制。故善理财者不加赋而用自足,非有异术也,不索民以非分之征,故惟正之供常足也。彼不善理财者,多其名色,烦其科敛,以为取盈之计,不知田地生财止有此数,取足于杂项,而反致亏于正额。此民力之所以益竭,而国用之所以常不足也。"然后切入正题,谈及江南财赋重地苏州、松江、常州、杭州、嘉兴、湖州六府的重赋问题,在清丈以后依然如故。他说:

"臣考天下财赋,东南居其半,而嘉湖杭苏松常此六府者,又居东南之六分,它舟车诸费又六倍之,是东南固天下财赋之源也。乃自顷岁以来,逋赋日积,而小民之嗷嗷者,十室九空,转死于沟壑者相望。二者可谓交弊而俱诎矣。臣尝与一二同志者今礼部办事进士袁黄等,考览沿

---

① 张四维《复宋相冈》,《条麓堂集》卷十八《书》。

革,究极根株,盖知其原不独在征敛之日增,而科派之无别,是以使重者之益重;其弊亦不独在征输之日急,而隐漏之多端,是以使困者之益困。当此之时,而不为之一裁制撙节焉,诚恐日甚一日,民力愈不能供,而国用愈致不足。"为了解决"民力愈不能供""国用愈致不足"的问题,他开出一张"药方",提出十四条举措:一曰议田赋之数,二曰议混派之弊,三曰议征税之则,四曰议蠲减之条,五曰议偏重之派,六曰议派剩之目,七曰议白粮之运,八曰议兵饷之实,九曰议折银之例,十曰议存积之重,十一曰议荒田之核,十二曰议征敛之欺,十三曰议徭役之累,十四曰议积谷之制。列举了这些之后,他颇有信心地说:"臣智识短浅,所得于见闻如此,非敢必遽能尽利弊之详也,亦非敢必遽能一一推行之而无遗也。然补偏救弊之要,足国裕民之本,已略举其要矣……今国家之于江南,固所谓良田美产也,可坐视其日就败坏而不为之所哉?"①

　　赵用贤是苏州府常熟县人,对于江南财赋重地的情况是了如指掌的,他说,天下财赋有一半出于东南,而嘉湖杭苏松常六府又占东南的十分之六,不算夸张。对于这一问题早就有人议论,但都议而不决。原因很简单,因为江南是财赋重地,国家经济命脉所系,任何人企图为江南减赋,都遇到自上而下的巨大压力。苏松一带的官僚士绅一谈及此,无不感慨系之:"有司动以国用为词,不以民命为念,可胜叹哉!"②宣德年间还作过一点减赋的尝试,正统年间的减赋只停留于纸面上,并未付诸实施;到了嘉靖、万历年间就更无可能了。正如康熙时江南巡抚韩世琦所追述的那样:"主计者但曰东南财赋之乡,减之则国用不足,勿可易也。自万历迄于明末,唯有不时额外之浮征,而无宽省之恩泽矣。"③万

①　赵用贤《议平江南粮役疏》,《松石斋集》卷二《奏疏二》。许重熙《嘉靖以来注略》卷八,万历十四年三月条,几乎全文引用赵用贤的这篇奏疏,足见许氏对它的重视,这也从侧面反映赵用贤的言论并非泛泛而谈。
②　吴履震《五茸志逸》卷四《方鹏复刘邦伯书》。
③　嘉庆《松江府志》卷二十一《田赋志》。

历清丈可以部分解决田地与税粮的隐漏问题,难以解决江南的重赋问题,便不难理解。赵用贤的条陈虽然很细致,却未必能够付诸实施,更未必能够取得成效,原因是不言自明的。

尽管有种种弊端,万历清丈的成绩是不能抹杀的。清丈后,全国丈出(新增)耕地面积相当可观,大多数可以从各地总督、巡抚提交户部的清丈报告中,看到比较确切的统计数字。请看下表:

万历清丈耕地增额表(单位:顷)

地　　区	耕 地 增 额
北直隶	33 255.00
南直隶	49 898.70
浙　江	45 896.15
江　西	61 459.54
湖　广	551 903.54
福　建	2 315.00
山　东	365 755.00
山　西	6 100.00
河　南	64 324.55
陕　西	3 988.32
四　川	264 520.00
广　东	80 194.64
广　西	768.87
云　南	15 084.34
贵　州	1 594.95
合　计	1 547 058.60
大　同	70 251.19
辽　东	32 578.70
蓟　辽	10 817.11

地　　区	耕　地　增　额
宣　　府	63 110.36
延　　绥	39 753.42
陕西三边	18 990.00
甘　　肃	45 993.35
总　　计	1 828 542.73①

　　根据梁方仲的统计,隆庆五年(1571)全国耕地面积约为:
4 677 750.00顷。② 而清丈后南北直隶与十三布政司耕地增额约为
1 547 058.60顷,占全部耕地的 31.81%。如果算上大同等"九边"地区
的数字,那么增额的比率会更大。应当承认,清丈中的"缩弓取盈"以及
大亩改小亩,导致的虚假增额,使得上述统计数字包含了不少水分。有
鉴于此,至少可以说,清丈后政府征收税粮的耕地面积比先前有较大幅
度增加,是毋庸置疑的。

五　赋役改革:一条鞭法的推广

　　"一条鞭法"又称"一条编法",简称"条鞭"或"条编",它是关于赋役
制度的改革,其创造性贡献在于,把赋税(夏税、秋粮)与徭役(正役、杂
役)以货币即银两的形式折纳,并且把征收方法简化为一次编审,为赋
税、徭役趋向一元化,即俗称"随粮带征"——徭役折色银两跟随赋税折

---

① 北直隶、南直隶、浙江、江西、湖广、山东、山西、陕西、四川、广东、广西、贵州以及大同等九
边地区,根据《明实录》所记载的清丈报告提供的数字;福建、云南的清丈报告没有耕地数
字,根据《福建通志》《云南通志》与万历《大明会典》所载耕地数字估算。
② 梁方仲《中国历代户口、田地、田赋统计》,《梁方仲文集》,中华书局,2008 年,第 268 页。

色银两一并征收,迈开了重要的一步。

1. 一条鞭法的由来

一条鞭法究竟始于何时? 众说纷纭。可以肯定的是,它并不始于万历年间,张居正在推行新政时,发现了它的合理性,把它推广到全国。

那么它最早出现在什么时候? 连明朝人也不甚了了。万历年间重新修订的《大明会典》有一条资料,标明为"一条鞭法之始":"(隆庆)四年题准,江西布政司所属府州县各项差役,逐一较量轻重,系力差者,则计其代当工食之费,量为增减;系银差者,则计其扛解、交纳之费,加以增耗,通计一岁共用银若干,照依丁粮编派。开载各户由贴,立限征收。其往年编某为某役,某为头户、贴户者,尽行查革。如有丁无粮者,编为下户,仍纳丁银;有丁有粮者,编为中户;及粮多丁少与丁粮俱多者,编为上户,俱照丁粮并纳。著为定例。此一条鞭法之始。"①

崇祯初年担任南京国子监祭酒的陈仁锡,对经济素有研究,在综述明朝赋役制度时,全文引用上述文字,也用小字注明"此一条鞭法之始"。② 看来他对此深信不疑。

其实这种说法是颇有问题的。即使就江西省而言,一条鞭法也并非始于隆庆四年(1570)。一条鞭法研究的开拓者梁方仲所写的论文《明代江西一条鞭法推行之经过》,已有详细而精确的考证。③ 嘉靖末年(1566)都御史庞尚鹏在浙江推行一条鞭法,江西巡抚周如斗力主推行一条鞭法,可惜病逝于任上;后任巡抚刘光济继承他的未竟之业,隆庆二年(1568)在江西推行一条鞭法。刊刻于万历四十三年的《新刻明政

---

① 万历《大明会典》卷二十《户部七·户口二·赋役》。按:原文"此一条鞭法之始"用小号字,引用时依照原样,只不过将竖排改为横排。
② 陈仁锡《皇明世法录》卷二十九《赋役》。
③ 梁方仲《明代江西一条鞭法推行之经过》,收入梁氏《明代赋役制度》(《梁方仲文集》之一),中华书局,2008 年,第 283—307 页。

统宗》，在隆庆二年（1568）十二月条写到"江西都御史刘光济奏行一条鞭法"，有三点值得注意。其一是，江西推行一条鞭法由来已久："嘉靖末，闻都御史庞尚鹏奏革天下郡邑库子（引者按：库子是杂役之一种），而都御史周如斗巡抚江西力主条鞭，议上之。民喁喁望。会卒官，民巷哭甚哀。（刘）光济继之，奏可下。"其二是，关于一条鞭法的具体内容，他有详细记载："一条鞭法者，通府州县十岁中夏税秋粮存留、起运额若干，均徭、里甲、土贡雇募加银额若干，通为一条鞭总征而役支也。有征收不轮甲，通一县丁粮均派之，而下帖于民，备载十岁中所应纳之数于帖，而岁分六限纳之官。其起运、完输若给募，则官府自支拨。盖轮甲则递年十甲充一岁之役，条鞭则合一邑之丁粮，充一年之役也。轮甲则十年一出，骤多易困；条鞭令每年出办，所出必易……"其三是，《新刻明政统宗》的编者涂山是江西人，出于亲历者的切身体验，对一条鞭法给予充分的肯定，列举了八大优越性，欣欣然说"愉快至于此"：

一，"通十里以编，不分年，则丁粮均"；

二，"法当优免者，势不能分数户以侥幸，则滥冒消"；

三，"核实数以编银，则赔累息"；

四，"合银力二差，并公私诸费，则名目简"；

五，"富人不近官，役人不坐名，则觊觎寝"；

六，"官给银于募人，而募人不得反复抑勒，则市猾屈"；

七，"去头户、贴户之派，则贫富平"；

八，"粮有多少，役无轻重，毋需花分，毋为诡寄，则册籍清"。[1]

由此可见，江西省推行一条鞭法并非始于隆庆四年（1570），隆庆二年（1568）刘光济的改革也不是首创，他的前任周如斗曾经试行过。梁

---

[1] 涂山《新刻明政统宗》卷二十九，隆庆二年十二月，《江西都御史刘光济奏行一条鞭法》。按：涂山在自序中自称"柱下史涂乔迁"，江西人。该书的校正、重订者有瞿九思、王穉登、宋应星等名人。

方仲引用王宗沐《江西省大志》的记载,嘉靖三十五年(1556)江西巡按蔡克廉已经"倡议为一条鞭法","民翕然以为便",由于驻在江西的王府反对,半途而废。[1]

梁方仲也并不认为隆庆四年(1570)是江西"一条鞭法之始",他有一个委婉的解释:"《会典》以为此即一条鞭之始,盖至是始获户部正式批准也。"[2]

以宏观眼光来看,明中叶赋役制度变革是一个漫长的过程,一条鞭法是这一过程的产物。

赋税与徭役是国家行为,前者以实物(粮食、布帛等)为主,后者以劳动力为主,要使之转化为货币,必须以商品经济相当发达为前提。在农业、手工业产品还不能大批量在市场上转化为货币的时代,赋役的货币化是不可能的。王安石变法时推行的免役法(雇役法),实质就是企图以钱代役,使徭役转化为货币,愿望是好的,何以行不通? 说到底是社会条件还不具备。

到明中叶,这种条件具备了。商业性农业的发展,各级市场的星罗棋布,商品与货币流通量日益增大,特别是对外贸易中白银的大量流入,满足了市场对白银(货币)的迫切需求。英宗正统初年(1436)宣布开放用银之禁,国家财政收支改用银两计算,原来用米、钞支付的官吏俸禄也改用银两,货币的银本位逐渐形成。赋税作为国家财政的主要收入,当然要作相应的改革。正统元年(1436),南直隶、浙江、江西、湖广、广东、广西、福建等地,陆续实行赋税粮食改纳银两。税粮平米(正米加耗米)四石折合白银一两,平米四百万石折合白银一百万两。这种由税粮改折的银两称为改折银,由户部铸成银锭,叫做金花银,意即精良之银。弘治年间,北方税粮也开始折纳银两。

---

① 梁方仲《明代江西一条鞭法推行之经过》,《明代赋役制度》,第287页。
② 梁方仲《明代江西一条鞭法推行之经过》,《明代赋役制度》,第289页。

与此相适应,弘治、正德年间,徭役的金派方式也发生了变化:以银代役,出现了一批折纳银两的役目,形成了与力差相对而言的银差。各项徭役(主要是杂役),每名折纳银两若干,由政府雇人充役。银差的出现,是徭役全面货币化的开端,为嘉靖年间赋役制度的变革打开了新的一页。

梁方仲发表于1944年的论文《明代十段锦法》,开篇就说:"明代赋役制度到了嘉靖中年变革甚多,其中一种一度盛行于南直隶及浙、闽等地的,它的总名叫做十段锦法。此法在各种史料中以种种不同的名称而出现,如'十段锦册法'为此法的全称;'十段法'、'十段册'、'十段文册',皆为它的简称;'十段田册'、'十段丁田'、'十段粮米'、'十段差米'、'十段均徭',都对它的课税对象(后亦指征解的手续)而言;'提编'、'额外提编'、'编提'、'均徭提编'、'均徭十段流编法',都对它的课税范围或方法而言;'均平'、'均平需鞭',都是对它的目的而言。"①看来似乎简单的问题,其实颇为复杂。

日本学者岩见宏的专著《明代徭役制度的研究》,有一章专门研究嘉靖前后的赋役改革,分别论述了"纲银法""十段锦册法""征一法""一串铃法""一条鞭法"。他认为,徭役的主要机能,是为地方行政的末端事务以及官衙的杂务提供劳动力,它的雇役化是宋代以来的大势所趋,明代先在均徭中设立银差,以后银差遍及所有的徭役,是货币经济发展途中当然的要求。② 在一条鞭法之前,最值得注意的是十段锦册法。这种称为"十段锦"的徭役编派方法,是正德年间常州府同知马某首先在武进县施行的,办法是:把一县田地分为十段,编造十段文册,每年编审一段。嘉靖十四年(1535),武进知县马汝章把它进一步完备化,把官田、山荡、人丁按照不同的比例,折算成民田。具体说来,官田五亩折算

① 　梁方仲《明代十段锦法》,《明代赋役制度》,第436页。
② 　岩见宏《明代徭役制度的研究》,京都同朋舍,1986年,第107—134页。

成民田一亩,山荡十亩折算成民田一亩,人丁一丁折算成民田一亩。这样折算成民田一万四千五百五十七顷五十九亩,把它分作十段,每年按以其中一段(即全县田地的十分之一)作为编派徭役的对象,因此称为十段锦册法。①

陈仁锡《皇明世法录》提及,嘉靖四十四年(1565)"议准江南行十段锦册法",侧重点略有不同:"算该每年银力差各若干,总计十甲之田派为定则,如一甲有余,则留二三甲用;不足即提二甲补之。乡宦免田,十年之内止免一年,一年之内止于本户。寄庄田亩,不拘同府别府,但已经原籍优免者,不许再免。又令,凡流寓客户,查入版籍,协济均徭,酌派丁粮。"②但是,徭役有里甲(正役)和均徭(杂役)之分,仍需编审两次,不免扰烦百姓。最终把两者合并,也就是说,把里甲(正役)并入均徭(杂役),编派各项合用数目,总会而并征。

役法的这种变革,虽然名为十段锦册法,实际上已经具备一条鞭法的因素了。在浙江实行役法改革,提倡一条鞭法的浙江巡按庞尚鹏,就是由十段锦册法进一步实行一条鞭法的。他针对赋役不均而实行改革时说,他自嘉靖四十四年(1565)赴任以来,议立十段锦册法,同行各府州县,具体做法是:"十甲内丁粮通融均作十段,分定十年编佥徭役。"③这是庞尚鹏把余姚县、平湖县试行的做法推广的结果。嘉靖四十二年(1563),余姚知县周鸣就已经"申银力二差一概征银","雇募役法始平著为令"。④ 与此同时,平湖知县顾廷对也在推行"条鞭均徭法"。⑤ 庞尚鹏在一篇奏疏中说:"近该臣查得余姚、平湖二县原著有均徭一条鞭之法,凡岁编徭役俱于十甲内通融,随粮带征,行之有年,事尤

① 岩见宏《明代徭役制度的研究》,京都同朋舍,1986年,第114页。
② 陈仁锡《皇明世法录》卷三十九《赋役》。
③ 庞尚鹏《百可亭摘稿》卷一《厘宿弊以均赋役疏》。
④ 乾隆《余姚县志》卷十《田赋》。
⑤ 乾隆《平湖县志》卷十二《宦绩》。

简便。盖以十年之差而责之一年,则重而难;以十年之役而均之十年,则轻而易。官免编审之劳,民受均平之赐。"[1]他把这种做法称为"均徭一条鞭法",在浙江省内推广。义乌县的情况是:"夫十段锦之行也,嘉靖四十四年始也。其法,每十年算该力差各若干,总计十甲之田派为定则,如一甲有余,则留二甲用,不足则提二甲补之。"[2]温州府的情况是:"嘉靖四十五年,巡按庞(尚鹏)条议均平,裁革里长、支应、库子、差解、买办等项。隆庆六年,(永嘉)知县伍士沈奉文,议一应均平等项钱粮,均为十段条鞭,派各里甲,逐年出办,给由帖,为十年执照。"[3]值得注意的是,这种改革称为"十段条鞭",显然是由十段锦法向一条鞭法的过渡形式。在余姚县、平湖县则称为"均徭一条鞭法"。顾炎武认为"此杂泛差役改为一条鞭之始",他写道:"嘉靖之四十四年,南海庞公尚鹏来巡浙土,洞晰两役(引者按:指里甲正役与杂泛差役)为民大害,乃始总核一县各办所费,及各役工食之数,一切照亩分派,随秋粮带征。其分银为二款,一曰均平银,一曰均徭银,岁入之官,则官自为买办,自为雇役。而里甲之提牌轮办,与力差之承应在官者,尽罢革焉。此杂泛差役改为一条鞭之始。民至今得保田庐妇子者,皆庞公赐也。"[4]

万历《大明会典》说隆庆四年江西的改革是"一条鞭法之始",《天下郡国利病书》又说嘉靖四十四年浙江的改革是"一条鞭之始",各有各的依据,都失之武断。根据官方的说法,"一条鞭法之始"似乎更早,这有《明实录》的记载为证:"嘉靖十年三月己酉,御史傅汉臣言:'顷行一条鞭法,十甲丁粮总于一里,各里丁粮总于一州一县,各州县总于府,各府总于布政司,布政司通将一省丁粮均派一省徭役。内量除优免之数,每粮一石审银若干,每丁审银若干。斟酌繁简,通融科派,造定册籍,行令

---

① 乾隆《平湖县志》卷十二《宦绩》。
② 崇祯《义乌县志》卷八《时务书·田赋》。
③ 万历《温州府志》卷五《食货·贡赋差》。
④ 顾炎武《天下郡国利病书》原编第二十二册《浙江下·泛差》。

各府州县永为遵守,则徭役公平,而无不均之叹矣.'广平府知府高汝行等以为遵照三等九则旧规,照亩摊银,而不论其地之肥瘠,论丁起科,而不论其产之有无,则偏累之弊诚不能免,宜更查勘,取殷富之产补沙薄之地,然后周悉。奏入,俱下所司。"①从傅汉臣所说"顷行一条鞭法"的说法,可以推断,在嘉靖十年之前已有一些地方在实行一条鞭法,它的基本原则就是"通将一省丁粮均派一省徭役"。也就是说,把一切徭役折成银两,再把役银按照人丁和税粮来均派,把赋役简化为一次编审,随粮带征。梁方仲评论道:"傅氏之言'布政司通将一省丁粮均派一省徭役',后来各省采行一条鞭法时,都是如此做法。这种'量出为入'的原则,在中国财政史上殊不多见。梁氏以为'照亩摊银,而不论地之肥瘠,论丁起科,而不论其产之有无',正是一条鞭法执简驭繁的精义所在。"②日本学者栗林宣夫认为,《明实录》嘉靖十年(1531)三月己酉条所载傅汉臣奏言"顷行一条鞭法",乃是他所列举的丁地共派、通县均派、合群目为一纲的一条鞭方式发展趋势的反映。③

早在庞尚鹏之前,有些地区已经出现了一条鞭法。嘉靖十二年(1533),南直隶宁国府,有所谓"十年一条鞭派":"宁国府自今军需,不论该年里甲,并于该府丁粮总算,一条鞭派。"④嘉靖十六年(1537),苏州府、松江府出现了"照田多寡为轻重,凡大小差役总计其均徭数目,一条鞭征充"。⑤嘉靖二十年(1541),湖州知府张铎在《申请均摊税粮起征议》中说,苏州府"里甲丁田、均徭银力等差","民壮力役,每年随粮带征之法,委果明白简易,经久可行",主张仿照施行,按照田亩"均派税粮、

① 《明世宗实录》卷一百二十三,嘉靖十年三月己酉。
② 梁方仲《明代一条鞭法的论战》,《明代赋役制度》,第 111 页。
③ 栗林宣夫《关于一条鞭法的形成》,载《清水博士追悼纪念·明代史论丛》,东京大安出版社,1962 年。
④ 嘉靖《徽州府志》卷八《食货志》。
⑤ 乾隆《苏州府志》卷十一《田赋·役法》。嘉庆《松江府志》卷二十七《田赋志·役法》。

均徭、里甲等项"。①

海瑞在隆庆年间出任应天巡抚时,又将庞尚鹏在浙江的做法在应天府境内推广。海瑞罢均徭、均费等,不分银差力差,全部一条鞭征银,由官府听候支解。其法颇为详备:"十甲丁粮总于一里,各里甲丁粮总于一州县,州县总于府,府总于布政司,通计一省丁粮,均派一省徭役。"于是,均徭、里甲与两税合而为一,凡一县丁粮毕输于官,官为佥募,以免一岁之役。② 这种做法与前引傅汉臣的说法,基本一致。

看来,探讨一条鞭法的由来,并不是一件容易的事。

2. 张居正与一条鞭法的推广

由于地区的差异,对于一条鞭法的看法自然难以一致,有人以为便,有人以为不便,张居正写信给有关官员,谈了自己的观点:"条编之法,有极言其便者,有极言其不便者,有言其利害半者。仆思政以人举,法贵宜民,执此例彼,俱非通论。故近拟旨云:'果宜于此,任从其便,如有不便,不必强行。'朝廷之意但欲爱养元元,使之省便耳,未尝为一切之政以困民也。若如公言,徒利于士大夫,而害于小民,岂是上所以恤下厚民者乎? 公既灼知其不便,自宜告于抚按当事者,遵奉近旨罢之,仆之于天下事,则不敢有一毫成心,可否兴革,一顺天下之公而已。"③

他为皇帝草拟的圣旨,是留有余地的,主张"任从其便","不必强行"。但是出于对一条鞭法优越性的认知,他主张向各地推广,在给都察院左都御史李世达的信中强调,一种有益于人民的举措,不应以南北差异为借口而拒绝:"条编之法,近旨已尽事理,其中言不便十之一二耳。法当宜民,政以人举,民苟宜之,何分南北?"他还说:"天下至大,非

---

① 万历《湖州府志》卷十一《赋役》。
② 乾隆《苏州府志》卷十一《田赋·役法》。
③ 张居正《答少宰杨二山言条鞭》,《新刻张太岳先生文集》卷二十九《书牍》。

一手一足之力所能成……而一时士大夫乃不为之分谤任怨,以图共济,亦将奈之何哉!"①

有鉴于此,张居正大力支持一条鞭法推广到全国各地,尤其是北方地区,把徭役按照户、丁编派的方法,改变为按照丁、地编派,这就意味着,把一部分徭役摊派到田亩(税粮)中去,并且折纳银两。与此同时,原先赋税征收的实物也改折成银两,由官府统一征收、解运。

经过大力推广,一条鞭法不仅在南方各地普遍展开,而且渐次遍及北方各地,在万历年间的地方志上留下了丰富的记录,略举数例于下。

山东

曹县——"原额均徭应役,官吏坐理,始法甚善,行之既久,寖失初意。每一役出,辄下乡索括金钱,谓之攒回流。小民不胜其扰,故有'家有二顷田,头枕衙门眠'之谣。万历三年(1575),知县王圻莅任,思为一条鞭法,即古免役(法),一切照丁地征银,官为雇役,民甚便之……条鞭之法既行,曹民始有其身家,当是时,里无追呼,号称极治。"②

汶上县——"按均徭、里甲出于门、丁,旧有头户、贴户、见年之名,其费不赀。自条鞭行而民始甦矣。今之里排虽轮甲应役,然止于催办,惟柜头、俵头尚存大户之名,故百姓之托籍侨寓,借势荐绅诡寄丛生,冀脱是耳。使尽行条鞭之法,官募柜头,官俵种马,则民出役钱安坐无事,地之系于平民犹士夫也,名之编于排甲犹客户也,诡寄诸弊不革自清矣。"③

东昌府——"万历十五年(1587)条编法行,吏无巧法,民鲜危役,阖境帖然,如就衽席。近议有便有不便者,夫条编非尽便也,相提而论,便多于不便也。"④

---

① 张居正《答总宪李渐庵言驿递条鞭任怨》,《新刻张太岳先生文集》卷二十九《书牍》。
② 顾炎武《天下郡国利病书》原编第十五册《山东上》,引《曹县志》。
③ 万历《汶上县志》卷四《政纪志·赋役》。
④ 万历《东昌府志》卷十二《户役志》。

河南

罗山县——"知县应存初立为一条鞭法,一条鞭法云者,以各项银差并力差工食,合为一处,计银若干数,然后照丁之高下,(税)粮之多寡,以此派之。征毕则分此以为银差起解,及为官觅力差人之工食也。百姓完此外,无一事矣。法诚良哉,所愿官是邑者因而行之……则国计民生两裨之矣。"①

彰德府——"近年题准征银募应,民间甚称便矣……旧例,州县里甲轮役,十年一周,其该应者率计丁粮审编,靡费不赀,冲繁尤甚。万历六年(1578)郡守(知府)常公酌量繁简,议定会银,例分为三等。公费必用者,名曰额支,数最多;带征备用者,名曰待支,次之;其名曰杂支者,备额外不时之需,又次之。有余则抵作来岁正数。概县通融征银,丁粮不满百钱,官择殷实人役主之,严为稽查,银有定额,用有常度。下之各属通行,宿弊顿革,岁省数万金,民赖以苏。此法之最良,可行永久者也。"②

山西

泽州——"自条鞭之议出,而无艺之征息,里胥之穴窒矣。"③

陕西

同官县——"今惟条鞭一立,画一可守,庶称宜民之善术。"④

华阳县——"万历中,檄行条鞭……总里甲、钱、力各项,一切通派,输银在官,官自分办。"⑤

日本学者谷口规矩雄对华北一条鞭法的展开做了深入的研究,观其制作的华北一条鞭法实施状况表,可以获得一个总体印象,故摘引于下⑥:

---

① 顾炎武《天下郡国利病书》原编第十三册《河南》,引《祥符县志》。
② 顾炎武《天下郡国利病书》原编第十三册《河南》,引《彰德府续志》。
③ 万历《泽州志》卷七《籍赋志·税粮》。
④ 万历《同官县志》卷三《田赋》。
⑤ 万历《华阳县志》卷四《食货》。
⑥ 谷口规矩雄《明代华北一条鞭法的展开》,载岩见宏、谷口规矩雄编《明末清初期的研究》,第301—350页。本表载于该书第347页,原题为"华北一条鞭法的实施状况",引用时依据年代重新编排次序,删去嘉靖、隆庆两条,并删去"实施者"一栏。

万历年间华北一条鞭法实施状况

时　　间	地　点	资　料　来　源
万历四年（1576）	兖州府曹县	《天下郡国利病书·山东上》
万历六年（1578）	兖州府东阿县	《明神宗实录》卷一百六十一
万历六年（1578）	真定府灵寿县	康熙《灵寿县志》卷四田赋
万历八年（1580）	河间府沧州	万历《沧州志》卷三田赋
万历八年（1580）	兖州府曹州	康熙《曹州志》卷八田赋
万历十一年（1583）	青州府	万历《青州府志》卷五徭役
万历十二年（1584）	开封府中牟县	天启《中牟县志》卷二
万历十二年（1584）	开封府扶沟县	光绪《扶沟县志》卷六田赋
万历十二年（1584）	河南府新安县	乾隆《新安县志》卷十五艺文
万历十三年（1585）	归德府宁陵县	《去伪斋集》卷五
万历十三年（1585）	汝宁府上蔡县	康熙《上蔡县志》卷十五艺文
万历十三年（1585）	济南府章丘县	万历《章丘县志》卷十二条鞭
万历十四年（1586）	汝宁府光山县	乾隆《光山县志》卷十二田粮
万历十五年（1587）	兖州府单县	康熙《单县志》卷四
万历十五年（1587）	东昌府冠县	万历《冠县志》卷三田赋
万历十六年（1588）	济南府沾化县	万历《沾化县志》卷三
万历十八年（1590）	保定府安州	乾隆《安州志》卷四
万历十九年（1591）	太原府保德州	康熙《保德州志》卷四田赋
万历十九年（1591）	大名府东明县	乾隆《东明县志》卷三
万历二十年（1592）	青州府益都县	《天下郡国利病书·山东下》
万历二十一年（1593）	太原府榆次县	万历《榆次县志》卷三赋役
万历二十二年（1594）	西安府同州	天启《同州志》卷五食货
万历二十三年（1595）	大同府应州	万历《应州志》卷三食货
万历二十三年（1595）	永平府滦州	万历《滦州志》壤则二

万历新政的意义在于,排除干扰,把一条鞭法推广到北方及其他还未实行一条鞭法的地区。过去按照户、丁编派徭役的方法,改变为按照丁、地编派,意味着徭役的一部分摊派到田亩(税粮)之中,并且折纳银两。而税粮的大部分(除了漕运白粮)也都折纳银两,使"随粮带征"成为可能,由官府统一征收、解运。日本学者川胜守以北直隶广平府邯郸县为例,考察一条鞭法实行后赋役的变化:夏税、秋粮、均徭(银差、力差、听差)、里甲等项,全部折成银两,按照地亩与人丁的等则均摊。请看他制作的三个表格。①

万历年间邯郸县税粮、均徭、里甲折银统计(单位:两)

项 目	起运存留折银	各场折价该项解银	合 计
夏 税	1 651.954 664	15.356 503	1 667.311 2
秋 粮	5 191.403 166 1	79.750 804 9	5 271.154 0
马 草	4 937.467 1	49.775 27	4 987.242 4
驿 传 银			2 421.76
马 价	1 050.0 本色(30 两) 1 992.0 折色(24 两)	19.92	3 061.92
种马草料	590.0	5.9	595.9
均 徭	9 181.021 63	28.413 4	9 209.435 0
里 甲 银			834.919 42
共 计			28 049.641

万历年间邯郸县地亩征银统计(单位:两)

项 目	面 积(亩)	每亩征银	合 计
有优免中地	38 223.642	0.589 2	2 252.209
无优免中地	200 466.47	0.828 2	16 602.26

---

① 川胜守《中国封建国家的统治结构——明清赋役制度史研究》,东京大学出版会,1980 年,第 401 页。

项 目	面 积(亩)	每亩征银	合 计
寄庄加倍中地	14 950.433	1.047 26	1 565.695
有优免下地	2 630.082	0.338 77	89.089
无优免下地	83 701.476	0.469 9	3 933.225
寄庄加倍下地	4 020.940 2	0.590 2	237.278 4
共 计	3 439.930 45		24 679.752

万历年间邯郸县人丁征银统计(单位:两)

户 则	人 丁	每丁征银	合 计
上 中	2	0.88	1.76
上 下	5	0.77	3.85
中 上	17	0.66	11.22
中 中	23	0.55	12.65
中 下	22	0.44	9.68
下 上	55	0.33	18.15
下 中	401	0.22	88.22
下 下	29 376	0.11	3 220.36
合 计			3 365.89

原先北方均徭、里甲出于门、丁,也就是说,徭役的折色银向门户和人丁摊派,所以有门银、丁银。文献中有这样的说法:"旧法,编审均徭,有丁银、门银,而无地银。"①万历年间推行一条鞭法,废止了向门户征收的门银,设立了向田地征收的地银。把徭役负担由门户转向土地,是合理的。

———————

① 万历《兖州府志》卷十五《户役志》。

3. 关于一条鞭法的争议

一条鞭法的推广,在赋役制度改革进程中具有重大意义,它相对地改变了过去赋役负担不均的状况,简化了赋役征收的方法。

庞尚鹏在谈到他担任浙江巡按御史时推行一条鞭法的初衷,就是为了纠正赋役不均的弊端。他指出"赋役不均实由于优免之太滥",他的改革举措是:"凡官吏、举监生员、军匠灶丁,例系应优免者,即将应免之数开列名册前,如或各甲内俱有丁粮,止从一甲内优免,其余免剩者,挨造入册,与民一体编差。"①他还指出,奸民利用诡寄、花分等手段,避重就轻,频年告免,赋役"轻重愈失其平",这种趋势必须制止,而一条鞭法乃是制止的手段之一。②

清初学者孙承泽评论庞尚鹏的改革:"庞尚鹏巡按浙江时,乃奏行一条鞭法,其法通府州县十岁中夏税秋粮存留起运若干,均徭、里甲、土贡雇募加银若干,通为一条鞭,总征而均支之也。其征收不轮甲,通一县丁粮均派之,而下帖于民,备载一岁中所应纳之数于帖,而岁分六限纳之官。其起运完输若给募,皆官府自支拨。盖轮甲则递年十甲充一岁之役;条鞭则合一邑之丁粮,充一年之役也。轮甲则十年一差,出骤多易困;条鞭令每年出办,所出少易输……诸役钱分给主之官承募人,势不得复取赢于民;而民如限输钱讫,闭户卧,可无追呼之扰。此役法之善者也。"孙承泽在赞扬庞尚鹏之后,也对张居正把一条鞭法推广到全国给予充分的肯定:"江陵相当国,复下制申饬海内通行者将百年。"③

海瑞有志于改革赋役不均,在担任淳安知县时说:"民间不苦朝廷正差,独苦均徭、里役,富者破产,贫者逃亡,图图有之,是诚未可轻议

---

① 庞尚鹏《百可亭摘稿》卷一《厘宿弊以均徭役疏》。
② 庞尚鹏《百可亭摘稿》卷一《均徭役以杜偏累以纾民困疏》。
③ 孙承泽《春明梦余录》卷三十五《户部一·一条鞭》。

也。"①他出任应天等府巡抚,就大力提倡一条鞭法,认为它是"便民良法",他在"督抚条约"中说:"均徭银力二差,近日题准总一条鞭编银,不得已而为补偏救弊之法,一时良法也。"②

后人提及海瑞的改革,给予高度评价:"往昔田粮未均,一条编未行之时,有力差一事,往往破人之家,人皆以田为大累。赖巡抚海公均田粮,行一条编法,从此役无偏累,人始知有种田之利,而城中富室始肯买田,乡间贫民始不肯轻弃其田矣。至今田不荒芜,人不逃窜,钱粮不拖欠。"③这些话可能有所夸张,但"役无偏累"确是不争的事实。这对于纠正先前的役法流弊是有一定作用的。所以当时人说:"正(德)、嘉(靖)以来,事日增,役日繁,在小民利于官产,而官产少;在优免人户利于民田,以省杂徭。而买者卖者,或以官(田)作民(田),或以民(田)作官(田),以各就其所利。于是民田减价出鬻者日益多,而差役之并于细户者日益甚,猾胥乘之,恣诡寄、花分之类。而惟时不急之征,无名之费,一切取责于现年,现年竭产不足支一岁之役。而所索于花户者,每粮一石至银四五两。盖宇内尽然,而南都为甚。维时一条编法已行数省矣。隆庆中,中丞海公巡抚计以官田承佃于民者日久,各自认为己业,实与民田无异,而粮则多寡悬殊,差则有无互异。于是奏请清丈,而官民悉用扒平,粮差悉取一则,革现年之法为条编,考成料价,一应供办,俱概县十甲人户通融均派,向来丛弊为之一清。优免之家不失本等恩例,而佃民偏累之病一旦用瘳,于是田价日增,民始有乐业之渐矣。"④

不独此也。一条鞭法对于税银与役银的征收办法也有革新。正如《嘉定县志》所说:"条编之法行,则岁中出入无虑数十万,而宿猾不得有

①　海瑞《海忠介公文集》卷一《均徭申文》。
②　海瑞《海忠介公文集》卷一《督抚条约》。
③　顾炎武《天下郡国利病书》原编第八册,《江宁庐安·寄庄议》。
④　顾炎武《天下郡国利病书》原编第八册,《江宁庐安·田赋》。

所支吾。盖岁贡之目,有京库,有里甲,有均徭,有兵饷。旧以粮长主办京库,而有掌收者,谓之折白收头,则有税粮县总总计之。以里长主办里甲、均徭,而又有掌收者,谓之均徭收头,则又有均徭县总总计之。又有练兵书手,总练兵之饷出于民者一也。而其名多端,则多置册籍,可以藏慝,可以长奸。譬以千金尽置之一堂,而综其出入之数,虽有黠者莫敢染指焉。分置之三室,而使三人主之,又教捭彼注兹,往来假借,必有窃金者矣。条编之法,其数既定,则为循环簿二,一收之官,一付之吏,互相对验,一日之内细收若干,总收若干,不待明者而知其异同也;一岁之内收数若干,放数若干,亦不待明者而知其存积也。"①

毋庸讳言,一条鞭法主要是依据南方情况制定的,而南北方经济状况不同,赋役通行习惯有所差异,把它推行到北方,在一个短期内必然会带来一些不便,引起社会舆论纷纷,争议不断。山东籍的户科都给事中光懋(字子英,号吾山,山东阳信人),先后两次上疏抨击一条鞭法。一则说:"近年创立一条鞭法,一概混征。及至起解,随意先后。每遇查盘,有尽一县欠户而皆治罪,尽一户欠粮而皆问赎者。"②再则说:"(一条鞭法)不分人户贫富,一例摊派;不论仓口轻重,一并夥收。其将银力二差与户口钞盐并之于地,而丁力反不与焉。商贾享逐末之利,农民丧乐生之意。然其法在江南犹有称其便者,而最不便于江北。"③他的说法——一条鞭法便于江南不便于江北,是有代表性的舆论。

一些山东籍的官员多有类似看法,李开先(字伯华,号中麓,山东章丘人)说得更为厉害,他认为赋役制度愈改愈糟糕:"派粮旧法,惟照均徭九则分别,所以钱粮易办,俱在当年以里报完。嘉靖二十年(1541)以后,分为上中下三等,虽不如前,民亦称便。今乃变为一条鞭,如上户银

① 万历《嘉定县志》卷五《田赋考中·田赋》。
② 《明神宗实录》卷五十三,万历四年八月辛未。
③ 《明神宗实录》卷五十八,万历五年正月辛亥。

一两,下下户亦如之。差分九等,粮独不可九等、三等,而乃一条鞭乎?名虽一条鞭,实则杀民一刃刀也。典卖田产,市鬻女男,离弃乡井,苦死牢禁,不唯下户,虽中户亦有之矣。"①把一条鞭法形容为"杀民一刃刀",显然意气用事。他的家乡章丘县士民的看法截然相反:"本县未行条鞭之先,乡官、举监生员,各照例优免税粮、丁银之外,一应杂办差银,毫不与及,其种地百姓有三等九则之丁银……又有大户收头之赔费,斗(级)、禁(子)、铺兵、头役之苦累";"行条鞭之后,士大夫所免止于例,例有限,而所加者因乎地;地无穷,地愈多银愈加,致使新行所加派者反多于旧例所优免者","而犹以其(民户)所减派之银数,加派于有地士夫之家",因此,结论是:"便于庶民而不便于士夫","无怪乎乡官、举监、生员之屡屡陈诉也";"忠实者固自不作奸,赖猾者亦自不能作奸。民自办租纳粮之外,不知城市为何地,官自听讞问俗之余,不知百姓为何状。盖至今十年矣,闾阎殷富,地价腾踊。然则所谓有治人无治法者,岂通论哉"!②

由此可见,对于一条鞭法的争议,有一个立场问题。因为它"便于庶民而不便于士夫",站在庶民立场,必然说它好;站在士夫立场,必然说它坏。乡官、举监生员"屡屡陈诉",原因就在于此。李开先的"杀民一刃刀"论,不过是一小撮人的牢骚而已。

另一位山东籍官员葛守礼(字与立,号与川,山东德平人)说,一条鞭法无视土地肥瘠与贫富差别,"贫民之地皆不售者,非沙碱则不毛,富人之田膏沃易治,所得籽粒,比贫民或加十倍。一例纳粮,贫者何以堪乎"。又说:"闻今布政司分(税)粮量为上中下,上者每一石价九钱,中者八钱,下者六钱……一县户亦有上中下,可以例推也。且虽上县,未

---

① 李开先《苏息民困或问》,《李中麓闲居集》卷十二《杂文》。
② 万历《章丘县志》卷十二《条鞭法》。顾炎武《天下郡国利病书》原编第十五册《山东上》,引《章丘县志》。

免有下户,一条鞭论上县之下户亦九钱,何以堪也!下县未必无上户,一条鞭论下县之上户亦六钱,何其幸也!"①他的说法虽然没有李开先那么极端,仍然有一个以偏概全的问题,需要进行具体分析。

请看当时山东人的分析:"一条鞭之法,缙绅类能言之,然或有谓其当行,或有谓其不当行,其见盖人人殊矣。时无论缙绅,即父老百姓,愿行者十有七八,不愿行者亦有二三。查得各处条鞭,不问丁之贫富,地之肥瘠,一概征银,殊失轻重,是以贫弱小民多有不愿。而富民田盈阡陌,多方诡计营干下则者,反得借口鼓惑小民,腾谤官长,百计阻挠。官府摇动于浮言,牵制于毁誉,屡行屡止。致使忠实良民田鬻大半,户口尚高,经年累月独当各样重差,无息肩之日,苦累不可胜言……今酌议条鞭,地论肥瘠而征银之多寡既异,丁论贫富而户口之高下悬殊,名虽条鞭,而实为调停之法,故命名曰调停徭赋册。盖不拂愿行者之心,而亦善体不愿行者之意。卒之规制一定,士民胥庆,即有一二奸民,亦无以为辞矣。"②尽管愿行者十有七八,不愿行者只有二三,当局也能适当调停,既不违背愿行者之心,也能善体不愿行者之意,这就叫做"有治人无治法"。

另一位山东籍官员于慎行(字可远,更字无垢,山东东阿人)谈到"条鞭便否"时,进一步阐释"有治人无治法"的深意。他首先介绍山东东阿县实行一条鞭法的情况:"所谓条鞭者,自万历初年敝邑旧尹(前任知县)白君始议行之,至今且二十年,邑民皆称其便。而他邑则有谓不便者,此有故焉……夫条鞭者,一切之名,而非一定之名也。如粮不分廒口总收分解,亦谓之条鞭;差不分户则以丁为准,亦谓之条鞭;粮差合而为一,皆出于地,亦谓之条鞭。丁不分上下一体出银,此丁之条鞭;地不分上下一体出银,此地之条鞭。其名虽同,而实不

① 葛守礼《与姜蒙泉中丞论田赋书》,《葛端肃公文集》卷十四。
② 顾炎武《天下郡国利病书》原编第十五册《山东上·条鞭总论》。

相盖也。敝邑所谓条鞭者,税粮不分廒口,总收起解;差役则除去三等九则之名,止照丁地编派;丁不论贫富,每丁出银若干,地不论厚薄,每亩出银若干;上柜征收,招募应役,而里甲之银附焉……今东省州邑百有八城,又如敝邑之称便者,不知其几何……又有说天下有治人无治法,敝邑所以至今称便者,以十余年来长吏皆得其人,能润色而损益之也。"

接着他分析了一条鞭法的四大便利:一,"不坐头役之便";二,"不佥大户之便";三,"不应里甲之便";四,"不审均徭之便"。

——"差役之法,如夫役一名该银若干,各佥上八则人一户,谓之头役。而以九则花户贴之,别有闲民代当,给领由帖,自向头役打讨,如数受成,使其取偿于贴户。而所谓贴户者人数众多,居有远近,所贴银数,或以钱计,或以分计。头役不能遍讨,甘于包赔。而代当之人亦不能纯得银钱,大率尺布斗粟皆昂其值以予之,故两受其负。自条鞭法行,差银上柜,按季给银,代当者得本色银钱,无折准之苦;应差者照丁地出银,无包赔之累。此不坐头役之便也。"

——"旧时征派税粮,预选殷实之家佥充大户,列肆自收,完日各照廒口给批自解。当其收时,钱银入手,未免妄费;及至解纳,侵渔已多,势必赔偿。甚有鬻产质田,尽室流徙者。自条鞭法行,粮银上柜收征,但佥一柜头守之,止知投入,不晓锱两,无从侵牟,亦免赔补。此不佥大户之便也。"

——"旧时里甲之役十年一轮,谓之见年,一切买办支应俱出其手,九年之息不足以当一年之费。今将里甲银数并入差银,上柜收支,官为代办,而轮当支应之苦皆得免焉。此不应里甲之便也。"

——"旧时门丁均徭分为九则,三年一审,置产多者则自下升上,弃产多者则自上擦下,故里书造册有诡寄之弊,士夫居间有请托之弊,里老供报有贿买之弊,官吏受财有轻重之弊。自条鞭法行,均徭不审,产有更易,田无增减,而此弊尽除矣。此不审均徭之便也。"①

于慎行的看法是实事求是的,既承认其优越性,也指出其局限性,他说:"统论此法,便于南者多,便于北者少;便于粮者多,便于差者少。"②对于北方而言,它的不便表现在三个方面:

其一是,"旧法编审均徭,有丁银、门银,而无地银,则以资本产业稳拈并论也。今去其门银,而以地银易之,则田家偏累,而贾贩之流握千金之资,无陇亩之田者,征求不及焉。此病农而逐末者利也。"

其二是,"上八则人户旧有丁、门二银,今去其门银,而易以地银,未有加也,下下丁户止有丁银,旧无门银。今丁银既无差等,而又益以地银,是下户病而中人以上利也。"

其三是,"兖(州)之属城,固有平皋垦壤,地利尽辟者,以地科差可矣。至如东南沂、费、郯、滕,皆荒弃不耕之地,西南曹、单、金、城,皆濒河被水之区,当受其灾,一望无际,颗粒不收,秋夏税粮犹累里排包纳,若更加地差(银),则里排亦不能支矣,是成垦之田利,而荒弃之田病也。"③

尽管有一些不便,也有一些反对意见,并没有导致一条鞭法的取消。随着时间的推移,一条鞭法的可取之处逐渐显现出来。正是基于这一基本事实,万历以来的地方志大多对它赞颂有加,崇祯《历乘》(山东地方志)所列举的"条鞭十利"是有典型意义的:

一利:通轻重苦乐于一邑十甲之中,则丁粮均而徭户不
苦难;

二利:法当优免者不得割他地以私荫;

---

① 于慎行《与抚台宋公论赋役书》,《谷城山馆文集》卷三十四。顾炎武《天下郡国利病书》原编第十五册《山东上·户役论》。
② 于慎行《与抚台宋公论赋役书》,《谷城山馆文集》卷三十四。
③ 顾炎武《天下郡国利病书》原编第十五册《山东上·户役论》。

三利：钱输于官而需索不行；

四利：折阅不赔累；

五利：合银力二差并公私诸费，则一人无丛役；

六利：去正副二户，则贫富平；

七利：承禀有制而侵渔无所穴；

八利：官给银于募人，而募人不得反复抑勒；

九利：富者得弛担，而贫者无加额；

十利：银有定例，则册籍清，而诡寄无所容。①

在传统的政治体制下，任何好的制度推行日久，便会走样，由利转化为弊，一条鞭法也不例外。清朝初年一些人回头探索时，对于一条鞭法"规制顿紊，不能尽遵"的社会问题，不胜感慨。有的说："虽然条鞭已折差役，而里徭之科派不止，则条鞭之名实舛。"②有的说："名一条鞭"，"不啻十条鞭"，即条外有条，鞭外有鞭。③ 有的说："里中一二无赖，又簧鼓一条鞭法为便者，使徭尽归于地，是专行田租而除庸调也。岁少不登，则中下地尽荒，其徭安从出乎？初增入地者仅十之二三，今增至十之五，是一条鞭法与徭役并行也。"④有的说："余读《怀柔县志》载赋役议曰：'天下有名为节省，而其实有大不便于民者，则今日之清减条鞭是矣。'里甲之累，民易知也，以故改而为条鞭，立法者贵其可继，故改鞭之始尚宽裕有余，以俟有司酌处。乃一倡为节省之说，各款尽为裁减，减之又减，以至于必不能行矣。而各款将终焉已乎？必不能已，则私役里甲以济之者也。昔止一里甲之累，而今两累之。大家为掩耳盗铃之计，其害更甚于加赋。窃谓，今日之裁减太甚，徒掣贤者之肘，而益以恣不

① 崇祯《历乘》卷七《赋役考》。
② 任源祥《问条编征收之法》，《皇朝经世文编》卷二十九。
③ 顺治《襄阳府志》卷六《里甲》。
④ 顾炎武《天下郡国利病书》原编第十五册《山东上》，引《滕县志》。

肖者之无忌惮,困民极矣。司国者将有策以复条鞭之旧乎!"①

人们呼吁"复条鞭之旧",可见问题不在一条鞭法的本身,而是地方官不能尽遵一条鞭法的规制。正如明末人士所分析的那样,"今均徭变为条鞭","始未尝不善,久之弊生,非其法之罪也"。②

用历史的眼光看问题,一条鞭法毫无疑问是赋役发展史上的一大进步。它把各种徭役折成银两,与税粮折成的银两合成一个总数,统一征解,使得赋役趋于简单化。比较而言,田多粮多者出银就多些,与以前相比,相对合理化了。而且赋役一律以银两(货币)形式征收,适应了当时整个社会商品经济的发展趋势。

4. 余论

张居正的万历新政的财政经济改革,效果是显而易见的。由于开源节流双管齐下,财政赤字渐趋消失,并且扭亏为盈。《明实录》编者总结这段历史说:"十年海宇肃清,四夷詟服,太仓粟可支数年,囧寺积金钱至四百余万。"③此话是有坚实的事实根据的。

户部管辖的太仓的每年收入,嘉靖、隆庆年间,不过二百万两白银,到了万历初期,激增至三百万两到四百万两之间。④从隆庆六年到万历五年(1572—1577),这一变化十分显著。这期间,"太仓银库实在银数"根据《明实录》记载,呈现以下态势:

隆庆六年(1572)六月	2 525 616 两
隆庆六年(1572)十月	2 833 850 两
隆庆六年(1572)十一月	4 385 875 两

① 孙承泽《春明梦余录》卷三十五《户部一·一条鞭》。
② 崇祯《历乘》卷七《赋役考》。
③ 《明神宗实录》卷一百二十五,万历十年六月丙午。
④ 全汉昇、李龙华《明中叶后太仓岁入银两的研究》,载香港中文大学《中国文化研究所学报》第5卷第1期。

万历三年(1575)四月	4 813 600 两
万历三年(1575)六月	5 043 000 两
万历四年(1576)四月	4 984 160 两[①]

　　根据户部报告,隆庆元年前后,京师仓库储存的粮食约七百万石,可支给经营官军两年消费;到了万历五年(1577),京师仓库储存的粮食足可供六年消费。[②]

　　兵部管辖的太仆寺(即所谓冏寺)的白银收入,到万历五年(1577)一举突破四百万两的大关。[③]

　　从隆庆元年到万历二十年(1567—1592),太仓银库岁入银两增长明显。如果把嘉靖二十七年(1548)太仓岁入银 2 000 000 两定为指数100,那么到了万历二十年指数增长为 225.60,是令人惊讶的。请看全汉昇、李龙华提供的数据:

隆庆元年至万历二十年太仓岁入银两及指数变化(单位:两)

年　份	岁入银数	指　数
隆庆元年(1567)	2 014 200	100.71
隆庆二年(1568)	2 300 000	115.00
隆庆三年(1569)	2 300 000	115.00
隆庆四年(1570)	2 300 000	115.00
隆庆五年(1571)	3 100 000	155.00
万历元年(1573)	2 819 153	140.96
万历五年(1577)	4 359 400	217.97
万历六年(1578)	3 559 800	177.99
万历八年(1580)	2 845 483	142.27

① 岩井茂树《张居正财政的课题和方法》,载《明末清初期的研究》,第255页。
② 岩井茂树《张居正财政的课题和方法》,载《明末清初期的研究》,第256页。
③ 岩井茂树《张居正财政的课题和方法》,载《明末清初期的研究》,第255页。

年　　份	岁 入 银 数	指　数
万历九年(1581)	3 704 281	185.21
万历十一年(1583)	3 720 000	186.00
万历十三年(1585)	3 700 000	185.00
万历十四年(1586)	3 890 000	194.50
万历十八年(1590)	3 270 000	163.50
万历二十年(1592)	4 512 000	225.60①

　　毫无疑问,这是万历新政带来的变化。万历时期成为明朝最为富庶的几十年,绝不是偶然的。

---

① 　全汉昇、李龙华《明中叶后太仓岁入银两的研究》,载香港中文大学《中国文化研究所学报》第 5 卷第 1 期。

第三章
皇帝朱翊钧与首辅张居正

一 从皇太子到小皇帝

朱翊钧登极后,改年号为万历,人称万历皇帝;死后,庙号神宗,史称明神宗。

他出生的时候,祖父明世宗当朝,父亲(即后来的明穆宗)还是一个亲王——裕王。据说,嘉靖十八年(1539)二月,皇帝册立第二子为皇太子,三子为裕王,四子为景王。大礼举行完毕,各王府太监手捧册宝回府,误将皇太子册宝与裕王册宝调错,太子拿的是裕王册宝,而太子册宝却到了裕王府。其时太子已身患绝症,不久夭折,年仅十四岁。这一差错引起朝廷内外一片惊骇,因为裕王与景王虽然排行三、四,其实同岁,大臣们以为皇上有所偏祖。孰料,景王于册封四年之后去世,人们议论纷纷,以为册宝之兆久定于冥冥之中。终世宗一朝,未再建储位,但皇位继承人已非裕王莫属了。[①]

1. 隆庆皇帝朱载垕的皇太子

嘉靖四十五年(1566)十二月十四日,明世宗逝世。十二月二十六日,裕王朱载垕即位,改明年为隆庆元年(1567),这就是明穆宗。穆宗共生育四个儿子,长子、次子先后夭折,仅存三子朱翊钧、四子朱翊镠,均为李氏所生。李氏,顺天府郭县人,其父李伟为避乱,携家迁居京师。不久李氏被选入裕王府,作为宫人。嘉靖四十二年(1563)生朱翊钧。朱载垕即位后,于隆庆元年册封李氏为贵妃。[②] 次年,李贵妃又生朱翊

---

① 沈德符《万历野获编》卷四《太子册宝》。
② 郑汝璧《皇明帝后纪略》。万斯同《明史》卷一百五十一《后妃列传下》。

镠,四岁时册封为潞王。

朱翊钧生于嘉靖四十二年(1563)八月十七日酉时。那时,他的两位兄长已经去世,而弟弟还未出世,深得父亲喜爱,意欲册立为王世子。隆庆二年(1568)春,张居正以内阁辅臣的身份,向皇帝建议册立朱翊钧为皇太子。他说,太子是国之大本,从来圣明帝王莫不预定储位,表示对宗庙、社稷的尊重。张居正说,当他初到裕王府邸时,就知道皇子聪明岐嶷,睿质夙成。去年皇上登极之初,吏部官员就曾请求册立太子,而皇上以为皇子年幼,拟先赐名,而后册立。本朝早立皇太子不乏先例: 宣宗于宣德三年(1428)立英宗为皇太子,时年两岁;宪宗于成化十一年(1475)立孝宗为皇太子,时年六岁;孝宗于弘治五年(1492)立武宗为皇太子,时尚未满岁。现在皇子已经六岁,伏望皇上于今春吉旦,早立储宫之位,以定国本,以慰群情。①

穆宗皇帝采纳了这一建议。隆庆二年(1568)三月初八日,为了册立皇太子,穆宗亲自告于奉先殿。奉先殿即皇极殿,俗称金銮殿,在皇极门内,居中向南,金砖玉瓦,巍然屹立在须弥座台基上,南向九间,是紫禁城内最大的建筑物。殿中设宝座,四周环绕六根沥粉金漆蟠龙柱,顶上罩蟠龙井。这个庄严肃穆的宫殿是皇帝举行隆重仪式的场所。告奉先殿后,穆宗派英国公张溶、镇远侯顾寰、驸马都尉乌景和、安乡伯张鋐等祭告郊庙社稷。②

三月初九日,皇帝传旨,册立皇子为皇太子。命成国公朱希忠为正使持节,内阁首辅徐阶为副使捧册宝,诣文华殿行礼。朱希忠字贞卿,凤阳府怀远县人,嘉靖十五年(1536)承袭父亲朱凤的爵位(成国公),掌管后军都督府、右军都督府。由元老重臣与当朝首席大臣主持皇太子册立典礼,显示了皇帝对太子的珍爱。

---

① 张居正《请册立东宫疏》,《新刻张太岳先生文集》卷三十六。
② 《明穆宗实录》卷十八,隆庆二年三月庚辰。

册立皇太子的文书是一篇典型的官样文章,以皇帝的口气说道:"盖闻万国之本,属在元良;主器之重,归于长子。朕躬膺景命,嗣托丕图,远惟古昔早建之文,近考祖宗相承之典,爰遵天序,式正储闱。咨尔元子,日表粹和,天资颖异。诞祥虹渚,凤彰出震之符;毓德龙楼,允协继离之望。是用授尔册宝,立为皇太子,正位东宫……"①

这一天,皇帝诏告天下。诏书重申"预定储贰,所以隆国本而系人心"的道理,表彰朱翊钧"英姿岐嶷,睿质温文,仁孝之德凤成,中外之情元属"。还向臣民表白,册立皇太子实在是出于群臣的再三恳请。为了普天同庆,皇帝特地颁布"宽恤事宜",对宗室子女、亲王郡王及其他皇室亲戚,文武官员和边境军人,都给予优惠。此外,还宣布对臣民普施皇恩:

——隆庆二年(1568)三月十一日以前,凡官吏军民犯法,除真犯死罪,及驱骗侵欺钱粮等,罪在不赦外,其余不论已发觉未发觉,已结正未结正,一概赦免;

——浙江等处布政司,并南直隶、北直隶府州县,隆庆二年(1568)份秋粮(田赋),除漕运四百万石外,其余存留地方者,减免十分之三;

——南直隶、浙江原先派征蓝靛、槐花、栀子、红花等染料,今后都准予免派,由工部招商买送织染局应用;

——各处逃亡人户,愿复业者,免除差役二年。山东、淮扬、凤阳等处抛荒田土,许诸人告官承种,免除粮差(赋役)五年。②

三月初十日,皇帝在皇极殿接受群臣上表称贺,六岁的皇太子朱翊钧在文华殿东廊,接受群臣上笺行礼。③

这一切对于一个娃娃来说,似乎在演戏。然而在他的父皇看来,却

---

① 《明穆宗实录》卷十八,隆庆二年三月辛酉。
② 《明穆宗实录》卷十八,隆庆二年三月辛酉。
③ 《明穆宗实录》卷十八,隆庆二年三月壬午。

是非同小可的头等大事,皇太子是他的接班人,非得着力调教不可。隆庆六年(1572)二月,皇太子十岁时,皇帝为他选择教官(东宫辅导),都是声名显赫的高官:高仪、张四维、余有丁、马自强、沈鲤、许国等。到了三月,皇太子正式"出阁就学",开始接受传统文化与伦理道德的训练,以便有朝一日成为一个称职的皇帝。

一天,朱翊钧在御道西侧遇见内阁辅臣,客气地说:"先生良苦翊赞。"辅臣顿首答道:"愿殿下勤学。"朱翊钧应道:"方读《三字经》。"少顷又说:"先生且休矣。"[①]朱翊钧孝顺而聪明,某日,穆宗在宫中骑马奔驰,他见了,劝谏道:"陛下天下主,马必双控徐行,示威重,若独骑加鞭,宁无衔蹶忧?"那意思是,您一个人快马加鞭,不怕摔下来吗?儿子天真无邪的爱意,让穆宗感到说不出的欣慰,立即下马,对他爱抚了一番。朱翊钧对陈皇后也很孝敬。陈皇后不是他的生母,而是嫡母,因为有病而居于别宫。他每天早晨起床后,必定要随生母李贵妃到别宫去向陈皇后请安,称为"候起居"。陈皇后无子,很喜欢朱翊钧,每天早晨听到太子与贵妃的脚步声,心情特别欢快。见到太子,便拿出经书,询问他的学习情况。朱翊钧无不对答如流,在一旁的李贵妃心中也暗自窃喜。由于孩子的沟通,两宫日益和睦。[②]

然而,皇太子的准备时间委实太短了。朱翊钧出阁就学才两个月,父皇就驾崩了。

2. 隆庆皇帝驾崩

隆庆六年(1572)正月下旬,穆宗患病,且有腕疮,御医诊断为服用热药过多所致。在宫中调理一个多月,稍有好转。闰二月十二日出宫,前往皇极门视朝。森严的紫禁城内响起了沉闷的钟声,文武百官闻声

---

① 吕毖《明朝小史》卷十四《万历纪》。
② 万斯同《明史》卷十九《神宗本纪上》。

入班。穆宗正欲登上金台,忽然眩晕,几乎跌倒。左右太监赶紧扶起。内阁首辅高拱与次辅张居正从内阁出来,徐徐北上,过了会极门,抬眼望去,御路中央皇帝的轿子已经等候在那里。但见皇帝并不乘轿,径自向文华殿走去。① 几个太监跑步赶来传呼高拱、张居正,高、张二人赶忙向皇帝身边走去。穆宗走下金台,面带愠色,太监们环跪在轿子两旁。穆宗见到高拱,脸色平缓了些,拉住了高拱的衣服。高拱早在朱载坖还是裕王时就在他身边担任教官,关系很融洽,便问道:"皇上为何发怒,今将何往?"

穆宗答道:"吾不还宫矣。"

高拱劝解道:"皇上不还宫,当何之? 望皇上还宫为是。"

穆宗稍作沉思,表示同意:"你送我。"

高拱应声答道:"臣送皇上。"

穆宗握住高拱的手,露出手腕上的疮疤,说:"看,吾疮尚未落痂也。"

高拱随皇帝走上金台,只听皇上连声说:"祖宗二百年天下,以至今日。国有长君,社稷之福。争奈东宫(太子)小哩。"一语一顿足,连说了几遍。他自知病入膏肓,而太子还小,令他担忧。今日一反常态,其源盖出于此。

穆宗在高拱一行陪同下,一直走到乾清门,进入乾清宫的寝殿。他登上御榻坐定,右手仍握住高拱的手不放,眷恋之情蔼然,言谈间还流下了眼泪。临危托孤的心情流露无遗。②

---

① 刘若愚《酌中志》卷十七《大内规制纪略》:过皇极门再东,曰会极门;会极门里向东南入,曰内阁。文华殿在会极门东向南,是皇帝与大臣商议国事之地。

② 高拱《高文襄公文集》卷四十三《病榻遗言·顾命纪事》。朱国祯《皇明大事记》卷三十六,隆庆六年闰二月十二日。《明通鉴》的编者夏燮,写到"上御皇极门视事,疾作,遽还宫",有一段"考异"颇有意思:"《明书》《通纪》所载,谓上执高拱手,有'国有长君,东宫尚幼',及'天下甚事不由内官败坏'等语,皆据高拱自撰《病榻遗言》。是时帝疾作,遽还宫,拱安得闻此语? 而所云天下事坏于内官者,明是泄其后为冯保所构之愤,而托为穆宗弥留中语。故《明史》高拱传及《三编》皆不载。今并删之,而附识于此。"(见该书卷六十五,隆庆六年闰二月丁卯)

这时，内阁次辅张居正、成国公朱希忠也进入了寝殿，在御榻前向皇上请安。站在一边的高拱，手被皇帝握住，只能鞠躬，不能屈膝叩头，面对同僚的叩拜，颇为尴尬。穆宗看到高拱局促不安，松开了手。高拱赶紧退到御榻下，向皇上叩头，并与张居正、朱希忠退出寝宫，在门外候旨。须臾，皇帝命太监召唤高、张、朱三人。待三人在御榻前立定，他缓缓说道："朕一时恍惚，自古帝王后事……卿等详虑而行。"[①]三人叩头后，退至乾清门外候旨。少顷，太监高声传旨：

"着高阁老在宫门外，莫去！"高拱随即对张居正说："我留，公出，行迹轻重唯为公矣。公当同留，吾为之奏。"转身对太监说："奏知圣上，二臣都不敢去。"[②]

薄暮时分，太监传旨："高阁老宿宫门。"高拱碍于宫廷礼仪，委婉推辞："祖宗法度甚严，乾清宫系大内，外臣不得入，昼且不可，况夜宿乎！臣等不敢宿此，然不敢去，当出端门宿于西阙内臣房。有召即至，有传示即以上对，举足便到，非远也。"[③]显然，穆宗在正月大病后，心有余悸，已经在考虑后事了，所以才命阁老在宫内过夜。高拱足智多谋，想出了两全其美的办法，在离乾清宫不远的西阙太监直庐过夜，静候传唤。既然内阁辅臣留宿西阙，那班五府六部大臣也都不敢回家，只得留宿朝内，谓之"朝宿"。

不久太监传来消息：圣体稍安。高拱马上写了一个劄子呈上，请求皇上批准府部大臣不必"朝宿"，回到各自的部门办事，而他与张居正仍旧昼夜留在宫内。皇帝以为然，立即降旨，命百官散去。过了四天，皇帝觉得身体"益平愈"，便派遣太监慰劳高拱、张居正，命他们回家，一场

---

① 高拱《高文襄公文集》卷四十三《病榻遗言·顾命纪事》。按：省略号处，系高拱自注"下此二句听不真，意是预备后事。"

② 高拱《高文襄公文集》卷四十三《病榻遗言·顾命纪事》。何乔远《名山藏》卷二十九《典谟纪二十九·穆宗庄皇帝》。

③ 何乔远《名山藏》卷二十九《典谟纪二十九·穆宗庄皇帝》。

虚惊才算过去。

几天后，穆宗兴致大发，乘坐轿子来到内阁，高拱、张居正大吃一惊，急忙出迎，俯伏在地。穆宗将两人扶起，挽着高拱的手臂，仰望天空良久，欲语还休。高拱挽扶皇上行至乾清门，穆宗才说了一句话："第还阁，别有论。"似乎有所交代。善于机变的张居正从旁细细观察皇上"色若黄叶，而骨立神朽"，已经病入膏肓，虑有不测，暗自写了后事处分十余条，密封后派人送给司礼监太监冯保，要他早作准备。五月二十二日，宫中传出"上不豫增剧"的消息。三天后，又传来"上疾大渐"的消息。①

五月二十五日，病危的皇帝在乾清宫召见内阁辅臣高拱、张居正、高仪，接受顾命。三人急急忙忙进入寝殿东偏室，但见皇上倚坐在御榻上，皇后、皇贵妃隔着帏帘坐在御榻边，皇太子朱翊钧立在御榻左面。②坐在御榻边的皇后，即孝安皇后陈氏。陈皇后无子，移居别宫，抑郁而病，外廷传闻，议论纷纷。不久陈皇后还是回到了坤宁宫。皇贵妃李氏，是皇太子朱翊钧的生母。

高、张二人跪在御榻下。穆宗望着身边的后妃和太子，对高拱等人托孤，断断续续说道"以天下累先生"，"事与冯保商榷而行"。③尔后，便命冯保宣读遗诏。遗诏有两份，一份是给皇太子的，另一份是给顾命大臣的。给皇太子的遗诏写道："遗诏，与皇太子。朕不豫，皇帝你做，一应礼仪自有该部题请而行。你要依三辅臣并司礼监辅导，进学修德，用贤使能，无事荒怠，保守帝业。"④给顾命大臣的遗诏写道："朕嗣祖宗大

---

① 何乔远《名山藏》卷二十九《典谟纪二十九·穆宗庄皇帝》。《明穆宗实录》卷七十，隆庆六年五月己酉。
② 《明穆宗实录》说："中宫及皇贵妃咸在御榻边，东宫(太子)立于左。"《病榻遗言》说："皇后、皇贵妃拥于榻，皇太子立榻右。"一说左，一说右，大约是视角不同，在皇帝眼里，皇太子立于御榻左；在高拱眼里，皇太子立于御榻右。
③ 王世贞《嘉靖以来首辅传》卷六《高拱传》。
④ 高拱《高文襄公文集》卷四十三《病榻遗言·顾命纪事》。

统,今方六年。偶得此疾,遽不能起,有负先皇付托。东宫幼小,朕今付之卿等三臣,同司礼监协心辅佐,遵守祖制,保固皇图。卿等功在社稷,万世不泯。"①

这两份遗诏,引起外廷大臣议论纷纷,高拱极力扬言是张居正与冯保所拟,并非皇上本意,未免有点过分。给皇太子的遗诏中"朕不豫,皇帝你做"的语气,似乎是穆宗口授冯保笔录的。至于给顾命大臣的遗诏,文字典雅,似乎不是穆宗口授冯保笔录,但依然是穆宗的本意。高拱最为怀疑的"卿等同司礼监协心辅佐"一句,以为是冯保"矫诏"。其实不然,穆宗在临危托孤时,亲口对高拱说"事与冯保商榷而行",便是确证。当时在场的皇贵妃即后来的慈圣皇太后万历六年(1578)二月在一道慈谕中,回忆说"司礼冯保,尔等亲受顾命"云云②,更是确证。张居正的回忆:"穆宗不豫,召辅臣至御榻前受顾命,公(指冯保)宣遗诏,音旨悲怆。今上践阼,奉先帝遗命,以公掌司礼监事。"③则从另一个侧面证明穆宗对冯保的信任。因此,高拱所谓遗诏并非穆宗本意,看似臆测,实质与权力斗争有关。

而《明实录》纂修官疏于考订,为了调和矛盾,竟然将遗诏中"同司礼监协心辅佐"一句中的"同司礼监"四字删除,在"协心辅佐"前加一"宜"字。见于《明实录》的遗诏是这样的:"朕嗣祖宗大统,今方六年。偶得此疾,遽不能起,有负先皇付托。东宫幼小,朕今付之卿等三臣,宜协心辅佐,遵守祖制,保固皇图。卿等功在社稷,万世不泯。"④高拱亲受顾命,又领受了遗诏文本,在回忆录《病榻遗言》中抄录了遗诏全文,明白写着"同司礼监协心辅佐"一句,而且他事后多次对这句话发表议论,

① 高拱《高文襄公文集》卷四十三《病榻遗言·顾命纪事》。吴伯与《高文襄公状略》,《国朝内阁名臣事略》卷九。何乔远《名山藏》卷二十九《典谟纪二十九·穆宗庄皇帝》。
② 《明神宗实录》卷七十二,万历六年二月壬子。
③ 张居正《司礼监太监冯公预作寿藏记》,《新刻张太岳先生文集》卷九。
④ 《明穆宗实录》卷七十,隆庆六年五月己酉。

认为"自古有国以来，未曾有宦官受顾命之事"。① 足见遗诏中确实有"同司礼监协心辅佐"的文字。朱国祯的有关记载与高拱所说完全相同，谈及遗诏，写道："于是太监冯保以白纸揭帖授皇太子，称遗诏；又以白纸揭帖授(高)拱，内曰：'朕嗣祖宗大统，今方六年。偶得此疾，遽不能起，有负先皇付托。东宫幼小，朕今付之卿等三臣，同司礼监协心辅佐……'"② 史官删削"同司礼监"四字，显然出于某种政治意图，故意掩盖事实真相，实在不足为训。

言归正传。且说高拱等听完穆宗的顾命之辞，大为悲恸，边哭边说："臣受皇上厚恩，誓以死报。东宫虽幼，祖宗法度有在，臣务竭尽忠力辅佐。东宫如有不得行者，臣不敢爱其死，望皇上无以后事为忧。"③ 说完嚎啕大哭，在旁的皇后、皇贵妃也失声痛哭。少顷，太监扶起高拱、张居正、高仪，三人长号而出。

次日，即五月二十六日，穆宗在乾清宫驾崩。他生于嘉靖十六年(1537)正月二十三日，卒于隆庆六年(1572)五月二十六日，终年三十六岁。第二天发丧，向全国颁布遗诏："夫生之有死，如昼之有夜，自古圣贤其孰能免？惟是继体得人，神器有主，朕即弃世，亦复何憾！皇太子聪明仁孝，令德天成，宜嗣皇帝位。其恪守祖宗成宪，讲学亲贤，节用爱人，以绵宗社无疆之祚。内外文武群臣协心辅佐，共保灵长，斯朕志毕矣。其葬礼悉遵先帝遗制，以日易月，二十七日释服，毋禁音乐嫁娶。宗室亲王，藩屏是寄，不可辄离本国。各处镇守、巡抚、总兵等官，及都、布、按三司官员，严固封疆，安抚军民，不许擅离职守。闻丧之日，止于本处朝夕哭灵三日，进香遣官代行。广东、广西、四川、云南、贵州及各

---

① 高拱《高文襄公文集》卷四十三《病榻遗言·顾命纪事》。
② 朱国祯《皇明大事记》卷三十六，隆庆六年五月二十五日。
③ 高拱《高文襄公文集》卷四十三《病榻遗言·顾命纪事》。

布政司,七品以下衙门俱免进香。"①

从遗诏可以看出穆宗的秉性与风格,主张做事不要大事声张,尽量低调。他是明朝皇帝中最不显眼的一个,也是在位时间较短的一个。虽然平庸,却也有自己的特色:清静、宽仁,所谓"清静合轨汉帝,宽仁比迹宋宗"。②把他与汉文帝、宋仁宗相提并论,未免过于溢美,不过清静宽仁倒是事实。

他一上台,就一改先皇(世宗)的苛政,"黜不经之祀,绝无名之赋,除烦苛,节浮冗,恤贫困,理冤狱,崇奖遗逸,汰斥险邪"。早在裕王府时,厨师常烩制一道名菜——驴肠,令他爱不释口。即位后,他问明侍从,才知道是烩驴肠,于心不忍,对侍从说:"若尔,则光禄寺必日杀一驴,以备宣索,吾不忍也。"下令光禄寺停止制作此菜。每逢岁时节庆,游娱行幸,光禄寺为供膳煞费苦心,提前将菜单呈上,请旨裁定。他总是选取最简单的方案,以示节俭。他是一个"刚德内用,柔道外理"型帝王,在宫闱掖庭极为严格,"周防慎察,严肃整齐,无敢出声";与大臣接触,则施以宽仁柔道,"臣庶廷谒,小不如仪,常假借宽宥;左右近侍,未尝轻降辞色"。③

穆宗驾崩的次日,礼部左侍郎王希烈前往天寿山考察陵墓。九月十一日,穆宗的梓宫(棺材)被运往昭陵。九月十九日辰时,梓宫迁入皇堂,举行题神主礼。未时,掩闭玄宫,葬礼完成。④

3. 朱翊钧登极

国不可一日无君。既有先帝付托,穆宗死后第三天,即五月二十八

---

① 《明穆宗实录》卷七十,隆庆六年五月庚戌。
② 何乔远《名山藏》卷二十九,《典谟纪二十九·穆宗庄皇帝》。
③ 《明穆宗实录》卷七十,隆庆六年九月壬寅。
④ 《明神宗实录》卷五,隆庆六年九月庚子。张居正《山陵礼成奉慰疏》,《新刻张太岳先生文集》卷三十七《奏疏二》。

日,内阁首辅高拱等上疏"劝进",希望皇太子早日即位,为此草拟了"登极仪注"。五月三十日,文武百官在会极门上表"劝进"。朱翊钧接到劝进表后,为了显示某种姿态,遵从某种礼仪(一般都要经过三次劝进),没有立即同意。他回答道:"览所进笺,俱见卿等忧国至意,顾于哀痛方切,维统之事岂忍遽闻,所请不准。"

六月初一日,天刚亮,有日食。百官忙于穆宗丧事,在思善门哭临。哭临毕,又到礼部举行护日礼。少顷,朱翊钧身穿缞服来到文华殿,在前殿的"绳愆纠谬"匾下,再次受到百官"劝进"。朱翊钧召见内阁辅臣,交谈片刻,发出谕旨:"卿等为宗社至计,言益谆切,披览之余,愈增哀痛,岂忍遽即大位,所请不允。"①六月初二日,朱翊钧身穿缞服来到文华殿,百官第三次劝进。这次,他不再推辞了。召见内阁、五府、六部官僚,稍作商议,传出谕旨:"卿等合词陈请至再至三,已悉忠恳。天位至重,诚难久虚,况遗命在躬,不敢固逊,勉从所请。"②

六月初三日,礼部呈上登极仪注。六月初十日,皇太子朱翊钧正式举行即位典礼,宣布明年为万历元年。这样,他就成了明朝第十三代皇帝。即位后的第一件事,便是按照惯例颁布大赦诏书,宣布:

——自隆庆六年(1572)六月初十日以前,官吏军民人等,凡是犯有窃盗、逃军、匿名文书、未及害人谋杀人伤而不死者,悉免处死,至于犯该死罪,监禁十五年以上,笃疾者免死释放;

——宗室往年因事减革俸禄者,诏书到日,全革者准支三分,(革)二分者准全支;

——宗室子女奏请名封选婚者,即题复施行;

——凡在凤阳高墙内禁锢的宗室,本人已故,所遗子孙妻妾无罪拘系,未及放回者,奏请释放;

---

① 《明神宗实录》卷二,隆庆六年六月乙卯。
② 《明神宗实录》卷二,隆庆六年六月丙辰。

——自嘉靖四十三年(1564)至隆庆元年拖欠钱粮(田赋),除金花银外,悉从减免;隆庆二年至四年(1568—1570)拖欠钱粮,减免十分之三;

——陕西、苏州、杭州、嘉兴、湖州、应天等处,差人坐守织造之丝绸等项,悉皆停免;

——自嘉靖四十五年(1566)十二月以后,至隆庆六年(1572)五月以前,因上疏建言获罪诸臣,如果情非挟私,才力堪用者,议拟具奏起用。[①]

对军民人等普施恩泽,用皇恩浩荡显示一个新时代的开始。

二 视朝、日讲与经筵

1. 小皇帝视朝

作为一个皇帝,尽管年幼,权力仍是至高无上的。况且朱翊钧与乃父朱载垕迥异,有点类似祖父朱厚熜,是一个有头脑有才干的人。十岁登极的他,也要按照规矩视朝,处理国家大事。有一些是纯粹礼仪举动,但也不尽然,在视朝时常常就国家大事有所指示。如果以为内有皇太后李氏"垂帘听政",司礼监太监冯保提携,外有内阁首辅张居正统揽大权,朱翊钧是一个任人摆布的玩偶,未免失之偏颇了。

父皇临终前再三叮嘱,要他依靠顾命大臣的辅佐,因此对顾命大臣极为尊重,对于张居正的革新主张积极支持,对很多事件的看法,所见

[①] 《明神宗实录》卷二,隆庆六年六月甲子。

略同,力图振兴朝政,一改前朝萎靡不振的状况。

其一,他主张简才图治。即位伊始,吏部送上一个考察条规,涉及吏治整顿,着重议论裁汰冗官问题。该条规指出,各衙门事有繁简,人有绳驳,难以一律,有则汰黜数人亦不为多,无则不黜一人亦不为少。这是小皇帝即位后要面对的一大难题,他的批复是这样的:"卿等务要尽心甄别,毋纵匪人,毋枉善类,以称朕简才图治之意。"①

他所说的"毋纵匪人",不是浮泛套语。隆庆六年(1572)十月二十三日视朝,因湖广随州知州周行贪墨太甚,革职为民,交巡按御史审讯,并就此事指示吏部:"近来查勘官员久不获伸,抚按官所干何事? 便令上章完报,不得推诿故纵!"②万历元年,他用严厉的口吻敕谕群臣:"比来士习浇漓,官方刓缺,窥伺径窦,鼓煽朋党,遂使朝廷威福之柄徒为人臣报复之资,兹用去其太甚,薄示戒惩,余皆贷,与之更始。诸臣亦宜涤除前垢,共襄荡平,毋怀私以罔上,毋持禄以养交,若或沉溺故常,坚守途辙,获罪祖宗,朕不敢赦。"③

万历二年(1574)正月,根据张居正的请求,他指示吏部、都察院,在皇极门接见全国各地前来京师朝觐的廉能官员。是日,接见浙江布政使谢鹏举等二十名官员,当面嘉奖激励,赏赐银币、酒馔。④

这一切都体现了他的"简才图治"思想。

其二,他主张"毋徒为修省虚文"。隆庆六年十月二十四日,他看了广西道监察御史胡涍(字原荆,号莲渠,常州无锡人)的奏疏,对他的妄言很是反感。胡涍这个人有点迂腐,以"妖星见懿庆宫"为由头,认定此次星变与宫女有关,信口议论嘉靖、隆庆两朝宫女闭塞后宫,老者不知所终,少者实怀怨望,寡妇旷女愁苦万状。由此,他提出当务之急是释

① 《明神宗实录》卷二,隆庆六年六月癸未。
② 《明神宗实录》卷二,隆庆六年十月丙子。
③ 万斯同《明史》卷十九《本纪十九·神宗上》。
④ 夏燮《明通鉴》卷六十六,万历二年春正月甲午。

放宫女,无论老少,一概遣散出宫。为了增加说服力,此公还不伦不类地引经据典,说什么"唐高不君,则天为虐,几危宗社,此不足为皇上言之,而往古覆辙亦足为鉴"云云。[1]

胡涍所说的星变,是十月初三夜里有星象之变,到十九日夜晚,原先如弹丸般的星变得大如灯盏,赤黄色光芒四射。对于敬畏天变的皇帝和大臣,这是非同小可之事。朱翊钧警惧得连夜在室外焚香祈祷。第二天张居正对他说:"君臣一体,请行内外诸司痛加修省,仍请两宫圣母,宫闱之内同加修省。"他表示赞同,便给礼部发去一道谕旨,要他们查一下旧例。礼部查了旧例后报告,援引嘉靖四十二年(1563)"火星迭行"之例,百官青衣角带办事五日。他当即批示:"为臣的都要体朕敬畏天戒之意,着实尽心修举职业,共图消弭,毋徒为修省虚文。"他把礼部"百官青衣角带办事五日"的馊主意,谴责为"徒为修省虚文",他主张"尽心修举职业",做好本职工作,不要搞"修省虚文"的花架子。在这当口,偏偏来了一个胡涍,把天变归咎于后宫,要求释放宫女,把偌大的天戒起因落到了皇帝身上,显然是大胆妄言。这个胡涍,在小皇帝即位六天后,曾经上疏反对任用冯保取代孟冲执掌司礼监,要求皇上"严驭近习,毋惑谄谀,亏损圣德"。引起小皇帝和冯保的不满。[2] 此时他又妄言释放宫女,小皇帝忍无可忍。次日,文华殿讲读完毕,他便拿出胡涍的奏折,指着"唐高不君,则天为虐"一句,交张居正看,责问道:"所指为谁?"张居正淡淡地解释:"胡涍疏本为放宫女尔,乃漫及此言,虽狂谬,心似无他。"小皇帝怒气未消,降旨谴责胡涍。胡涍接旨后,诚惶诚恐地承认有罪,终于落得个革职为民的处分。[3]

两天以后,兵科都给事中李已(字子复,号月滨,河南磁州人),上疏

---

① 胡涍《矜放宫人以光圣德疏》,《万历疏钞》卷二《圣德类》。《明神宗实录》卷六,隆庆六年十月丁丑。
② 王世贞《胡涍传》,《弇州史料后集》卷五。
③ 《明神宗实录》卷六,隆庆六年十月戊寅。

为胡涍求情,说:"人君善政不一,莫大于赏谏臣;疵政不一,莫大于黜谏臣";"胡涍官居御史,补过拾遗,绳愆纠谬,乃职分所宜。今一语有违,即行谴斥,恐自今以后,阿言顺旨者多,犯颜触忌者少"。希望皇上或薄加惩戒,或令复职。小皇帝不予理睬。①

此事并未了结。万历元年(1573)正月十二日,户科给事中冯时雨(字化之,号昆峰,苏州长洲人)重新提起旧事。他条陈六事,其中第五事就是"释幽怨",与胡涍相呼应,主张内廷的宫女逐一检查,凡是未经先帝"御幸"过的,全部释放出宫。其中第六事是"宥罪言",请求宽恕胡涍,重新启用。小皇帝此时心情早已平静,对他条陈的前面四事——"笃孝恩""广延纳""重题复""革传奉",表示赞许,对后两事——"释幽怨""宥罪言",不予考虑。他在奏疏上批示:"本朝事体与前代不同,今在宫妇女,不过千数,侍奉两宫,执事六局,尚不够用,又多衰老,出无所归。胡涍狂悖诬上,朕念系言官,姑从轻处。如何与他饰词求用!"②

关于宫女,他有自己的看法,用以侍奉两宫皇太后,执事宫中六局,还不够用,怎么谈得上遣散!因此,他不容许外人对内宫之事说三道四。但是,对于宫女失职,他处罚极严。万历元年十一月某一天,他在文华殿与张居正谈及宫女张秋菊逸火事件,说:"此人系先帝潜邸旧人,素放肆。圣母止欲笞五十。朕曰:此人罪大,不可宥。杖之三十,发安乐堂煎药矣。"

张居正附和道:"圣母慈仁,不忍伤物。皇上君主天下,若舍有罪而不惩,何以统驭万民!"

小皇帝说:"然,法固有可宽者,亦有不当宽者。"

张居正说:"诚如圣谕。昔诸葛亮言,宫中府中俱为一体,陟罚臧

---

① 《明神宗实录》卷六,隆庆六年十月庚辰。
② 《明神宗实录》卷九,万历元年正月癸巳。钱一本《万历邸钞》,万历元年癸酉卷,春正月。

否,不宜异同。正此之谓。"①

他与张居正颇有共同语言——"法固有可宽者,亦有不当宽者",日后他支持张居正实施新政,是有思想基础的。

其三,小皇帝很关注官员的纪律与作风。隆庆六年(1572)十二月初六日,他按例视朝,命令检查出席人数。竟然有抚宁侯朱冈等一百七十三名文武官员不来上朝。他当即决定予以严惩:各罚俸三月。② 万历元年(1573)正月十九日,他视朝时,纠仪御史面奏:查点文武官员失朝者共计有新宁伯谭国佐等一百十九名。他还是予以严惩:各罚俸三月。③ 万历二年二月二十三日,他又命御史纠查失朝者,竟然有抚宁侯朱冈等二百七十四名官员不来上朝,各夺俸一月。接连不断地重申官员纪律,以后失朝者明显减少。

他对于抓住别人小节随意弹劾他人的言官,十分反感。万历元年二月春分,他派遣成国公朱希忠前往朝日坛代祭大明,有兵部尚书谭纶(字子理,号二华,湖广宜黄人)奉命陪祭。谭纶近日身体小恙,陪祭时不断咳嗽。此事被言官景嵩(福建道御史)、雒遵(吏科都给事中)、韩必显(山西道御史)抓住,小题大做,给谭纶扣上"大不敬"的帽子,说什么"岂不能将祀事于一时者,能寄万乘于有事",言下之意,这样的人根本不配当兵部尚书。小皇帝看了他们的奏疏,颇不以为然,语带讽刺地批示:"咳嗽小疾易愈,本兵(兵部尚书)难于得人。这所奏,着吏部看了,就问景嵩等要用何人? 会同吏科推举来看。"④吏部官员没有领会这道谕旨的讽刺意味,认真地向皇上报告:"抡选本兵委难得人,进退大臣当处以礼,若以一嗽之故,敕令致仕,非惟不近人情,亦且有失国礼。"这样

---

① 《明神宗实录》卷十九,万历元年十一月辛巳。
② 《明神宗实录》卷八,隆庆六年十二月戊午。
③ 《万历起居注》,万历元年正月十九日庚子。
④ 《明神宗实录》卷十,万历元年二月癸亥。

的答复,正中下怀,小皇帝立即批示:"咳嗽小失,何至去一大臣!这厮每一经论劾,即百计搜求,阴唆党排,不胜不止。若用舍予夺不由朝廷,朕将何以治天下?"①吏部认为,景嵩等言官吹毛求疵,抓住咳嗽这样的小过失,竟然要罢免兵部尚书,既不近人情,又有失国礼。小皇帝认同这一观点,认为"咳嗽小失,何至去一大臣",显然这些言官别有用心——"阴唆党排"。于是降旨:景嵩、雒遵、韩必显各降三级,调外任。对于谭纶,只是稍加警告——罚俸一月,着照旧供职。这样的处理方式,比那些言官高明多了。

不过小皇帝毕竟初视朝政,一切都感到陌生,因而对于首辅张居正事事仰赖,尊重备至,开口即称"元辅张先生",尊他为师长。张居正也尽心尽责辅佐小皇帝,无不一一关照。

隆庆六年十二月,接近年关了。张居正在讲读后对皇上说,先帝丧期未过,春节期间宫中请勿设宴,并免去元宵灯火。小皇帝表示同意,说:烟火灯架,昨天已经传谕停办。又说:宫中侍奉圣母用膳甚简,每顿都是素食,遇到佳节,不过增加甜食果品一桌,也不用音乐。张居正说:如此,不但见陛下追思先帝之孝,而且节俭财用,自是人主美德,愿陛下常有此心。小皇帝随即传谕光禄寺:节日期间宫中酒饭筵席全部停办。据称,仅此一举,就节约银子七百余两。②

万历二年,年关将近,小皇帝又问张居正:元宵节晚上的鳌山烟火是否祖制? 言外之意是,前年与去年元宵烟火都已停止,今年总可以不停了吧! 何况又是祖制,年年如此的。

张居正的回答令人扫兴:鳌山烟火并非祖制,它始于成化年间,用以侍奉母后,当时就有言官、翰林上疏劝谏。嘉靖中,间或举行,用来奉神,并非游观。隆庆以来每年元夕都有鳌山烟火,靡费无益,是新政应

---

① 钱一本《万历邸钞》,万历元年癸酉卷,二月。《明神宗实录》卷十,万历元年二月戊辰。
② 《明神宗实录》卷八,隆庆六年十二月甲戌。

当节省的。

朱翊钧还是个孩子，当然想搞一下元宵烟火，尽兴玩玩，听了张先生的话，只得改变初衷，接口道：是啊，鳌山不过是把彩灯扎成大棚，在殿上挂灯笼，也很足观，何必鳌山！

在一旁侍候司礼监太监冯保深知皇上的心意，为了不至于太扫兴，插话道：他日天下治平已久，或可间或举办一次，以彰盛事。毕竟是从小形影不离的"大伴"，道出了皇上的心思，小皇帝一听，高兴地说：朕看一次，等于看千百次。

张居正毫不让步，严肃地说：明年虽然丧服之祭已经结束，但接下来还有皇上大婚、潞王出阁等大事。每一件都要用数十万两银子，如今天下民力衰竭，有司束手无策，只能时时加意节约，以备不时之需。那意思还是要皇上注意节俭。小皇帝知趣地回应：朕极知民穷，如先生言。张居正紧盯一句：新年节庆各种赏赐及无名花费太多，也应当节省。① 张居正巧妙地把节省宫廷开支的思想化作皇上的行动，使宫廷内部出现了一番新气象。

隆庆六年十二月十七日，张居正向小皇帝呈上一部《帝鉴图说》。这是他要马自强等官员考究历代帝王成败事迹，编写的图文并茂读本，选取"善可为法者"八十一事，"恶可为戒者"三十六事，每一事绘一图，后面附有传记本文。书名"帝鉴图说"之"帝鉴"，取自唐太宗以古为鉴之意。张居正对此作了说明："唐太宗曰：'以铜为鉴，可正衣冠；以古为鉴，可见兴替。'臣等尝因是考前史，所载治乱兴亡之迹，如出一辙。大抵皆以敬天法祖，听言纳谏，节用爱人，亲贤臣，远小人，忧勤惕厉即治；不畏天地，不法祖宗，拒谏遂非，侈用虐民，亲小人，远贤臣，槃乐怠傲即乱。出于治，则虽不阶尺土一民之力，而其兴也勃焉；出于乱，则虽藉祖

① 《明神宗实录》卷三十三，万历二年闰十二月庚寅。谈迁《国榷》卷六十九，万历二年闰十二月庚寅。

宗累世之资,当国家熙隆之运,而其亡也忽焉。譬之佩兰者之必馨,饮酖者之必杀。以是知人主欲长治而无乱,其道无他,但取古人已然之迹,而反己内观,则得失之效昭然可睹矣。"①马自强等官员从历史中选择一百十七件事例,张居正希望小皇帝能够从中领会,历代帝王"其兴也勃焉""其亡也忽焉"的道理,要想长治久安,就必须以史为鉴,反己内观。所以他希望小皇帝能够认真阅读这本书。"伏望皇上俯鉴愚忠,特垂省览。视其善者,取以为师,从之如不及;视其恶者,用以为戒,畏之如探汤。每兴一念、行一事,即稽古以验今,因人而自考。高山可仰,毋忘终篑之功;覆辙在前,永作后车之戒。则自然念念皆纯,事事合理。德可媲于尧舜,治将埒于唐虞。而于万世之下,又必有愿治之主,效忠之臣,取皇上今日致治之迹,而绘之丹青,守为模范者矣。"②

张居正把奏疏面呈皇上,小皇帝随手翻阅,朗读了几句,抬眼对张先生说:"先生每起。"张居正起身走近御案,把奏疏读完,捧出《帝鉴图说》呈上。小皇帝站起来,翻阅图说,约略能够看懂一半。他完全赞同张先生以史为鉴的意见,随即写了圣旨:"览卿等奏,见忠爱恳至,朕方法古图治,深用嘉纳。图册留览,还宣付史馆,以昭我君臣交修之义。"③此后,他一直把《帝鉴图说》置于座右,每逢讲读的日子,便叫张先生解说,习以为常。

为了使小皇帝知人善任,万历二年十二月,张居正与吏部尚书张瀚、兵部尚书谭纶,特制御屏(职官书屏)一座,上绘全国疆域图,登录知府以上官员姓名籍贯,供皇上省览。张居正向小皇帝做了说明,强调以下几点:

——"安民之要,在于知人;辨论官材,必考其素。顾人主尊居九

---

① 张居正《进〈帝鉴图说〉疏》,《新刻张太岳先生文集》卷三十八《奏疏三》。
② 张居正《进〈帝鉴图说〉疏》,《新刻张太岳先生文集》卷三十八《奏疏三》。
③ 《明神宗实录》卷八,隆庆六年十二月己巳。《太师张文忠公行实》,《新刻张太岳先生文集》卷四十七。

重,坐运四海,于臣下之姓名贯址,尚不能知,又安能一一别其能否而黜陟之乎";

——"考之前史,唐太宗以天下刺史姓名,书于御座屏风,坐卧观览";"我成祖文皇帝尝书中外官姓名于武英殿南廊";

——"仰惟皇上天挺睿明,励精图治,今春朝觐考察,亲奖廉能。顷者吏部奏除,躬临铨选。其加意吏治人才如此,顾今天下疆里尚未悉知,诸司职务尚未尽熟,虽欲审别,其道无由"。①

小皇帝表示嘉悦,当即把屏风放置于文华殿后殿,便于日常观看。次日,讲读毕,他把屏风细细看了一遍。张先生在一旁解说:天下幅员广阔,皇上一举目便可遍览山川地理形胜,以及文武职官,希望皇上对于用人名实时时留意。小皇帝应声回答:先生费心,朕知道了。

前年的《帝鉴图说》与这次的"职官书屏",对于初次治理朝政的小皇帝,起到了很好的启蒙作用。

小皇帝深知张先生的良苦用心,为了表示自己的积极态度,特命太监赶制牙牌一块,亲笔手书十二事于上,为谨天成、任贤能、亲贤臣、远嬖佞、明赏罚、谨出入、慎起居、节饮食、存敬畏、节财用等。要工匠刻在牙牌上,作为自己的座右铭,用以自警。万历三年四月初四日,文华殿讲读完毕,他拿出牙牌给张居正、吕调阳过目。张居正称赞说,这十二事把修身齐家治国平天下之道全包括在里面了,可以终身奉行。今后皇上所行与所写如果不合,左右臣下得执牌进谏,皇上欣然同意。②

皇帝与首辅之间政见如此一致,关系如此融洽,为历朝罕见。以下几件事,更加显现他们君臣关系确实非同一般。

万历二年五月八日,小皇帝在文华殿讲读,听说张先生偶患腹痛,

① 张居正《进职官书屏疏》,《新刻张太岳先生文集》卷三十八《奏疏三》。《明神宗实录》卷三十一,万历二年十二月壬子。
② 《明神宗实录》卷三十七,万历三年四月壬申。

亲自动手调制辣汤一碗,赏赐镶金象牙筷两双,要次辅吕调阳陪张先生一起吃,希望缓解张先生的腹痛。① 像这样充满人情味的事,屡有所闻。小皇帝询问近侍太监张先生父母状况,左右回答,先生父母年龄七十,身体健康。他随即给张先生写了手谕:"闻先生父母俱存,健康荣享,朕心嘉悦,特赐大红蟒衣一袭,银钱二十两,又玉花坠七件,彩衣纱六匹,乃奉圣母恩赐。咸宜钦承,着家僮往赍之。外银钱二十两,是先生的。"命文书官刘东把手谕和赏物送到内阁,张居正叩头领受,立即写了谢恩疏,表示感激:"恩出非常,感同罔极";"士而知己,许身尚不为难;臣之受恩,捐躯岂足云报"。并且说,马上派遣家僮星夜兼程赶往江陵老家,归奉亲欢,给子孙作为传家宝。② 张居正对于皇太后和皇帝亲如家人般的关怀,感激之情溢于言表。

小皇帝对皇太后极孝,耳提面命,唯唯诺诺,从不违抗。他的生母慈圣皇太后笃信佛道,很是虔诚。她要在北京附近的涿州建造一座娘娘庙,祭祀碧霞元君。司礼监太监冯保为了讨好太后,竭力促成此事,向外廷传达慈圣皇太后谕旨:"圣母发银三千两,与工部修建涿州娘娘庙。"这件事可难为了工部,在此之前已经奉太后谕旨,有圣母赐银五万两在涿州修建胡良河即北关外桥梁,为此工部添补了二万两银子。现在又要修建庙宇,三千两银子何济于事! 工部无奈地向皇上报告:此端一开,渐不可长,伏乞皇上收回成命。工科给事中吴文佳(字士美,号凤泉,湖广景陵人)支持工部的意见,反对修建娘娘庙:"娘娘庙不知所由起,窃闻畿辅众庶奔走崇奉,风俗日非,犹望皇上下禁止之令。"户科给事中赵参鲁(字宗传,号心堂,浙江鄞县人)也表示反对:"发银建庙以奉佛祈福,尽皆诞妄……若以大赈穷民,其于祈福禳灾多矣。"③ 小皇帝统

---

① 《明神宗实录》卷二十五,万历二年五月辛巳。
② 张居正《谢恩赍父母疏》,《新刻张太岳先生文集》卷三十八《奏疏三》。
③ 《明神宗实录》卷二十四,万历二年四月戊午、四月壬戌。

统不予理睬。

但是,当圣母与张先生意见不一致时,他还是听从张先生的。万历二年九月,刑部奏请处决在押囚犯,慈圣太后听说后,借口皇上冲年,仍宜停刑。小皇帝把太后懿旨转告张先生,希望能够获得谅解。张居正是主张法治的,很不赞成停刑,解释道:"圣母好生之心敢不将顺?但上即位以来停刑者再矣,春生秋杀,天道不偏废,恐良莠不除,反害嘉谷。"他觉得有理,回答说:"然,朕徐为圣母言之。"在征得圣母同意后,小皇帝下旨照例行刑。①

到了这年十月,法司报告审录囚犯,慈圣太后听说后又主张停刑。张居正说:"皇上若奉天道,乃天虽好生,然春夏与秋冬并运,雨露与雷雪互施⋯⋯今看审录揭帖,各囚所犯皆情罪深重,概加怜悯,则被害者独何辜,而不为偿抵乎?"

小皇帝说:"圣母崇奉佛教,故不忍动刑耳。"

张居正说:"佛氏虽慈悲为教,然其徒常言:地狱有刀山、剑树、礁舂、炮烙等刑,比之王法万分惨刻,安在其为不杀乎?"

小皇帝听了大笑。

张居正又说:"嘉靖初年,法司奏应决犯囚,不过七八十人⋯⋯至中年后,世宗奉玄,又好祥瑞,每逢有吉祥事,即停止刑。故今审录重囚至四百余人,盖积岁免刑之故也⋯⋯臣窃以为,宜如祖宗旧制,每岁一行为便。"

小皇帝深以为然,回宫向太后说明,第二天就降旨处决死囚三十余人。② 这件事情既反映了太后的开明豁达,也反映了皇上的冷静理智,不以母子亲情影响朝廷大政方针。

小皇帝每次视朝,都亲自阅读官员的奏疏,十分认真。万历三年

---

① 《明神宗实录》卷二十九,万历二年九月辛巳。
② 《明神宗实录》卷三十,万历二年十月癸丑。

(1575)十月某天,直隶的两名巡按御史暴孟奇、张宪翔各有题本奏报审决囚犯事宜,是万历二年(1574)十一月奏进的。他看了以后感到奇怪:如今直隶巡按已经不是暴孟奇、张宪翔,为何奏疏仍是这二人的名字,中间年月有差谬? 就派文书官拿了奏疏到内阁问明所以然。

少顷,张居正赶来,小皇帝便问张先生:"今年已有旨免刑,何真定巡按又报决囚? 且本后称万历二年十一月,何也?"

张居正回答:"臣等通阅所奏,乃去年差刑部主事刘体道亲赍复命,非二臣差人来奏者。"

小皇帝问:"即如是,何故至今封进?"

张居正答:"旧时,刑部司属多借审决差便道回籍,科臣于精微批定限,率优假一年,所乃相沿宿弊。此奏该去年二御史付之刘体道亲赍,而体道持疏回籍,今已限满复命,至始封进耳。"

小皇帝听了大为不满:"岂有北直隶地方去年处囚,今年始复命者! 宜令该科参看。"那意思是要刑科给事中弹劾查处。第二天他下旨:"刘体道着都察院提了问。差官审决限期,着法司定拟来说。"都察院遵旨提问后,将刘体道贬谪为外任官。[1] 这一事件使大臣们大吃一惊,感叹皇上对于章奏无不亲览,其精察一至于此。

又有一次,张居正拿了陆炳之子陆铎的奏疏,请皇上裁定。陆炳,字文孚,浙江平湖人,母亲是世宗皇帝的奶妈,他随母入宫,历任锦衣卫副千户,担任皇帝的警卫员。嘉靖十八年(1539),随皇帝南巡至河南卫辉,半夜行宫起火,他冒死救出皇帝。从此深受皇帝宠信,官至锦衣卫左都督(一把手),权势倾天下。隆庆年间遭到弹劾,穆宗命法司严惩,抄了他的家,追赃数十万两银子。[2] 过了五年,陆家资财罄竭,已无可追,陆铎向朝廷请求免予追赃。

① 《明神宗实录》卷四十三,万历三年十月癸未。
② 徐阶《陆公墓志铭》,《世经堂集》卷十七。万斯同《明史》卷四百四《佞幸传下·陆炳》。

小皇帝看了奏疏问道:"此事先生以为何如?"

张居正回答:"陆炳功罪自不相掩……论炳之罪,未与反逆同科,而翊主保驾之功不能庇一孤子,世宗在天之灵必不安于心者矣。"

小皇帝说:"既如此,先生宜为一处。"

张居正说:"事关重大,臣等岂敢擅专。"

小皇帝说:"不然。国家之事,孰不赖先生辅理,何嫌之有!"

张居正叩头承旨出。次日,宫中传旨:"陆炳生前功罪及家产果否尽绝,着法司从公勘议。"法司奉命勘议后报告,陆炳家产勘明,已经尽绝。于是朝廷同意不再追赃,此事圆满了结。①

这位十岁登极的小皇帝颇有一点励精图治之意,力图洗涤前朝政治弊端,有所作为。毕竟年幼,他放手让张居正总揽朝政,自己潜心于日讲与经筵。

2. 日讲与经筵

皇太子出阁讲学,是太祖高皇帝朱元璋定下的祖制。洪武初年(1368),朱元璋命侍读学士宋濂(字景濂,号潜溪,浙江金华人),在大本堂向皇太子诸王讲授儒家经典。此后讲学的地方从大本堂移至文华殿,再改至便殿。讲学的内容,先读四书,再读经或史。讲毕,在侍书官指导下习字。读书三月后,有一次温习背诵。至于写字,春夏秋三季每日一百字,冬季每日五十字。凡节假日或大雨风雪、严寒酷暑,日讲暂停。朱翊钧作为皇太子出阁讲学,也遵照祖制按部就班进行。隆庆六年改设皇太子座于文华殿之东厢房。每日讲读,各位讲官在东华门外东西向站立,候穆宗御日讲毕,皇太子出阁升座,讲官开讲。日讲起初,阁臣连续侍奉五日,以后每逢三、八日必至,拜出后,讲官进入,开讲。

---

① 《明神宗实录》卷三十七,万历三年四月壬戌。

朱翊钧即位后,讲学仍不停辍。因为有先皇遗言,要他"进学修德""用贤使能"。作为顾命大臣,张居正对此更是认真。隆庆六年六月,张居正向小皇帝建议,在秋凉之际开始皇帝的日讲。他在奏疏中说,帝王虽具神圣之资,仍须以务学为急,而辅弼大臣的第一要务,便是培养君德,开导圣学。鉴于先皇丧事还未过去,援引弘治朝先例,定于八月中旬择日,在文华殿开始日讲。至于经筵会讲,推迟到明年春天再举行。对于这种合乎祖宗成宪的安排,小皇帝是必须接受的,他立即表示同意:"览卿等奏,具见忠爱,八月择吉先御日讲,经筵候明春举行。"①

　　第二天,张居正为他排定了视朝与日讲的日程表。在张居正看来,对于十岁的小皇帝而言,"视朝又不如勤学为实务",所以在处理视朝与讲读的关系时,把讲读放在第一位。具体的安排是:每逢三、六、九日视朝(含十三、十六、十九以及二十三、二十六、二十九日),其余日子都到文华殿讲读。也就是说,一旬之中,三天视朝,七天讲读,除了大寒大暑,一概不得停辍讲习之功。对于这个日程安排,他表示接受,批复道:"今后除大礼大节,并朔望升殿,及遇有大事不时宣召大臣咨问外,每月定以三六九日御门听政,余日俱免朝参,只御文华殿讲读。"②张居正的建议,经过圣旨的正式认可,从此成为定制。

　　八月十三日,小皇帝来到宣治门视朝。③张居正不愧是讲究综核名实的人,作风雷厉风行,在上朝时递上《日讲仪注》,把先前议定的日讲事宜具体化为八条:

---

①　张居正《乞崇圣学以隆圣治疏》,《新刻张太岳先生文集》卷三十七《奏疏二》。《明神宗实录》卷四,隆庆六年八月辛酉。
②　张居正《请酌定朝讲日期疏》,《新刻张太岳先生文集》卷三十七《奏疏二》,《明神宗实录》卷四,隆庆六年八月壬戌。
③　宣治门在皇极门(奉天门)之右,也叫西角门,与它对称的是弘政门(东角门)。见刘若愚《酌中志》卷十七《大内规制纪略》。

——皇上在东宫讲读《大学》《尚书》，今各于每日接续讲读，先读《大学》十遍，次读《尚书》十遍，讲官随即进讲。

——讲读毕，皇上进暖阁少憩。司礼监将各衙门章奏进上御览。臣等退在西厢房伺候，皇上如有所咨询，即召臣等至御前，将本中事情一一明白敷奏。

——览本后，臣等率正字官①，恭候皇上进字毕。若皇上欲再进暖阁少憩，臣等仍退西厢房伺候。若皇上不进暖阁，臣等即率讲官再进午讲。

——近午初时，进讲《通鉴节要》，讲官务将前代兴亡事实直讲明白。讲毕各退，皇上还宫。

——每日各官讲毕，皇上有疑，乞即下问，臣等再用俗语讲解，务求明白。

——每月三六九视朝之日，暂免讲读。仍望皇上于宫中有暇，将讲读过经书从容温习，或看字体法帖，随意写字一幅，不拘多少，工夫不致间断。

——每日定以日出时，请皇上早膳毕，出御讲读。午膳毕，还宫。

——非遇大寒大暑，不辍讲读。本日若遇风雨，传旨暂免。②

为此，朝廷任命东宫讲官马自强、陶大临、陈绶邦、何雒文、沈鲤，侍班官丁士美等，为日讲官，马继艾、徐继中仍为侍书官。③

转眼间，到了万历元年新年。这是朱翊钧即位改元后的第一个春

---

① 正字官，从九品，掌缮写装潢。
② 张居正《拟日讲仪注疏》，《新刻张太岳先生文集》卷三十七《奏疏二》。《明神宗实录》卷四，隆庆六年八月丙寅。许重熙《嘉靖以来注略》卷七，隆庆六年八月辛未。
③ 《明神宗实录》卷四，隆庆六年八月丁卯。

节。正月初一,他驾临皇极殿,在金碧辉煌的宝殿里,接受百官朝贺。正月初五,他传谕内阁:"初七日开讲。"其实,皇帝也有节假日,按照常例要休息到正月二十一日。大臣对于皇上自己决定提前开始讲读,十分钦佩,交口称赞他"好学之笃"。①

正月初十,张居正遵照祖宗成宪,请求皇上开经筵。他说,日讲举行后,经筵亦宜次第举行,在二月内择日开始,任命"知经筵""同知经筵""侍班讲读""执事侍仪"等,届时举行经筵。② 从宋朝开始,为皇帝讲解经传史鉴而特设的讲席,称为经筵。明朝沿袭这一旧例,但没有固定时间固定场所。英宗即位后,开始常规化,每月逢二日(二日、十二日、二十二日)在文华殿举行。它的制度仪式比日讲隆重,由元老重臣一人担任知经筵事,内阁辅臣担任知经筵事或同知经筵事,尚书、都御史、通政使、大理寺卿担任侍班讲读,翰林学士、国子监祭酒二员进讲,春坊官二员展书,御史二员侍仪,鸿胪寺、锦衣卫官员各一名供事鸣赞。文华殿虽小,却很精致,左右为两春坊,是皇帝的便殿,经筵就在这里举行。中间设皇帝的御座,龙屏向南,在御座之东设御案,在御座之南设讲案。举行经筵的当天,司礼监太监预先把所讲经书放在御案上,另一册放在讲官的讲案上,讲官自己撰写的讲章(讲义)也放在案上。当天一早,皇上在文华殿升御座,鸿胪寺官引知经筵、侍班讲读、执事侍仪等官员,在丹陛上行五拜三叩头礼毕,依次上殿,依照品级东西站立。鸿胪寺官宣布进讲,讲官一员从东班出,一员从西班出,进至讲案前。展书官跪在御案前,翻开经书,于是讲官开讲。③

正月十六日,皇帝给知经筵官朱希忠、张居正,同知经筵官吕调阳三人发去敕谕,宣布二月初二日举行经筵,命朱希忠、张居正、吕调阳三

---

① 《明神宗实录》卷九,万历元年正月壬午、正月戊子。《万历起居注》,万历元年正月五日丙戌。
② 张居正《请开经筵疏》,《新刻张太岳先生文集》卷三十八《奏疏三》。
③ 万历《大明会典》卷五十二《礼部十·经筵》。朱国祯《涌幢小品》卷二《经筵词》。

人分直侍讲,张居正、吕调阳及陶大临、丁士美、陈经邦、何雒文、沈鲤、许国,日侍讲读,要他们在讲解中明白敷陈,委曲开导,着重阐明理欲消长之端,政治得失之故,人才忠邪之辨,统业兴替之由。[①]

二月初二日,皇帝如期开经筵。经筵仪式隆重而烦琐,进讲完毕,鸿胪寺官员出班中跪,赞礼毕,身穿大红袍的高级官员,身穿青绿锦绣袍的中级官员,转身向北,恭听皇上吩咐:"官人每吃酒饭!"全体下跪承旨,隆重的气氛顿时松弛下来,准备去吃皇上赏赐的精美筵席。光禄寺在奉天门的东庑早已备下筵席,款待参加经筵的官员们。按照惯例,皇帝赏赐的酒饭以经筵最为精美,而且还允许官员的随从人员、堂吏、家僮,拿了饭盒筐篮之类,把酒菜带回去。[②] 临走时,分班向北叩头谢恩而退,给人的印象似乎是感谢赐予的酒菜。

这种场景,与经筵的严肃性形成强烈的反差。每逢经筵之日,讲官们事先在家中把衣冠带履熏香,斋戒沐浴,以示虔诚而不敢亵渎之意。到了文华殿还要表现出诚惶诚恐的样子,一举一动必须合乎礼仪。然而讲课之余却可以大吃一顿,吃不了还可以带回去,实在有失风度。把"经"与"筵"连在一起,称为"经筵",其初衷大概就在于此吧,否则,为什么要把经书和筵席两个风马牛不相及的事物连在一起呢?恭恭敬敬地向皇帝讲解经书之后,众人便退到一旁,饱尝皇帝赏赐的美酒佳肴,大快朵颐,与先前斋戒沐浴虔诚可掬的样子一对照,未免有点滑稽。明末时曾任经筵展书官的杨士聪,有一则关于经筵的趣闻,颇能反映当事者对经筵的观感。他说:"经筵届期,诸臣候于文华门外,大雪不止。至午后,上不出,传免。午门外设宴已久,遂撤去。余时当展书,颇惮其难,戏语同官曰:'经筵进讲,不过老生常谈,何如将此宴便赐诸人,岂不省事!'旁一内珰赞曰:'此位先生讲的是,大雪如此,只是赐宴,即与经了

① 《明神宗实录》卷九,万历元年正月丁未。
② 朱国祯《涌幢小品》卷二《经筵词》。

筵的一样。'同官皆笑。余因述今早来时,遇一宿科省员于长安门,彼此班役相问,其人曰:'怪得雪中如此早来,原来今日该吃经筵。'且说经筵如何可吃? 与'经了筵'之云正相类也。"①真是绝妙佳语,"吃经筵""经了筵",难道不是对经筵的反讽? 简直可以进《世说新语》。

不过,小皇帝对经筵是认真的。对于深奥难懂而又枯燥乏味的经书,居然端拱倾听,目不旁视。第二天,视朝完毕,他来到文华殿,突然对张先生说:"昨日经筵讲《大学》的讲官,差了一字,朕欲面正之,恐惧惭。"张居正只得代讲官请求宽恕:"讲官密迩天威,小有差错,伏望圣慈包容。"又说:"人有罪过,若出于无心之失,虽大亦可宽容。"小皇帝表示同意。②

五月初二日,小皇帝下旨:以后经筵春讲,二月十二日起,至五月初二日免;秋讲,八月十二日起,至十月初二日免,永为定例。③

张居正见皇帝睿智日开,学业有所上进,向皇帝建议,义理必时习而后能悦,学问必温故而后知新,希望皇上将平日讲过经书,时时温习,融会贯通。他还将今年所进讲章重复校阅,编成《大学》一本、《尚书》一本、《通鉴》一本,供皇上温故而知新。④

3. 讲章及其他

令人感兴趣的是,日讲与经筵的讲官,如何讲解晦涩难懂的经书? 他们的讲章(讲义)是什么样子? 有幸的是,当时的讲官在文集中保留了这些文本,人们可以从中窥探一二。试以张四维为例,在他的文集中有四卷关于日讲与经筵的讲章。涉及"四书"(《论语》《孟子》《大学》《中庸》)、《尚书》《贞观政要》《通鉴节要》《大宝箴》等。从他的讲章看来,日

① 杨士聪《玉堂荟记》。
② 《万历起居注》,万历元年二月三日甲申。
③ 《明神宗实录》卷十三,万历元年五月辛巳。
④ 《明神宗实录》卷二十,万历元年十二月乙丑。

讲和经筵的讲法并无二致。略举数例于下。

先看日讲。

其一，讲章引用《大学》的文字："所谓修身在正其心者，身有所忿懥，则不得其正；有所恐惧，则不得其正；有所好乐，则不得其正；有所忧患，则不得其正。心不在焉，视而不见，听而不闻，食而不知其味。此谓修身在正其心。"然后用白话讲解："'身'，有的'身'字，当作'心'字。'忿懥'是恼怒的意思，'恐惧'是畏怕的意思，'好乐'是欢喜的意思，'忧患'是愁虑的意思。曾子说经文所谓修身在正其心者为何？盖恼怒、畏怕、欢喜、愁虑这四件，是人心里发出来的情，人人都有。但当察各道理，随事顺应。若先有个意思横在心中，或道理上不当恼怒，却在恼怒，则恼怒便偏了；不当畏怕，却去畏怕，则畏怕便偏了；不当欢喜，却去欢喜，则欢喜便偏了；不当愁虑，却去愁虑，则愁虑便偏了。这四件偏了，心便不正，如何能修得自家身子？盖人心是一身的主宰，心得其正，则无不正。"因此，他的结论是："所以君子常要存着此心，检束此身。"①

其二，讲章引用《大学》的文字："所谓平天下，在治其国者上，老老而民兴，孝上长长而民兴，弟上恤孤而民不倍，是以君子有絜矩之道也。"然后用白话讲解；"'上'是指人君说，'老老'是尽事老之礼于父母，'长长'是尽事长之礼于兄长，'恤'是哀矜，'孤'是幼而无父的人，'倍'是违背，'絜'是度，'矩'是为方之器，以喻心能度物的意思。这是《大学》传之十章，释治国平天下的说话。曾子说，经文所谓平天下在治其国者何耶？盖天下之本在国，国之本在家。故能老其老，尽孝之道，以教于家，那国人每也都敬顺他的父母，而兴于孝；上能长其长，尽弟之道，以教于家，那国人每也都恭敬他的兄长，而兴于弟；上能恤他孤幼，尽慈之道，以教于家，那国人每也都怜恤他的孤幼，而不背上之所行。

---

① 张四维《条麓堂集》卷十《讲章一·四书》。

言此三者上行下效,捷于影响,可见国人之心无异于家矣。"①这是在说明"齐家"与"治国"的关系。

再来看经筵。经筵的讲章与日讲基本一样,不妨略举数例。

其一,引用《大学》的文字:"《诗》云:乐只君子,民之父母。民之所好好之,民之所恶恶之,此之谓民之父母。"张四维讲解道:"这是《大学》传之十章,曾子释圣经治国平天下的说话。《诗》是《小雅·南山有台》之篇,'乐'是嘉乐,只是语助辞;'君子'是指上位的人说。曾子说道,平天下之道固在絜矩,然絜矩之实只在能顺民情。《诗经·小雅·南山有台》之篇,曾说在上位的君子,有可嘉乐之德,就是百姓每的父母。夫父母于子一体而分,君之于民势分悬绝,诗人却说为民父母者为何?盖人之贵贱虽殊,其情之好恶则一。君子既能絜矩,以自己的心体百姓每的心,如饱暖佚乐,民心所好的在此,则必从而好之,凡便民之事一一施行,使百姓每都得遂那好的心。饥寒困苦,民心所恶者在此,则必从而恶之,凡害民之事一一禁止,使百姓每都得遂那恶的心,这却与父母爱子的心肠一般了,那百姓每见君子爱他如此,也都感戴君子的恩德,愿其安富尊荣,愿其多寿多福,爱君子与爱父母一般,此所以说是民之父母也。"②这是在讲君子是民之父母的道理,君子如果能够好民之所好,恶民之所恶,顺应民情,百姓就会如同爱父母一样爱君子。

其二,引用《论语》的文字:"仲弓曰:居敬而行简,以临其民,不亦可乎!居简而行简,无乃太简乎!"这句话不容易理解,张四维的讲解另有一功:"这是《论语》第六篇,仲弓对孔子论治道的说话。仲弓是孔子弟子,姓冉名雍。'敬'是敬慎不怠忽,'简'是简易不烦琐。仲弓因孔子称子桑伯子之简,遂对说道:人君总理万事,统驭庶民,因贵于简易不烦,

---

① 张四维《条麓堂集》卷十《讲章一·四书》。
② 张四维《条麓堂集》卷十《讲章一·四书》。

然其根本切要处,还须以敬为主。若能自处以敬,常时收敛此心,无一念放纵;检束此身,无一毫怠惰,则中有主而自治严矣。由是,行简以临治那百姓,如政事则务举大纲,不规规于细故;号令则务存大体,不屑屑于繁文。这是居敬而行简以临其民。夫以敬谨的心,行简易的政,则事无烦苛,民不纷扰,自然上下相安,治化有成。这样的简,不亦可乎!"①他试图告诉皇上居敬行简的道理,人君以不放纵不怠惰的敬谨之心,实行简易的政治,自然上下相安,治化有成。

其三,引用《贞观政要》的文字:"贞观三年,太宗谓侍臣曰:中书、门下机要之司,擢才而居,委任实重,诏敕如有不稳便,皆须执论。比来唯觉阿旨顺情,唯唯苟过,遂无一言谏诤者,岂是道理!若惟署诏敕、行文书而已,人谁不堪?何须简择以相委付!自今诏敕疑有不稳便,必须执言,无得妄有畏惧知而寝默。"张四维的讲解不再"说文解字",而是阐明唐太宗鼓励大臣谏诤,君臣联手缔造贞观之治的道理:"中书、门下省俱是唐时宰相衙门。擢是抽拔的意思。贞观三年,唐太宗御太极殿,对侍从诸臣说道,国家设立宰相,有中书省掌佐天子执大政,凡制册诏敕,都教他详定申复施行;有门下省掌出纳帝命,凡国家政务都教他与中书省总揆参订。这两个衙门乃机务紧要之司,所以选择贤才,不次拔用,其所委任最为隆重,视九卿百司不同。盖九卿百司凡事俱奉诏敕遵行,诏敕俱由这两衙门而出,若朕所出诏敕或于事体有妨,或于百姓不便,不论大小,为宰相的都该坚执奏闻,明白指陈,使朕得以省改。近来但觉阿旨顺情,但有诏敕行下,都唯唯答应,苟且过去。万机至繁,朕一人聪明有限,所行诏旨岂能一一都当于理?而卿等绝无有一言谏诤,开陈诏敕之不便者,这等含糊承顺,行到外面,妨政害民,岂是道理!为宰相者,若但在诏敕上署各名字,打发往来

---

① 张四维《条麓堂集》卷十《讲章一·四书》。

文书,则不过是吏胥的职事,哪个人做不得?"张四维由此谈到自己读史的心得:"尝观唐史所载,贞观之世谏诤之臣最多,房玄龄、杜如晦皆一代伟人,岂循默保位者!而太宗因诏敕执奏者少,即切责如此,其求言兴治之切何如也!所以号令纪纲,焕然可述于后世者,岂偶然哉!"①虚心纳谏的皇帝不希望大臣"阿旨顺情"。

皇帝的经筵,除了读经,还要读史,讲读《贞观政要》是有深意的。唐太宗最为难能可贵的是,能够虚心听取臣下的批评意见,也就是所谓善于纳谏。他的谋士魏徵是一个不看皇帝脸色敢讲真话的大臣,提反对意见无所顾忌。唐太宗和魏徵,一个虚怀博纳,从谏如流;一个直言极谏,面折廷诤,形成中国历史上少见的君臣关系和政治风气。这就是被史家津津乐道的贞观之治。张居正和他的同僚选择《贞观政要》作为经筵的教材,大概希望重现这样的太平盛世吧。

另一大臣申时行也有讲章留存,他的儿子申用懋、用嘉为父亲编文集,关于"讲章"有一个说明:"经筵、日讲撰次颇多,录副本藏之东阁,焚毁殆尽,笥中仅仅存此。"数量虽然不多,却也有自己的特色,略举数例于下。

第一条:"仲尼祖述尧舜,宪章文武,上律天时,下袭水土。"

讲解:"这是《中庸》三十章子思称赞孔子的说话。仲尼是孔子的字,祖述是远宗其道,宪章是近守其法,律是法,袭字解做因字。子思说,自有生以来,惟以孔子为至圣。孔子所以为圣之至者,以其能兼备帝王天地之全也。盖古之帝天下者,道莫盛于尧舜,仲尼则远而祖述其道,如博约之训,一贯之旨,都是从精一执中敷衍出来,直接着唐虞以来相传之道统,所以说祖述尧舜。古之王天下者,法莫备于文武,仲尼则近而守其法,如礼乐则从先进,梦寐欲为东周遵守着祖宗的成宪旧章,

<hr>

① 张四维《条麓堂集》卷十一《讲章二·贞观政要·政体》。

不敢自专自用,所以说宪章文武。春夏秋冬运行而不滞者,天之时也。仲尼仰观乎天,便法其自然之运,如可仕可止,可久可速,都随时变通,无所凝滞,就与天道之运行一般,所以说上律天时。刚柔缓急,殊风而异俗者也,地之理也。仲尼俯察于地,便因其一定之理,如居鲁居宋,之齐之楚,都随遇而安,无所不宜,就与地道之奠位一般,所以说下袭水土。"申时行解释了经义之后,联系当下发挥道:"皇上以聪明睿智之资,居治教君师之位,既欲接帝王相传之道统,必当存仲尼好学之诚心,尊所闻,行所知,务造于高明光大之域;诵其诗,读其书,倍加夫讲习讨论之功,内以检束乎心身,外以发挥于政事,将见圣德日新,皇猷允塞。孔子之功虽不见于当时,而其道则大行于今日矣。臣等无任惓惓仰望之至。"①

第二条:"子曰:为政以德,譬如北辰居其所,而众星拱之。"

讲解:"这是《论语》第二篇孔子论治道的说话。政是法制禁令,所以正人之正者;德是行道而有得于心,北辰是天上的北极,拱是向。孔子说,人君以一人之身,宰制万国,统驭万民,要使那不正的人都归于正,必有科条禁令、法制品节以统治之,这个叫做政。然使不务修德以为行政之本,则已身不正安能正人? 民亦将怠玩而不从矣。所以人君为政必要躬行实践,以身为先,如纲纪伦理先自家体备于身,然后敷教以化导天下;纲纪法度先自家持守于上,然后立法以整齐天下,这才是以德为政。如此,则出治有本,感化有机。以己之所有者去责人,人谁不从? 以己之所无者去禁人,人谁不止? 身不出乎九重,而天下百姓自然心悦诚服,率从其教化,譬如北辰居天之中,凝然不动,只见那天上许多星宿四面旋绕,都拱向它,这北辰居其所,就是人君修德于上,恭己南面的一般。众星拱之就是万民观感于下,倾心向化的一般。盖所谓不

---

① 申时行《赐闲堂集》卷三十九《讲章》。

动而敬,不言而信,笃恭而天下平者,正此之谓也。"申时行联系当下发挥道:"盖孔子所谓为政以德者,三代而后惟我圣祖(指太祖高皇帝)足以当之。伏望皇上遵旧章而率由,务修德以立本,饬恭端范,正己率人,自广众大庭至于燕居独处,无非修德之时;自讲学穷理至于纳谏听言,无非修德之事。贤人君子可以辅德者,当任之不疑;玩好逸游足以损德者,当防之于渐。如此则圣德圣政将远媲乎虞周之盛,追扬乎列祖之光矣。"①

讲官们致力于向皇帝讲解《四书》《通鉴节要》《贞观政要》,而皇帝似乎对当代史更感兴趣。他和列祖列宗的态度有所不同,即位伊始就下诏,为建文朝殉节诸臣建庙祭祀,颁布《苗裔恤录》,对他们的后裔给予抚恤,又在南京建立表忠祠,祭祀被杀害的徐辉祖、方孝孺等人。② 看来他对建文帝颇有追怀景仰之情。万历二年十月十七日,讲读完毕后,他在文华殿与张居正等大臣谈起建文帝的事,提出了思虑已久的问题:"闻建文当年逃逸,果否?"

张居正也说不出所以然,便如实回答:"国史不载此事,但先朝故老相传,言建文当靖难师入城,即削发披缁从间道走出。后云游四方,人无知者。至正统间,忽于云南邮壁上题诗一首,有'沦落江湖数十秋'之句。有一御史觉其有异,召而问之,老僧坐地不跪,曰:'吾欲归骨故园。'乃验知为建文也。御史以闻,遂驿召来京。入宫验之,良是。是年七八十矣。莫知其所终。"③

关于建文帝的下落,众说纷纭,莫衷一是。根源就在于,朱棣为了

---

① 申时行《赐闲堂集》卷三十九《讲章》。
② 建文元年,燕王朱棣以"清君侧"为借口,打着"靖难"的幌子,发动武装政变,于建文四年攻陷首都南京。朱棣取而代之,登上皇帝宝座,是为成祖文皇帝。他大开杀戒,建文帝的旧臣齐泰、黄子澄、徐辉祖、方孝孺等人被杀,牵连他们的家族、亲友、门生,有"诛十族""瓜蔓抄"之称。
③ 《明神宗实录》卷三十,万历二年十月戊午。许重熙《嘉靖以来注略》将此事系于万历二年闰十二月。

粉饰政变的合法性,指使臣下篡改历史,掩盖真相,销毁建文时期编纂的《明太祖实录》,重新改写,大肆歪曲建文、永乐之际的历史真相。对已经当了四年皇帝的朱允炆,既不称惠帝,也不称建文帝,改称建文君,无视明朝第二代皇帝的存在,无异于否定了太祖高皇帝亲自指定接班人的合法性。还宣称,建文君由于无脸见人,在宫中自焚而死。颇具讽刺意味的是,朱棣自己并不相信建文帝真的自焚而死,怀疑他已经逃亡,随即派户科都给事中胡濙,以寻访道长张邋遢(张三丰)为幌子,暗中侦查建文帝踪迹,前后达十四年之久。《明史·胡濙传》写道:"惠帝之崩于火,或言遁去,诸旧臣多从者。帝疑之,五年,遣胡濙颁御制诸书,并访仙人张邋遢,遍行天下州郡乡邑,隐察建文帝安在……二十一年还朝,驰谒帝于宣府。帝已就寝,闻(胡)濙至,急起召入,濙悉以所闻对,漏下四鼓乃出。先,濙未至,传言建文帝蹈海去,帝分遣内臣郑和数辈,浮海下西洋。至是,疑始释。"所谓"疑始释",即胡濙报告在西南地区发现了建文帝的踪迹,因而否定了"蹈海去"的传言。

假如朱棣真的相信建文帝已经自焚而死,何必如此兴师动众呢?正如孟森《建文逊国事考》所说:"夫果如横云所言,成祖命中使出其尸于火,已验明的系建文,始以礼葬,则何必疑于人言,分遣胡濙、郑和辈,海内海外,遍行大索,大索至二十余年之久?"[1]逻辑严密的反问,直指朱棣内心深处:公开宣称建文帝自焚而死是为了夺取帝位,暗中派人侦查他的下落是为了防止他东山再起。清朝的史官在编纂《明史》时进退失据,致使建文帝本纪的写法自相矛盾:"都城陷,宫中火起,帝不知所终。燕王遣中使出帝后于火中。越八日壬申葬之。或云:帝由地道出亡。"[2]

夏燮《明通鉴》对这种写法有所非议:"既云'帝不知所终',何以下

---

① 孟森《明清史论著集刊正续编》,河北教育出版社,2000年,第12页。
② 张廷玉《明史》卷四《本纪第四·恭闵帝》。

文又有'出帝后于火中'之语,未免上下矛盾。"他自己的写法就比较合乎逻辑:"上(建文帝)知事不可为,纵火焚宫,马后死之。传言:帝自地道出,翰林院编修程济、御史叶希贤等四十余人从。"根据夏燮的考异,《明史·恭闵帝纪》所说"出帝后于火中"云云,照抄《明成祖实录》,"帝不知所终"云云,则是"野史之说"。他说,明人有关此事的记载,有"数十百种之多",即使收入《四库全书存目》的也有二十多种,大多是说建文逊国以后"为僧之事",而不认为"宫中火起便是建文结局"。① 夏燮的史识,显然比张廷玉领导的史官高明多了。

记载建文帝逃亡事迹的野史,首推他的随行官员史仲彬写的《致身录》、程济写的《从亡随笔》,由于政治忌讳,这两本书难以流传。因此钱谦益认为是万历年间突然冒出来的"伪书"。陈继儒、胡汝亨、文震孟等博学名士为之作序,可见他们并不认为它是"伪书"。张岱《石匮书》写到建文帝逃亡事迹,大量引用《致身录》与《从亡随笔》。他写道:"建文帝出奔事,见史仲彬《致身录》及程济《从亡随笔》。""建文革除事,传疑久,一似耿耿人心者。兹《致身录》出自从亡手,含荼茹苦,自尔真功,其文质而信,怨而不伤,独史氏书也哉,足以传矣。"②

祝允明写于正德六年(1511)的《野记》,早已提及"建庶人(按:永乐以来官方对建文帝的称呼)国破时,削发披缁骑而逸"。到英宗正统年间复出,送回北京,经老太监验证,确凿无疑,"上命迎入大内某佛堂中养之"。③ 嘉靖时官至兵部尚书的郑晓所写《建文逊国记》,对于建文帝逃亡生涯有很详细的记载。比如:写到叛军兵临城下,"诸内臣哗言,不如逊位去。须臾宫中火起,传言帝崩,成祖为发丧治葬……或曰:帝发火宫中,即削发为僧人入蜀。或曰:去蜀未几,入滇南,常往来广西、贵

---

① 夏燮《明通鉴》卷十三《惠帝·建文四年六月乙丑》。
② 张岱《石匮书》卷二《让帝本纪》。
③ 祝允明《野记》卷二。按:祝允明《野记》四卷,收于邓士龙《国朝典故》卷三十一至卷三十四。

州诸寺中。"又如：临危之际，打开高皇帝遗留的红色铁匣的情节，与《致身录》所记相似："或曰：帝之生也，顶颅颇偏，高皇知其必不终，尝匣髡缁之具戒之曰：必婴大难，乃发此。以故遂为僧去。"据他自己说："余好问先达建文时事，皆为余言。"①如果说《致身录》是伪书，那么这些建文帝流亡史事又是从何而来？

但是小皇帝朱翊钧并不把它当作传闻，姑妄听之完事。他兴致十足地追根究底，要张居正把建文帝的题壁诗背给他听。听罢，慨然兴叹，请张居正抄写进览。全诗如下：

> 沦落江湖数十秋，归来白发已盈头。
>
> 乾坤又恨家何在？江汉无情水自流。
>
> 长乐宫中云气散，朝元阁上雨声愁。
>
> 新蒲细柳年年绿，野老吞声哭未休。②

张居正遵命录诗以进，以为是靡靡之音，规劝皇上："此亡国之事，失位之辞，但可为戒，不足观也。臣谨录圣祖皇陵碑及御制文集进览，以见创业之艰难，圣谟之弘远。"③他不愿意小皇帝纠缠于建文帝这个复杂人物，力图把注意力引开。他所说的皇陵碑，就是开国皇帝朱元璋所写的自传体碑文，现仍屹立于凤阳皇陵边上。据说，起先有翰林侍讲学士危素起草，大多粉饰之词，朱元璋很不满意，自己动手用浅白的语言徐徐道来，坦率而生动，读来朗朗上口：

"殡无棺椁，被体恶裳。浮掩三尺，奠何肴浆。"——写家中贫穷，父母病死无法安葬。

---

① 郑晓《建文逊国记》，《吾学编》第十一。
② 《明神宗实录》卷三十，万历二年十月戊午。祝允明《野记》所录此诗，首句作"寥落东南四十秋"。郑晓《建文逊国记》所录题壁诗多首，其中一首为："风尘一夕忽南侵，天命潜移四海心。凤返丹山红日远，龙归沧海碧云深。紫薇有象星还拱，玉漏无声水自沉。遥想禁城今夜月，六宫犹望翠华临。"
③ 《明神宗实录》卷三十，万历二年十月戊午。

"众各为计,云水飘扬。我何作为,百无所长。依亲自辱,仰天茫茫。既非可倚,侣影相将。突朝烟而急进,暮投古寺以趋跄。仰穹崖崔巍而倚碧,听猿啼夜月而凄凉。魂悠悠而觅父母无有,志落魄而佒佯。西风鹤唳,俄淅沥以飞霜。身如蓬逐风而不止,心滚滚乎沸扬。"——写他的流浪生涯,走投无路,只得到皇觉寺(按:原名乌觉寺、於觉寺)当小和尚。

"住方三载,而有雄者跳梁。初起汝颍,次及凤阳之南厢。未几陷城,深高城隍。拒守不去,号令彰彰。友人寄书,云及趋降。既忧且惧,无可筹详。旁有觉者,将欲声扬。当此之际,逼迫而无已,试与知者相商。乃告之曰:果束手以待罪,亦奋臂而相戕。知者为我画计,且默祷以阴阳。如其言往卜,去守之何祥? 神乃阴阴乎有警,其气郁郁乎洋洋。卜逃卜守则不吉,将就凶而不妨。"——写友人劝他投奔红巾军,踌躇再三的经过。[①]

碑文写得颇具个性,读来如见其人,如闻其声,确实是一篇不可多得的奇文。

小皇帝朱翊钧读了,感慨系之,第二天在文华殿向张居正谈了读后感:"先生,《皇陵碑》朕览之数遍,不胜感痛。"张居正乘势引导:"自古圣人受艰辛苦楚,未有如我圣祖者也。当此流离转徙,至无以糊口,仁祖、文淳皇后(按:指朱元璋的父母)去世时,皆不能具棺殓,藁葬而已。盖天将命我圣祖拯溺亨屯,故先使备尝艰苦。正孟子所谓动心忍性增益其所不能者也。故我圣祖自淮右起义师,即以伐暴救民为心。既登大宝,衣浣濯之衣,所得元人水晶宫漏,立命碎之;有以陈友谅所用金床者,即投于火。孝慈皇后(按:指朱元璋发妻马氏)亲为将士补缝衣鞋。在位三十余年,克勤克俭,有如一日。及将仙逝之年,犹下令劝课农桑,

---

① 朱元璋《太祖文集》卷十四《御制皇陵碑》。

244

各处里老、粮长至京师者,皆召见赐官,问以民间疾苦。臣窃以为我圣祖以天之心为心,故能创造洪业,传之皇上。在皇上今以圣祖之心为心,乃能永保洪业,传之无疆。"朱翊钧心领神会,答应道:"朕不敢不勉行法祖,尚赖先生辅导。"①

4. 起居注制度的恢复

起居注是皇帝日常起居言行的记录,汉朝有《禁中起居注》《明帝起居注》,魏晋以来专设著作郎、起居舍人、起居郎等官职,负责编撰起居注。唐宋两代起居注的编撰最为正规,也最详细,成为史官编修正史的资料依据。明朝初年设立起居注官,每天随侍皇帝左右,记录他的言行。洪武十四年(1381),主张以重典驭臣下的太祖高皇帝朱元璋,在废除中书省及丞相制度一年以后,废除了起居注官制度,其意图是不言自明的。此后将近两百年是没有起居注的时代。

为了给新政增光添彩,万历元年(1573)八月,翰林院编修张位向皇帝上疏,主张恢复起居注。他在奏疏中说:"臣闻古者左史记动、右史记言,故当时圣君明臣经世之迹炳然侈于后观。历代建置不同,厥任均重。我祖宗时,尚设起居注官,故《圣政记》《日历》诸书谟烈孔彰,允为昭代启佑之典。后因详定史职,以翰林修撰、编修、检讨专任纪载之事,而起居注遂罢。今国史之员虽设,其名存其实废矣……窃见先朝政事不过櫽括章疏之存者纪之,若非出于诏令,行诸建白,则近者以无据而略,远者以不知而遗。中间精神脉络每有不相联贯,致使圣代鸿猷茂烈郁而未章,非所以媲前徽而光后范也。旧闻史氏中亦有随所睹记暗疏之者,因事无专责,往往中辍。纪载既失其职,徒令野史流传,淆乱失真,甚无谓也。"因此,他建议,先由史官中每日轮值,专门记录皇帝的谕

---

① 《明神宗实录》卷三十,万历二年十月戊午。

旨,以及朝讲、召对、宫禁、游习中的一言一行,兼顾大臣见闻的皇帝言行,各衙门所奏所行的大事。初稿写成后,由阁臣裁定,妥善收藏,以备日后修史参考。[1]

不知什么原因,张位的建议一直到万历三年(1575)二月才提上议事日程。张四维接到内阁转来的张位奏疏,与礼部议论后,支持张位的建议,主张恢复起居注。他说:"国初设起居注,迨后详定官制,乃设翰林院修撰、编修、检讨等官,盖以纪载事重,故设官加详,原非有所罢废。但自职名更定之后,遂失朝夕记注之规,以致累朝以来史文阙略。即如迩者纂修世宗皇帝、穆宗皇帝实录,臣等职在总裁,一切编纂事宜俱遵先朝故事,不过总集诸司章奏,稍加删润,橐括成编。至于仗前注下之语,章疏所不及者,即有见闻,无凭增入。与夫稗官野史之书,海内所流传者,欲事访辑,又恐失实。是以两朝大经大法,虽罔敢或遗,而二圣之嘉谟嘉猷实多所未备。凡此,皆由史臣之职废而不讲之所致也。"[2]有鉴于此,他提出了八项具体举措:

——考礼仪定式,凡遇皇极门常朝,史官站立于文武大臣第一班之后,各科给事中之前,便于就近观听皇上言行。会极门午朝,史官站立于御座东南,专门记录一言一动。如遇郊祀、耕耤、幸学、大阅等典礼,史官跟随记录。如遇经筵、日讲,史官每日轮一人记注起居。

——恢复旧规,内阁题稿及所藏谕札、诏敕等,由两房官员录送史馆;六部等衙门的论奏、题复,应将副本送交内阁,转发史馆。

——起居注必须逐日记载,每日轮日讲官一员,专记起居,兼录谕札、诏敕、册文,以及内阁题稿、留中章疏。至于六部章奏,由资深史官六员,分为二班,一人负责两个部,每月轮流一次。

——史官记录以皇上起居为主,兼及其他事务,以备日后参考。所

① 张位《恳切圣明申饬史职以光新政疏》,《万历疏钞》卷九《史职类》。
② 张四维《乞申饬史职疏》,《条麓堂集》卷八《奏疏》。

贵详核,不妨尽载原文,不必改动文字。但事由始末,月、日先后不能混淆。

——东西四馆,原系史臣编校之所,接近朝堂,记述方便。今后令史官四员在东馆专事记述。

——仿照古代金匮石室收藏谨严流传永久之意,每月设置一小柜,每年设置一大柜,安放于东阁左右房内。史官每月编完草稿,装订七册,一册为起居注,附以谕札等项,六册为六部事迹,写明年月、史官姓名,妥善收藏。

——从现在史官誊录官员中选取勤谨善书者四员,专门誊录秘密文字。另选善书贴吏十二名,专门誊写六部章奏。

——万历二年以前皇上言动起居,以及重大政令,有关大臣耳闻目睹,应该追忆记录;日讲官、史官应将二年以前初政,并力编纂,尽快补完。①

张居正根据礼部的题复,向皇帝请示,恢复祖宗旧制起居注,详细列举八项具体措施:一,分管责成;二,史官侍直;三,纂辑章奏;四,记录体例;五,开设馆局;六,收藏处所;七,誊录掌管;八,补修记注。与张四维所说大同小异,其中一、三、四条说得更为严密周到。

第一条分管责成:"照得史臣之职,以纪录起居为重,顾宫禁邃严,流传少实;堂帘远隔,听睹非真。则何以据事直书,传信垂后?看得日讲官密迩天颜,见闻真的,又每从阁臣之后,出入便殿,即有密勿谋议,非禁秘不可宣露者,阁臣皆得告语之。合令日讲官日轮一员,专记注起居,兼录圣谕、诏敕、册文等项,及内阁题稿。其朝廷政事见于诸司章奏者,另选年深文学素优史官六员,专管编纂。事分六曹,以吏、户、礼、兵、刑、工为次,每人专管一曹,俱常川在馆供事,不许别求差遣,及托故

---

① 张四维《乞申饬史职疏》,《条麓堂集》卷八《奏疏》。

告假等项,致妨公务。"

第三条纂辑章奏:"照得时政所寄,全在各衙门章奏。今除内阁题稿,并所载圣谕、诏敕等项,该阁臣令两房官录送史馆外,其各衙门章奏,该科奉有旨意,发抄到部,即全抄一通,送阁转发史馆。至于钦天监天文祥异,太常寺祭祀日期,各令按月开报。其抄本不必如题奏揭帖格式,但用常行白纸,密行楷书,不论本数多寡,并作一封送入。"

第四条纪录体例:"照得今次纪录,只以备异日之考求,俟后人之删述。所贵详核,不尚文词,宜定著体式。凡有宣谕,直书天语,圣谕、诏敕等项,备录本文。若诸司奏报一应事体,除琐屑无用、文义难通者,稍加删削润色外,其余事有关系,不妨尽载原本,语涉文移,不必改易他字。至于事由颠末、日月先后,务使明白,无致混淆。其间事迹可垂劝诫者,但据直书,美恶自见,不得别以己意,及轻信传闻,妄为褒贬。"

万历三年二月二十日,奉圣旨:"史臣记录时政,我祖宗成宪具存,但近年任此职者因循旷废,遂成阙典,今宜及时修举,卿等既议处停当,都依拟行。"①

皇帝批准以后,起居注制度付诸实施,因此留下了《万历起居注》,如今北京大学出版社把它影印出版,人们可以由此窥知起居注的模样。② 起居注看似官样文章,却在无形中对皇帝的言行起到了约束作用。孙承泽《春明梦余录》说:"一日,神宗顾见史官,还宫偶有戏言,虑外闻,自失曰:'莫使起居闻知,闻则书矣。'起居(注)之有益于主德如此。"③

---

① 张居正《议处史职疏》,《新刻张太岳先生文集》卷三十九《奏疏四》。
② 1988 年 10 月北京大学出版社影印出版《万历起居注》,底本是北京大学图书馆所藏民国抄本。南炳文《影印本〈万历起居注〉主要底本的初步研究》指出,北京大学出版社影印该书时,删去了署名兼山者所写的"识语"。
③ 孙承泽《春明梦余录》卷十三《皇史宬》。

5. "好学之笃"

朱翊钧逐渐明白读书的好处。万历二年十月二十二日,文华殿讲读完毕,他对内阁辅臣说:"今宫中宫女、内官,俱令读书。"这比他的老祖宗高明多了。朱元璋即位后,为了防止宦官干政,不准他们读书识字。其实是愚民政策的延伸。日后宦官势力尾大不掉,出现了王振、刘瑾之流专擅朝政的权奸。问题不在于这些奴才是否识字,而在于皇帝自身。张居正明白个中利害关系,立即表示赞同:"读书最好,人能通古今,知义理,自然不越于规矩。但此中须有激劝之方,访其肯读书学者,遇有差遣,或各衙门有管事缺,即拔用之,则人知奋励,他日人才亦如此出矣。"①

有明一代的很多皇帝对经筵、日讲都很马虎,往往敷衍了事。朱翊钧则不然,根据张居正的安排,每天黎明就到文华殿,听儒臣讲读经书,稍憩片刻,又御讲筵,再读史书,直到午膳后才返回寝宫。每逢三六九日常朝之日,才暂停讲读。如此坚持十年之久。时人惊叹:"主上早岁励精,真可只千古矣。"②

朱翊钧聪明好学,他写的咏月诗颇有"童子功":

> 团圆一轮月,清光何皎洁。
>
> 惟有圣人心,可以喻澄澈。③

他的聪明好学还表现在酷爱书法,写得一手好字。他的书法,起初临摹赵孟頫,以后又学章草。④ 后人传言,文华殿的匾额——"学二帝三王治天下大经大法",是神宗朱翊钧的御笔。《定陵注略》这么说,《明神

---

① 《明神宗实录》卷三十,万历二年十月癸亥。
② 沈德符《万历野获编》卷二《冲圣日讲》。
③ 文秉《定陵注略》卷一《圣明天纵》。
④ 文秉《定陵注略》卷一《圣明天纵》。

宗实录》也这么说。一个少年能写出如此擘窠大字,实属不易。不过,据在内廷当太监多年的刘若愚说,文华殿后殿匾额"学二帝三王治天下大经大法"十二字,"乃慈圣老娘娘御书,后人以为神宗书"。刘若愚还说,文华殿前殿匾额——"绳愆纠谬",也是慈圣老娘娘(朱翊钧生母)御书。① 刘若愚耳闻目睹,他的说法似乎较为可信。即便如此,这一传闻本身已经印证了朱翊钧精于书法。

精于书法的他,还喜欢把自己的书法作品赏赐给大臣。隆庆六年十一月十日,文华殿讲读之后,他突发兴致,当场写了几幅盈尺大字,赏赐给辅臣。给张居正的是"元辅""良臣",给吕调阳的是"辅政"。② 张居正接到皇上的墨宝,激动不已,称赞道:"笔意遒劲飞动,有鸾翔凤翥之形","究其精微,穷其墨妙,一点一画,动以古人为法"。③ 过了几天,朱翊钧又引用《尚书·说命》赞美宰辅大臣词句,写了"尔惟盐梅""汝作舟楫"大字两幅,派文书房太监送到内阁。张居正接到墨宝后,写了奏疏称赞"墨宝淋漓""琼章灿烂"。④

万历二年三月二十五日,朱翊钧当面对张居正说:"朕欲赐先生等及九卿掌印官并日讲官,各大书一幅,以寓期勉之意。先生可于二十五日来看朕写。"到了二十五日,讲读完毕,但见太监手捧泥金彩笺数十幅,皇上在御案上健笔如飞,顷刻间写成大书"宅揆保衡""同心夹辅"各一幅,"正己率属"九幅,"责难陈善"五幅,"敬畏"两幅,每个字都一尺见方。⑤

次日(二十六日)是视朝的日子,早朝后,他郑重其事地命太监在会极门颁发御书。把"宅揆保衡"赐给张居正,"同心夹辅"赐给吕调阳,

---

① 刘若愚《酌中志》卷十七《大内规制纪略》。
② 《明神宗实录》卷七,隆庆六年十一月壬辰。
③ 张居正《谢御笔大书疏》,《新刻张太岳先生文集》卷三十七《奏疏二》。
④ 张居正《再谢御书疏》,《新刻张太岳先生文集》卷三十七《奏疏二》。
⑤ 《明神宗实录》卷二十三,万历二年三月庚子。

"正己率属"九幅赐给六部、都察院、通政司、大理寺的掌印官,"责难陈善"五幅赐给日讲官,"敬畏"两幅赐给正字官。① 张居正称颂皇上,"翰墨之微","臻夫佳妙","二十余纸,八十余字,咄嗟之间,摇笔立就。初若不经意,而锋颖所落,奇秀天成"。②

于慎行作为身临其境的官员,对此也赞不绝口,他写道:"上初即位,好为大书,内使环立求书者常数十纸,而外廷臣僚得受赐者,惟内阁、讲臣数人而已。所赐江陵(张居正)如'弼予一人'、'永保天命'、'尔惟麴蘖'、'汝作盐梅'、'宅揆保衡'及'捧日精忠',堂阁之扁不可数计。字画遒劲,鸾回凤舞,濡毫挥洒,顷刻而成。时圣龄十余岁矣。一日谓相君曰:朕欲为先生书'太岳'二字。相君曰:主臣不敢。上乃已。甲戌(万历二年)四月,内赐辅臣江陵张公居正'宅揆保衡'四字,桂林吕公调阳'同心夹辅'四字,六卿'正己率属'各一,讲臣六人'责难陈善'各一。时,行(按:'行'系于慎行自称)尚未与讲,六人者学士丁公士美、宫坊何公洛文、陈公经邦、许公国、学士申公时行,及翰撰王公家屏也。丙子(万历四年)殿读张公位及行补入讲幄。一日,上顾相君曰:'新讲官二人尚未赐与大字。'相君曰:'惟上乘暇挥洒。'一日,内使濡墨以俟,上遂大书二幅,赐位(张位)及臣行(于慎行),字画比赐诸公者稍大,而老成庄劲又若胜前岁者。盖御龄已十五矣。"③

张居正也并不是一味吹捧。早在写"宅揆保衡"时,他就委婉地指出,写字并非帝王要务:"上幸向意文字,即操觚染翰,非帝王要务,亦无不究极精微,动以古人为法,臣知所以事上矣。"④万历二年闰十二月十七日,讲读完了,朱翊钧召张先生至暖阁,挥笔写了"弼予一人永保天

---

① 《明神宗实录》卷二十三,万历二年三月辛丑。
② 张居正《谢御笔大书疏》,《新刻张太岳先生文集》卷三十八《奏疏三》。
③ 于慎行《谷山笔麈》卷二《纪述二》。
④ 《太师张文忠公行实》,《新刻张太岳先生文集》卷四十七。

命"八个大字,赐给张先生。张居正抓住时机批评皇上,过分热衷于书法大不可取。他先是肯定皇上留心翰墨成效可嘉,超过了前代帝王;接下来话锋一转,说:"帝王之学,当务其大者。"提醒他不要本末倒置。然后列举汉成帝通晓音律,又能吹箫度曲;六朝的梁元帝、陈后主,以及隋炀帝、宋徽宗、宋宁宗等,都能文善画,然而无救于乱亡。有鉴于此,他规劝道:"宜及时讲求治理,以圣帝明王为法。若写字一事,不过假此以收放心,虽直逼钟、王,亦有何益?"①话说得直截了当,毫不客气,显示了这位铁腕人物的性格。许重熙记载张居正这段话后,写了小皇帝的反应:"上颔之",虚心接受张先生的批评。②

万历八年(1580),内阁辅臣为了让皇上集中精力于朝政,不再沉迷于书法,要儒臣将累朝宝训、实录副本分门别类摘编,以供皇上阅读。他们指出:"皇上春秋鼎盛,宜省览章奏,讲究治理,于字书小学不必求工。以后日讲,请暂免进字,容臣等将诸司题奏紧要事情,至御前讲解,面请裁决,伏奉谕旨……臣等谨属儒臣,将累朝宝训、实录副本逐一检阅,分类编摩。总计四十款:曰创业艰难,曰励精图治,曰勤学,曰敬天,曰法祖,曰保民,曰谨祭祀,曰崇孝敬,曰端好尚,曰慎起居,曰戒游佚,曰正宫闱,曰教储贰,曰睦宗藩,曰亲贤臣,曰去奸邪,曰纳谏,曰理财,曰守法,曰警戒,曰务实,曰正纪纲,曰审官,曰久任,曰重守令,曰驭近习,曰待外戚,曰重农,曰兴教化,曰明赏罚,曰信诏令,曰谨名分,曰却贡献,曰慎赏赍,曰敦节俭,曰慎刑狱,曰褒功德,曰屏异端,曰饬武备,曰御夷狄。虽管窥蠡测之见,未究高深,而修德致治之方亦已略备矣。但简册浩繁,遽难卒业,容臣等次第纂辑,陆续进呈,拟俟明岁开讲。"③如此繁忙的朝廷政务,如此沉重的讲读课业,皇帝朱翊钧当然不可能

① 《明神宗实录》卷二十三,万历二年闰十二月丁亥。
② 许重熙《嘉靖以来注略》卷七,万历二年冬十月。
③ 陈建、沈国元《皇明从信录》卷三十四,万历八年十二月。

沉迷于书法了。

不过,他的书法却日趋完美。万历年间的举人沈德符(字景倩,又字虎臣,浙江嘉兴人),对"今上御笔"推崇备至:"今上自髫年即工八法,如赐江陵(张居正)、吴门(申时行)诸公堂匾,已极伟丽,其后渐入神化。幼时曾见中贵人所捧御书金扇,龙翔凤翥,令人惊羡。嗣后,又从太仓相公(王锡爵)家,尽得拜观批答诸诏旨,其中亦间有改窜,运笔之妙有颜柳所不逮者。真可谓天纵多能矣。"①由此一斑也可见朱翊钧并非一般王孙公子无所事事之辈,英年才华横溢。万历二十一年(1593),内阁首辅王锡爵仰慕皇上书法精妙,敦请赐字,有幸得到御笔大字。此后,他不再以书法赏赐大臣。②

朱翊钧不仅书法精妙,对诗词书画鉴赏也有浓厚的兴趣与学养。清初学者朱彝尊《静志居诗话》记前朝逸闻,透露出若干信息:"宋制,祖宗翰墨储藏于玉堂之署,观陈骙《中兴馆阁前后录》,道君墨迹俱存,此康誉之得题'年年花鸟无穷恨,尽在苍梧夕照中'之句也。迨元,而奎章、宣文之阁,旧典不改。明则藏之大内,词臣未由睹矣。万历九年,帝御文华殿,宣召入直史臣五人,文端(王家屏)居首,其余修撰则沈公懋孝、张公元忭,编修则刘公元震、邓公以赞也。既进见,示以景陵(宣宗)御笔'玄兔图',圈以淡墨,作满月胎,上有桂子垂枝,下藉软草,兔居其中,并臻妙境。谕诸臣题诗于轴并得用私印识之。阅三日,诗成进御,自首辅张文忠(居正)外,凡三十有五人。当日讽咏优游,不事促迫,彩花银叶,赐予便蕃。自永宣以来,词林盛事,遇此罕矣。"③君臣之间的闲情逸致、诗画雅兴,居然在万历年间再度重现,映衬着盛世的太平气象。

---

① 沈德符《万历野获编》卷二《今上御笔》。
② 沈德符《万历野获编》卷二《今上待冯保》。
③ 朱彝尊《静志居诗话》卷十五《王家屏》。

三　皇帝大婚与张居正归葬

1. 皇帝大婚

朱翊钧一天天长大,万历四年五月间,他开始束发。古代男孩成童时束发为髻,因而束发就是成童的代称。对于已经是皇帝的朱翊钧而言,束发大礼是宫廷的一项重要仪式。

束发大礼之后,宫中着手皇上大婚的筹备工作。承运库太监崔敏等人为了皇上大婚需用金珠宝石之类,援引先例,要户部加紧采买。张居正推行财政紧缩政策,主张节省宫中不必要的开支,政府各部门都遵循这一原则办事。户科都给事中光懋(字子英,号吾山,山东阳信人)上疏驳回承运库太监的请求,他说,各边军费及修河、开海、蠲赈都要大笔开支,皇上大婚所需金珠宝石,照例应由主管宫内财务的内府负责,而户部是主管国家财政,供给军国之需的机构;要户部为宫内采买金珠宝石,不合章程。户部主官也持这种观点,向皇上建议:"拟如光懋所言。"皇帝不同意户科与户部的意见,按照承运库太监的请求,命户部采买大婚所需金珠宝石。[①]

朱翊钧一如乃父,常常标榜自己"躬行俭约",不过是装点门面而已。万历四年某一天,他来到文华殿讲读,撩起身穿的龙袍问张先生:此袍何色?张居正回答:青色。他立即纠正,不是青色而是紫色,因为穿久了褪色成这个样子。张居正本来就主张节俭,乘机规劝皇上:既然

---

① 《明神宗实录》卷五十一,万历四年六月丁丑。

容易褪色,请少做几件。世宗皇帝的衣服不尚华靡,只取其耐穿。每穿一袍,不穿到破旧绝不更换。而先帝(穆宗)则不然,一件新衣服穿一次就不要了。希望皇上以皇祖(世宗)为榜样,如果节约一件衣服,那么民间百姓几十人就有衣可穿;如果轻易丢弃一件衣服,那么民间就有几十人要挨冻。朱翊钧原本是借穿旧衣标榜自己节俭,不料张先生发了一大通议论,只能点头称是。① 但是,他对于大婚采买金珠宝石的巨额开支,却毫不吝啬。根据户部报告,为了皇上大婚采买各色珍珠重达八万两,足色黄金二千八百两,九成色黄金一百两,八成色黄金一百两。② 委实是一笔不小的开支,不过并非宫廷内府支出,而是户部的国库支出的。

为了迎接大婚,兴师动众地把乾清宫(皇帝寝宫)修缮一新。不久,宫中传出两宫皇太后的旨意,要重修她们的处所慈庆宫和慈宁宫,表面上说"修理见新,只做迎面",实际是要大兴土木。张居正委婉地说明,慈庆宫、慈宁宫万历二年时曾经大修,巍崇隆固,彩绚辉煌,距今还不到三年,壮丽如故,不必重修。况且日前工部和工科官员屡次提及"工役繁兴,用度不给",皇上也有圣旨:"以后不急工程一切停止。"如果现在无端开工,岂不显得皇上不讲信用!朱翊钧不得已接受劝谏,转告皇太后,命文书房太监口传圣旨:"先生忠言,已奏上圣母停止了。"③

万历五年正月,朱翊钧的嫡母仁圣皇太后、生母慈圣皇太后宣谕礼部,为皇上选婚——选择皇后。八月初四日,两宫皇太后鉴于已选定锦衣卫指挥使王伟长女为皇后,传谕礼部:大婚之时一应礼仪,要该部会

① 《明神宗实录》卷五十七,万历四年十二月庚寅。
② 张居正《请停内工疏》,《新刻张太岳先生文集》卷四十《奏疏五》。《明神宗实录》卷六十二,万历五年五月戊申。
③ 张居正《请停内工疏》,《新刻张太岳先生文集》卷四十《奏疏五》。《明神宗实录》卷六十二,万历五年五月戊申。

同翰林院议定。①

八月初六日钦天监遵旨报告：选择大婚吉期，宜用十二月。张居正以为今年十二月似嫌太早，明年十二月又嫌太迟，请求两宫皇太后准予更改。但是钦天监这个专管观察天象、推算节气的机构，颇多迷信，一口咬定："一年之间，只利十二月，余月皆有碍。"张居正一向对天变吉凶之类不甚相信，对钦天监的推断不以为然。他认为，帝王之礼，与士人庶民之礼不同，不必拘泥于时日禁忌的民间俗尚。他坦率地说："臣居正素性愚昧，不信阴阳选择之说。凡有举动，只据事理之当为，时势之可为者，即为之，未尝拘混时日，牵合趋避。"正巧，皇太后的意思也以为明年二三月举行大婚较妥。张居正便建议选择二三月，不迟不早，最为协中。② 当天，文书官传皇太后谕旨："先生说的是，今定以明年三月。"次日，皇帝也降旨："朕奉圣母慈谕，着于明年三月内择吉行礼。"③皇帝的大婚吉期就这样定了下来。

皇帝的大婚礼仪十分烦琐。先期须向即将成为皇后的女子进行纳采问名礼，而且得有元老重臣作为正副使节前往女方家中行礼。礼部遵照皇上旨意，决定由英国公张溶为正使，大学士张居正为副使。张居正还在服丧期间，一直是青衣角带入阁办公，不适宜参与吉庆大典。皇帝也知道张先生有所顾虑，特地差文书官丘得用向他口传太后的慈谕："这大礼还著元辅一行，以重其事。"又要丘得用传达自己的旨意："忠孝难以两尽。先生一向青衣角带办事，固是尽孝，但如今吉期已近，先生还宜暂易吉服在阁办事，以应吉典。出到私宅，任行服制。"正月十七日，他特地派文书官给张先生送去吉服——坐蟒、胸背蟒衣各一袭，说

---

① 《明神宗实录》卷六十五，万历五年八月己未。《明史·后妃传》记载："神宗孝端皇后王氏，余姚人，生京师，万历六年册立为皇后。性端谨，事孝定太后（神宗生母），得其欢心。"
② 张居正《奏请圣母裁定大婚吉期疏》，《新刻张太岳先生文集》卷四十《奏疏五》。
③ 《明神宗实录》卷六十五，万历五年八月辛酉。

是圣母赏赐的,要元辅张先生正月十九日起,身穿吉服入阁办事。①

不料,此事遭到户科给事中李涞(字源甫,号养愚,江西雩都人)的反对:张居正丁忧守制,有丧在身,不宜任副使。他振振有词地说:"皇上之留居正,固以军国重事,不可无社稷臣,大婚副使与经国筹边不同。况肇举大礼,以守制者行之,将事违其宜,非所以观。乞别荐大臣任使,以光盛典。"②这话说得不无道理,只是有点不合时宜,皇帝很不高兴。他当即命文书官拿了李涞的奏疏和自己的手札,送到内阁,请张先生过目。手札类似便条、信函,不比圣旨,行文比较随意,充分显示皇帝的个性。手札写道:"昨李涞说,大婚礼不宜命先生供事。这厮却不知出自圣母面谕朕,说先生尽忠尽不的孝。重其事,才命上公、元辅执事行礼,先生岂敢以臣下私情违误朝廷大事!先朝夺情起复的,未闻不朝参、居官、食禄,今先生都辞了,乃这大礼亦不与,可乎?看来,今小人包藏祸心的还有,每遇一事,即借言离间。朕今已鉴明了,本要重处他,因时下喜事将近,姑且记着,从容处他。先生只遵圣母慈命要紧,明日起暂从吉服,勿得因此辄事陈辞。"③

张居正接到李涞的奏疏与皇帝的手札后,当天(正月十八日)立即请皇上另派大臣充当副使。这种自谦,不过是应付舆论的姿态,其实他心中早已接受了这一委任,对李涞之流的议论不屑一顾。他在给皇上的奏疏中写道:"伏念臣前者具奏,遵旨暂留,原以大礼期近,图效犬马微劳,以终顾命之重。然亦自知服色不便,不可与执事、辱大典。乃蒙天语谆谆,传示圣母慈谕,谓先朝旧典,凡大婚纳采问名,发册奉迎,皆用班首勋臣及内阁首臣将命。又委曲谕臣,暂易吉服从事。盖圣母与

---

① 《明神宗实录》卷七十一,万历六年正月庚午。《万历起居注》,万历六年正月十八日。
② 《明神宗实录》卷七十一,万历六年正月庚午。
③ 《万历起居注》,万历六年正月十八日。张居正《请别遣大臣以重大礼疏》,《新刻张太岳先生文集》卷四十一《奏疏六》。

皇上以腹心手足待臣,实与群臣不同。故凡国家大事,皆欲臣为之管领,而臣亦妄信其愚,不敢以群臣自处。凡可以抒忠效劳者,皆不避形迹,不拘常礼,而冒然以承之。且士民之家,其父母有大喜庆事,为子孙者,亦不敢以己之私忌,而违父母之使命,况事关君父,而臣又臣子之最亲信者乎?然此实非外臣之所能窥,众人之所可谕也。"①他强调的是,自己与群臣不同,乃是圣母与皇上的腹心手足,任何事情都可以不避形迹、不拘常礼地尽忠效劳。皇帝在他的奏疏上批示道:"只遵奉圣母慈命,勿以小人之言自阻。"②于是张居正便从正月十九日起,遵旨身穿皇太后赏赐的吉服入阁办公,与往昔毫无异样地参与一切吉庆大典。

随着大婚日子的临近,朱翊钧生母慈圣皇太后,向张居正提出即日起从乾清宫搬回慈宁宫的想法。为了表示郑重起见,慈圣皇太后差司礼监随堂太监张鲸、慈宁宫管事太监谨珂,一同到张居正私第,传达她的慈谕:"皇帝大婚在迩,我当还本宫,不得如前时,常常守着看管。恐皇帝不似前向学勤政,又累圣德,为此深虑。先生亲受先帝付托,有师保之责,此别不同。今特申之,故谕。外赐坐蟒、蟒衣各一袭,彩缎八表里,银二百两,用示惓惓恳切至意。"③张居正捧读慈谕之后,不由得想起当年皇上即位时,圣母欲迁居慈宁宫的往事。当时正是他劝圣母留在乾清宫的,他曾说:皇上年龄还小,圣母慈驾还是暂时居住乾清宫,与皇上朝夕相处为好,俟皇上大婚之后,再移居也来得及。圣母接受了这一建议,与皇上同住在乾清宫暖阁。阁中两床东西相向,太后与皇上对榻而眠。太后对皇帝朝夕"守着看管",管束极严,规定宫女三十岁以下者不许在皇帝左右供事;每日视朝、讲读之后,立即返回乾清宫侍奉圣母;除非得到许可,不得迈出殿门一步;饮食起居都有节度,小有违越,即当

---

① 张居正《请别遣大臣以重大礼疏》,《新刻张太岳先生文集》卷四十一《奏疏六》。
② 《明神宗实录》卷七十一,万历六年正月庚午。
③ 张居正《谢皇太后慈谕疏》,《新刻张太岳先生文集》卷四十一《奏疏六》。

面谴责。因此，朱翊钧即位以来多年，举动没有大的过失，仍保持着莹粹纯真的秉性。故而《起居注》说："实赖母后训迪调护之功。"①耳提面命，无异于垂帘听政。一晃几年过去了，慈圣皇太后遵照前议，要搬回慈宁宫去了，希望张先生能够担当起首辅兼帝师的双重职责，代他看管好皇帝。

张居正一向对慈圣皇太后很尊重，接到慈谕后，立即向太后致谢。追怀当年先帝付托的情景，悲感交集，对太后倾心教育小皇帝给予高度评价："仰赖我圣母天笃慈仁，躬亲教育，居则同宫，寝则对榻。使非礼之言不得一闻于耳，邪媒之事不敢陈于前。凡面命耳提，谆谆教戒，不曰亲近贤辅，则曰听纳忠言；不曰怀保小民，则曰节省浮费。盖我圣母之于皇上，恩则慈母也，义则严师也。"②这些话并非吹捧，事实确是如此。所以当皇太后提出迁回本宫时，他颇感踌躇，不能违背当年的承诺，便提出一个折中方案：今日暂回慈宁宫，明日仍返回乾清宫与皇上同处，待到册立皇后之后，再定居慈宁宫，有一个过渡时期。慈圣皇太后接受了这一建议。③

正月二十七日，皇帝朱翊钧在皇极殿隆重宣布："以都督同知王伟长女为皇后，遣英国公张溶、大学士张居正持节，行纳采问名礼。"④纳采问名礼是古代婚礼程式的第一步。据《大唐开元礼》规定，按照儒家六礼的原则，有纳采、问名、纳吉、纳征、请期、亲迎六个步骤。纳采，原意为纳其采择，由男方派使者到女方送求婚礼物。纳采那一天，使者公服执雁来到女家门口，女方主人出迎，入门升堂，使者授雁，以雁为贽，取其顺阴阳往来之义。纳采礼毕，使者回到门外，执雁问名——询问女方姓名。女方家长再次迎使者入内，

① 《万历起居注》，万历六年正月二十一日。
② 张居正《谢皇太后慈谕疏》，《新刻张太岳先生文集》卷四十一《奏疏六》。
③ 《明神宗实录》卷七十一，万历六年正月癸酉。
④ 《明神宗实录》卷七十一，万历六年正月己卯。

设酒宴招待。

皇帝的纳采问名礼极为隆重。预先要选择日子,祭告天地、宗庙。到了纳采问名那一天,在奉天殿设皇帝御座,鸿胪寺官员两班站立。皇帝御座前设置节案、制案,供置符节、制书。内官监与礼部把纳采问名的礼物陈列于文楼下,教坊司则在殿内布置中和乐的乐队、乐器。到了那天早晨,锦衣卫在丹陛丹墀安排卤簿(仪仗),礼部陈列礼物于丹陛上,内官监设采舆(轿子)于奉天门外,教坊司设大乐于奉天门内。奏乐,钟鼓齐鸣,鸿胪寺官员请皇帝升殿。皇帝头戴衮冕身穿龙袍来到奉天殿,按照常仪升座,身穿朝服的文武官员叩头,分左右站立。执事官员引导正使、副使行四拜礼,执事官把节案、制案安置到丹墀中道。这时由传制官宣读制书:兹选取某官某女为皇后,命卿等持节行纳采问名礼。正副使节取符节、制书,放入采舆中,仪仗队、乐队前导,从中门中道前行,出大明门外,正副使节把朝服更换为吉服,骑马前往皇后府第行礼。礼官宣布:奉旨建后,遣使行纳采问名礼。正副使节捧符节、制书先行,主婚人随行,在正堂放下制书、符节,然后行礼。正使宣读纳采制书,授予主婚人,主婚人转交执事者,执事者把它置于北案左面;副使宣读问名制书,授予主婚人,主婚人转交执事者,执事者把它置于北案右面。执事者取答问名表授予主婚人,主婚人把它授予正使,行礼毕,正副使退出,把答问名表置于采舆中。主婚人出大门外,向正副使致辞,正副使再次入内。酒宴完毕,主婚人送正副使之大门外。一行人等在正副使带领下,经由大明门进至奉天门外,把答问名表、符节交给司礼监太监,捧入复命。纳采问名礼宣告结束。[①]

慈圣皇太后是一位负责的母亲,当她即将离开乾清宫时,特地在二

---

① 万历《大明会典》卷六十七《礼部二十五·婚礼一·皇帝纳后礼·纳采问名》。

月初二日给将要完婚的儿子发去一道谕旨："说与皇帝知道,尔婚礼将成,我当还本宫。凡尔动静食息,俱不得如前时闻见教训,为此忧思。尔一身为天地神人之主,所系非轻。尔务要万分涵养,节饮食,慎起居,依从老成人谏劝。不可溺爱衽席,任用非人,以贻我忧。这个便可以祈天永命,虽虞舜大孝不过如此。尔敬承之,勿违。"①张居正从皇帝那里看到皇太后的慈谕,大为感动:"臣等俯而捧读,仰而叹曰:大哉,我圣母之训乎!龟鉴药石,不足以喻其明切也。渊哉,我圣母之德乎!明德宣仁,不足以为之比伦也。"随即劝谏皇帝:"子于父母,必服从其教训,不贻父母之忧,乃为至孝。况我皇上一身承祖宗基业之重,为天地神人之主,比之士民之家,其所关系宁止万倍……大婚礼成之后,视朝讲学,比前更宜勤敏。至于晏息幸御,有望万分保爱,万分撙节。必存兢业,俨如圣母之在前;身服教言,恒若慈音之在耳。"②朱翊钧明白,圣母离开乾清宫,已将日后管教的责任托付给了首辅兼帝师的张先生,所以向他表示:"朕当惓惓服膺,尚赖卿等朝夕诲纳。"③

与此同时,慈圣皇太后还发出两道谕旨。一道给内夫人(乾清宫宫女领班)等:"说与夫人、牌子(乾清宫管事太监)知道,我今还宫,皇帝皇后食息起居,俱是尔等奉侍,务要万分小心,督率答应的并执事官人,勤谨答应,不可斯须违慢。如皇帝皇后少违道理,亦须从容谏劝,勿得因而阿谀,以致败度败礼。亦不可造捏他人是非,暗图报复恩怨。如有所闻,罪之不恕。"④另一道给司礼监掌印太监冯保:"说与司礼监太监冯保等知道,尔等俱以累朝耆旧老成重臣,冯保又亲受顾命,中外倚毗,已非一日。但念皇帝冲年,皇后新进,我今还本宫,不得如前时照管。所赖尔等重臣,万分留心,务引君于当道,志于仁义。倘一切动静之间,不由

① 《万历起居注》,万历六年二月二日。《明神宗实录》卷七十二,万历六年二月癸未。
② 张居正《乞遵守慈谕疏》,《新刻张太岳先生文集》卷四十一《奏疏六》。
③ 《明神宗实录》卷七十二,万历六年二月癸未。
④ 《万历起居注》,万历六年二月二日。《明神宗实录》卷七十二,万历六年二月癸亥。

于理,不合于义,俱要一一劝谏,务要纳之于正,毋得因而顺从,致伤圣德。尔等其敬承之勿替。"①

就在这一天(二月初二日),皇帝在皇极殿宣布:聘都督同知王伟长女为皇后,派遣定国公徐文璧、大学士吕调阳、张四维等,举行纳吉纳征告期礼。纳吉,即男方把问名占卜的好结果通知女方。纳征,也称纳币,即男方把聘礼送给女方。告期,也称请期,男方占卜得结婚吉日,把日期通知女方。纳吉纳征告期礼,大致与纳采问名礼相似,所不同的是,纳吉纳征告期的礼物更多。根据《大明会典》记载,纳采问名礼物如下:

　　　玄纁苎丝四段　　金一百两　　花银八百两　　珍珠五样

　　　苎丝八十匹　　大红线罗四匹　　白生土纱四匹

　　　各色熟绢八十匹　　绵胭脂一百个

　　　蜡胭脂二两(用金盒二个)　　珠儿粉十两

　　　(另有"开合":丝、绢、羊、猪、鹅、茶、酒、白米、白面、圆饼等)

纳吉纳征告期礼物如下:

　　　玄纁苎丝四段　　玉谷圭一支　　金龙珠翠燕居冠一顶

　　　燕居服素夹四件　　大带各色线罗四条　　玉革带一条

　　　玉花采结绶一副　　玉佩玎珰一副　　玉云龙霞帔坠头一个

　　　金钑花钏一双　　金素钏一双　　金连珠镯一双

　　　首饰一副　　珠面花二副　　翠面花二副

　　　四珠葫芦环一双　　八珠环一双　　排环一双

　　　玉禁步一副　　青素苎丝滴真珠描金云龙舄一双

　　　珠翠花四朵　　蜡胭脂二两(金合二个)　　金镶合香串一副

_____

① 《万历起居注》,万历六年二月二日。《明神宗实录》卷七十二,万历六年二月癸亥。

金八百两　　花银二千六百两　　宝钞二千锭

白绵五十斤　　五样珍珠二十八两　　苎丝八十匹

银丝纱八十匹　　素线罗八十匹　　大红素线罗八匹

熟绫八十匹　　妆花绒锦四十段　　白生阔土纱八匹

各色熟绢二百八十匹　　各色衣服七十件　　各色被六床

白绢卧单四条　　裁剩苎丝纱罗锦二束

朱红漆戗金皮箱三十对　　翟服匣一座　　朱红漆柳箱二对

擎执官人用衣帽等件九十六件　　马十二匹

（另有"开合"：丝、绢、羊、猪、鹅、酒、茶、圆饼、白面等）①

二月初八日，十六岁的朱翊钧按照传统举行"上巾礼"（加冠礼），是大婚前必不可少的一项礼仪。按照祖宗旧制，前一天内官监太监就在奉天殿正中布置御冠席，又在南面设立冕服案、香案、宝案。是日，举行隆重而烦琐的仪式，按部就班，百官拱手加额，高呼"万岁万岁万万岁！"待到仪式完毕，典仪官、侍仪官宣布礼毕，皇帝起身离开，乐声大作，百官依次退出。皇帝改服通天冠、绛纱袍，入宫拜谒皇太后。②

二月十九日，皇帝在皇极门宣布：派遣英国公张溶、大学士张居正等捧制敕册宝，前往皇后府第，举行奉迎礼，宣读册立皇后册书。一应仪式举行后，皇后登上采舆，在奉迎仪仗队、乐队前行，司礼监太监拥导，正副使节随行，一行人等从大明门中门入，文武百官在承天门外迎候。皇后采舆至午门外，钟鼓齐鸣，正副使节以节授司礼监官，先入复命。捧册宝官捧册宝，伞扇仪仗女乐前导，宫人拥护皇后采舆由奉天门进内庭幕次。皇后出采舆，由西阶进，皇帝由东阶降迎，揖皇后入内殿。内侍请皇帝至更服处，换上冠冕；女官请皇后至更服处，换上礼服，在奉

---

① 万历《大明会典》卷六十七《礼部二十五·婚礼一·纳采问名礼物、纳吉纳征告期礼物》。
② 万历《大明会典》卷六十三《礼部二十一·冠礼一·皇帝冠礼》。

天殿行礼后,进入皇后宫中。①

接下来要举行合卺礼。《礼记·昏仪》说"合卺而酳",经学家孔颖达解释,把一个瓠分为两个瓢,称为卺,丈夫、妻子各执一瓢,舀酒漱口,就是所谓合卺。后来把婚礼雅称合卺,典出于此。不过皇帝皇后的合卺礼,要讲究多了。太监先在正宫殿内设皇帝座于东,皇后座于西,在帝后座位正中稍南设置酒案,上面放着四个金爵和两个卺盏。待皇帝、皇后拜谒奉先殿后,内侍与女官请皇帝皇后各就更服处,皇帝换上皮弁服,皇后也更衣,来到内殿。女官取金爵酌酒呈上,帝后饮毕,女官以卺盏酌酒,帝后合和进酒。礼毕,帝后再到更服处,换上常服。②

二月二十日,帝后一起举行朝见两宫皇太后礼。

二十一日早晨,皇帝身穿冕服,皇后身穿礼服,一起前往两宫皇太后处,举行谢恩礼。谢恩礼毕,皇帝来到皇极殿,把册立中宫(皇后)之事诏告天下。③

二十二日,皇帝大婚礼成,接受文武百官上朝庆贺。与此同时,皇帝传旨:"册立刘氏为昭妃,杨氏为宜妃,礼部具仪,择日来闻。"④

三月初三日,皇帝在皇极殿宣布:派遣徐文璧、杨炳持节,吕调阳、张四维捧册,举行册立昭妃、宜妃仪式。⑤

三月初四日,以皇帝大婚礼成,吏部遵旨加两宫皇太后尊号:仁圣皇太后为仁圣懿安皇太后,慈圣皇太后为慈圣宣文皇太后,祭告天地、宗庙、社稷。⑥ 朱翊钧从此开始了新的宫闱生活,他的生母慈圣皇太后也由乾清宫搬回慈宁宫,从台前走向了幕后。慈圣皇太后李氏是一位

---

① 万历《大明会典》卷六十七《礼部二十五·婚礼一·皇帝纳后仪·发册奉迎》。
② 万历《大明会典》卷六十七《礼部二十五·婚礼一·皇帝纳后仪·合卺》。
③ 《明神宗实录》卷七十二,万历六年二月辛丑、二月壬寅。
④ 《明神宗实录》卷七十二,万历六年二月癸卯。
⑤ 《明神宗实录》卷七十三,万历六年三月甲寅。
⑥ 《明神宗实录》卷七十三,万历六年三月乙卯。

了不起的女性,她全力支持张居正推行新政,功不可没。

清初史家万斯同对她赞誉有加:"大学士张居正以帝方十岁,请慈圣太后留居乾清(宫),护视起居,慈圣从之。敕帝从居正受学,用其言,以三六九日视朝,余日御文华殿讲读。而太后亦于宫中课帝如严师,夜则与帝对榻而寝。当视朝日,五更辄先起,至帝榻呼曰:帝起! 令左右掖之坐,取水为额面,拥以登舆。退朝则时训以亲贤、纳谏、爱民、惜费,及御讲筵,入令效讲官进说于前,以验其识否。帝在宫中读书,或少怠,必令长跪责数之,中外夹待甚严,故帝鲜有失德。太后凡居乾清(宫)七年,以帝将昏,当还御慈宁(宫),然心殊念帝,谕之曰:'大孝之道在节饮食、慎起居、毋溺袵席、毋用匪人,以祈天永命。'又传谕居正曰:'皇帝乍离予侧,大惧勤学听政不克如初,先生尚朝夕纳诲,辅成其德,用终先帝付托,钦哉!'居正顿首受命,上疏太后言:'臣敢不殚厥愚忠,对扬休命,然外臣不知内事,伏惟太后陛下,还宫之后,调护圣躬,开导圣学,终始勿替,幸甚。'……当是时,太后以天下委居正,而居正不避嫌怨,务举祖宗法度以禁切上下,虽于太后未尝少假。尝有诏厚赐太后父武清伯伟,居正引祖制力争,且言:'孝在无违,而必事之以礼;恩虽无穷,而必裁之以义。贵戚之家不患不富,患不知节富而循礼,富乃可久,故越分之恩非所以明厚,逾涯之请非所以自保。'……太后初不以为忤,且愈益任之。居正所以得展才略,内修政事,外策疆场,一变文武恬熙之习。万历十年中,兵强国富,令行禁止,号为治平者,太后力也。"①这样的赞誉,并非溢美之词,显示了史家独有的眼光。如果说,万历新政是张居正与慈圣皇太后协力促成的,也不为过。

2. 张居正返乡安葬亡父

万历六年二月二十八日,皇帝大婚礼成,张居正向皇帝递上《乞归

① 万斯同《明史》卷一百五十一《列传二·后妃下·穆宗皇后李氏》。

葬疏》，要求请假返乡安葬亡父。他回顾道："臣于去年九月二十五日闻臣父忧，屡疏乞请回籍守制，未蒙俞允，仰荷圣恩特遣司礼监官为臣父造葬，降谕慰留，至再至三。臣不得已，奏乞暂遵谕旨，辞俸在京守制，乃候大婚礼成，再请归葬……今赖圣明在上，中外事体帖然底定，倘蒙天恩垂悯，慨然允臣回籍终制，固为万幸矣。若皇上必欲留臣驱使，俾竭其驽骀之力，则愿乞数月之假，候尊上圣母徽号礼成之后，星驰回籍，送臣父骨归土，即依限前来供职，以毕臣惓惓图报之忠。臣得了此一念，剖心裂肝，死无所恨。"① 皇帝不同意，回答说："卿受遗先帝，辅朕冲年，殚忠宣劳，勋猷茂著。兹朕嘉礼初成，复奉圣母慈谕，惓惓以朕属卿，养德保躬，倚毗方切，岂可朝夕离朕左右！况前已遣司礼监官营葬，今又何必亲行？宜遵先后谕旨，勉留匡弼，用安朕与圣母之心，乃为大忠大孝。所请不允。"②

二十九日，张居正再次上疏乞求归葬，疏文写得十分恳切："痛念先臣生臣兄弟三人，爱臣尤笃。自违晨夕，十有九年，一旦讣闻，遂成永诀。生不得侍养焉，殁不得视含焉，今念及此，五内崩裂……数月以来，志意衰沮，形容憔悴，惟含恸饮泣，屈指计日，以俟嘉礼之成，冀以俯遂其初愿耳……比得家信，言臣父葬期择于四月十六日。如蒙圣慈垂怜，早赐俞允，给臣数月之假。俟尊上两宫圣母徽号礼成，即星驰回籍，一视窀穸（墓穴），因而省问臣母，以慰衰颜。倘荷圣母与皇上洪庇，臣母幸而康健无病，臣即扶侍同来。臣私念既遂，志意获纾，自此以后，当一心一虑服勤终身，死无所憾。是今虽暂旷数月，而后乃毕力于终身。皇上亦何惜此数月之假，而不以作臣终身之忠乎？"③

皇帝被他的真情感动，批准了归葬请求，不过要他限期返京，圣旨

---

① 张居正《乞归葬疏》，《新刻张太岳先生文集》卷四十二《奏疏七》。
② 《万历起居注》，万历六年二月二十八日。
③ 张居正《再乞归葬疏》，《新刻张太岳先生文集》卷四十二《奏疏七》。

写道:"朕勉留卿,原为社稷大计倚毗深。至览卿此奏,情词益迫,朕不忍固违,准暂回籍襄事。还写敕差文武官各一员护送。葬毕,就着前差太监魏朝敦趣上道,奉卿母同来,限五月中旬到京。"①

皇帝批准张居正归葬,却始终不放心,三月十日派司礼监太监王臻到张居正府第,一是赏赐路费银五百两,二是请他对朝政大事有所关照,三是希望他按时返回。王臻当面递交了皇上的手谕,那上面写着:"朕大礼甫成,倚毗先生方切,岂可一日相离!但先生情词迫切,不得已准暂给假襄事,以尽先生孝情。长途保重,到家少要过恸,以朕为念,方是大孝。五月中旬,就要先生同母到京,万勿迟延,致朕悬望。又,先生此行,虽非久别,然国事尚宜留心。今赐先生'帝赉忠良'银记一颗,若闻朝政有阙,可即实封奏闻。"②流露了对张先生的无限信任,要他在江陵家中遥控朝政。

三月十一日,是皇帝在文华殿讲读的日子,张居正前去向皇帝当面辞行。在文华殿西室君臣之间有一场颇动感情的对话。

张居正说:"臣仰荷天恩,准假归葬。又特降手谕,赐路费银两、表里及银记一颗。臣仰戴恩眷非常,捐躯难报。"

皇帝说:"先生近前来些。"张居正走到御座前,皇帝又说:"圣母与朕意,原不肯放先生回,只因先生情词恳切,恐致伤怀,特赐允行。先生到家事毕,即望速来。国家事重,先生去了,朕何所倚托?"

张居正叩头感谢说:"臣之此行,万非得已。然臣身虽暂违,犬马之心,实无时刻不在皇上左右。伏望皇上保爱圣躬,今大婚之后,起居食息尤宜谨慎。这一件是第一紧要事,臣为此日夜放心不下,伏望圣明万分撙节保爱。又,数年以来,事无大小,皇上悉委之于臣,不复劳心。今后皇上却须自家留心。莫说臣数月之别,未必便有差误。古语说:一日

---

① 《万历起居注》,万历六年二月二十九日。
② 《万历起居注》,万历六年三月十日。《明神宗实录》卷七十三,万历六年三月辛酉。

二日万几。一事不谨,或贻四海之忧。自今各衙门章奏,望皇上一一省览,亲自裁决。有关系者,召内阁诸臣,与之商榷停当而行。"

皇帝说:"先生忠爱,朕知道了。"

张居正说:"臣屡荷圣母恩慈,以服色不便,不敢到宫门前叩谢,伏望皇上为臣转奏。"

皇帝说:"知道了,长途保重,到家勿过哀。"

张居正不胜感恋,竟伏地哭泣,说不出话。

皇帝劝慰说:"先生少要悲痛。"话未说完,自己也哽咽流涕。

张居正见此情景,赶忙叩头告退。只听得皇上对左右侍从说:"我有好些话,要与先生说,见他悲伤,我亦哽咽,说不得了。"随即特遣文书官太监孙斌、暖阁牌子太监李忠,赏赐张先生食品八盒。

皇帝把这些话告知圣母,圣母也感到悲痛,差管事牌子太监李旺,赏赐张先生银八宝六十两,又传慈谕:"先生行之后,皇上无所倚托。先生既舍不得皇帝,到家事毕,早早就来,不要待人催取。"①

皇帝与张居正之间,除了严肃的君臣关系之外,还多了一份师生亲情,成年累月在一起探讨朝政,相得甚欢。一旦张先生离去,皇帝实在舍不得。一则他身边确实少不得张先生,二则新政正在展开,张先生离开之后唯恐有变。慈圣皇太后也有类似担心,所以叮嘱张先生早日返回。

三月十三日,皇帝照例视朝,特地命司礼监太监张宏到京郊为张先生饯行,赏赐甜食二盒、干点心二盒。张居正朝紫禁城方向叩头祗领,辞别代表皇帝的太监张宏,以及前来送行的同僚,踏上了归乡之路。②

他的归葬之行,排场非同一般。在浩浩荡荡的随从与护卫人员的

---

① 张居正《召辞纪事》,《新刻张太岳先生文集》卷四十二《奏疏七》。
② 张居正《谢遣官郊饯疏》,《新刻张太岳先生文集》卷四十二《奏疏七》。《明神宗实录》卷七十三,万历六年三月甲子。

簇拥下,气势不凡,衣锦荣归。一路上摆出"我非相,乃摄也"的显赫架势,不仅有尚宝司少卿郑钦和锦衣卫指挥佥事史继书护送,还有戚继光派来的,装备了火铳和弓箭的士兵保镖。真定知府钱普非常善于拍马溜须,特地为他赶制了一顶特大的轿子,当时人形容为"如同斋阁"——就像活动的房子。它的前半部是起居室,后半部是卧室,旁边有走廊,童子在左右侍候,为之挥扇焚香。"八抬大轿"与它相比,简直是小巫见大巫。如此豪华至极的庞然大物,要三十二个人才能扛得起来,名副其实的三十二抬大轿。这个真定知府钱普深知张居正对美食很是讲究,专门为他找来一名无锡厨师,博得张居正的欢心。

许重熙写道:"真定守钱普创为步舆,以媚居正。前轩后寝,二童子侍,挥箑炷香,用卒三十二人舁之。又能为吴馔,居正食而甘之。"①王世贞写得更加具体生动:"居正所坐步舆,则真定守钱普创以供奉者,前为重轩,后寝室,以便偃息。旁翼两庑,庑各一童子侍立而左右侍,为挥箑炷香,凡用卒三十二舁之。始所过州邑邮牙,盘上食水陆过百品,居正犹以为无下箸处。而真定守无锡人,独能为吴馔,居正甘之曰:'吾行路至此,仅得一饱。'此语闻,于是吴中之善为庖者召募殆尽,皆得善价而归。"②张居正沿途下榻之处,地方官使出浑身解数,千方百计搜罗山珍海味,来款待这位内阁首辅,他竟然说:没有下箸处。只有钱普的无锡厨师做的菜,使他满意,于是地方官纷纷寻觅无锡厨师,让他大快朵颐,一时成为人们街谈巷议的话题。

或许有人以为这是野史的道听途说,其实不然,官方的邸报亦有些微透露:"居正乞假归葬,途中为安舆,舁者卒百人,仪从率数百人,俨然乘舆。时锡人为真定守,极意供张,得其欢。"③

---

① 许重熙《嘉靖以来注略》卷七,万历六年三月。
② 王世贞《嘉靖以来首辅传》卷七《张居正传》。张岱《张居正列传》,《石匮书》卷一百六十六,所写相同。
③ 钱一本《万历邸钞》万历六年戊寅卷,三月甲子。

有一插曲颇值得一提。张居正归葬途中,路过河南新郑县,高拱得到消息,抱病赶来迎接,两人抱头痛哭。张居正到了江陵老家后,写信给高拱,一诉衷肠:"相违六载,只于梦中相见,比得良晤,已复又若梦中也。别后归葬,于四月抵舍,重辱遣奠,深荷至情,存殁唧感,言不能喻。使旋,草草附谢,苦悸恂切,不悉欲言,还朝再图一披对也。"①葬礼完毕,回京途中经过新郑,张居正专程拜访高拱。回京后,又写信问候:"比过仙里,两奉晤言,殊慰夙昔,但积怀未能尽吐耳。承教二事,谨俱祗领,翁第专精神厚自持,身外之事不足萦怀抱也。"②两人之间真的捐弃前嫌了吗? 假如真的话,这大概是所谓政治家风度吧! 于慎行的一则随笔,或许可以窥探一些信息:"新郑(高拱)既为江陵(张居正)所逐,罢归里中,又有王大臣之构,益郁郁不自安。一日遣一仆入京取第中器具,江陵召仆,问其起居,仆泣诉:'抵舍病困,又经大惊,几不自存。'江陵为之泣下,以玉带器币杂物可值千金,使仆赍以遗之。又新郑家居,有一江陵客过,乃新郑门人也,取道谒新郑,新郑语之曰:'幸烦寄语太岳(张居正),一生相厚,无可仰托,只求为余荆市一寿具,庶得佳者。'盖示无他志也。万历戊寅(六年)江陵归葬,过河南,往视新郑,新郑已困卧不能起,延入内,相视而泣云。"③这是一种解释,而另一种解释的视角有所不同。王世贞说:"高拱之逐,其自出居正,而有王大臣狱,居正复与发而旋救之。(高)拱既内恨刺骨,而畏其权与文深,又不能不外示戚。居正始归葬,道新郑,(高)拱已病若痱,故为笃状,舆诣居正,抚之乃大哭,谓:'往者几死冯珰(冯保)手,虽赖公活,而珰意尚未已,奈何?'居正笑曰:'珰念不至此,且有我在,无忧也。'居正归,而(高)拱意其不即召,使使贿太后父武清伯谋代之。武清伯纳其贿,不得间。居正既入而知之,

① 张居正《答高中玄相公(三)》,《新刻张太岳先生文集》卷三十四《书牍》。
② 张居正《答高中玄相公(四)》,《新刻张太岳先生文集》卷三十四《书牍》。
③ 于慎行《谷山笔麈》卷四《相鉴》。

诮让良苦。(高)拱既失贿,而知其泄,忧悒发疾死。"①

3."朝廷大事俱暂停以待"

张居正归葬时,内阁中还有吕调阳、张四维,又新进了马自强、申时行,它的运转应该不成问题。按照惯例,位居第二的吕调阳理应代行首辅的职务。但是皇帝并没有这样的打算,三月十五日他下了一道手谕给吕调阳等人,告诫他们,一切国家大事不得擅作决定。手谕写道:"一切事务都宜照旧,若各衙门有乘机变乱的,卿等宜即奏知处治,大事还待元辅来行。""有大事毋得专决,仍驰驿之江陵,听张先生处分。"②这道手谕,一方面显示了皇帝支持张居正推行新政的决心,不允许各衙门乘机变乱新政;另一方面,也表露了他对内阁第二把手吕调阳的不甚信赖。王世贞谈到朝廷大事要驰驿到江陵请张居正决策,评论道:"人谓古称伴食同事则有之,未有伴食于三千里外者。以调阳、四维当拂衣,而调阳独怏怏不乐,然未能果也。"③这对于吕调阳而言,着实相当难堪。他领旨后,立即表态:"遇有事情重大,费处分,亦先奏闻皇上,待居正至日定议请行。"④不过他内心很苦闷,由他推荐入阁的马自强,不受张居正待见;张四维、申时行都是张居正的亲信,因此,他不过是摆设,或者如王世贞所说的"伴食同事"而已。

此时,恰巧辽东捷报传到京师,皇帝归功于张居正调度有方,撇开吕调阳,派使者快马加鞭赶到江陵,请张居正拟定赏赐条例。此事让吕调阳内惭之极,既然自己可有可无,不如干脆请辞。何况他身体确实不佳,既有肺病,又有足疾,便于四月十一日再次向皇上提出辞呈,这是他

---

① 王世贞《嘉靖以来首辅传》卷七《张居正传》。
② 《明神宗实录》卷七十三,万历六年三月丙寅。王世贞《嘉靖以来首辅传》卷七《张居正传》。
③ 王世贞《嘉靖以来首辅传》卷七《张居正传》。
④ 《明神宗实录》卷七十三,万历六年三月丙寅。

第六次上疏"乞归"了。皇帝不想让他这时辞去,劝他继续留任,派御医为他治病。吕调阳去意已决,一直到第十次"乞归",才获得恩准。吴国伦为他写的"行状",对于他"乞归"的原因,说得冠冕堂皇:"会病肺久,而足又患痿,徙履渐不自胜。顾恐一日负主,未忍言去。至戊寅(万历六年)秋,公(吕调阳)见皇上年日盛,学日新,朝政次第修举,又自度病寖剧,恐归不及首丘,喟然叹曰:'帷幄非病臣素食地也!'因上书乞骸骨。书屡上,上屡固留之,而求去益力,书至十上,乃得请。上徐遣御医视药,行人(行人司官员)护行。"他为人颇为正派,正如吴国伦所说:"生平深沉简谅,内辨而色温,于人不轻喜怒,事不轻可否,而人亦无所用其间"。① 这样的人,在张居正内阁中显得可有可无,离去是迟早的事。

四月十六日,张居正之父张文明的棺材葬入太晖山,那是皇帝敕赐的坟地。既然皇太后、皇帝都如此重视首辅之父的葬礼,各级地方官岂敢怠慢! 参加葬礼的官员,有皇帝派来营葬的司礼监太监魏朝、工部主事徐应聘,有专程前来谕祭的礼部主事曹诰,有护送张居正的尚宝司少卿郑钦、锦衣卫指挥佥事史继书,以及已经晋升刑部右侍郎的湖广巡抚陈瑞、抚治郧阳都御史徐学谟,还有一些司道官和府州县官。总之,当地的官员几乎全部到齐,不但行礼,而且送礼,史家轻描淡写一句"赙遗不可胜记,光彩倾远迩"②,已可窥知其中的奥妙了。

葬礼已毕,照理应该启程返京了。张居正考虑到正值酷暑,老母年迈,难耐旅途炎热,写信给皇帝,请求推迟归期:"今葬事已竣,即宜遵奉前旨,同臣母星驰赴阙,图报国恩。但臣母今年七十有三,一向多疾,去年痛臣父殁,旧疾转增。今年正月间,伏枕数日,饮食顿减,此司礼监太

---

① 吴国伦《光禄大夫柱国建极殿大学士少傅兼太子太傅吏部尚书赠太保谥文简豫所吕公调阳行状》,焦竑《国朝献征录》卷十七《内阁》。
② 王世贞《嘉靖以来首辅传》卷七《张居正传》。张岱《张居正列传》,《石匮书》卷一百六十六。

监魏朝所亲见……奈今天气渐暑,道路阻修,高年多病之躯,岂能跋涉二三千里之远……惟祈圣慈俯赐宽限,容臣暂停至八九月间,天气凉爽,扶侍臣母一同赴京。"[1]

皇帝接到奏疏,明确表示不得宽限,派文书官到内阁传谕:"朕日夜望其早来,如何又有此奏?"内阁、六部、都察院等部门官员有鉴于朝廷大政暂停运转,纷纷请求皇上敦促张居正尽快返京。皇帝当即发出圣旨:"朕日夜望卿至,如何却请宽限?着留先差太监魏朝,待秋凉伴送卿母北来,卿宜作速上道,务于五月终到京,以慰朕怀,方是大忠大孝。便写敕差锦衣卫堂上官一员,星夜前去催来,勿再迟延。"[2]

五月十六日,锦衣卫指挥佥事翟汝敬奉旨赶到江陵张府,宣读皇帝敕谕:"朕念卿孝心恳切,不忍固违,暂准回籍襄事,限五月中旬回京。实非得已。自卿行后,朕惓惓注念,朝夕计日待旋。兹览来奏,复请宽假,欲待秋凉,奉母同来,殊乖朕望。兹特命锦衣卫指挥佥事翟汝敬驰驿星夜前去,守催起程。卿母既高年畏热,着先差太监魏朝留待秋凉,伴送来京。卿可计日兼程就道,务于五月末旬回阁办事。"为了表示对张先生的尊重,皇帝让翟汝敬捎去他的亲笔手书:

> 元辅张先生:自先生辞行之后,朕心日夜悬念,朝廷大事俱暂停以待。今葬事既毕,即宜遵旨早来,如何又欲宽限?兹特遣锦衣卫堂上官赍敕催取。敕到,即促装就道,以慰惓惓。先生老母畏热难行,还着太监魏朝将先生父坟未尽事宜再行经理,便候秋凉护送先生老母同来。先生宜思皇考付托之重,圣母与朕眷倚之切,早来辅佐,以成太平之治。[3]

---

① 张居正《请宽限疏》,《新刻张太岳先生文集》卷四十二《奏疏七》。
② 张居正《奉御还朝疏》,《新刻张太岳先生文集》卷四十二《奏疏七》。
③ 张居正《奉御还朝疏》,《新刻张太岳先生文集》卷四十二《奏疏七》。

如此再三严词催促,张居正岂敢怠慢,当即于五月二十一日起程北上。

虽然是"更服墨缞",依然是声势显赫,所过之处,地方官都亲自迎送,行长跪礼,并且身为前驱开道。路经襄阳,襄王也破例迎候,为张居正设宴接风。按照当时惯例,虽然位居元老重臣,谒见藩王时,也要执臣礼。张居正还不具备公侯头衔,见到襄王时仅执宾主之礼,不过作一长揖而已;宴请时,还位居上座。^① 这在当时实属罕见。按照礼仪,皇帝出行到藩王境内,藩王须出迎拜谒。但也有不少例外,武宗勋猷频繁,均未见藩王出迎拜谒之事。只有嘉靖十八年,世宗出巡游承天府,预先敕谕路近藩王出城候驾。于是赵王迎于磁州,汝王迎于卫辉,郑王迎于新郑,徽王迎于钧州,唐王迎于南阳。大明旧制规定,藩王非迎驾及扫墓,不许出城一步。唯独此次张居正路过,襄王、唐王都出城迎谒,而且宾主倒置,不是张居正行朝见伏谒之礼,而是襄王、唐王以奉迎为幸事。当时人议论纷纷,以为张居正"僭忲至此,安得不败!"^②据王世贞说,还有一件怪事:"江陵(张居正)归葬毕,两道请阅操。吉服上座,一用总督军门礼,花红赏赉,累赐百金。亦桑梓间怪事也。"^③张岱说得更为具体:"既葬毕,兵备副使与分守关帅,约请居正阅操,用大帅礼。居正欣然许之,改服上所赐蟒绣以御。礼成,大出其金帛,劳使加等。"^④内阁首辅盛装阅兵,自然也是"僭忲"之举,张居正居然安之若素。

回京途中遇到滂沱大雨,耽搁了一些时日。张居正赶到北京城郊时,已是六月十五日。皇帝特命司礼监太监何进在真空寺设宴接风,何进口传皇上谕旨:"若午时分进城,便着张先生在朝房稍候,朕即召见于

① 张岱《张居正列传》,《石匮书》卷一百六十六。
② 沈德符《万历野获编》卷四《亲王迎谒》。
③ 王世贞《觚不觚录》,《弇州史料后集》卷三十九。
④ 张岱《张居正列传》,《石匮书》卷一百六十六。

平台。若未时分进城，着先生迳到宅安歇，次日早，免朝召见。"①足见皇帝对张先生企盼之心切，无怪乎他要再三催促。

4. "臣不以天下之重任自任而谁任耶?"

六月十六日一早，文武百官列班迎接张居正入朝。皇帝在文华殿西室召见张先生，不过小别三月，似乎久别重逢，亟待诉说衷肠。君臣之间进行了多年罕见的长谈。

皇帝先开口："先生此行，忠孝两全了。"

张居正答谢："臣一念乌鸟私情，若非圣慈曲体，何由得遂? 感恩图报之忱，言不能宣，惟有刻之肺腑而已。"

皇帝说："暑天长路，先生远来辛苦。"张居正叩头谢恩，并为违限超假向皇上请罪。

皇帝安慰道："朕见先生来，甚喜，两宫圣母亦喜。"

张居正也表达了对皇上与太后的挂念："臣违远阙庭，倏忽三月，然犬马之心未尝一日不在皇上左右。不图今日重睹天颜，又闻圣母慈躬万福，臣不胜庆忭。"

皇帝说："先生忠爱，朕知道了。"接着转换话题，问道："先生沿途见稼穑何如?"

张居正报告了经过河南、畿辅(河北)等地麦子丰收，稻苗茂盛。

皇帝又问："黎民安否?"

张居正答："各处抚按有司官来见，臣必仰诵皇上奉天保民至意，谆谆告诫，令其加意爱养百姓，凡事务实，勿事虚文。臣见各官兢兢奉法，委与先年不同。以是黎民感德，皆安生乐业，实有太平之象。"

皇帝又问："今边事何如?"

---

① 张居正《谢遣官郊迎疏》，《新刻张太岳先生文集》卷四十二《奏疏七》。

张居正答:"昨在途中,见山西及陕西三边督抚、总兵官,具有密报,说虏酋俺答(蒙古鞑靼部首领)西行,为挨落达子(蒙古瓦剌部)所败,损伤甚多,俺答仅以身免。此事虽未知虚实,然以臣策之,虏酋真有取败之道。夫夷狄相攻,中国之利,此皆皇上威德远播,故边境义安,四夷宾服。"说完便叩头称贺。鞑靼、瓦剌是明朝北边大患,隆庆年间,按照高拱、张居正的建议,对鞑靼实行封贡互市,封俺答为顺义王,加以笼络。

皇帝随即表扬道:"此先生辅佐之功。"

张居正乘势引导皇上,切不可轻视俺答,仍应封贡如初:"虏酋若果丧败,胡运从此当日衰矣。但在我不可幸其败而轻之。盖圣王之制夷狄,惟论顺逆,不论强弱。若其顺也,彼势虽弱,亦必抚之以恩;若其逆也,彼势虽强,亦必震之以武。今后乃皇上扩并包之量,广复育之仁,戒谕边臣,益加恩义。彼既败于西,将依中国以为固,又恐乘其敝而图之。若我抚之不改初意,则彼之感德益深,永为藩篱,不敢背叛。此数十年之利也。"

皇帝听了很高兴,再三首肯:"先生说的是。"

要谈的话差不多了,皇帝为了表示关怀,说:"先生沿途辛苦,今日见后,且在家休息十日了进阁。"随即赏赐银一百两、苎丝六表里、新钞三千贯、羊二只、酒二瓶、茶饭一桌、烧割一份,还吩咐司礼监太监张宏引导张先生到慈庆宫、慈宁宫,朝谒两宫圣母。①

九月十五日,张居正母亲赵氏在司礼监太监魏朝伴护下,抵达京郊。皇帝特命司礼监太监李佑到郊外,两宫皇太后也派太监前往郊外,迎接慰劳。② 稍事休息后,魏朝陪同张母进城。一路上,仪从煊赫,路人

---

① 张居正《谢召见疏》,《新刻张太岳先生文集》卷四十二《奏疏七》。《明神宗实录》卷七十六,万历六年六月丙申。
② 《明神宗实录》卷七十九,万历六年九月癸亥。

围观如堵。三天后,皇帝和皇太后命太监前往张府,赏赐张母金银珠宝等大量礼物。

这一切是何等的恩宠,何等的荣耀!皇帝、皇太后对张母如此恩礼有加,如此亲如家人,实为君臣关系所罕见。正如史书所说,皇帝、皇太后对待张母,"几用家人礼"。[①] 对待皇亲国戚的恩礼,与之相比,也有所不及,处处流露出皇帝与首辅的关系非同寻常。

还在张居正归葬江陵时,皇帝收到户部员外郎王用汲(字明受,福建晋江人)弹劾张居正的奏疏。这篇题为《乞察总宪欺罔以重正气以彰国是疏》,从张居正归葬时官员之间的纠葛写起,名义上是弹劾都察院都御史陈炌,实则是指责张居正喜好阿谀奉承,排斥异己,专擅朝政。

事情的缘由是这样的:张居正为父亲举行葬礼,湖广的各级官员都到了,唯独湖广巡按御史赵应元(字文宗,号仁斋,陕西泾阳人)不来,张居正心中怏怏不快,虽未显露出来,还是被他的门客现任佥都御史王篆察觉到了。不久,赵应元接到新的任命,托病推辞。王篆迎合张居正的意思,嘱咐都察院左都御史陈炌指责赵应元有意规避,使得赵应元遭到除名的处分。王用汲获悉后不胜愤慨,向皇上递交奏疏,澄清事实真相。

王用汲在奏疏中说:臣近读邸报,内叙四月十六日张居正葬父于太晖山之原,湖广官员毕集,独巡按御史赵应元不见。数月后,赵应元因病乞休,都御史陈炌求悦辅臣,参论赵应元托病欺罔。由此追究下去,他以为皇上只知其一不知其二:"陛下但见(陈)炌之论劾赵应元恣肆任情,巧为规避,即罢黜之有余辜也,至其意之所从来,不为其事,而为其人;不为此事,而为他事。陛下安得而知之。如旧岁星变示警,奉旨考

① 张廷玉《明史》卷二百十三《张居正传》。

察,所以应天变也,而不知所以惩抑者半为不附宰臣之人。姑举最著者云之。翰林习孔教则以进士邹元标之故,礼部张程则以御史刘台之故;刑部浮躁独多于他部,则以艾穆、沈思孝之故;而所往来尤密者,主事蔡文范也;考后分转赵志皋则以吴中行、赵用贤之故……臣不意陛下以其消灾弭变之举,而仅为宰臣酬恩报怨之私,不但宰臣,而凡附宰臣者,亦窃得各酬其私矣。"下面几句话是全文的关键,分量最重:"臣谓今天下事事私矣,人人私矣,独陛下一人公耳。陛下又不躬自听断,而委政于众所阿奉之元辅。是以大臣益得成其私,而无所顾忌;小臣益苦于私,而无所控告,其势不得不奔走乎私门矣!"这里所说的"众所阿奉之元辅",与前面所说的"辅臣""宰臣",都是直指张居正的。这个王用汲真是锋芒毕露,批评了张居正之后,又批评起皇帝来了:"以陛下之圣智,何不日取庶政而勤习之,大小章奏务躬自省览,孰公孰私,孰便孰不便,陛下先以意可否焉,然后宣付辅臣,俾再商榷。可则行之,未可则票拟复请";"威福者陛下所当自出也,乾纲者陛下所当独揽也,一寄之于人,不谓之旁落,则谓之倒持矣"!①

王用汲分明是在暗示已经大婚的皇上应该亲政,不要大权旁落,不要太阿倒持,不要让张居正继续专擅朝政。不仅抨击了张居正,也嘲讽了皇帝,实在有点肆无忌惮了。幸亏当时张居正还在江陵,吕调阳卧病在家,由比较温和的张四维拟旨,从轻发落,将王用汲革职为民。皇帝虽然十分恼火,只得同意张四维的意见,亲笔写了一道谕旨:"都御史总司风纪,御史不法,得以指实参治,此是祖宗宪制。赵应元差回,既托疾乞休,明系蔑视法纪,岂可置之不问?朕特斥之,这厮乃敢逞肆浮词,越级妄奏,好生怀奸比党,挠乱国是。本当重处,故从轻,着革了职为民。

---

① 王用汲《乞察总宪欺罔以重正气以彰国是疏》,《万历疏钞》卷六《国是类》。钱一本《万历邸钞》,万历六年戊寅卷,五月壬寅。

再有这等的,并这厮重治不饶。"①

张居正回京看到奏疏时,王用汲已经处分完毕,他以为处分太轻,迁怒于张四维,严词厉色,怒火中烧。② 还在余怒未消之时,他意气用事地写了奏疏递给皇上。在奏疏中,他一语道明:"(王)用汲之言,阳为论(陈)炌,实阴攻臣也。"然后逐条批驳,这在张居正的奏疏中实属罕见,他一向对批评他的人以高屋建瓴的姿态予以反击,从不纠缠于细节。这次一反常态,逐一辩解,明显地流露出被动招架的样子。一则说,"臣看得(王)用汲疏中,为臣前葬父事毕谢恩疏,无御史赵应元名;谓臣有所憾于应元,而(陈)炌阿附臣意,遂因其称病而纠之。此大诬也"。再则说,"又谓旧岁以星变考察,其所惩者半为不附宰臣之人,此又大诬也"。然后触及他最为敏感的话题,说:"然此二端,皆借言也,至末后一段谓,皇上当独揽朝纲,不宜委政于众所阿奉之元辅,此则其微意所在,乃陷臣之机阱也。"他引用历史上明君委政于良相的事例,有点激动地写道:"复国之安危,在于所任,今但当论辅臣之贤不贤耳。使以臣为不贤耶,则当亟赐罢黜,别求贤者而任之;如以臣为贤也,皇上以一身居于九重之上,视听翼为,不能独运,不委之于臣而谁委耶? 先帝临终,亲执臣手,以皇上见托。今日之事,臣不以天下之重任自任而谁任耶?"③

他所说的,"不委之于臣而谁委耶?""臣不以天下之重任自任而谁任耶?"未免太过于自信,太过于目空一切,尽管皇帝对他十分信任,一切朝政都委托他全权处理,但是皇帝毕竟已经完婚,已经成年。张居正再以天下舍我其谁的口气讲话,很容易引起皇帝的反感。这一层,张居正在志得意满之际是不会仔细考虑的。不过透过王用汲奏疏,他隐约

---

① 钱一本《万历邸钞》,万历六年戊寅卷,五月壬寅。
② 万斯同《明史》卷三百二十四《王用汲传》。
③ 张居正《乞鉴别忠邪以定国是疏》,《新刻张太岳先生文集》卷四十三《奏疏八》。

看到一些官员对他的不满情绪。这种倾向他看得很透彻,向来置之不理,这次却有点惶惶然了,需要皇上出来帮他讲几句话。皇上一如既往地支持他:"奸邪小人假公伺隙,肆为谗谮者,累累有之。览奏,忠义奋激,朕心深切感动。今后如再有讹言诪张,挠乱国是的,朕必遵祖宗法度,置之重典不宥。"①

此后虽然不再有类似王用汲那样的"谗谮",但张居正已逐渐感到压力,这位一向不屈不挠的铁腕人物,心中开始生出"乞休"的念头。无奈时机还不成熟,皇上的耕耤礼、谒陵礼还未举行,怎忍言去!

四　"惴惴之心无一日
不临于渊谷"

1. 耕耤礼

随着皇帝朱翊钧步入成年,传统的耕耤礼提上了议事日程。

先秦时代,天子的公田称为耤田,为了表示对社神(土地神)、稷神(谷物神)的崇拜,为了表示对农业生产的重视,天子定期举行耕种耤田的礼仪。《诗经·噫嘻》就是周成王举行耕耤礼所唱的乐歌。在春天降临大地之际,天子在群臣陪同下,亲自到耤田上操起农具耕田,以期告诫农官要勤于王田上的农事。这种习俗代代相传,到了明朝,完全成了有名无实的礼仪形式。

洪武二年(1369),太祖高皇帝祭祀先农后,太常卿奏请皇帝在耕耤

---

① 《万历起居注》,万历六年六月二十二日。

位南向而立,三公以下的高级官员各就各位,户部尚书向皇帝进耒耜(古农具),太常卿导引皇帝手持耒耜在土地上推三下,谓之"三推"。户部尚书跪受耒耜,皇帝复位,南面坐。然后由三公"五推",尚书"九推",各退就位。太常卿高唱礼毕,导引皇帝还宫。接下来应天知府与上元、江宁两县知县,率领庶人,把耤田耕种完成。朝廷在先农坛举行宴会,慰劳百官耆宿。①

永乐年间迁都北京后,耕耤礼更为隆重。祭祀先农毕,皇帝来到耤田处,户部尚书捧鞭跪进,教坊司官员率领乐队奏乐,皇帝举行"三推"礼毕,至仪门升座,乐声大作,观看三公九卿耕耤,教坊司上演大乐、百戏,皇帝退回殿内,在音乐伴奏下进汤进膳。顺天府官员率领耆老人等谢恩,百官行礼,赐百官酒饭。乐队先奏"本太初之曲",再奏"仰大明之曲",三奏"民初生之曲",鸿胪寺官员宣布礼毕,皇帝回宫。②

礼部根据祖宗旧制,题请皇上于万历七年(1579)二月二十五日举行耕耤礼。不巧得很,十七岁的皇帝朱翊钧正月出疹,视朝、讲读都暂免,在宫中服药静摄。③鉴于这种特殊情况,张居正向皇帝提议:"出疹之后,最忌风寒,伏望善加珍摄,耕耤之礼改于明岁举行。"④

皇帝出疹,引起皇太后的不安。笃信佛教的慈圣皇太后为此向菩萨许愿:待皇帝身体康复后,要举办法会超度僧众。不久,文书官口传慈圣皇太后慈谕:"前因何事出疹,曾许僧人于戒坛设法度众。今圣躬万安,宜酬还此愿。"张居正不信这一套,也不想在宫中搞什么佛事法会,找了个借口回奏太后:"窃惟戒坛一事,奉有世宗皇帝严旨禁革,彼时僧人聚集以数万众,恐有奸人乘之,致生意外之变,非独败坏风俗而已。隆庆以来僧徒无岁不冀望此事,去年四月间,游食之徒街填巷溢,

---

① 万历《大明会典》卷五十一《礼部九·耕耤》。
② 万历《大明会典》卷五十一《礼部九·耕耤》。
③ 《明神宗实录》卷八十三,万历七年正月庚午。
④ 《明神宗实录》卷八十四,万历七年二月丙子。

及奉明旨驱逐,将妖僧如灯置之于法,然后敛戢。今岂宜又开此端!"①既然张先生如此说,太后也只好作罢。

皇帝身体康复后,根据礼部建议,于万历七年(1579)三月初九日恢复视朝。这是他病后首次视朝。前一天,他派文书官到内阁告诉张先生:"朕明日御朝,切欲与先生一见,奈先生前有旨,不在朝参之列,明日未朝之时,先于平台召见。"②

次日黎明,皇帝祭告奉先殿后,来到平台,召见张先生。张居正叩头,对皇上身体康复表示祝贺。

皇帝说:"朕久未视朝,国家事多劳先生费心。"

张居正说:"臣久不睹天颜,朝夕仰念,今蒙特赐召见,下情无任欢欣。但圣体虽安,还宜保重。至于国家事务,臣当尽忠干理,皇上免劳挂怀。"

皇帝说:"先生忠爱,朕知道了。"随即赏赐银五十两、彩币六表里、烧割一份、酒饭一桌。张居正叩头称谢。

皇帝说:"先生近前,看朕容色。"张居正跪到御座前,皇帝抓住他的手,又说:"朕日进膳四次,每次俱两碗,但不用荤。"

张居正以长者的身份叮嘱:"病后加餐,诚为可喜。但元气初复,亦宜节调,过多恐伤脾胃。然不但饮食宜节,臣前奏疹后最患风寒与房事,尤望圣明加慎。"

皇帝回应道:"今圣母朝夕视朕起居,未尝暂离,三宫俱未宣召。先生忠爱,朕悉知。"皇帝把他的日常生活也向张先生报告了,说明他已经注意到"疹后最患风寒与房事"。最后关照张先生,经筵于十二日恢复,日讲则拖延到五月上旬再开始。

---

① 《明神宗实录》卷八十四,万历七年二月癸未。
② 张居正《召见纪事》,《新刻张太岳先生文集》卷四十二《奏疏八》。

张居正叩头退出后,御门才传来上朝的钟声。皇帝来到皇极门,接受百官的称贺。视朝完毕,匆忙赶赴慈庆宫、慈宁宫,去拜见皇太后。

万历八年(1580)二月十八日,皇帝举行耕耤礼,当朝的元老重臣都参加了。皇帝任命定国公徐文璧、彰武伯杨炳、大学士张居正充当三公,大学士张四维、兵部尚书方逢时、吏部尚书王国光、户部尚书王宗伊、礼部尚书潘晟、戎政兵部尚书杨兆、刑部尚书严清、都察院都御史陈炌与吴兑,充当九卿,举行"五推""九推"礼仪。[①]

次日,皇帝为耕耤礼顺利完成,赏赐参加仪式的三公九卿绸缎等礼品,其他执事官员也分别赏赐银两、布匹等礼品。[②]

2. 谒陵礼

耕耤礼成之后,要举行谒陵礼。这是朱翊钧即位以来首次以皇帝的身份与皇太后前往天寿山祭谒祖陵。

明朝建都于南京,它的开国皇帝朱元璋死后安葬于此,称为明孝陵。明成祖朱棣迁都北京,此后的皇帝死后都安葬于北京。永乐七年(1409)五月,朱棣在昌平州为自己寻觅寿陵的吉壤,礼部尚书邀请江西的风水先生到昌平州,遍阅诸山,判定黄土山最为吉利。朱棣亲临视察,对此颇为满意,随即把黄土山封为天寿山,开始修建自己的寿陵。陵前有总神路,有门,门外刻石文武大臣像、兽石柱、牌楼,南面有红门,门内是拂尘殿,殿外有石牌坊。陵墓宝城正前方有明楼,楼前有石几筵,又前为祾恩殿、祾恩门。所谓"祾",有祭而受福的意思;所谓"恩",有罔极之思的意思。[③]

此后这片位于昌平州西北、八达岭东南、居庸关正东的山地,成为

---

① 《明神宗实录》卷九十六,万历八年二月戊子。
② 《明神宗实录》卷九十六,万历八年二月己丑。
③ 孙承泽《春明梦余录》卷七十《陵园》。

明成祖以下各代帝后陵墓所在地。

明成祖文皇帝后陵曰长陵。

明仁宗昭皇帝后陵曰献陵，在长陵西。

明宣宗章皇帝后陵曰景陵，在献陵东。

明英宗睿皇帝后陵曰裕陵，在景陵西。

明宪宗纯皇帝后陵曰茂陵，在裕陵西。

明孝宗敬皇帝后陵曰奉陵，在茂陵西。

明武宗毅皇帝后陵曰康陵，在奉陵西南。

明世宗肃皇帝后陵曰永陵，在景陵东。

明穆宗庄皇帝后陵曰昭陵，在康陵西南。[1]

为了郑重其事地操办谒陵礼，皇帝朱翊钧向光禄寺发去旨意，要把先前节省下来的膳费中拿出十万两银子供开支。户科给事中郝维乔（号中岩，河南扶沟人）表示异议，认为区区十万两恐怕不够，希望由宫中内库调拨银两，供谒陵使用。[2] 朱翊钧不接受，下令仍从前旨。十万两银子哪里够用！不久，太监高福传达圣旨：随驾扈卫官军所需六万两银子，要政府拨给。张居正不便反对，委婉提出折中意见：隆庆二年穆宗皇帝谒陵时，此项费用均由宫中内库提供，要政府拨给经费不合旧例。既然宫中内库缺乏，拟由户部和兵部从太仓折草银、太仆寺马价银两项税收中，各动支三万两，以济急需。[3]

三月十二日，皇帝与两宫皇太后以及后妃一行，在众大臣的陪同下，从京城出发，抵达巩华城行宫。蓟辽总督梁梦龙（字乾吉，号鸣泉，直隶真定人），昌平总兵杨四畏（字敬甫，号知庵，辽东辽阳人），昌平州的官吏与学校师生，赶往行宫朝见皇帝一行。次日一早，皇帝一行从巩

<hr />

① 孙承泽《春明梦余录》卷七十《陵园》。
② 《明神宗实录》卷九十六，万历八年二月庚寅。
③ 《明神宗实录》卷九十七，万历八年三月己酉。

华城出发,午时驻跸感恩殿。

这次谒陵,皇室人员、文武百官、扈卫官军构成一支庞大的队伍,一路浩浩荡荡,地方官迎送接待,无异于一次大骚扰,对百姓更是一场大灾难。皇帝似乎也想到了这一层,传谕户部:"朕兹躬谒山陵,经过地方百姓劳苦,本年分田租量与蠲免,以示优恤,尔部酌开分数来看。"①那意思是用减免沿途地方的赋税,来弥补地方百姓的损失,为此要求户部确定减免赋税的比例。

三月十四日,皇帝一行抵达天寿山红门。关于此次谒陵的具体情形,《躬谒陵寝记》有简要的记录:"万历八年三月,上奉两宫皇太后,率后妃谒陵,行春祭礼。辛亥,发京,次巩华城,从官行礼毕,蓟辽总督官梁梦龙、昌平总兵官杨四畏,及昌平州官吏师生,朝见于行宫。赐元辅张居正、次辅张四维、申时行膳酒有差。壬子,驾发巩华城,至天寿山红门。降辇,由左门入。两宫皇太后升舆,上驾前导,后妃后随,至感恩殿。侍膳毕,上升座,从官行叩头礼。本日驻跸感恩殿。祭日质明,上具青袍,奉两宫皇太后率后妃,乘舆至长陵门东,降舆。皇太后、后妃于陵殿左右设障屏少待。导引官导上至左门外,典仪唱:执事官各司其事,内赞对,引导至拜位,奏就位,诣前上香。上三上香跪讫,复位,四拜。传赞:同奠帛行初献礼。导至御案前献帛,导至文皇帝御座前献爵,又导至文皇后御前献爵,复位跪。传赞:众官皆跪。读祝,俯伏,兴平身。传赞:同亚献礼终。献礼执爵者代献,四拜。传赞:同读祝官捧祝,进帛官捧帛,各诣燎位。上退拜位之东。捧祝帛官出殿门,礼毕。传赞:同百官上幄次,即次出,先谒永陵,候驾。执事官彻牲,设酒果脯醢。上奉两宫皇太后,率后妃入,女官奏:就位,行四拜礼;奏:上香,女官捧香,皇太后三上香讫;奏:复位跪,皇太后跪,后妃皆跪,上跪于皇太

---

① 《明神宗实录》卷九十七,万历八年三月壬子。

后之左,读祝官跪于上后,读讫;奏: 兴四拜礼毕,出次,诣永陵、昭陵,行礼如长陵。"[1]

在祭祀了长陵、永陵、昭陵之后,皇帝派遣公爵徐文璧,侯爵李言恭,伯爵陈王谟、杜继宗、陈景行、李伟分别祭祀献陵、景陵、裕陵、茂陵、泰陵、康陵,都督沈至祭祀景皇帝陵寝,都督李鹏祭祀恭让章皇后陵园,司礼监太监祭祀宪宗废后陵园,都指挥佥事蒋克谦祭祀哀冲、庄敬二太子陵园,侯爵张建元祭祀天寿山神功。春祭完毕,原本打算继续住在感恩殿,当皇帝与太后听说当地供水困难,立即起程赶回巩华城。[2] 以扈驾谒陵行礼毕,赏赐辅臣张居正、张四维、申时行白金纻币,赏赐蓟辽、昌平、宣大等处迎驾防护官军,以示朝廷抚恤恩优垂念边兵之至意。次日,由巩华城抵达功德寺行宫,皇帝与太后及后妃一行,乘坐龙舟回京。文武百官、军民耆老聚集于西直门迎驾。[3]

3. "高位不可以久窃,大权不可以久居"

耕耤礼与谒陵礼的举行,标志着十八岁的朱翊钧已经成年,独立治理朝政的条件成熟了。张居正作为顾命大臣,辅佐幼帝的任务似乎可以告一段落了。他不想让人们议论自己把持朝政不放,深感"高位不可以久窃,大权不可以久居",便于三月二十二日向皇帝提出"乞休"的请求,意欲把朝廷大权归还皇上。奏疏写得很有感情:

> 臣一介草茅,行能浅薄,不自意遭际先皇,拔之侍从之班,畀以论思之任。壬申(隆庆六年)之事,又亲扬末命,以皇上为托。臣受事以来,夙夜兢惧,恒恐付托不效,有累先帝之明。又不自意特荷圣慈眷礼优崇,信任专笃,臣亦遂忘其愚陋,毕

① 孙承泽《春明梦余录》卷七十《陵园》。
② 《明神宗实录》卷九十七,万历八年三月癸丑。孙承泽《春明梦余录》卷七十《陵园》。
③ 孙承泽《春明梦余录》卷七十《陵园》。

智竭力,图报国恩。嫌怨有所弗避,劳瘁有所弗辞,盖九年于兹矣。每自思惟,高位不可以久窃,大权不可以久居。然不可遽尔乞身者,以时未可尔。今赖天地祖宗洪佑,中外安宁,大礼大婚,耕耤陵祀,鸿仪巨典,一一修举。圣志已定,圣德日新。朝廷之上,忠贤济济。以皇上之明圣,令诸臣得佐下风,以致升平,保鸿业无难也。臣于是乃敢拜手稽首而归政焉。①

这九年来,他任重力微,积劳过虑,形神顿惫,气血早衰。不过年逾五十,头发胡须由黑变白,已呈未老先衰之态,自己感到聪明智虑将日就昏蒙,如不早日辞去,恐怕使得王事不终,前功尽弃。所以他请求皇上批准他骸骨生还故乡,保全晚节。②

这篇奏疏,不加掩饰地透露出张居正辅政九年之后的真实心态。尽管他对权位是热衷而贪恋的,也不得不作深长的计议,以免前功尽弃,中途翻车(也就是他所谓"弩力免于中蹶")。虽然他位极人臣,功高权重,皇太后、皇帝对他尊重备至,恩礼有加,但伴君如伴虎的后果,也不得不有所考虑。况且已过了精力最旺盛的年龄,繁重的政务,错综复杂的人际关系,新政的重重阻力,都令他形神憔悴,疲惫不堪。与其中途翻车,不如急流勇退。他的这一归政乞休请求,既是一种政治姿态,也是一种自谋策略。

此时此地的张居正,隐约有不祥的预感。他在给湖广巡按朱琏的信中,谈起地方官为他建造"三诏亭"的事,感慨地说:"作三诏亭,意甚厚。但异日时异势殊,高台倾,曲沼平,吾居且不能有,此不过五里铺上一接官亭耳,乌睹所谓三诏哉? 盖骑虎之势自难中下,所以霍光、宇文护终于不免。"③他归葬亡父时,一天之内接连收到皇上三道诏书催促回

---

① 张居正《归政乞休疏》,《新刻张太岳先生文集》卷四十四《奏疏九》。
② 张居正《归政乞休疏》,《新刻张太岳先生文集》卷四十四《奏疏九》。
③ 沈德符《万历野获编》卷九《三诏亭》。

京,湖广地方官引为桑梓的无上光荣,在江陵为他建造"三诏亭"以资纪念。此事竟然使他生出"骑虎之势自难中下"的感叹,联想到历史上和他类似的大臣——霍光、宇文护——的悲惨下场。

霍光,西汉河东平阳(今山西临汾)人,字子孟,与桑弘羊同时受汉武帝遗诏,辅佐年幼的汉昭帝,任大司马大将军,封博乐侯。汉昭帝死,他迎立昌邑王刘贺为帝;不久又废刘贺,迎立汉宣帝。他前后执政二十年之久,功不可没,但汉宣帝却视他为芒刺在背。他死后,遭到政治报复,株连家族,酿成一桩惨案。当时民间谚语说:"威震主者不畜,霍氏之祸萌于骖乘。"[1]这就是"威权震主,祸萌骖乘"这一成语的由来。

宇文护和霍光地位类似,政治品格有所不同。他是北周代郡武川(今内蒙古武川)人,西魏时任大将军、司空,继宇文泰执掌西魏朝政,拥立宇文觉登上宝座,建立北周,自任大冢宰,专断朝政。以后又废宇文觉,另立宇文毓,继而又杀宇文毓,另立宇文邕(周武帝)。结局与霍光一样,"威震主者不畜",为周武帝所杀。

张居正联想到霍光、宇文护这些威权震主的权臣之下场,不免有点惶恐,所以想急流勇退。然而皇帝一点思想准备都没有,这时的他,虽然已经感受到张居正威权震主,却还没有芒刺在背的体验。于是毫不犹豫地下旨挽留:"卿受遗先帝,为朕元辅,忠勤匪懈,勋绩日隆。朕垂拱受成,倚毗正切,岂得一日离朕! 如何遽以归政乞休为请,使朕恻然不宁。卿宜仰思先帝叮咛顾托之意,以社稷为重,永图襄赞,用慰朕怀,慎无再辞。"[2]

张居正此次乞休是深思熟虑的,接到圣旨两天后,再次上疏乞休。他向皇上流露了近年来惴惴不安的心情:"自壬申(隆庆六年)受事,以至于今,惴惴之心无一日不临于渊谷。"这位铁腕人物,一向标榜"嫌怨

---

①　范晔后《汉书》卷六十八《霍光传》。
②　张居正《再乞休致疏》,《新刻张太岳先生文集》卷四十四《奏疏九》。

有所弗避"，却原来每天都如临深渊如履薄冰，实在出乎人们的意料。他诉说内心的苦闷："中遭家难，南北奔驰。神敝于思虑之烦，力疲于担负之重。以致心血耗损，筋力尪陟，外若勉强支持，中实衰惫已甚。餐荼茹堇，苦自知之。恒恐一日颠仆，有负重托，欲乞身于圣明之前，非一日矣。独念国事未定，大礼未完，口嗫嚅而不忍言，心依依而未能舍。"为此他提出一个折中方案：只是请假，并非辞职，不过是请长假。数年之间暂停鞭策，少休足力，国家或有大事，皇上一旦召唤，朝闻命而日就道。①

听了他的肺腑之言，皇帝有点踌躇了，以他的性格，并非不想早日亲操政柄。只是如此重大的人事变动，他做不了主，还得通过"垂帘听政"的圣母才行。于是他把张先生要求请假之事，向圣母请示。不料，慈圣皇太后的态度很坚决，恳切挽留张先生，对儿子说："待辅尔到三十岁，那时再作商量。"朱翊钧遵奉母后的慈谕，拒绝张先生的请求，亲笔写了一道手谕，把皇太后的慈谕原原本本转告张先生，并且郑重其事地特派司礼监太监孙秀、文书房太监丘得用，前往张府递送手谕。张居正叩头拜读，但见皇上写道："谕元辅张先生：朕面奉圣母慈谕云：'与张先生说，各大典虽是修举，内外一应政务，尔尚未能裁决，边事尤为紧要。张先生亲受先帝付托，岂忍言去！待辅尔到三十岁，那时再作商量。先生今后再不必兴此念。'朕恭录以示先生，务仰体圣母与朕惓惓倚毗至意，以终先帝凭几顾命，方全节臣大义。先生其钦承之，故谕。"②显然，慈圣皇太后对儿子亲政还不放心，对张先生的信赖仍一如既往，所以斩钉截铁地定下辅佐到三十岁的规矩。张居正对于圣母的慈谕，"感惧兼抱"，向皇上表示："臣于此时若复固求私便，是为自冒谴诛。但臣愿忠之心无穷，而任事

---

① 张居正《再乞休致疏》，《新刻张太岳先生文集》卷四十四《奏疏九》。
② 张居正《谢圣谕疏》，《新刻张太岳先生文集》卷四十四《奏疏九》。《明神宗实录》卷九十七，万历八年三月癸丑。《太师张文忠公行实》记此事："上赐太师龙笺手敕曰：'自今以往三十年，愿行实无复出口矣。'太师遂不得辞。"

之力难强，仍乞皇上朝夕于圣母前达臣微悃，曲赐矜涵。"①

皇太后如此明白无误又毫无商量余地的表态，使得皇帝朱翊钧、首辅张居正都陷入了尴尬境地。

对于朱翊钧而言，在母后眼里，自己还是个孩子——"内外一切政务，尔尚未能裁决"，不得不打消亲政的念头；"待辅尔到三十岁，那时再作商量"，似乎意味着张先生在世一日，亲政便永无指望。物极必反，朱翊钧对张居正由崇敬向怨恨转变，这是一个很重要的伏笔，张居正一旦死去必将有所发泄。

对于张居正而言，皇太后既然说"今后再不必兴此念"，岂敢再提"乞休"之事！他答应即日赴阁供职，却难以摆脱如临深渊如履薄冰的担忧，进退两难的考虑日益明朗化了。他写给亲家、刑部尚书王之诰（字告若，号西石，湖广石首人）的信，透露了此时的心情："第德薄厚享，日夕慄慄，惧颠踬之遄及耳。顷者乞归，实揣分虞危，万非得已。且欲因而启主上以新政，期君臣于有终。乃不克如愿，而委任愈笃，负戴愈重，僝弱之躯终不知所税驾矣，奈何！"②

在他权势最鼎盛，事业最成功的时刻，担心中道颠蹶，并非杞人忧天，舆论对于他颇有微词。许重熙写他上疏乞休，有这样一段话很值得注意："时居正扈上谒诸陵归，即具疏乞休，中云：'拜手稽首归政，隐然复子明辟。'凡再三上，而上慰留恳切，最后手书上慈圣口谕：'张先生亲受先帝付托，岂忍言去。俟辅尔至三十，而后商处。先生毋复兴此念。'居正乃出，而子懋修状元及第矣，懋修弟敬修与（张）四维之子甲徵皆在前列，得礼部主事。时人为之语云：'首甲幸有三人，云胡靳此二子。'或俚言，书而粘之宫墙。"③

---

①　张居正《谢圣谕疏》，《新刻张太岳先生文集》卷四十四《奏疏九》。
②　张居正《答司寇王西石》，《新刻张太岳先生文集》卷三十二《书牍》。
③　许重熙《嘉靖以来注略》卷八，万历八年三月。

张岱写到圣母慈谕后，意味深长地评论："居正乃出，而懋修即状元及第矣，敬修得礼部主事。懋修、嗣修共列史馆，每出，则众相指而诅，或作俚谚，书而粘之宫墙。居正门下客王篆、曾省吾等骄横日甚，南北给事御史傅作舟、王蔚、秦耀、李选、朱琏、顾尔行等，为之爪牙。"①

关于张居正几个儿子登科之事，《万历邸钞》提供了一些细节："甲子策士，赐张懋修、萧良有、王廷谍等进士及第出身。懋修，居正第三子。先丁丑科，居正第二子嗣修赐及第第二名。是科懋修遂蔼然居首，嗣修、懋修先后制策，皆何洛文代为之云。居正长子敬修，亦二甲十三名。御史魏允贞疏云：'大学士之充读卷官，与礼部之充知贡举官，皆登进人才，关系职掌，非如监试同考出自临时，可甲可乙。自居正外托回避之名，而内擅拟题之柄，丁丑榜眼，庚辰状元，皆出其家，惟此之故者。此按邪佞附炎逐臭，无所不至。'"②把这三条史料对照阅读，其间的信息清晰可见。

不久，新科进士魏允中(字懋权，直隶南乐人)、刘廷兰(字国徵，福建漳浦人)，给他们的座师申时行写信，议论时政。钱一本指出他们写信的动机："时江陵(张居正)擅政，时事乖刺，二人相对，忧形于色，曰：'吾侪新进，何能为？盍私诸申座师乎，庶可默回万分一也。'"③

魏允中是魏允贞之弟，与兄长有类似的政见，他在信中说："今天下渐不可长者，抑莫甚于人情。事有异有常，而人情有安有骇。天之常日月星辰，而孛蚀异；人之常君臣父子，而乱贼异；中国之常礼乐文章，而左衽异；官使之常贤智忠良，而险邪异；政治之常刚柔正直，而偏诐异。常则安，异则骇，人之情未有不然者也。"他列举事实为证，"主事赵世卿疏时政，天子幸不切责，吏部黜以为长史。御史刘台言事得罪，天下悲

① 张岱《石匮书》卷一百六十六《张居正传》。
② 钱一本《万历邸钞》，万历八年庚辰卷，三月。
③ 钱一本《万历邸钞》，万历八年庚辰卷，十二月。

其忠,安福奸民乘间诬奏之。进士南企仲乞归终养,听抚按勘。中外诸上书,与诸省程录,动称大臣功德,言不及君。此皆耳目所不习,非常可异者也"。因此他向申时行指出:"此其渐可使长耶,不可使长耶? 所关于世道理乱得失,巨耶细耶? 窃以为宜及今而矫之,尚有可为;而矫世之责,实惟门下。"①所谓"动称大臣功德,言不及君",直斥阿谀奉承的官员只知有首辅,不知有皇帝。他希望申时行有所矫正。

刘廷兰的信也在"动称大臣功德"上做文章:"天下之元气萧然,日索一日,灾异之应,烂然可睹矣。而中外上书,动称大臣功德,比于舜禹。于泛然章奏之中,陡入谀语,漫不顾上下。"又说:"天下无事,士大夫争相慕效,皆欲保爵禄、顾子孙、买田宅,为逸乐富贵之计。故以官而博言者,百不得一;以身而博言者,千不得一;以身家破亡之祸而博言者,亿万不得一。"他对于"英雄之所以垂首,忠谏之所以结舌",十分不满,用激烈的言词揭露盛世的另一面:"今天下子弑父,仆戕主,郡邑榜箠租税,民至析骨易孩而食,自经死者相望,聪明才智之士,业不得致于学校,其计划未卜何之。俺答土蛮动拥数十万,窥我边疆,人心惶惶,无有固志。"有鉴于此,他批评座师申时行,"岂可舍社稷安危之计,而顾私家疑忌之嫌哉"!②

申时行对两个小人物的来信置之不理,是不屑一顾,抑或是有所顾忌呢?

朱翊钧从少年步入成年,从幼稚走向成熟,已经不必首辅张先生搀扶,可以独立行事了。但是母后要他一如既往地听从张先生的辅佐,对于一个权力欲极强的皇帝而言,这种长期压抑与管束,是难以承受的,总有一天会爆发出来。

---

① 魏允中《上申相公书》,《万历疏钞》卷五十《上书》。钱一本《万历邸钞》,万历八年庚辰卷,十二月。
② 刘廷兰《上申相公书》,《万历疏钞》卷五十《上书》。钱一本《万历邸钞》,万历八年庚辰卷,十二月。

第四章
张居正之死与朱翊钧亲政

一 张居正之死

1. 张居正病危

　　长期的重负,使张居正身心交瘁,体质日趋衰弱。万历九年(1581)七月,他病倒了,一连几天不能到内阁办公。皇帝获悉后,派遣四名御医前往张府诊视。为了感恩,他上疏致谢,谈到了患病的缘由:"臣自入夏以来,因体弱过劳,内伤气血,外冒盛暑,以致积热伏于肠胃,流为下部热症。又多服凉药,反令脾胃受伤,饮食减少,四肢无力,立秋以后转更增剧。自以身当重任,一向勉强支持,又恐惊动圣心,未敢具奏调理。"既然皇上已经知晓病情,便乘机提出病休几日,理由是:"臣自察病原,似非药饵能疗,惟澄心息虑,谢事静摄,庶或可痊"。① 皇帝对他的病情的严重性并不了解,以为稍加调理即可痊愈,所以命他"慎加调摄,不妨兼理阁务"。② 这就意味着,不同意他请病假,要他边治疗,边处理公务。文书官孙斌奉旨前往张府探望病情,并送去皇上赏赐的一只猪、一只羊、一坛酱菜、二石白米、十瓶酒。张居正扶掖起床,叩头祗领,随即上疏感谢:"切感难名,沉疴顿释。九恩未报,敢退托以求安? 一息尚存,矢捐糜而罔惜。"③不再请病假,也没有前往内阁办公。

　　过了几天,皇帝派司礼监太监张鲸赴张府探视,还奉上皇上的亲笔

---

① 张居正《患病谢医并乞假调理疏》,《新刻张太岳先生文集》卷四十五《奏疏十》。

② 《明神宗实录》卷一百十四,万历九年七月戊寅。

③ 张居正《谢赐粥米食品疏》,《新刻张太岳先生文集》卷四十五《奏疏十》。

信:"张少师:朕数日不见先生,闻调理将痊可。兹赐银八十两,蟒衣一袭,用示眷念。先生其钦承之。月初新凉,可进阁矣。"皇帝的意思是,希望他月初入阁处理公务。张居正立即表示:"帝星垂照,人间灾祟当不禳而自除。天语定期,凉入秋中必勿药而有喜。"①虽然说"不禳自除""勿药有喜",依然是卧病在床。皇帝再派文书官丘得用前去探视病情,赏赐银八宝四十两、甜食一盒、干点心一盒,催促张先生早日进见。张居正向皇上表示:"数日以来,始觉痊可,再假五六日,俟气体渐复,即当钦遵圣谕,趋赴阙庭。"②八月十一日,张居正病情稍愈,赶到文华殿,与参加讲读的皇上见面。次日,又与参加经筵的皇上见面,两人还商议了宫中挑选淑女之事。③

　　张居正此次患病,是身体日趋虚弱的信号,暂时康复是一个假象,病根并未消除。皇帝以为真的痊愈,很是高兴,在十一月二十一日,张先生十二年考满之时,为了表示对他的嘉奖,特遣司礼监太监张鲸带去亲笔敕谕:"卿亲受先帝遗嘱,辅朕十年,四海升平,外夷宾服,实赖卿匡弼之功。精忠大勋,朕言不能述,官不能酬。兹历十五年考绩,特于常典外,赐银一百两,坐蟒、蟒衣各一袭,岁加禄米二百石,薄示褒眷。"④又派文书官吴忠赏赐银一百两,苎丝四表里(内大红坐蟒一表里、蟒衣一表里),原封钞一万贯,茶饭五桌,羊十只,酒五十瓶。⑤为了郑重起见,他派司礼监掌印太监冯保传谕吏礼二部:"元辅张居正受先帝顾命,夙夜在公,任劳任怨,虽称十二年考满,实在阁办事十有五年,忠勤与常不同,恩荫例当从厚,其酌议来看。"吏部议论后认为,张居正的恩数,不应拘泥于以往杨廷和、徐阶的旧例。皇帝表示同意,

①　《明神宗实录》卷一百十四,万历九年七月丁亥。张居正《谢圣谕存问并赐银两等物疏》,《新刻张太岳先生文集》卷四十五《奏疏十》。
②　张居正《谢遣中使趣召并赐银八宝等物疏》,《新刻张太岳先生文集》卷四十五《奏疏十》。
③　《明神宗实录》卷一百十五,万历九年八月壬寅、八月癸卯。
④　《明神宗实录》卷一百十八,万历九年十一月辛巳。
⑤　张居正《考满谢手敕赐赍疏》,《新刻张太岳先生文集》卷四十六《奏疏十一》。

随即决定：给予张居正伯爵俸禄，加上柱国、太傅头衔；原先的兼官照旧，给予应得诰命，写敕奖励；礼部赐宴，恩荫其一子为尚宝司丞；赐给太傅牙牌一面。①

面对如此厚重的皇恩，张居正受宠若惊，又惶恐不安，两次上疏，辞免恩命。先是说："穹阶勋禄，一朝并加，隆礼殊荣，冠绝前后。臣扪心自愧，何功何劳，可以堪此。夫天道所最忌者，非望之福；明主所深惜者，无功之赏。臣以驽下，谬当艰巨，日夕兢兢救过之不给。虽十年以来，四海乂安，百蛮宾服，皆皇上神威广运，圣化旁敷，臣安敢贪天之功，以为己力。"②皇帝要他"勉遵成命，副朕眷怀，无复固辞"，他再次"固辞"，仍把一切归功于皇上："臣闻巷韦布之士耳，非有硕德鸿才，可以庶几古人之万一。幸逢英主在上，臣得以谬劣佐下，风效启沃。十年之间，志同道合，言听计从，主德昭宣，圣化旁洽。"他真心认为，"三公穹阶，五等厚禄，上柱崇勋，在先朝名德咸不敢当，乃一朝悉举而畀之于臣，所谓溢恩滥赏也。"因而恳切地说："反复思惟，如坠渊谷，故不避烦渎，再控于君父之前，伏望圣慈谅臣之衷，素无矫饰，矜其愚而俞允焉。"③平心而论，张居正并非故意矫饰，并非虚情假意，他似乎感受到高处不胜寒，渴求低调为人。皇帝为他真切而诚恳的态度所感动，准许他辞免伯爵俸禄、上柱国头衔以及礼部宴会。④

万历十年(1582)二月，张居正旧病复发。他去年秋天患的"下部热症"，就是痔疮，稍加调理，病根未除，缠绵至今。他在给恩师徐阶的信中谈到他"元气大损"，归结于痔疮，请看他的说法："贱恙实痔也，一向不以痔治之，蹉跎至今。近得贵府医官赵裕治之，果拔其根。但衰老之人，痔根虽去，元气大损，脾胃虚弱，不能饮食，几于不起。

---

① 《明神宗实录》卷一百十八，万历九年十一月癸未。
② 张居正《考满谢恩命疏》，《新刻张太岳先生文集》卷四十六《奏疏十一》。
③ 张居正《再辞恩命疏》，《新刻张太岳先生文集》卷四十六《奏疏十一》。
④ 《明神宗实录》卷一百十八，万历九年十一月丁亥。

日来渐次平复,今秋定为乞骸骨计矣。"①令人不解的是,既然痔疮已经"拔其根",怎么会"元气大损"呢? 内中一定有难言之隐,他不便向恩师和盘托出。

倒是同时代人王世贞道出了真情:"病得之多御内而不给,则饵房中药,发强阳而燥,则又饮寒剂泄之,其下成痔,而脾弱不能进食。使医治痔小效,寻下壅结,而不能畅,不获已,复用寒剂泄之,遂不禁,去若脂膏者,而大肠亦遂出,日以羸削。"②王世贞寥寥数语,道出了他的难言之隐,为了"多御内"而"发强阳",不断服用"房中药",导致身内燥热难耐,于是服用寒剂来发泄,结果不但形成痔疮,而且导致脾胃虚弱,不能饮食。因此治好了痔疮,也无济于事,房中药慢性中毒,已经成为不治之症。王世贞是私人修史,没有史官修史的许多忌讳,直白地道出了张居正本人难以启齿的病根。原来这位道貌岸然的大学士也未能免俗,和上流社会中人一样,热衷于房中术,喜爱房中药。他的亲信奴仆游七(号楚滨),对主人的喜好窥测得一清二楚,千方百计满足其所需,博得欢心,其中之一就是提供房中药,供其纵欲。③ 他所重用的兵部尚书谭纶精通房中术,经常向张居正介绍经验,他的亲信大将蓟镇总兵戚继光,不断花费巨资购买美女送给张居正,供他享用。请看王世贞的描述:"戚继光者,亦东南良将也。既移镇蓟门,多挟南兵,而北人嫉之,继光惧。而是时,兵部尚书谭纶与继光以财通。(谭)纶善用女术,颇干居正。居正试之而验,则益厚(谭)纶,以示宠。继光乃时时购千金姬,进之居正,且他所摹画多得居正意,以是事与之商确。"④

王世贞还揭露张居正严冬腊月不戴暖耳,何以故? 因为长年服用

① 张居正《答上师相徐存斋》,《新刻张太岳先生文集》卷三十四。
② 王世贞《嘉靖以来首辅传》卷七《张居正传》。
③ 韦庆远《张居正和明代中后期政局》,广东高等教育出版社,1999年,第829—830页。
④ 王世贞《嘉靖以来首辅传》卷七《张居正传》。

房中药而中毒,头脑发热,故而严寒天气不戴暖耳,以便散热。这样一来,害得内阁次辅以下文武百官都不敢戴暖耳。王世贞的文字颇有讥刺之意:"故事。上许百官戴暖耳,则皆戴之于纱帽以朝。时江陵(张居正)多服房中药,燥发头目间,或却不戴。次相以下无敢戴者,六卿至庶僚其自左序上,有暖耳则手去之,不问上之戴与否也。一御史偶与其僚语而忘之,朝既罢后,众相顾其首而笑,御史觉,以手扪之,大惊悸无人色,彷徨者累日,寂不见江陵问,乃稍自安。"①关于这一点,沈德符提供了另一种说法,因为大量服用房中药,毒性转移至头部,严冬腊月不戴貂皮帽:"张江陵当国,以饵房中药过多,毒发于首,冬月遂不御貂帽。"②由此可见,张居正的病根并非痔疮,而是药物中毒引起的内热,不仅发于下部,也发于上部,而且已经深入头颅,即使治愈痔疮,也难免一死。

不过当时张居正还是一味治疗痔疮,万历十年二月,他向皇帝请假,在家中治疗痔疮:"臣自去秋患下部热病,仰荷圣慈垂悯,赐假调理,虽标症少减,而病根未除,缠绵至今,医药罔效。近访得一医人,自家乡来,自言能疗此疾,屡经试验,其术颇精。但须静养半月二十日,乃得除根。"因此他请求皇上给他二十天至一个月的假期,暂免朝参、侍讲,至于内阁事务,容许他在家中办理。③ 到了三月九日,病情仍不见好转,张居正请求延长假期,皇帝再次批准,并且关照说:"卿其慎加调摄,不妨兼理阁务,痊可即出辅理。"④三月十五日,皇帝派司礼监太监张鲸前往张府探视病情,带去了皇上赏赐的银一百两、蟒衣一袭、甜食二盒、干点心二盒、烧割一份。当时他已做了痔疮割治手术,不能起床,只能伏枕

①　王世贞《弇州史料后集》卷三十六《国朝丛记(六)·却暖耳》。
②　沈德符《万历野获编》卷九《貂帽腰舆》。
③　张居正《给假治疾疏》,《新刻张太岳先生文集》卷四十六《奏疏十一》。
④　《明神宗实录》卷一百二十二,万历十年三月丁卯。

叩头,感谢皇恩。① 三月二十七日,皇帝派遣文书官吴忠到张府问候,颁赐银八宝四十两、银叶二十两、甜食二盒、干点心二盒、烧割一份。张居正仍不能起床,伏枕叩头而已。他继续向皇上提请延长假期:"臣宿患虽除,而气血大损,数日以来,脾胃虚弱,不思饮食,四肢无力,寸步难移,须得再假二十余日。"②

2. 举国若狂的祈祷

内阁首辅张居正久病不愈,朝廷上下人心惶惶。朝中官僚上自六部尚书侍郎、九卿五府、公侯伯爵,下至翰林、言官、部曹、冗散,无不设斋醮于寺庙道观,为之祈祷。很多人甚至抛弃本职工作,朝夕奔走,做佛事,摆道场。仲夏时节,曝身于炎阳之下,不以为苦,反以为荣。《万历邸钞》只有短短一句话:"居正病,合朝群臣为之祈禳。"③

王世贞身为目击者,详细记录了这一怪现象:"万历十年,江陵(张居正)久病不愈,六部大臣、九卿五府、公侯伯,俱为设醮祝釐。已,翰林、科道继之;已,吏礼二部属继之;已,他部属中书、行人之类继之;已,五城兵马、七十二卫经历之类继之。而同乡、门生、故吏,有再举至三举者。每行香,宰官大僚执炉日中;当拜章,则长跪竟夕弗起。至有赂道士,俾数更端,以息膝力者。所拜章必书副,以红纸红锦幕其前后,呈江陵(张居正)偶颔之,取笔点其丽语。自是,争募词客,不惮金帛费,取江陵(张居正)一颔而已。不旬日,南都(南京)仿之,尤以精诚相尚,其厚者亦再三举。一中丞夸于人:'三举而吾与者三,今膝肿矣。'闻山东两台司道俱即东岳祝釐,漕河亦建醮,而楚之太和、衡山可知也。"④

---

① 张居正《给假谢恩疏》,《新刻张太岳先生文集》卷四十六《奏疏十一》。
② 《明神宗实录》卷一百二十二,万历十年三月乙酉。张居正《恭谢赐问疏》,《新刻张太岳先生文集》卷四十六《奏疏六》。
③ 钱一本《万历邸钞》,万历十年壬午卷,六月。
④ 王世贞《弇州史料后集》卷三十六《国朝从记(六)·相府祝釐》。

吕毖所写,与王世贞大同小异:"内阁张居正久疾不愈,上时下谕问疾,大出金帛为药资。六部大臣、九卿五府、公侯伯,俱为设醮祝釐。已而,翰林、科道继之;已而,吏礼二部属继之;已而,他部属、中书、行人继之;已而,五城兵马、七十二卫经历之类继之。于仲夏赤日,舍职业而朝夕奔走焉。其同乡、门生、故吏,有再举至三举者。每司香,宰官大僚执炉日中,当拜表章则长跪,竟疾弗起。至有赂道士,俾数更端以息膝力者。所拜章必书副,以红纸红锦幕其前后,呈江陵(张居正)。江陵深居不出,厚赂其家人,以求一启齿,或见而颔之,取笔点其丽语一二。自是,争募词客,不惮金帛费,取其一颔而已。不旬日,南都仿之,尤以精诚相尚,其厚者亦再三举。自是,山陕楚闽淮漕,巡抚巡按藩臬,无不醮者。"①

　　在举国若狂的祈祷中,也有一些特立独行的清流名士,不为所动,不随波逐流。如其后名噪天下的顾宪成,当时不过是一个户部主事,但文章气节已为人景仰。据赵南星回忆:"是时,江陵(张居正)当国方横,举国若风中之蒲苇,公(顾宪成)与南乐顾公允中、漳浦刘公廷兰,慷慨议论,持天下之名教是非,江陵闻之不平……江陵大病,举朝醵金为祭祷于神。公拒不预,同曹代为署名,公使人涂灭之。"②

　　五月初五日,端阳佳节到了。皇帝照例赏赐三位辅臣上等珍品。又想到这天是张先生的诞辰,便派太监前往张府,带去银一百两、蟒衣红苎丝四表里、银质福寿字四十两,以及食品等物。③ 六月九日,张居正考虑到病情愈加严重,向皇上提出退休的请求:"臣自患病以来……元气愈觉虚弱,卧起皆赖人扶,肌体羸疲,仅存皮骨。旁人见之,亦皆为臣悲悼。及今若不早求休退,必然不得生还。"因此,希望皇上准许他退

---

① 吕毖《明朝小史》卷十四《万历纪》。
② 赵南星《明南京光禄寺少卿泾阳顾公碑》,《味檗斋文集》卷十。
③ 《明神宗实录》卷一百二十四,万历十年五月壬戌。

休，"早赐骸骨，生还乡里"。① 皇帝当然不会同意，回答说："朕久不见卿，朝夕殊念，方计日待出，如何遽有此奏？朕览之，惕然不宁。仍准给假调理，卿宜安心静摄，痊可即出辅理，用慰朕怀。"②

六月十一日，张居正再次上疏乞休，话说得很透彻，也很哀伤，他已经知道自己来日无多："缕缕之衷，未回天听，忧愁抑郁，病势转增。窃谓人之欲有为于世，全赖精神鼓舞。今日精力已竭，强留于此，不过行尸走肉耳，将焉用之？有如一旦溘先朝露，将使臣有客死之痛，而皇上亦亏保终之仁。此臣之所以踯躅哀鸣，而不能已于言也。伏望皇上怜臣十年拮据尽瘁之苦，早赐骸骨，生还乡里，如不即死，将来效用尚有日也。"③皇帝仍不同意："卿受皇考顾命，夙夜勤劳，弼成治理。朕方虚己仰成，眷倚甚切，卿何忍遽欲舍朕而去！览之心动。其专心静摄以俟辅理。"④为了表示慰留之心，派司礼监太监魏朝前往张府，带去他的亲笔手谕："朕自冲龄登极，赖先生启沃佐理，心无所不尽。迄今十载，海内升平，朕垂拱受成，先生真足以光先帝顾命。朕方切永赖，乃屡以疾辞，忍离朕耶？朕知先生竭力国事，致此劳瘁。然不妨在京调理，阁务且总大纲，着次辅协理。先生专养精神、省思虑，自然康复，庶慰朕朝夕倦倦至意。"⑤

张居正不想客死京城，乞求骸骨归里不成，病情却日趋恶化。六月十八日，皇帝命司礼监太监张鲸前去探视，送去他的亲笔书信："太师张先生：今日闻先生病势不豫，朕为深虑。国家大计当为朕一言之。"这显然是要张先生嘱托后事了。张居正也自知行将就木，应该留下一点政

---

① 张居正《乞骸归里疏》，《新刻张太岳先生文集》卷四十六《奏疏十一》。《明神宗实录》卷一百二十五，万历十年六月乙未。

② 张居正《再恳生还疏》，《新刻张太岳先生文集》卷四十六《奏疏十一》。

③ 张居正《再恳生还疏》，《新刻张太岳先生文集》卷四十六《奏疏十一》。

④ 《明神宗实录》卷一百二十五，万历十年六月丁酉。

⑤ 《明神宗实录》卷一百二十五，万历十年六月庚子。

治遗言,勉强支撑起病体,写了一本密揭。所谓密揭,也称密奏,它比一般的奏本狭而短,里面的字写得比较大,外面用文渊阁印密封,直接送到皇帝那里,左右近侍无从得知。①

由于皇上要他推荐内阁人选,所以张居正在密揭中开了一个名单,首先推荐的是前礼部尚书潘晟,其次推荐尚书梁梦龙、侍郎余有丁、许国、陈经邦,再次推荐尚书徐学谟、曾省吾、张学颜,侍郎王篆等,皆可大用。② 次日,皇帝视朝,按照张先生的推荐宣布:原任太子太保礼部尚书潘晟,着以原官兼武英殿大学士;吏部左侍郎余有丁升为礼部尚书兼文渊阁大学士,俱入阁办事。③ 潘晟人品极差,张居正对他并无好感,也不重视,因为是冯保的老师,冯保勉强要张居正推荐,而当时张居正已经迷糊,无法自主判断。④

3. 张居正时代的告终

万历十年六月二十日夜,太傅兼太子太师吏部尚书中极殿大学士张居正病逝。他缠绵病榻多时,不准任何人进入他的卧室,死的时候悄无声息。据王世贞说:"居正待其子弟严,每三五日入问安,颔之而已,不交一言,而以貌羸甚,恶人见之,卧帷中。至明不闻声,家人怪而发焉,则气绝矣。"⑤

二十一日黎明,正在视朝的皇帝得到讣告,怆悼辍朝,当即派遣司礼监太监张诚前往张府视丧,赏赐银五百两,苎丝六表里,罗六表里,纱六匹,白布五十匹,檀降香二百炷,攒香五十斤,蜡烛二百对,香油三百斤,茶叶二百斤,白米二百石,麻布二百匹,棉布五十匹,钞三万贯,木柴

---

① 陈继儒《见闻录》卷六。
② 王世贞《嘉靖以来首辅传》卷七《张居正传》。
③ 《明神宗实录》卷一百二十五,万历十年六月乙巳。
④ 王世贞《嘉靖以来首辅传》卷七《张居正传》:"潘晟虽居正故识,然不甚重之。而冯保,(潘)晟故所授书者也,强居正使荐之。时居正已昏甚,不能有所主矣。"
⑤ 王世贞《张公居正传》,焦竑《国朝献征录》卷十七《内阁》。

二千斤,炭二百包,盐二百斤。两宫圣母赏赐银八百两,麻布二百匹,米二百石。皇帝与潞王合送丧仪银二千三百两。[1] 对于张居正之死,皇帝给予最为崇高的待遇,给他谥号文忠,赠上柱国头衔,恩荫一子为尚宝司丞,并遣官造葬。特命四品京卿、锦衣卫堂上官、司礼监太监等护丧,归葬江陵。[2]

七月二十九日,在司礼监太监陈政等护送下,张居正的灵柩,以及张母赵氏一行,返回家乡江陵。他的灵柩、辎重,以及随行人员,共动用七十余艘船只,三千多船夫,船队前后绵延十余里,浩浩荡荡向荆州进发。[3] 他虽然死了,余威犹在,皇恩浩荡,一如当年归葬亡父时的景况。

张居正临终前向皇上推荐"皆大可用"的官员,除了潘晟,都是他多年来一手提拔的亲信。梁梦龙、曾省吾是他的门生,王篆是他的长子敬修的亲家,徐学谟曾是抚治郧襄都御史,为张府出力甚多。潘晟则是冯保的老师,冯保为了在张居正死后在内阁中安插一个亲信,极力怂恿张居正推荐潘晟;他自己还在皇上面前为潘晟美言,终于促使皇上下旨,将赋闲在家的潘晟起用为武英殿大学士,派行人司官员赶赴浙江新昌,召他驰驿来京。

潘晟(字思明,号水濂,浙江新昌人),嘉靖二十年(1541)进士,累官至礼部尚书致仕,此人卑鄙而贪腐,为士论所不齿,竟然被启用为阁臣,朝臣无不讪笑,愈加追恨张居正。新任内阁首辅张四维深知申时行不愿屈居潘晟之下,二人一起向六科给事中、监察御史吹风,示意他们弹劾潘晟。

① 钱一本《万历邸钞》,万历十年壬午卷,六月丁未。王世贞《嘉靖以来首辅传》说:"又与潞王合赙白金二千三百两"。万斯同《明史·张居正传》说:"两宫太后及帝、潞王合赙白金百四十余斤",大体相当于二千三百两。按:赙金,为丧事送的礼金。
② 《明神宗实录》卷一百二十五,万历十年六月丙午。
③ 《明神宗实录》卷一百二十六,万历十年七月甲申。王世贞《嘉靖以来首辅传》卷七《张居正传》。

御史雷士祯(初名士煌,字国柱,陕西朝邑人)首先上疏,弹劾潘晟"清华久玷,不闻亮节异能,廉耻尽捐,但有甘言媚色"。他揭露潘晟的老底,说他初任礼部尚书时,秽迹昭彰,先帝(穆宗)常加斥责。再起之后,舆情深恶痛绝,皇上又予以斥革。像这种鄙夫,优游林下已经过分了,现在竟然要委以重任,岂不是为贪荣竞进之徒开方便之门吗? 希望皇上收回成命,更择耆硕之人。①

　　皇帝接到奏疏,很不高兴,当即传旨:"潘晟元辅遗疏所荐,这本如何旧事渎扰!"不同意收回成命。但是,此后言官们群起反对,给事中张鼎思、王继光、孙玮、牛惟炳、御史魏允贞、王国等人,接二连三上疏弹劾潘晟,气势很盛。潘晟毕竟心虚,一看苗头不对,赶快上疏辞职,内阁首辅张四维迅速作出反应,代皇帝拟旨:"放之归!"皇帝顺水推舟,着潘晟以新衔致仕。②

　　这时,潘晟已在赴京途中,刚到杭州,突然接到"着以新衔致仕"的圣旨,委顿丧气地折回新昌。对他来说,无异于当众出丑。冯保小病在家调理,闻讯后气愤地说:"我小病也,而遽无我!"③潘晟是冯保极力推荐的,如今遭到阁臣的拒绝和言官的弹劾,迫使他未任而辞,冯保显得很没有面子。岂止面子而已,其实是一个信号,张居正已死,冯保失去了外廷的支撑,再难呼风唤雨了。而促成这一转机的是新任内阁首辅张四维。《国朝内阁名臣事略》说:"自江陵柄国,以刑名一切,痛惩海内,其治若束湿,人心嚣然。比既殁,而亲信用事之人尚据要地,与权珰(冯)保为表里,相与墨守其遗法,阁中议多龃龉不行。公(张四维)燕居深念,间为同官申公(时行)言:'此难以显争,而可默夺。今海内厌苦操切久矣,若以意示四方中丞直指,令稍以宽大

①　《明神宗实录》卷一百二十五,万历十年六月乙酉。
②　张萱《大学士水濂潘公志略》,《宝目堂初集》卷十六。
③　王世贞《嘉靖以来首辅传》卷八《张四维传》。

从事,而吾辈无深求刻责,宜可稍安人心。'会皇嗣诞生,公(张四维)喜而曰:'时不可失。'乃手书劝上宜以大庆施惠天下,省督责,缓征徭,举遗逸,恤灾眚,以养国家元气。而出诸司所议宽条,属申公(时行)损益,凡数十事以进。上欣然命行之。席江陵宠者惮公,嗾御史劾公,上曰:'元辅忠臣,御史何得妄言!'持其章不下,手诏趣公出,而惮公者愈不安。"①

皇帝与内阁政治态度的微妙变化,明白无误地预示着新的政治动向,毕竟张居正时代已经结束了。

张居正已死,却盖棺不能论定。同时代人于慎行所写的祭文,对他推崇备至:"爰自初服,龙翔凤翥。学掩群流,气盖千古。宏览渊谟,冥搜博取。光射斗墟,珍罗册府……帝曰康哉,嘉乃丕庸。委国授政,虚心恭己。学而不臣,坐则为起。异数殊恩,古无其拟。莹耀乾坤,光镜图史。"②而另一个同时代人王世贞却对他并无好感,一则说:"居正性整洁,好鲜丽,日必易一衣,冰纨霞绮,尚方所不逮。时锦衣大帅朱希孝,所畜名书画甚富,且死,衰其精绝者,以识别居正。既露之,于是日有进,以博一解颜。然尚不能当严氏(嵩)之十二,而他珍奇瑰异稍浮之矣。"再则说:"居正天资刻薄,好申韩法,以智术驭下,而士大夫之险黠者争投其意。"三则说:"其秉政乃好饰祥瑞,以上下两蛊媚言,及灾异,则怒而见颜色,于是一切为蒙蔽。"③

明末清初的史家对他也是毁誉参半。张岱一方面称赞他:"居正为政,大约尊主权、课吏实、信赏罚、一号令,万里之外,朝下夕奉行,如疾雷迅风。"又说:"始居正自矫饰,虽不能无任情,而英敏善断,捭阖挥霍,誉之者以为有魏相姚元之风,居正亦雅自负不世出。"另一方面批评他:

① 吴伯与《张文毅公传略》,《国朝内阁名臣事略》卷十三。
② 于慎行《祭太师张文忠公文》,《谷城山馆文集》卷三十一。
③ 王世贞《嘉靖以来首辅传》卷七《张居正传》。

"江陵有相才无相量,其振饬纪纲,驾驭中贵,神宗方幼冲,十年之间益亦赖之。第其生平学申韩,而内多欲,自夺情以后,益与正士为仇,日引群小横行,胸臆一切,务为苛刻聚敛,海内人心汹汹思乱,至死不悔,可哀也哉!"①

万斯同则认为张居正秉政,得失参半:"秉政之初,雅自矫饰,英敏善断,中外群誉之。以先朝用人颇拘资格,为不得才。令举人、官生下至吏员,皆得与进士一体录用,勿为限量。尤重边事,凡督抚镇将以下,皆不数更易,一切假便宜,以久任责成功。有所建白,即令其人经略之,恐任事者与建议者或龃龉不相应也。课守令殿最,首重逋赋,督责甚严。或遇民间水旱饥荒,亦时请蠲之。岁断狱皆速为决遣,狱无滞囚。以是,万历初政人多颂美。惟不能以平易宽大为政,而又不能无所私,故于人情物理,以及朝常国政,皆得失参半。"而且对他的为人颇多非议:"居正本利禄徒,志在逢世,无学术风节,遭两朝鼎革,奋起功名之会。后交结大珰(冯保),倾同官(高拱)而夺其位,挟宫闱,凌幼君,无人臣礼。恋权势,不奔父丧,与天下贤士为仇,得罪公论,大节已亏,不足道。其天性峭刻,好言申商韩非之学,多杀而寡恩,专以苛察综核为能,而其精强敏悍之才足以济之。"②

在今人看来,王世贞作为同时代人,对张居正有所非议,不难理解。张岱、万斯同作为后世的史家,与万历朝的人与事应无利害关系,如此非议张居正,或许是读史阅世的眼光有所差异,或许是所秉持的是非标准有所差异。读者诸君完全可以凭借自己的眼光和标准,得出自己的结论。评判历史人物的功过,确实不是一件容易的事。

---

① 张岱《张居正列传》,《石匮书》卷一百六十六。
② 万斯同《明史》卷三百二《张居正传》。

二　过渡首辅张四维

张居正去世时,内阁辅臣只有张四维、申时行二人,不久增补了余有丁,无论排序,还是资历,申、余二人都无法与张四维相比肩,因此他顺理成章地成为内阁首辅。孰料,次年四月他的父亲逝世,按照常例,张四维必须回乡守制二十七个月,这一次,皇帝没有"夺情起复"。而且守制的时间还没有满,他自己也突然病逝,不可能重新复出。所以张四维担任内阁首辅的时间不过十个月而已,是名副其实的过渡首辅。

当时官场,都把张四维、申时行看作张居正的亲信。其实这两个人的政见与作风都与张居正有很大的差异,只是在强势首辅的压制下,两人隐忍不发,处处顺从,不露锋芒而已。

1. "隐然负公辅之望"

申时行为张四维写的神道碑,谈到两人之间的友谊;"余与公共事三朝,自词林讲幄,暨简纶扉,先后皆获从公。凡公之议论著作,与其厝注于国家者,皆余所亲睹。"确实如此,两人共事嘉靖、隆庆、万历三朝,知之甚深,谈起他在翰林院任职期间的事,写道:"词林少事,日游敖征逐,公独与同志捷户读书,自传记、诸子、百家,无不穷诣博览,而尤好深沉之思,盖隐然负公辅之望焉。"①所谓"隐然负公辅之望",是说他早就有辅佐朝政的志向,他的治国才华也为徐阶所推重,誉为"异日济大

---

① 申时行《光禄大夫柱国少师兼太子太师吏部尚书中极殿大学士赠太师谥文毅张公神道碑铭》,《赐闲堂集》卷二十。

业者"。①

张四维,字子维,号凤磐,山西蒲州人,嘉靖三十二年(1553)进士。他当年写的《时政论》,论述了政治的变与不变、便与不便,约略可以看出他出任首辅后,一反张居正的操切,推行宽大之政的缘由。他说:"臣闻,政无古今,趋时者善;法无因革,责实者成……是以圣人之为政也,因其时之所极,而为之准;察其势之所渐,而为之防。以故其政宜于民,悠然而变,而民不觉……夫政缘时者也,时之不变则因之,时之既变则更之。更之者求以便于时也;更之而不便于时焉,宁勿更之为愈也。以其不便而又更焉,则民骇矣;将遂守之而不更焉,则政弊矣。"又说:"故圣人之为政也,犹梓人之作室也,责实则成,徇名则废,其极一而已矣。方今天下之事,小大有经,中外有纬,体统正而纲纪肃,庶政辑而四国顺。自古语治安之世,若无大加于此者。"②他看重的是知变与责实。

嘉靖三十四年(1555),他出任翰林院编修。不久,因母亲王氏病故,回乡守制。嘉靖三十七年(1558)起复,担任原官,鉴于当时严嵩专权,吏治败坏,他洁身自好。王家屏说:"是时,宠贿滋章,士以造请相尚。公独辟一斋,与乾庵马(自强)公、正峰孙(铤)公数人吟诵其中,自守泊如也。"③

张四维倜傥有才智,明习时事,和久历边陲的杨博、王崇古交往,探讨边防事宜,为高拱所赏识。隆庆四年(1570),高拱掌吏部,超擢张四维为翰林学士,两个月后晋升为吏部右侍郎。当时"俺答封贡"提上议事日程,朝廷中反对声浪很盛,议而不决,张四维极力斡旋,支持高拱的谋划,促成俺答封贡,因而深得高拱的赞赏。④ 这年秋天,张四维以翰林

① 王家屏《张文毅公行状》,《条麓堂集》卷三十四《永信录下》。
② 张四维《条麓堂集》卷九《论·时政论(癸丑选馆首卷)》。按:癸丑即嘉靖三十二年。
③ 王家屏《张文毅公行状》,《条麓堂集》卷三十四《永信录下》。
④ 万斯同《明史》卷三百十一《张四维传》。

院学士掌管院务。朝廷极重视这一职务,不轻易授人,皇上显然受到高拱的影响,任命张四维担任这一职务,引起强烈反响。正如王家屏所说:"众翕然谓天子且相张公矣。"①这并非空穴来风,赵贞吉辞去内阁职务,高拱想援引张四维入阁,不料殷士儋捷足先登。阁臣之间互相钩心斗角,御史赵应龙弹劾殷士儋。此时张四维已经升任吏部左侍郎,也遭到言官弹劾,不得已引退,殷士儋也随之辞去。

隆庆六年(1572),太子出阁,皇帝召张四维出任侍班官,协理詹事府事。给事中曹大埜扬言张四维贿赂高拱,多次获得起用。张四维上疏请辞,皇帝敦促他立即入朝。行之半途,穆宗驾崩。此时适逢高拱与冯保、张居正斗法,张居正"附保逐拱",高拱狼狈离京。张四维感念高拱的提携,在赴京途中从获鹿县改道前往栾城县,与高拱会面。此时的高拱已经成为罪人,张四维毫无顾忌地前往迎接,嘘寒问暖,是需要有点勇气的。他的道德准则是:"为人孝友,笃于故旧,人有一德一饭不忘。"②许国和王锡爵提供了很有意思的细节,显示两位张公的品德差异。许国说:"公(张四维)初在词林,与新郑(高拱)、江陵(张居正)二公为莫逆交。二公继在政府有隙,新郑去国,而公适赴召命,从获鹿取道,会新郑于栾城。江陵公知之,迎谓公曰:'上方震怒,安得私见罪人?'公曰:'畴昔事高公,犹事公(张居正)也,一亲一疏,谓交道何?'江陵嘿然。"王锡爵说:"新郑、江陵两公者,并以才识交公(张四维)。新郑公得罪去,公起家宫端,取他道会于逆旅。江陵公怪问故,公曰:'畴昔之事高公,犹今事公(张居正),奈何以去而远之!'其敦厚雅素类此。"③对于这样坦荡荡的君子风度,张居正无言以对,也只有"嘿然"而已。

抵京以后,他写信安慰高拱,希望他闭门谢客,绝口不言时事,相信

① 王家屏《张文毅公行状》,《条麓堂集》卷三十四《永信录下》。
② 许国《张文毅公墓志铭》,《条麓堂集》卷三十四《永信录下》。
③ 许国《张文毅公墓志铭》,《条麓堂集》卷三十四《永信录下》。王锡爵《张文毅公墓表》,《条麓堂集》卷三十四《永信录下》。

时间会作出公正的结论。信中写道："栾城拜别，北行忽忽如失，迄今且匝月矣。都中人情事体俨如革代，不忍见，不忍言。初心刺谬恨在里，发轫之早也。在栾奉台谕，谓岳老(指张居正)与不肖(高拱自称)无他嫌，乃妒忌者从而构陷之。则初意亦且不坚，天下事未可知也。岳翁与翁金石夙契，一旦决裂，中心殊有惭沮，无奈群小不得志于翁者，百端捏造，殊足愤悒……前奉台谕，薄游名山川，极为高致。今则未可，且闭门谢客，绝口勿言时事，以需时日，何如？"①

在张四维的文集中，收存了写给高拱的书信九封，写给张居正书信六封，对于两公在内阁合作共事寄予厚望，请看他写给高拱的信："某最不肖，久不为同人比数，乃门下不以为不才，曲借齿颊，复从而提掇之。门下素有人伦之鉴，世所取信，且秉持化轴，可以轩轾时材，此同人所以不平而深忌也……今翁(高拱)与岳翁(张居正)夙投心契，非一日矣。乃兹并任鼎铉，实天开此一代之治，非偶然者，二翁之交，胶漆金石，不足比拟。"②

及至张居正与高拱二人决裂，高拱受到诬陷，他愤懑不平地对高拱说："顷自家舅所得邸报，见狂夫流言，披猖无忌，殊增愤懑。我翁心事勋业已轩揭天地，薄海内外共所闻见，视丁卯(隆庆元年)蓄德未曜时，何啻千里！而彼狂乃欲变乱白黑耶，可恨可恨！鸺鹠之鸣，蚍蜉之撼，不足为台端溷，希勿芥蒂。"③

冯保以"王大臣案"诬陷高拱派人行刺皇上，他去信致意，表明自己的态度："入春，骤闻意外之诬，令人骇忿郁悒，莫可控告，惟有叩心吁天，肠一日九回而已。"④

对于高、张二人的决裂，已经引疾回乡的张四维深感惋惜，多次写

①　张四维《条麓堂集》卷十七《寄高相公六》。
②　张四维《条麓堂集》卷十七《寄高相公一》。
③　张四维《条麓堂集》卷十七《寄高相公三》。
④　张四维《条麓堂集》卷十七《寄高相公七》。

信给张居正，表示自己的不安。毕竟日后还要在他手下共事，语气小心委婉：“顷者，事端骤起，匆匆在告，遂不获从容叙所私，辱顾又未获领终教。及捧札示，为之悒悒竟日。嗟夫群小害正，萋菲成锦，盖自古患之矣。今二翁同心翊宣元化，天下已骎骎向理，假之岁月，太平之业，端可坐致。乃心膂之间不免有挠惑，若此，古人所以嫉彼逸人，欲投畀豺虎，有北而不恤也。某受知门下甚深，而窃为社稷苍生过计，闻命至食寝俱不安便。已而深思，又若不足忧者。”①他希望二人能够捐弃前嫌，相逢一笑泯恩仇：“玄老(指高拱)机事不密，泛与轻信，故尝为小人所罔。与翁(指张居正)同道同心且三十年，所谓金石胶漆，非物可间。虽惑于簧鼓，暂时蔽乱，旋当融释耳……唯愿二翁欢然相得，不失曩雅，岂惟鲰生一人私幸，宗社苍生实深赖之。”②

张四维始终认为高拱蒙受不白之冤，一直想为他昭雪。申时行回忆说：“公(张四维)又为余言，欲白新郑(高拱)冤，请恤而未得间。今以遗公。余出新郑门下，深愧其言。”③

万历二年(1574)，张四维奉旨再起，以原官仍掌詹事府事，充《世宗实录》副总裁。明年三月，张居正提请增置阁臣，推荐张四维，于是他遂以礼部尚书兼东阁大学士，入阁参预机务。他受命后的第一件事就是侍候皇上的讲读，受到皇上的赞誉，赏赐御书“一德和衷”四个大字。张四维叩头谢恩退出后，皇帝对左右随从说：“新辅臣器度与众不同。”久久注视着他的背影。④

此时内阁辅臣有三名：张居正、吕调阳、张四维，一切由张居正独断，次辅不过摆设而已。张四维不同于吕调阳，他有自己的主见，不赞成张居正过于操切的做法，但又不能公然显露，心情颇为苦闷。他的同

---

① 张四维《条麓堂集》卷十七《寄张相公一》。
② 张四维《条麓堂集》卷十七《寄张相公三》。
③ 许国《张文毅公墓志铭》，《条麓堂集》卷三十四《永信录下》。
④ 王家屏《张文毅公行状》，《条麓堂集》卷三十四《永信录下》。

僚许国看得很清楚:"时江陵公当国,一务核刻,狭登进,广诛戮,严关传,急催科,恶闻灾伤,喜行聚敛,最后算缗履亩,法令烦苛,海内嚣然苦之。公(张四维)居其间,悒悒不得志。"①万斯同作为后代的史家,也有类似的看法:"时吕调阳为次辅,老而懦,政事一决居正;居正亦无所退让,视同列蔑如也。四维既由居正进,益谨事之,无敢出一语相可否,但随居正后拜赐进官而已……四维虽曲事居正,然为其所制,积不能堪,且不善居正所为,凡忤居正者,当四维调旨,每不尽如居正意,居正亦渐恶之。"②张四维虽由张居正引荐入阁,却不唯其马首是瞻。

2. "今海内厌苦操切久矣"

在张居正权力鼎盛时期,张四维就提醒他小心谨慎,要察其微、防其渐:"私虑主上甚少,古称危疑。今宫府驯调,全仗渊略,然事机变幻,当察其微;物情多端,须防其渐。事固有出人意料外者,不动声色措天下泰山之安,在今日非异人任也。"③他对张居正铁腕治国的操切做法颇有微词,在给张居正的亲信、现任兵部尚书梁梦龙(字乾吉,号鸣泉,直隶真定人)的信中,清晰地表达了自己的观点:"刑罚本以御暴,前绣衣使者(厂卫缇骑)乃以苛刻为风裁,昏阍执拗不可告语,一时儇薄子承望先意,巧诋刺骨,庶僚万姓凛如寝食,兕虎丛中,莫必其命,虽藩臬诸公亦惴惴然,畏此么麽若蜂虿也。昔商鞅之法,独文致者深耳。今不察事之有无,情之真伪,群小意有喜怒,即妄加雌黄,使者信如神明,即肆行屠剥。商君者,其谬乱有若是耶? 至乃秽辱衣冠,戕杀耆德,泰然若所当然,视同蚁蠛,此何说也?"④在给礼部侍郎王篆的信中,谈及张居正刚愎自用:"岳老(指张居正)当柄久,不似前时小心长慎,孤(张四维)私忧

① 许国《张文毅公墓志铭》,《条麓堂集》卷三十四《永信录下》。
② 万斯同《明史》卷三百十一《张四维传》。
③ 张四维《寄张相公五》,《条麓堂集》卷十七。
④ 张四维《寄梁鸣泉三》,《条麓堂集》卷十六。

之,密有规讽,时亦见听,然积不相悦矣。奸人窥之,遂横生枝节,多方毁诋……然孤非欲自异,乃欲相成,顾岳老不察耳。使岳老信孤如前时,凡事相订确求,当如前时,则伊周事业可冀,安有后来纷纷者!惟其末年猜忌太甚,而中外争为谀悦,遂以交欢巨珰(冯保)为安身至计,使圣主蓄念于上,四海人心积怨于下。自古迄今未有专恣若此而以善终者也。"①

张居正死后,张四维继任内阁首辅,致力于纠正以前过于操切的倾向,反其道而行之。与张四维合作共事的申时行参与其事,这样描述当时的政治动向:"自江陵(张居正)柄国,以刑名一切,痛绳海内,其治若束湿,人心嚣然。既殁,而亲信用事之人尚据要地,与权珰(冯保)为表里,相与墨守其遗法,阁中议多龃龉不行。公(张四维)燕居深念,间为余(申时行)言:'此难以显争,而可以默夺。今海内厌苦操切久矣,若以意示四方中丞直指,令稍以宽大从事,而吾辈无深求刻责,宜可以少安人心。'会皇嗣诞生,而公(张四维)喜可知也,曰:'时不可失',乃手疏劝上:宜以大庆施惠天下,省督责、缓征徭、举遗逸、恤灾眚,以养国家元气。而出诸司所拟宽条,属余(申时行)损益,凡数十事以进。上欣然命行之。"②这段话准确而扼要地反映了张四维的施政纲领,其要旨就是"今海内厌苦操切久矣","稍以宽大从事"。万斯同认为,"自是朝政稍变,言路亦发抒,诋居正时事,于是居正党大惧"。③

而张居正的亲信——所谓"楚党",以及张居正的盟友司礼监掌印太监冯保,预感到形势不妙,合谋策划引荐潘晟入阁,企图以潘晟取代张四维,继续掌控内阁大权。关于这一点,不久后入阁的许国看得很清楚:"初,江陵公病亟,而楚党大惧失势,乃诈为江陵公遗疏,荐起新昌

---

① 张四维《复王少方三·又》,《条麓堂集》卷十九。
② 申时行《光禄大夫柱国少师兼太子太师吏部尚书中极殿大学士赠太师谥文毅张公神道碑铭》,《赐闲堂集》卷二十。
③ 万斯同《明史》卷三百十一《张四维传》。

(潘晟)以自代,而谋去公(张四维)。先因权珰(冯)保所亲信者徐爵,结保为内应,而外嗾三御史伺间交章排公(张四维)也。于是,一御史先论罢王(国光)太宰尝之,一御史重劾太宰,连及公(张四维)。"①

由于张四维、申时行反应迅速,策动言官揭发潘晟一向贪鄙的老底,使得取而代之的阴谋没有成功。对方继而弹劾吏部尚书王国光(字汝观,山西阳城人),牵连张四维,企图迫使张四维下台。

御史杨寅秋弹劾王国光"欺君蔑法,钳制言官"等六大罪状。皇帝有旨:"王国光欺侮君上,蔑视法纪,本当重治究追,念系大臣,姑从宽革了职冠带闲住。"②接着御史曹一夔借弹劾王国光牵连张四维,张四维接连遭到弹劾,只得在私宅席槁待罪。皇帝派遣文书官孙斌前往私宅宣读圣旨:"谕元辅:御史曹一夔一本论王国光及卿,其王国光欺肆,卿亦未知,朕亦不信,卿宜安心佐理,不必介意。"张四维接到圣旨后,向皇上提请乞休:"伏念臣赋性钝直,学术短浅,备员丞弼,委为忝窃,罪譽丛积,辅理无状,以致言官论列,负乘致寇,理有固然……臣斤两有定,伎俩已竭,必使鞭策求前,必不能加于往昔。况臣蒲柳之质日渐衰朽,目眊耳聋,齿摇气怯,自膺事任,寝食顿减,既深误国之虞,兼有忧生之虑,久拟乞休,趑趄未果。此同事诸臣所共知,非敢饰说也。"③为了乞休,他连续上了三本奏疏。御史张问达继续弹劾,激怒了皇帝,在他的奏疏上批示:"元辅恳疏乞休,已有旨慰留了,张问达如何妄言渎扰?本当重处,姑从轻着降三级调外任。再有奏扰的,一并重治。"④

张四维终于抓住反击的时机,促使皇帝斥逐冯保,瓦解反对派阵营。皇帝对于司礼监掌印太监冯保的骄横恣肆,早有不满,司礼监太监张诚把这一信息透露出去。张四维授意门生李植、江东之揭发冯保的

① 许国《张文毅公墓志铭》,《条麓堂集》卷三十四《永信录下》。
② 钱一本《万历邸钞》,万历十年壬午卷,冬十月甲戌。
③ 张四维《壬午谢人言第一疏》,《条麓堂集》卷九。
④ 钱一本《万历邸钞》,万历十年壬午卷,谪御史张问达外任。

罪状。皇帝震怒,命张四维拟旨:"奴辈盗我威福久,其亟诛之。"立即逮捕冯保的亲信徐爵关入锦衣卫诏狱论死,冯保流放南京,抄了他的家。"楚党"梁梦龙、王篆、曾省吾等人也都罢黜。万斯同认为这是"朝事一大变"。①

在"朝事一大变"的氛围下,御史孙继先疏请重新起用因建言而获罪的诸臣,他列举了翰林院编修吴中行、翰林院检讨赵用贤、刑部员外郎艾穆、刑部主事沈思孝、刑部办事进士邹元标,以及给事中余懋学、御史赵应元、傅应祯、朱鸿谟、孟一脉,员外郎王用汲、郭惟贤等。皇帝接受了这一主张,降旨:"朕一时误听奸恶小人之言,以致降罚失中,这本内有名建言得罪的,起用。王国光着复原职致仕。郭惟贤着复原职。其余有降非其罪的,吏部都查明来奏。"②万历十一年(1583)正月,吏部向皇帝报告,原任编修吴中行、检讨赵用贤官复原职,原任刑部主事艾穆起为户部河南司,原任户部员外郎王用汲起为刑部湖广司,原任刑部主事沈思孝起为刑部贵州司,进士邹元标回部听选,原任南京户科给事中余懋学、原任南京浙江道御史朱鸿谟、原任南京陕西道御史孟一脉、原任河南道御史赵应元与傅应祯,都官复原职。③ 与之相对应的是,籍没冯保、张大受、杨舟、徐爵家产,罢免"楚党"殷正茂、陈瑞、陈省等人官职。

时人评论道:"时六卿半易,朝省虚位,乃请诏台省,举骨鲠端亮之臣向所遗弃者,布列庶位。一时六官之长皆民誉云。每见,必语之曰:'今主上神圣,公道昭明,各举其职,无废宪度,阁臣自不相挠也。'于是事归六列,言归台谏,公(张四维)为调剂而奏之,更一切束湿之政。"④

万历十一年三月,御史魏允贞上疏议论四事,第一件事"公文武之用",批判张居正的用人政策:张居正辅政以来,文职与武职官员,吏部、

① 万斯同《明史》卷三百一《张四维传》。
② 钱一本《万历邸钞》,万历十年壬午卷,十二月。
③ 钱一本《万历邸钞》,万历十一年癸未卷,春正月。
④ 王家屏《张文毅公行状》,《条麓堂集》卷三十四《永信录下》。

兵部皆不得自推用，必须关白内阁，因此清要部门多是他的门士乡人，直枉混淆，举措倒置。第二件事"严科举之防"，由批判张居正入手，进而非议现任阁臣张四维、申时行。首先说："居正诸子倩人代作，监试官又加意誊珠，分别式样，以拟主司圈点批评，诸子后先及第，海内人士无不愤叹，以为二百年科举之制坏自今始。"接下来调转锋芒，看似不经意而捎带提及："请辅臣子弟中式者，如张甲徵、申用懋，其廷试读卷，比照内外官引嫌回避事例，俱以卑者避尊者，不得以大臣回避子弟。其有怀才抱志，堪及第中秘者，退仕以后，听从自便。"他的意思很直白，既然父亲担任高官，儿子就应该回避，不得参加进士考试。殊不知，二月份的科举考试中，朝廷已经录取李廷机等三百五十名，其中就包括阁臣张四维之子张甲徵、申时行之子申用懋。魏允贞显然是在影射又一次科举舞弊。皇帝当然明白他的微言大义，立即下旨："言官建白，须顾大体、据实迹，虚心为国言事。这本漫逞私臆，语多过当，着都察院参看来说。"①

事关自己和家族的名誉，张四维当即上疏声辩："今日蒙发下文书，内有御史魏允贞一本，条陈四事，其第二款言科举事，诋猜臣等三子中式非公，欲令回避，待臣等去位之后方许廷试。臣等见之，不胜骇怍……昨因辅臣张居正以欺肆得罪，言者争讦其前时愆咎，遂诋其三子登科皆非公举。皇上特以居正党奸乱政，并其子斥之。殷鉴至明，臣等虽愚，岂肯甘蹈覆辙，以自贻戾哉！彼时若顾避行迹，不令子弟入试，可免今日谗忌……伏望圣明俯加照察，行令厂卫科道等衙门，遍行体访，果有一毫行私实迹，即将臣等置之重典，以为重臣负国之戒。"②申时行也上疏辩解，请求皇帝收回张甲徵、申用懋的功名，回籍肄业。皇帝为了维护辅臣的威信，不同意张、申二人的请求。户部郎中李三才（字道

①　钱一本《万历邸钞》，万历十一年癸未卷，三月。
②　张四维《癸未辩科举事疏》，《条麓堂集》卷九。

甫,陕西临潼人)挺身支持魏允贞。皇帝光火了:"魏允贞方奉旨参看,尚未处分,这厮辄敢出位妄言,窥探上意,好生党护欺肆,本当重处,从宽降三级,调外任。"御史魏允贞被降为徐州判官,李三才则被降为东昌府推官。[①]

就在三月间,张四维的父亲嵋川公病逝于家。四月初,张四维接到讣告,哀毁骨立,痛不欲生。皇帝获悉后,派遣太监前去慰问,孝心当尽,还宜节哀。太监传达皇上旨意,希望"夺情起复",让他依旧在内阁视事。张四维鉴于张居正的前车之鉴,婉言推辞:"生不逮养,殁不奔丧,何颜以立于世? 为我谢上,臣死不敢奉诏。"皇帝也不勉强,同意他回乡守制二十七个月,赏赐苎丝六表里、银三百两、钞一万贯,以及米油香烛等物,特命礼部员外郎张志致祭,工部主事沈一中造葬,遣行人司官员护行。临行前,张四维到文华殿向皇上面辞,叩头说:"臣行能薄劣,日侍左右,无所裨益。今当远离,伏望皇上法祖孝亲,讲学勤政,清心寡欲,惜时爱民,日慎一日,保终如始。臣不胜惓惓。"[②]这是他作为首辅的最后叮嘱。

张四维原本就身体虚弱多病,丧事忧伤过度,于万历十三年(1585)十月十六日病逝,享年六十岁。

张四维在后张居正时代,有如昙花一现,迅即凋零,似乎是走过场的人物,顾天埈、王家屏独具慧眼,对他高度评价。

顾天埈(字升伯,号开雍,苏州昆山人)说:"公弱冠读书中秘,是时宰相云间徐(阶)公,即公之座师也。一日阁试,试题系军国大事。公于广众中举以质徐公,欲立竟其本末,徐公叹曰:此参政他日忧也。自兹徐公每见公辄有商榷,必以公辅相许。甫二十年,果跻相位,与江陵张公从事。张公始得公欢甚,机务纷错,一切咨公,公无不应声决者。后

① 钱一本《万历邸钞》,万历十一年癸未卷,三月。
② 王家屏《张文毅公行状》,《条麓堂集》卷三十四《永信录下》。

以一二事触忤张公,张公乃大嘛之,然求所以中公者,万方而卒无从也……江陵张公雄迈峭特,世无与敌,春生秋杀,在于掌握,有不合意者,戮辱定不旋踵。公能悍然忤之而不遭其毒,则公岂非大豪杰哉?"①顾天埈是政坛后辈,万历二十年(1592)才进士及第,在他的心目中,张四维是一位"大豪杰"。

王家屏虽自谦为张四维的"桑梓后进",其实可算是同时代人,他的评价尤为独特:"家屏为公桑梓后进,实踵公武于词林,在史局诵公文章,见其春容尔雅,蔚为宗工。比从讲筵,窃窥公学术,则见其直谅多闻,纳乎圣听。然而未睹公大全也。公既居中持国柄,乃伏睹公忧劳夙夜,蹇蹇匪躬,以身任天下之重。方其芟邪剔蠹,一日而宇宙回春,此与司马文正公元祐之政岂异哉!夫文正公晋人也,阅数百年,而公乃绍美,其罢新法复旧章同,旋乾转坤之效同,而劳瘁以致疾又同。然溯观其德,则均之以诚心自然为本云。"②真是惊世骇俗的视角!把张居正比作王安石,把张居正改革比作王安石变法;把张四维比作司马光,把张四维的宽大之政比作司马光的元祐更化。是耶,非耶? 王安石的政绩早已彪炳于史册,他的变法过于急功近利,所立标准又过于超前,急于求成,操之过急,引来不少非议。元祐元年,宰相司马光与吕公著、文彦博等元老大臣"以恢复祖宗法度为先务",罢废新法,史称元祐更化。此后,新法与旧法的争议不断。用更加超脱的眼光来看,司马光与王安石是异中有同的,他们的分歧,实质是运用什么手段摆脱积贫积弱的分歧。王安石说,他与司马光"相好之日久,而议事每不合",是由于"所操之术多异故也";司马光也说,他与王安石"趣向虽异,大归则同"。两人的政见各有其合理性,后人大可不必是甲非乙,非此即彼。对于张四维与张居正的政见差异,亦应作如是观。

① 顾天埈《条麓堂集序》,《顾太史文集》卷三。
② 王家屏《张文毅公行状》,《条麓堂集》卷三十四《永信录下》。

三 "冯保欺君蠹国"

1. 依仗太后,挟持皇帝

慈圣皇太后对司礼监太监冯保一向十分信赖,特别关照冯保,要他"万分留心,引君当道,勿得顺从,致伤圣德"。① 皇太后的意思是要冯保对小皇帝严加管束,不可稍有放纵。冯保唯太后懿旨是从,寸步不离地看管小皇帝,小皇帝对冯保这个"大伴"心生畏惧。当时的日讲官于慎行如此描述小皇帝与冯保的关系:"上初登极,或时与宫中小内使戏,见冯珰保入,即正襟危坐曰:'大伴来矣。'小内使侍上游戏者,冯珰常阴罪之,故宫中皆严冯珰。珰亦稍专横,即上有所责罚,非出冯口,毋敢行者。及上稍长,积不能平,而左右一二亲昵,稍稍以冯珰罪状闻,上以太后故,不敢发,然心恨之云。一日,上戏以所御扇藏殿中隐处,戒左右毋泄,而令冯珰求扇。冯流汗四驰,求之不得,以是为剧。又一日,见冯珰衣大红色甚鲜,问曰:'何处得此?'方食蜜饯,即以赐冯,亲为纳之袖中,油尽污乃止。冯退而泣。""慈圣内教极严……而一二大珰奉太后懿旨,左右挟持,时至过当。比上春秋稍长,积有所不堪,而难于发也。"②

张岱为冯保列传,也有类似的说法:"神宗之初即位也,(冯)保朝夕视起居,拥护提抱,差有力焉。帝小有扞格,保即闻之慈圣皇太后。盖慈圣诲上严切,责之甚苦,且曰:'内廷可耳,即使张先生闻之,奈何?'于是上甚重居正,而冯保意自得,所以事上不能一切顺,上渐长而厌之。

---

① 《明神宗实录》卷七十二,万历六年二月癸未。
② 于慎行《谷山笔麈》卷二《纪述一》。

保内恃太后，外挟居正，侍上左右，御繁殊苛峻。小与上狎，辄牵下加笞责，诸有财力可资藉监局，多持不与，而与所私门下阉张大受辈，使为上耳目，颇倚保势，藐上左右如孙海、客用。"①

冯保内恃太后，外挟张居正，连皇帝也对他怀有畏惧之心。这使得冯保得意忘形，颐指气使，俨然成为宫中炙手可热的实权人物。慈圣皇太后的父亲，也就是小皇帝的外祖父——武清侯李伟，见了冯保，也叩头唯谨，尊称他为"老公公"。冯保对这位当朝皇上的外公的恭敬礼节，居然安然接受，只是小屈膝答应："皇亲免礼。"驸马见了他也要叩头，他甚至倨傲地垂手小扶，根本不还礼。② 实在有点忘乎所以了。

乾清宫执事太监孙海、客用是皇帝的近侍，关系十分亲昵，经常引导皇上骑马奔驰，挽弓击剑，甚至酗酒豪饮。这是冯保极为反感的。他自诩知书达理，喜好琴棋书画，对皇上"凡事导引以文"，颇以"蒙养之绩"为功。③

万历八年(1580)某一天，孙海、客用引导皇上豪饮，喝得酩酊大醉，佩剑夜游。孙海、客用因平日受冯保答辱太甚，不堪忍受，便以言语激起皇上对冯保的不满，把身边的两名小太监(冯保的养子)打成重伤(一说杀死)。然后骑马到冯保住所，大声训斥冯保。冯保很恐惧，抱起巨石支撑大门。次日拂晓，冯保赶忙向慈圣皇太后报告昨晚皇上失态的情况。④ 慈圣皇太后怒不可遏，一反常态，换上了青布袍，拔去头上戴的簪珥，怒气冲冲地扬言：欲特召阁部大臣，谒告太庙，废黜皇帝，另立其弟潞王为帝。故意让这一消息在宫中四处传播。朱翊钧得知圣母要把他废了，此惊非同小可，赶忙前去向母后请罪。慈圣皇太后对他数落

① 张岱《石匮书》卷二百八《宦者列传下·冯保》。
② 王世贞《觚不觚录》，《弇州史料后集》卷三十九。
③ 刘若愚《酌中志》卷五《三朝典礼之臣纪略》。
④ 钱一本《万历邸钞》，万历八年庚辰卷，十一月戊寅。王世贞《嘉靖以来首辅传》卷七《张居正传》。张岱《石匮书》卷二百八《宦者列传下·冯保》。

道:"天下大器,岂独尔可承耶?"命冯保取出《汉书·霍光传》,要他看看皇帝废立的先例,扬言要召见潞王。朱翊钧跪在地上哭泣多时,皇太后才肯宽恕。太后要冯保逮捕孙海、客用,杖责之后逐出宫门,发配南京孝陵种菜;没收乾清宫所有的兵器,并要皇帝写诏书自责:"孙海、客用凡事引诱,无所不为,着降作小火者,发去孝陵种菜。尔等司礼监管事牌子,既受朝廷爵禄。我一时昏迷,以致有错,尔等就该力谏方可,尔等图我一时欢喜不言。我今奉圣母圣谕教诲我,我今改过。奸邪已去,今后但有奸邪小人,尔等司礼监并管事牌子,一同举名来奏。"[1]在检讨自己的错误的同时,明显地流露出对冯保的不满情绪。

第二天,他还把怨气发泄到张居正身上,怪他这位辅臣没有及时提醒:"昨朕有御笔帖子,先生看来未曾? 孙海、客用,朕越思越恼,这厮乱国坏法,朕今又降做小火者,发去南京孝陵种菜。先生等既为辅臣,辅弼朕躬,宗庙社稷所系非轻,焉忍坐视不言? 先生等既知此事,就该谏朕,教朕为尧舜之君,先生也为尧舜之臣。"张居正立即对他进行开导,先是夸奖他即位以来讲学勤政极为认真,寥寥数语以后,笔锋一转,直言不讳地批评道,皇上近几个月来稍不如前,宫中起居颇失常度。但是身隔外廷,不知宫中之事,即有所闻,也不敢轻信。几天前曾问过文书官,听说皇上夜间游行,左右近侍都带着短棍兵器。文书官说并无此事,便以为所闻为妄传。直到读了皇上的御笔帖子,才知道孙海、客用两人,每天引诱皇上游宴别宫,而且身穿窄袖小衣,长街走马,挟持刀仗,沉迷于奇巧戏玩之物。幸而圣母及时教诫,皇上幡然悔悟,屏去奸邪,引咎自责。张居正认为,孙海、客用处分太轻,应该削为净军;而且应该除恶务尽,谄佞希宠的近侍宦官不止孙、客二人,司礼监太监孙德秀、温泰,兵仗局掌印太监周海,也应该一并降黜。有鉴于此,张居正要

---

① 刘若愚《酌中志》卷五《三朝典礼之臣纪略》。文秉《定陵注略》卷一《慈圣壶范》。

求皇上，"仰遵圣母慈训，痛自改悔。戒游宴以重起居，专精神以广胤嗣，节赏赍以省浮费，却珍玩以端好尚，亲万几以明庶政，勤讲学以资治理"。①

这一事件虽已了结，但皇帝与冯保的关系，从此由信赖、畏惧转化为怀疑、怨恨。孙海、客用引导他夜游的事，是冯保向慈圣皇太后告密的；事后又要张居正代他起草《罪己诏》，向内阁辅臣检讨认错，措辞又过于贬损，极大地损伤了他的自尊心；张居正奏疏中开列的谄佞希宠太监名单，又是冯保提供的，乘机排斥异己分子。

冯保依仗太后的宠幸和张居正的支持，有恃无恐，对皇帝钳制过甚，这必然要引起反感。一旦时机成熟，他的垮台是在意料之中的。正如于慎行所说："珰（冯保）亦稍专横，即上有所责罚，非出冯口，毋敢行者。及上稍长，积不能平，而左右一二亲昵稍稍以冯珰罪状闻，上以太后故，不敢发，然心恨之云。"②于慎行还说："天下之事，持之过甚，则一发而溃不可收拾。人主在深宫中，醉饱过误，何至假太后之威，中外相应，制之股掌之间，使之藏怒蓄极而发。"③《明史》也有类似的说法，不过前者强调的是"心恨之""藏怒"，后者强调的是，要想赶走他但心有余而力不足："后（冯）保益横肆，即帝有所赏罚，非出保口，无敢行者，帝积不能堪。而保内倚太后，外倚居正，帝不能去也。"④

"心恨之"又"不能去"，必然要发泄出来。某一天，讲读完毕，皇帝兴致大发，书写大字赏赐辅臣及九卿，冯保在一旁侍候。突然，他用沾满墨汁的毛笔，猛烈地掷向冯保的大红衣衫，红衣上几乎溅满了墨渍。一向骄横的冯保大惊失色，张居正也显得手足无措。皇帝朱翊钧却若

---

① 张居正《请清汰近习疏》，《新刻张太岳先生文集》卷四十四《奏疏九》。钱一本《万历邸钞》，万历八年庚寅卷，十一月。
② 于慎行《谷山笔麈》卷二《纪述一》。
③ 许重熙《嘉靖以来注略》卷七，引"于慎行曰"。
④ 张廷玉《明史》卷三百五《宦官二·冯保》。

无其事,起身返回乾清宫。后来申时行的长子申用懋向沈德符谈起这一逸闻,颇为感叹:"此时,上意已作李辅国、鱼朝恩之想,而冯玱尚以少主视之,了不悟也。"①李辅国、鱼朝恩是唐代安史之乱后两名飞扬跋扈的宦官,因权势过盛而为皇帝所杀。朱翊钧把冯保看作李辅国、鱼朝恩,埋下了日后剪除的伏笔。

2. "发南京新房闲住"

张居正已死,冯保失去了外廷强有力的支持者,剪除时机成熟了。

司礼监秉笔太监张鲸为皇帝秘密策划了剪除冯保的计划。张鲸原先的顶头上司张宏,是老于世故的太监,侦知了这一计划,暗中劝张鲸:"司礼冯公前辈,有骨力人,留着他好多哩!"②张鲸不予理睬,令其门客乐新声向外廷透露"倒冯"的信息。

与此同时,言官们弹劾吏部尚书王国光,牵连内阁首辅张四维。次辅申时行怀疑是冯保在暗中捣鬼,便对张四维说:"事迫矣。"那意思是,向冯保摊牌的时机到了,先下手为强,后下手遭殃。便私下物色言官揭发冯保亲信徐爵、冯保等人"表里为奸"的罪状。③十二月初七日,御史江东之上疏弹劾徐爵;十二月初八日,御史李植弹劾冯保。江东之、李植都是张四维的门生,他们的行动受到张四维的授意;而张四维之所以这样做,显然已经摸清了皇上的意图。申时行说:"是时,权玱(冯保)骄恣甚,上(皇帝)积不能平,语浸淫闻外,言官亦微知上指,乃共疏论(徐)爵及(冯)保不法状。"④许国也说:"当是时,上已心向公(张四维),而衔故用事者,无所发怒,日望外廷弹章。而他御史密测上意,交章起抨击,

---

① 沈德符《万历野获编》卷二《今上待冯保》。
② 刘若愚《酌中志》卷五《三朝典礼之臣纪略》。
③ 《明神宗实录》卷一百三十一,万历十年十二月戊子。
④ 申时行《光禄大夫柱国少师兼太子太师吏部尚书中极殿大学士赠太师谥文毅张公神道碑铭》,《赐闲堂集》卷二十。

323

先论（徐）爵通匿禁地，交通不法事；寻乃论（冯）保，历数保大罪十余。"①申时行、许国是亲历其事的高官，都不约而同地指出，言官弹劾冯保、徐爵，完全迎合了皇帝的心意。

十二月初七日，山东道御史江东之（字长信，号念所，徽州歙县人）上疏，弹劾冯保的亲信书记官徐爵。他揭发徐爵这个逃犯在冯保卵翼之下如何为非作歹："锦衣卫指挥同知徐爵，嘉靖间犯罪发遣，潜逃在京，夤缘武职锦衣卫，又复倚势张威，窃弄朝政。如王国光之欺侮，陛下黜之，（徐）爵乃扬言曰：'此我罪之冯司礼者也'；梁梦龙之谦谨，陛下用之，（徐）爵乃扬言曰：'此我荐之冯司礼者也。（徐）爵果能进言于冯保，保果信任爵与否，臣不敢知，但（徐）爵身为锦衣卫官，未尝一日至锦衣卫堂上。臣每巡视皇城，辄遇爵由东安门进，守卫官军不敢问其行踪，不知（徐）爵奉何职役，而出入禁门欲和谋议，而常居直庐也。且（梁）梦龙谢恩之日，即往拜（徐）爵门，举酒款洽，二鼓始返，朝臣及市井细民无不知之。夫冯保服劳年久，未闻干预外政，（徐）爵指之以邀惠大臣，是误（冯）保不能永其终誉者（徐）爵也。（梁）梦龙初掌铨衡，未闻亲为不善，（徐）爵诱之以交结近侍，是误梦龙不能正其始进者（徐）爵也。虽然，误保与梦龙此犹小者，陛下德追尧舜，威服中外，大小臣工奉法惟谨，而（徐）爵以狎邪小人，窃弄于下，虚张声势，肆无忌惮，不敬之罪孰有大于（徐）爵哉？伏乞圣明大奋乾纲，将徐爵敕下法司追论原罪，或不即加显戮，亟行窜逐。庶内臣无由招议，得保其近侍之荣，外臣无由夤缘，可塞其官邪之径，将见宫府肃清，而威权不下移矣。"江东之还揭露梁梦龙用三万两银子贿赂冯保，谋求吏部尚书之肥缺；又将孙女许配冯保之弟为儿媳；谢恩之日前往徐爵家拜谒等等罪状。②

---

① 许国《张文毅公墓志铭》，《条麓堂集》卷三十四《永信录下》。
② 沈思孝《明故中议大夫都察院右佥都御史念所江公墓志铭》，《瑞阳阿集》卷首。

皇帝下旨将徐爵逮入锦衣卫诏狱,严加审讯,送刑部拟斩。至于梁梦龙暂时没有碰他,待到御史邓炼、赵楷等人再次弹劾时,勒令致仕。① 这是一个重要的信号,时人评论说:"锦衣卫指挥徐爵倚(冯)保,出入禁闼,舐痔兼车,鸣鸱吞腐。公(江东之)劾爵,因以撼(冯)保,并及梁太宰。上怒,诛爵逐保,一时挟炭之子趣冶之门者气夺。"②江东之的奏疏之所以有如此威力,关键在于正中皇帝下怀。

十二月初八日,江西道御史李植(字汝培,山西大同人)上疏,指名道姓地弹劾冯保十二条罪状,权势不可一世的冯保由此而垮台。如此重要的文献,不知何故,《明神宗实录》《万历邸钞》都没有收录。今人可以在《万历疏钞》中看到此疏的全文。李植毫无顾忌地亮明他的观点:"司礼监掌印太监冯保,狠毒异常,奸贪无比,窃弄威福,包藏祸心,十年于兹矣。"为了证明他的观点,列举了冯保当诛之罪十二条:

——宦官张大受、书手徐爵都是太监李彬的亲信,本该论死,逃回北京后,被冯保任为股肱心腹,一个升为乾清宫管事太监,一个升为锦衣卫指挥。

——冯保掌管东厂,凡罢黜官员潜往北京者,都用作私室爪牙,掌管司礼监,将有罪宦官置于根本重地。

——引用徐爵,参预批阅奏章。凡重大机务,紧密军情未经核实御览,未送内阁票拟,徐爵已事先知晓,泄露于外。徐爵擅入宫禁,窥伺皇上起居,探察圣母动静,戏言亵语无不与闻,宣扬于外。因此,奔竞者慕其威灵,巧宦者附其声势,其门如市,权倾中外。

——永宁公主选婚,冯保受贿,驸马曲庇入选。

——皇上赏赐给乳母戴夫人庄田银两,冯保先勒索二千五百两。

——宫内御用监采买珍珠玉器等物,冯保拣低劣者呈进,贵重者尽

---

① 《明神宗实录》万历十年十二月辛卯。
② 郭子章《明中议大夫右佥都御史念所江公墓志铭》,《瑞阳阿集》卷首。

入私囊。赃罚库历年籍没的抄家物资,冯保以赝品换取真品,将古器重宝窃为己有。

——二十四监宦官,凡稍有财富者,冯保必搜求一过,吓骗其钱财;有病故者,冯保必封锁房屋而搜括其家资。因此,冯保私宅所藏财富,相当于朝廷一年贡赋收入。

——冯保的第宅、店铺遍布京师,不能悉数。在北山口为自己建造寿坟,其花园之壮丽堪与皇宫西苑媲美。又在原籍深州建造私宅,规模之华峻,不亚于藩王府邸,共有五千四百八十间,名为一藏。

——冯保擅作威福,恣意凌辱临淮侯、刘皇亲等勋戚。

——冯保之弟冯佑,在皇太后所居之慈庆宫高声辱骂太监,冯保之侄冯邦宁兄弟,竟在皇帝诏选九嫔之中,挑选绝色美女二名,纳为侍妾。

——冯保只是宦官,竟敢僭用皇上之黄帐。

——潞王分封,皇上令冯保选择善地,冯保向皇上推荐的地方为此,向圣母推荐的地方为彼。欺君罔上,莫此为甚。

在列举了十二条罪状之后,李植请求皇上,将冯保、张大受、徐爵处死,将冯保弟侄冯佑、冯邦宁等问罪。[1]

皇帝朱翊钧早就对这个令他畏惧的"大伴"心生厌恶,必欲除之而后快,接到这一奏疏,马上降旨:"冯保欺君蠹国,罪恶深重,本当显戮。念系皇考付托,姑从宽处,降为奉御,发南京新房闲住。"[2]这还是念在"大伴"多年陪伴服侍的情分上,看在先帝顾命付托的名分上,从宽发落,虽然革了职,剥夺了权力,却并不处死,让他到南京去养老。对冯保的弟侄就不客气了,一概革职,发回原籍为民。张大受等宦官,都降做

---

① 李植《奸险近臣久肆欺罔罪大恶极恳乞乾断亟赐重戮以彰国法以安社稷疏》,《万历疏钞》卷二十《阉宦类》。
② 陈希美《罪人既得天讨难容恳乞圣明亟加诛戮以绝乱萌以安宗社疏》,《万历疏钞》卷二十《阉宦类》。

小火者,发配南京孝陵从事苦役。①

冯保作为宫内地位最高的太监,须臾不离地在皇帝身边侍候,时刻不停地沟通宫廷与政府之间的信息,向两宫皇太后通报皇上的生活起居。从皇太子时代到登上皇帝宝座,朱翊钧一直在冯保的陪伴下,所以把他叫作"大伴""冯伴伴",对他有一种两难心情。作为自己的耳目喉舌,一刻离不开他,又对他心存畏惧、戒备。随着岁月流逝,这种矛盾逐渐明朗化,但要对他处以"重戮",还下不了手。据说,李植的奏疏呈进时,冯保正在私宅休沐。皇帝在如何处分冯保的分寸上有所踌躇。张鲸等太监乘机揭发他的种种罪恶,怂恿皇上传旨"着冯保私宅闲住"。皇帝担心地说:"冯伴伴来奈何?""若大伴来我不管。"张鲸为他壮胆:"既奉皇爷处分,渠怎敢来!""既有旨,冯某必不敢违。"②

冯保的命运就这样定了下来,他的下场是耐人寻味的,也是他自己始料不及的。十二月初八日,皇帝圣旨"发南京新房闲住"传出,人们以为处分太轻。浙江道御史王国(字之桢,陕西耀州人)上疏,力言冯保罪大恶极,应按法律重处。他列举冯保欺君误国之罪十条:

——擅权肆恶,独揽朝政,潜引充军在逃人犯徐爵,结为腹心。

——大开贿赂,勒索沿边诸将领,或二三万,或数十万两银子。

——盗窃内府珍宝,或藏于私宅,或送于原籍。

——聚敛天下之财物以肥身家,搜括天下之宝货以为玩好。

——纵容其侄子冯邦宁、冯邦柱等,强梁生事,强夺京城内外平民庄田。

——所积金银珍宝,富过于国。至于外国奇异之物,为陛下所未有。

---

① 谈迁《国榷》卷七十一,万历十年十月己亥。
② 文秉《定陵注略》卷一《江陵覆车》。

——擅作威福，人人畏惧。

——冯保称徐爵为樵野先生，徐爵称冯保为大德恩主，终日引入宫内，密谋诡计。

——近日辅臣张居正病故，冯保令徐爵索其家名琴七张、夜明珠九颗、珍珠帘五副、金三万两、银十万两。

——原任工部尚书曾省吾，现任吏部左侍郎王篆，勾结冯保，相倚为奸。曾省吾送冯保金五千两、银三万两；王篆送冯保玉带十束、银二万两，图谋升官。

鉴于以上种种罪恶，王国希望皇上比照武宗皇帝处死权阉刘瑾的先例，依法重处冯保，以清内奸；斥革曾省吾、王篆，以清外奸。①

御史王国的揭发当然有根有据，无奈皇帝主意已定，不想处死冯保，而是要他到南京养老。王国对皇上的心意揣摩未透，要求像武宗处死刘瑾那样处死冯保，自讨没趣，皇帝下旨将王国调往南京别衙门待用，显然带有贬谪的意味。言官们依然不依不饶。御史李廷彦继续上疏揭发冯保贪纵不法诸事，希望皇上对他重处。皇帝对言官再次渎扰有点光火了，命李廷彦停职反省。②

皇帝对冯保的处分是手下留情的，他不忍处死从小形影不离的"大伴"，但对冯保聚敛的财富极为关注，毫不放松。李植揭发，"冯保私宅所藏，可当朝廷一年贡赋之入"。王国揭发他，"盗窃内府珍宝，或藏于私宅，或送于原籍"；"张居正病故，冯保令徐爵勒索其家名琴七张、夜明珠九颗、珍珠帘五副、金三万两、银十万两"；此外还收受曾省吾、王篆的巨额贿赂等。冯保贪赃枉法，富甲天下，当时人所共知。不仅宫内太监要向他"孝敬"，而且外廷大臣无不向他贿赂。于慎行说，冯保接受大臣

---

① 王国《逆恶中珰交通内外包藏祸心恳乞圣明重加究处以正国法疏》，《万历疏钞》卷二十《阉宦类》。
② 《明神宗实录》卷一百三十一，万历十年十二月甲午。

贿赂,每一笔都有记录,几乎所有公卿大臣都在账簿中留下了贿赂,唯独刑部尚书严清没有记录。① 这一点,皇帝也早已心知肚明。冯保"发南京新房闲住"后,慈圣皇太后与皇帝谈起潞王婚礼所需的金银珠宝尚未备齐,皇帝轻松地回答:"办此不难,年来廷臣无耻者尽货以献张(居正)、冯(保)二家,其价顿高。"②

几天后,皇帝下旨籍没冯保、张大受、徐爵的家产。户部向皇帝报告:抄没冯保田产变卖折银一万九千余两。工部向皇帝报告:抄没冯保住宅变卖折银六万九千余两。③ 区区十万两银子的家产,显然与李植、王国等言官揭发冯保富可敌国的状况不相匹配,关键是没有提及冯保财富的主体部分——金银珠宝书画等浮财。东厂总督太监张鲸会同锦衣卫都督同知刘守有,奉旨查封冯保在京城内外的全部房屋,清点浮财。但是报上来的数目仍不能令皇帝满意。其中原因不外乎两点:一是老奸巨猾的冯保早已把浮财转移隐匿,二是负责抄家的官员中饱私囊,乘机大捞外快。据御史毛在揭发,锦衣卫掌卫事都督同知刘守有等负责抄家的官员,在查抄冯保、徐爵、张大受等人家产时,监守自盗,"搬运鼠窃,报官者十一二耳";各案犯家属买通关节,"转为方便",使得财产大量转移。④

刘守有等监守自盗事发,总督东厂太监张鲸奉皇上圣旨查处此事,勒令他们把贪污盗窃的金银、晴绿、珠石、帽顶、玉带、书画、新旧钱币、各色蟒衣、苎丝绸绢等全部上缴,甚至把他们家中财产扫荡一空,悉数运入宫中,皇帝才稍稍满意。⑤ 其实,冯保从皇帝眼皮底下堂而皇之运走了大批价值连城的珍宝。据南京兵部郎中陈希美报告,冯保由北京

---

① 于慎行《谷山笔麈》卷五《臣品》。于氏写道:"万历十年,籍没冯珰,阅其簿籍,公卿大臣皆有问遗,惟无司寇严公清名。上甚重之,内中因呼为'严青天'。未几,拜太宰,盖特简也。"
② 朱国祯《皇明大事记》卷三十九《神宗》。
③ 钱一本《万历邸钞》,万历十一年癸未卷,春正月。
④ 《明神宗实录》卷一百三十二,万历十一年正月乙丑。
⑤ 《明神宗实录》卷一百三十三,万历十一年二月丙戌。

抵达南京时，"犹携带佞儿数十辈，装载辎重骡车二十辆"。① 毫无疑问，冯保已经把最有价值的财宝随身带到了南京。皇帝是心知肚明的，当慈圣皇太后向他打听籍没冯保家产的情况，他回答道："奴黠猾，尽窃而逃。"②

曾经在政坛上不可一世的冯保，从此结束了他的政治生命，随同他的天价珍宝一起，销声匿迹。以后又悄无声息地死去，葬于南京皇厂。③

四　"居正功在社稷，过在身家"

1. 言官交章弹劾张居正

张居正与冯保，一死一去，皇帝朱翊钧挣脱了昔日钳制他的两只大手，亲操政柄，可以完全按照自己的心意行事了。朝廷内外一下子失去了两个令人望而生畏的铁腕人物，长期受压制的言官们如释重负，顿时活跃非凡。在君主专制时代，政治风云变幻莫测，皇帝个人的是非好恶主宰一切。昔日炙手可热的冯保，一道圣旨，逐出紫禁城，发往南京闲住，似乎是一个政治信号。对于政治气候嗅觉特别灵敏，原是官僚的本性，他们中的投机分子更是急不可耐，以为大显身手的机会到了。既然冯保可以攻倒，张居正有何不可？ 言官们从冯保事件窥探到皇帝内心的微妙变化，交章弹劾张居正，一时间政治风云突变。

---

① 陈希美《罪人既得天讨难容恳乞圣明亟加诛戮以绝乱萌以安宗社疏》，《万历疏钞》卷二十《阉宦类》。
② 朱国祯《皇明大事记》卷三十九，神宗。朱氏在"奴黠猾，尽窃而逃。"后面，写道："自此，内中'张先生'、'张太岳'字面绝以为讳，而日后籍没之芽亦伏于此。"
③ 刘若愚《酌中志》卷五《三朝典礼之臣纪略》。

万历十年十二月十四日,善于窥伺的陕西道御史杨四知首先出马,弹劾已故内阁首辅张居正。他把张居正与冯保、徐爵并列为"社稷之元恶三人",声称:"三人同心一体,挟天子以令群臣,权倾中外,包藏祸心。"在他笔下,三人的关系非比寻常:"逃军徐爵,素有机智,(冯保)尊为谋主,生死相依。徐爵昼则匿冯保直房,屏去左右,附耳低语;夜则潜投张居正,置之上座,称为樵野先生,促膝计议,每至夜分。都人相语,以为今日之徐爵,居正之子房(张良)也;今日之冯保,居正之赵高也。而为(徐)爵者又扬扬夸示曰:'皇上游戏无度,章奏漫然不理,朝廷政令惟张公与我耳。'使天下人心皆归张氏,其意欲何为哉? 是以十年之间,天下但知有冯保、居正,而不知有皇上,皆徐爵之谋也。"由此入手,他列举张居正十四条罪状:

　　一是贪婪之罪——"居正之奸贪穷古未有,且无论其江陵所充积,但据其身死回籍,骡车三十辆,搬运一月,填满京衢,粮船八十艘,绵延百里,阻塞运道……十年以来,稀世之珍,四夷之宝,尽归私室。"

　　二是树党之罪——"总理练兵左都督戚继光,用万金托尤(游)七,拜居正为义父,每年馈送不下数万。若居正所进刺绣肃濮、奇巧花灯,皆继光代造。手握强兵,恩结父子,天下为之寒心。"

　　三是招权之罪——"吏部左侍郎王篆,用万金属尤(游)七,结居正为姻亲,不数年,由文选(司)而骤升都宪(都察院)、铨曹(吏部),天下货赂未登相府,而先及王门。身居衡宰,势焰婚媾,天下为之侧目。"

　　四是欺君之罪——"国家设科取士,称至公也。甲戌(万历二年)会试,居正愤编修沈一贯不取子嗣修中式,以会元孙鑛系(沈)一贯所取,遂不置一甲,题名记至今未立。丁丑(万历五年)殿试,嗣修原后列,徐爵密通冯保,置之榜眼,人人共愤,无敢言者。庚辰(万历八年)未及会试,居正自撰策题,先为子懋修请客对策,都中预知必为状元……至期,懋修果登状元,敬修果登进士。居正探知人心不服,使徐爵扬言于外曰：'圣母皇上念元辅功高，特赐拔擢。'其谁欺乎？人有贴张氏门联曰：'一正当朝乱国政，三修登第实堪羞。'都人至今诵之。"

五是欺君之罪——"居正自登第历官三十余年，未闻归省。及其父死，百官密语曰'张公必不去'，臣犹未信。后果蒙皇上眷留，而居正当寝苫块之时，每日于灵几前票旨，二三阁臣独不能乎？是时诸臣上疏劝其丁忧者，无非欲移孝为忠也，致激圣怒，奉旨廷杖。而内官呵令行杖者曰：'张师傅叫着实打！'是何说也。"

六是僭分之罪——"裁革驿递，名为节省矣。乃其归葬，沿途五步一井以清行尘，十步一庐以备茶灶。旅馆邮亭金碧辉煌，笙箫金鼓，山岳震动。父老望之而叹息曰：'世宗皇帝南幸，未见有此。'"

七是殃民之罪——"锦衣卫总旗庞清，素称巧佞也，尤（游）七荐为居正造宅，三年升东厂管刑千户。锦衣卫千户冯昕，考察革职矣，尤（游）七荐于居正，起用东司房掌刑。二人受尤（游）七颐指气使，凡有睚眦之嫌，即访拏拷打，逼求重贿。"

八是穷奢之罪——"居正每一退朝，美人钟鼓，高会罗列，自睹金坞玉山，意甚厌之，乃访问古器，天下争相买求，以投所好。河洛之间，三代帝王陵墓发掘殆尽，居正家商彝周鼎秦镜汉尊，不知其几也。"

九是蔽主之罪——"自居正擅权，专意伺察台谏，凡其章疏少干时政，轻则补外，重则中伤。以是人心恐惧，士气销堕，掩蔽聪明，上下间隔，而彼得以肆行无忌矣。"

此外还有：罔上之罪、凶残之罪、僭逆之罪、误国之罪、纵肆之罪。[1]

杨四知的奏疏言辞尖刻，调子高而实证少，与几年前傅应祯、刘台的奏疏相比，并没有多少新鲜内容，也没有惊人的说服力。但是两者的命运截然不同，前者激起皇帝盛怒，对上疏者严加惩处；后者却正中下

---

[1] 杨四知《追论党恶权奸欺君误国乞正国法彰天讨疏》，《万历疏钞》卷十八《发奸类》。《明神宗实录》卷一百三十一，万历十年十二月戊戌。

怀,欣然同意,显然是帝王独裁心理在作祟。杨四知凭借此事而官运亨通,升任大理寺右少卿。兵科给事中王德完揭发他,其实是一个首鼠两端的小人:"以小人之尤而假君子以贾誉,外窃麟凤之形,而内藏枭獍之性,张牙露爪。"张居正病危时,"为居正祈祷,称功颂德,而自夸其巧"。先是巴结王篆、朱琏,攻击张四维;后来看到大势已去,则又附和张四维,攻击张居正。此人的手腕相当了得,"行浊言清,欺上罔下,才足以变黑易白。如负隅之虎,而人莫敢撄;如傅肤之蝎,而人不敢动"。①

　　皇帝朱翊钧对首辅张居正的态度,微妙而复杂,由先前尊崇备至、言听计从,一变而为深恶痛绝,全盘否定。独裁者的心理活动令人琢磨不透,拿捏不准,不过有一点是可以断定的,绝对不能容忍威权震主的大臣,即使暂时容忍,最终还是要报复清算。对于朱翊钧而言,十年来,这位威严的首辅兼帝师对他管束过严,干涉过多,甚至对他的宫闱生活也说三道四,使他不敢随心所欲。张居正自以为有皇太后的支持,以严师对待学生的态度对待小皇帝,一次朱翊钧读《论语》,误将"色勃如也"的"勃"字,读作"背"音,张居正厉声纠正:"当作'勃'字!"声如雷鸣,小皇帝"悚然而惊",在场的官员们无不大惊失色。②曾为日讲官的于慎行对此评论:"及考注释,读作去声者是也。盖宫中内侍伴读,俱依注释,不敢更易;而儒臣取平日顺口字面,以为无疑,不及详考,故反差耳。此一字不足深辨,独记江陵震主之威,有骖乘之萌,而不自觉也。"③所谓"震主之威""骖乘之萌"云云,就是"威权震主,祸萌骖乘",于慎行当时已经察觉到这一点,这就叫做旁观者清当局者迷,所以说"江陵震主之威,有骖乘之萌,而不自觉也"。朱国祯也有类似的感喟:"凡日讲,阁臣侍班,轮讲者稍稍句字之误,免纠。称曰先生,礼待最优。一日讲过位章'色

---

① 王德完《寺臣大奸巨猾横肆贪残乞议处以快舆情疏》,《万历疏钞》卷十九《纠邪类》。
② 于慎行《谷山笔麈》卷二《纪述二》。许重熙《嘉靖以来注略》卷七,万历五年五月。
③ 于慎行《谷山笔麈》卷二《纪述二》。

勃'，勃字当作入声，误为去(声)，盖南北音异也。张(居正)呵之声颇厉，上不怿。此时冲主，权臣习以为故，然了不自觉。"①虽然指出张居正"了不自觉"，但没有提到"震主之威""骖乘之萌"，缺乏于慎行的深度。

慈圣皇太后配合张先生的调教，在宫中对皇帝严加教训，"常常守着看管"，"使非礼之言不得一闻于耳，邪媟之事不敢一陈于前"，"帝或不读书，即召使长跪"，或有过错，"数其过，帝涕泣请改乃止"。小皇帝对张先生极为忌惮，慈圣皇太后动辄谴责："使张先生闻，奈何！"②十年来，他这个皇帝所受掣肘实在太多，听命于太后犹有可言，受首辅摆布难以长期忍受，还是勉强忍受了，总有一天会爆发。于慎行提及皇帝在太监孙海、客用引诱下酗酒闹事，议论道："翌日，太后大怒，遣人传语阁臣，江陵(张居正)具状切谏，其词甚激，有鸎拳之风，且草罪己御札呈览发行。而太后召上长跪痛数其过，至云'天下大器岂独尔可承耶'？内中因有传于上云，太后令冯珰向阁中取《霍光传》入览。上心以此大恨。再逾年，江陵死，冯逐而张族矣。此后，太后悍上威灵，不复有所谕，辅导诸臣亦不敢极力匡维，而初政渐不克终矣。江陵自失臣礼，自取祸机，败在身家，不足深论。而于国家大政有一坏而不可转者，何也？凡天下之事，持之过甚，则一发而溃不可收，譬如张鼓急则易裂，譬如壅水决则多伤。即以内使一事言之，人主深宫之中，以醉饱过误断一阉人之发，不为非过，而未至大失，辅弼大臣付之不问，则犹有惮而改，即欲规正，亦当从容陈说，使之自解，何至假太后之威，中外相应制之股掌之间，使之藏怒忿志，蓄极而发，从此为所欲为无复畏惮。"③于慎行对皇帝心态的转变，张居正悲剧的铸就，概括为八个字"藏怒忿志，蓄极而发"，分析得入木三分。

① 朱国祯《皇明大事记》卷三十九《神宗》。
② 张居正《谢皇太后慈谕疏》，《新刻张太岳先生文集》卷四十一《奏疏六》。万斯同《明史》卷一百五十一《列传二·后妃下》。
③ 于慎行《谷山笔麈》卷二《纪述二》。

明朝内阁辅臣职权的轻重,因人而异,因时而异。章潢在《图书编》中说,永乐初建内阁,在东阁门内取翰林解缙等七人在阁办事,以备顾问,官衔不过学士而已。终永乐之世,杨士奇、杨荣官止五品。至仁宗朝,其意渐失,杨士奇升为礼部侍郎,加少保转少傅,兼华盖殿大学士;杨荣为太常卿,进太子少傅兼谨身殿大学士;杨溥为太常卿兼翰林学士。此"三杨"破格之始。但宣德以前内阁与外九卿为平交,执礼持法不相顾忌。宣德以后,"三杨"权重,渐柄朝政。英宗九岁登极,凡事请示太后,太后规避专权,令内阁议行,从此开始由内阁票拟谕旨。及至景泰易储之后,虽皇帝亦藉内阁以为己用,但其官品仍不脱学士之衔。天顺初年(1457),李贤开始以兵部侍郎升吏部侍郎兼翰林学士入阁,薛瑄由大理寺卿升礼部侍郎兼翰林学士入阁。成化、弘治年间,多由侍郎升尚书入阁,若先升尚书,则无入阁之命。至正德初年(1506),刘瑾专权,其党羽焦芳以吏部尚书入阁。嘉靖初年(1522),宠臣张璁(张孚敬)入阁,"直以相体自尊,危坐诸卿之上"。①此后的内阁首辅如严嵩、高拱的职权已无所不统,张居正犹有过之。沈德符对此洞察尤深:张居正受顾命辅政,"宫府一体,百辟从风,相权之重,本朝罕俪。部臣拱手受成,比于威君严父,又有加焉"。②所谓"宫府一体"云云,即把皇帝与政府的事权集于一身,货真价实的威权震主。

蓄之既久,其发必速,正如于慎行所说:"藏怒忿志,蓄极而发。"现在既然亲操政柄,不把威权震主达十年之久的张居正的余威压下去,何以树立自己的威权!以这样的心态看杨四知的奏疏,皇帝如获至宝,蓄积已久的怨气喷涌而出,对张居正全盘否定:"居正朕虚心委任,宠待甚隆,不思尽忠报国,顾乃怙宠行私,殊负恩眷。念系皇考付托,待朕冲

① 章潢《图书编》卷八十五《内阁》。
② 沈德符《万历野获编》卷九《阁部轻重》。

龄,有十年辅佐之功,今已殁,姑贷不究,以全始终。"①昔日仰赖崇敬的元辅张先生,如今成了"不思尽忠报国,顾乃怙宠行私"的坏蛋,暂时不予追究,已是皇恩浩荡了。至于他的亲信游七、庞清、冯昕之流,统统不宽恕,由锦衣卫逮捕,交镇抚司诏狱严刑审讯。

张居正的亲信,尤以游七最为跋扈。游七名守礼,号楚滨,不过是张府的家人(奴仆)之子。张居正权倾一时,他狐假虎威,作威作福,花钱买了个幕职清衔,与沈德符往来宴会。一般无耻官员巴结张居正,无不买通游七的关节,拍马唯恐不及。此人可与冯保亲信徐爵相比拟,冯保被劾,徐爵论斩;张居正被劾,游七入镇抚司诏狱,自然难逃一死。王世贞说:"江陵当国,家人子游七,司其出纳,署号楚滨,无不称楚滨者。翰林一大僚为记以赠之,而给事李姓与之通婚媾。翰林诸公赠诗及文,而九卿、给事、御史投刺人四五至矣,彻侯缇帅延饮必上坐。衣冠跃马,扬扬长安中,势尤可畏。后事败,一坐绞,一坐斩,人心虽快,而士夫之体则已糜烂不可收拾矣。"②

皇帝谴责张居正"怙宠行私",确凿无疑地发出清算信号。十二月十八日,南京四川道御史孙继先(字荫甫,一字世胤,号南川,山西盂县人)率先遥相呼应,为前几年因为建言而获罪的官员伸张正义。他说:"臣不知诸臣何罪,乃欲禁锢终身,若此,居正之心亦狠,而其手亦毒矣!此忠臣义士扼腕不平,良非一日。近日以来,伏见皇上闻言即悟,从谏如流,纳御史李植之言,则斥冯保而籍其家;纳御史江东之之言,则籍徐爵而置之法;纳御史杨四知之言,则怒居正而追问坏法之事。臣益知问罪诸臣非皇上本意也。臣又闻,当居正有丧之日,冯保罪恶已彰彰在人耳目,保谓不留居正,则己恶必不可掩;不深罪言官,则己罪终不可逃。

---

① 《明神宗实录》卷一百三十一,万历十年十二月戊戌。
② 王世贞《觚不觚录》,《弇州史料后集》卷三十九。

故假以勉留元辅之故,导皇上以制伏言官,钳天下之口,便一己之私。是陷居正有无父之名者,冯保也;误皇上有屏弃言官之迹者,亦冯保也。"①有鉴于此,他请求起用遭到罢黜的贤臣,诸如原任编修吴中行、原任检讨赵用贤、原任刑部员外郎艾穆、刑部主事沈思孝、原任刑部办事进士邹元标,以及原任南京都察院右都御史魏学曾、原任户部右侍郎胡执礼、原任礼部右侍郎王锡爵、原任都察院右佥都御史保定巡抚宋纁、原任南京都察院右佥都御史操江提督张岳等,说以上诸臣"品格虽殊,要旨才德优隆,志行高洁,持身不二,有谔谔大臣之风;秉正不阿,有蹇蹇匪躬之义"。而且在目前形势下,"欲制伏小人,莫若广用君子。盖君子众多,则邪不胜正,纵有幺麽,彼自潜消默夺,不敢逞矣……当此群奸慑伏之时,正世道清明之会,起用贤臣实我国家可稍缓哉!"②

与此同时,吏科给事中陈与郊、云南道御史向日红等,也上疏翻此旧案。使得皇帝非常被动,因为惩处这些建言诸臣,都是他批准的;为了把张居正威权震主的影响消除干净,他决定启用那些反对张居正的官员,为此不得不承担一点责任,检讨几句:"朕一时误听奸恶小人之言,以致降罚失中。这本内有名建言得罪的,起用。"③皇帝原本要求言官"不必追言往事",不要翻陈年老账;但是又向"追言往事"的言官让步,允许他们翻案,这是他亲操政柄后面临的一大难题。这个口子一开,引起了连锁反应,弹劾奏疏如同雪片般飞向乾清宫。

山西道御史魏允贞弹劾吏部历任尚书张瀚、王国光、梁梦龙阿谀张居正、冯保,在吏部会推官员之前,接受张居正、冯保内定的名单,"然后会推,九卿科道徒取充数",搞个形式而已。因此吏部选拔的官员十分

① 孙继先《录用建言诸臣以昭圣德疏》,《万历疏钞》卷十六《起废类》。
② 孙继先《录用建言诸臣以昭圣德疏》,《万历疏钞》卷十六《起废类》。《明神宗实录》卷一百三十一,万历十年十二月壬寅。
③ 钱一本《万历邸钞》,万历十年壬午卷,十二月。

之九没有德器才望。①

万历十一年正月,贵州道御史张应诏弹劾南京刑部尚书殷正茂(字养实,号石汀,徽州歙县人)、总督两广兵部尚书陈瑞(字孔麟,福建长乐人),以金银珠宝贿赂张居正、冯保,以及游七,而得以升官。他说,殷正茂先前担任户部尚书,秽迹大著,遭到忽视摈斥,由于厚贿张居正之故,起用为两广总督,当即以金盆两个、天鹅绒八匹,以及金玉币帛珍奇等物,共计一百箱,送到张居正私宅致谢,同时送十箱给游七,送四十箱给冯保。不久,转为南京刑部尚书。而陈瑞与殷正茂是一丘之貉,自为官至今,习为奔竞,担任湖广巡抚期间,以馈送张居正为名,括取全省赎金数十万。为了取媚于张居正以图升转,全不顾体统,不惜名节。在张府吊丧毕,即请见张居正之母,有一心腹内官姓向者在侧,居正母对陈瑞说:"陈公祖看顾向官儿。"陈瑞立即起身回答:"只有向公公看顾得陈瑞,陈瑞安敢看顾向公公。"奴颜婢膝,官常扫地,天下嗤笑。升转两广总督后,到任不及三个月,就搜括二省官银八十余万两,置买金玉珠宝象牙珍奇等物,馈送张居正、冯保。因此他认为,这两个人"贪虐异常,钻刺冒滥,为公议所不容",请求皇上将殷正茂、陈瑞亟行罢斥。皇帝当即降旨,命殷正茂、陈瑞致仕。②

广东道御史黄钟(字律元,号丽江,苏州长洲县人)弹劾湖广巡抚陈省,心术邪险,人品卑污,不齿于士论,屡遭言官纠弹。原以巧佞狡猾,曲当张居正之心,躐升湖广巡抚。陈省倚张居正为泰山,张居正亦视陈省为奇货。张居正之子张懋修高中状元,陈省即送贺仪银一万两。尤有甚者,"居正受贿无算,藏富于家,所虑者盗耳,陈省欲为之防护,设兵

---

① 《明神宗实录》卷一百三十一,万历十年十二月丙午。
② 张应诏《贪虐大臣久干公议乞赐罢斥以警官邪疏》,《万历疏钞》卷十七《惩贪类》。《明神宗实录》卷一百三十二,万历十一年正月壬戌。

数百,每岁给饷数千两"。皇帝下旨,将陈省革职为民。①

万历十一年七月,南京河道御史郭惟贤(字哲卿,号希宇,福建晋江人)弹劾都御史陈炌。他说:"惟人心之事君也,始未尝不怀忠挟信,后卒罔上而负国者,其患有三:曰贪禄位,曰植私党,曰戕忠良。此戕忠良之心生于植私党之心,植私党之心生于贪禄位之心,三者相因而萌。于是乎有如王宗载之文致刘台以献媚者,有如胡槚之戕杀(宁国知府)吴仕期以献媚者,又有如今都御史陈炌参罢御史赵应元以媚权臣张居正,其事比于(王)宗载等之所为虽异,而其心之媚人行私则一。今如(王)宗载如(胡)槚,皇上举已灼其奸,斥之且将重罪之矣⋯⋯独(陈)炌尚安于其位而不去,臣焉能无言乎?"②

皇帝每天处理这些弹劾奏疏,终于光火了,愤愤然训斥这些言官:"在前权奸结党行私,科道官寂无一言,及罪人斥逐,却纷纷攻击不已,有伤国体。"③这分明是在谴责这些鼓舌如簧、走笔如神的言官们,太善于见风使舵,随机应变。年轻的皇帝对官员们避祸趋利又自视甚高的习气,不能容忍,发出旨意:"有显迹的既已处治了,其余许令省改修职,不必再行搜索。以后再怙恶怀奸,仍前恣肆的,指实参来重究!"④他的意思很明白,劣迹昭彰的主要党羽已经处治了,不必再继续株连、搜索,政局应该平静下来。然而,皇帝自己打开闸门,潮水喷涌而出,已经难以控制。弹劾冯、张的口子一开,岂能立时三刻堵住! 官场上,人们仍在忙于"搜索",忙于攻击。

南京刑科给事中阮子孝揭发,张居正的三个儿子(张嗣修、张敬修、张懋修),王篆的两个儿子(王之鼎、王之衡),都属于"滥登科第"。关于

①　黄钟《奸媚抚臣剥民附势乞赐显斥以快人心疏》,《万历疏钞》卷十九《纠邪类》。《明神宗实录》卷一百三十二,万历十一年正月戊辰。
②　郭惟贤《邪鄙大臣久坏风纪乞赐罢斥以重台纲疏》,《万历疏钞》卷十九《纠邪类》。
③　《明神宗实录》卷一百三十二,万历十一年正月庚午。
④　《明神宗实录》卷一百三十二,万历十一年正月庚午。

这种倚仗权势的科场舞弊，阮子孝讲得十分具体，显然事先做过调查，言之凿凿，令人深信不疑。他说："先是，嘉靖年间有大学士翟鸾执政，其子翟汝谏、汝孝皆得中式，当时言官纠论，有'一鸾当道，双凤齐飞'之语。世宗皇帝超然顿悟，并皆黜革不叙。遥想此时公道尚昭昭未泯也，乃今则有大谬不然者。盖缘故太师张居正秉政十余年，值皇上冲年，擅作威福，而伊亲吏部侍郎王篆又以邪媚小人为之鹰犬，附己者虽甚不肖，必居显荣；忤己者虽极忠贤，悉蒙摈弃。是居正与王篆之喜怒，即天下荣辱之所关也。"①

他列举事实予以说明。张居正的儿子嗣修、懋修、敬修，都是膏粱子弟，不识一丁。张敬修中癸酉(万历元年)湖广乡试，系巡按御史舒鳌所取，张居正当即许愿舒鳌晋升京官，后来被御史刘台揭发，许愿未果。张嗣修中丙子(万历四年)顺天乡试，又连中会试及廷试，乃是徐爵密通冯保，内定一甲第二名。张懋修己卯(万历七年)湖广乡试，系巡按御史郭思极所取，懋修墨卷只完成两篇，郭思极以为奇货，即置之袖中。会试墨卷俱在外请人代做，临时传递。廷试题悉张居正所拟，预先透露给懋修，请人条对，然后赴试，得中一甲第一名，敬修也得中二甲。张居正的宠仆游七对人说："我家已有状元、榜眼，后来还有探花。"此虽出自小人之口，安知非居正家庭之常谈？

招权纳贿的王篆的两个儿子，王之鼎是监生，王之衡是生员，原本文理不通，京中缙绅奔走王篆门下者，购买坊间时文，代为笔削，冒充王之鼎兄弟的窗稿，大加圈点，刊刻发行，企图令人勿疑。王之鼎由北京前往应天考试，由与之连号的考生代做。尚未发榜，士民纷纷传言"王之鼎已中了"。及至发榜，果然中了二十一名。

阮子孝的结论是："居正挟皇上威令以予夺天下，而伊男三人相继

---

① 阮子孝《科场重典罔上行私乞赐究处以惩欺蔽疏》，《万历疏钞》卷三十四《制科类》。

擢巍科。王篆假居正权势以慑服天下，而伊男二人并得中乡试，是居正与篆但知为身后子孙计，而不复知为陛下计也。奸邪人但知有居正与篆，而不复知有陛下也。"有鉴于此，他建议，将张嗣修、张懋修、张敬修、王之鼎、王之衡概行罢黜不叙。[①]

皇帝见他说得有理，要内阁拟旨，将五个"滥登科第"者予以革黜。首辅张四维没有盲从，因为此事与他本人有一些干系，所以他主张区别对待：张居正的三个儿子按其科举学业都可录取，只是两科连中三人，又占取高第，引起士论的妒忌，谤议失实。至于王篆的两个儿子，不知学业如何，应予复试，再决定是否可用。他建议张居正的两个在翰林院供职的儿子，调到别的衙门，在部署供职的儿子，可以照旧；王篆的两个儿子，由吏部与都察院出题，在午门前复试。[②]

张四维的折中主义处理方式，皇帝不满意，主张严惩，亲自降旨："张懋修等并王之鼎、王之衡都着革了职为民。张居正、王篆结连冯保，罔上行私。冯保弟侄及名下，已皆革职治罪了，居正、篆诸子，不论进取公私，都一体斥去。"[③]在他看来，张居正与王篆的儿子不论是否有真才实学，统统革职为民，是平息舆论的最好办法。但是言官们并不满足，继续追打那些阿谀奉承的宵小之徒。

山东道御史丁此吕抓住皇帝圣旨"居正、篆诸子，不论进取公私，都一体斥去"，大做文章，穷追不舍。他说，幸蒙皇上圣明，先后采纳言官建议，赫然将张居正及王篆之子概行除名，其鹰犬主司如陈思育、曹慎、刘志伊诸人也次第削籍。但还有同恶群奸拥位如故，何以平大法而垂永鉴？例如，万历四年(1576)为张嗣修座主的，是如今山西提学副使陆檄；为张敬修座主的，是如今河南参政戴光启。万历十年为王之鼎座主

① 阮子孝《科场重典罔上行私乞赐究处以惩欺蔽疏》，《万历疏钞》卷三十四《制科类》。
② 《明神宗实录》卷一百三十二，万历十一年正月癸酉。
③ 钱一本《万历邸钞》，万历十一年癸未卷，正月癸酉。

的,是翰林院修撰沈懋孝。以上诸臣"开私窦于公门,而恣行胸臆;盗国典为奇货,而投媚权奸",性质与曹慎等相同,罪行并无差异。尤有甚者,有运筹布局甘为奸佞之魁者,如原任礼部左侍郎何洛文:"洛文自馆选时即为居正所昵,向以干儿畜之,凡属意群奸,必藉洛文为介绍。嗣修、懋修及第制策,皆洛文代为之;又雕刻其卷,传示士绅间,以涂人耳目。有识者莫不掩鼻唾骂,而彼方肆然得志,若罔有闻,盖不复知有人间廉耻矣。"又如现任礼部左侍郎高启愚,万历七年(1579)主考南闱(应天乡试)密承张居正风旨,以"舜亦以命禹"为题。"盖舜禹之事臣知之矣,此居正之逆萌也,(高)启愚故为是以觇人心,传示四方,妄相风拟,至禅继之嗣亦所不讳,盖人心之为其摇惑已甚矣。"因此,他乞求皇上将高启愚等革职查办,警戒敢于欺罔而有二心的大臣。①

真是越说越离奇,除了科举舞弊,竟然还扯上了为"禅让"造舆论那样不可思议的话题。

朱翊钧亲政后,为了树立自己的威权,致力于打击威权震主的张居正,清除其余党。这是他亲操政柄独自做出的重大决策,正如他屡次在谕旨中声明的那样:"冯保、张居正事,出朕独断。"②但是,他并不想把朝廷上下搞得乱七八糟,使他无法治理,所以再三强调不要违旨搜索往事,重翻旧账。这是一个两难选择。打倒张、冯,必须排除他们的亲信,这样做,就意味着否定新政。这种政争所带来的副作用,是他始料不及的。发展到后来,士大夫意气用事,互相攻击,追名逐利,无所不用其极,乃至结党行私,是非不分。如果说万历一朝的朋党之争,其源盖出于此,也不算过分。

万历十一年四月刚刚入阁的大学士许国敏感地察觉到这种势头,在奏疏中作了透彻的分析:"窃见近日以来,士习险陂,人情反复,国是

---

① 丁此吕《党恶群奸欺君乱政乞赐显逐以彰国法疏》,《万历疏钞》卷三十四《制科类》。
② 《明神宗实录》卷一百六十,万历十三年四月戊辰。

动摇。盖昔之专恣在权贵,今之专恣乃在下僚;昔之颠倒是非、肆言无忌在小人,今之颠倒是非、肆言无忌乃在号为君子者。彼以其发于感激,动于意气,甘冒刑谪,搏击权豪。偶成一二事,自负以不世之节,非常之功,持此以立赤帜,号召一等浮薄轻进、好言喜事之人,党同伐异,诬上行私,公卿大臣动见掣肘。一不快意,便攘臂而起,每诧于众曰:'某所建白,上所听信,不必下部也。'或又曰:'某尝进言于首相,渠不见听,将乞归也。'以此挟制六卿,决裂纪纲。臣之闻此风久矣。第与大学士申时行等仰奉德意,示以公平,付之罔闻,冀其悔悟,不欲使有比周之名,以为清名之累。不意彼乃扬扬自谓得志,无敢阻挠,日甚一日。如御史江东之、给事中王士性、御史李植,同日三疏联袂而上,哗然群攻吏部尚书杨巍,并及大学士申时行,横口诋排,期以必胜……夫正人固指邪人为邪,邪人亦指正人为邪,惟在辨其所以,为邪正之实而已,古今治乱之几实决于此。"因此,他希望皇上先将自己罢斥,以谢言者,然后徐议诸臣孰是孰非,孰正孰邪,孰轻孰重;切责言官今后务必虚心平气分别人品,先公义而后私怨,毋缉缉翩翩以构逊,毋翕翕訿訿以立党,各守职分,务期共济,以定国家之议,而消党比之私。①

虽然皇帝对他的奏疏赞许为"忠献谠论",要求他"主持国是,表率庶僚"。② 但是许国担忧的"党同伐异"之风,一点也没有收敛,反而愈演愈烈。

2. 围绕刘台平反的纷争

皇帝接受言官们的意见,重新起用因反对张居正而遭到惩处的官员,开启了平反与翻案的风潮。在这一风潮中,纠缠得最多的莫过于刘台案。

---

① 许国《乞辨邪正以消党比疏》,《许文穆公集》卷三《奏疏》。
② 吴伯与《国朝内阁名臣事略》卷十四《许国》。

平心而论，刘台反对新政，遭到惩处，并非毫无道理。但是，刘台既已革职为民，事情本该了结，张居正却不依不饶，穷追不舍。对此，沈德符写了一篇极富洞察力的评论："江右刘侍郎（台），江陵（张居正）辛未（隆庆五年）所录士，受知最深，以比部（刑部）郎改西台（御史），出按辽左（辽东）。时方奏捷，故事，按臣主查核，不主报功。刘不谙台规，以捷上闻。江陵票旨诘责太峻，刘遂疑惧，露章数千言，劾江陵诸不法，颇中肯綮。"刘台的奏疏触及张居正的痛处，尤其是门生弹劾座师，是他无法容忍的。沈德符接着说："江陵虽盛怒，然内愧且服，止从削籍。但每对客，辞色多露愤恚不堪言。谄者思中之，诬其在辽时婪肆，抚按从而勘实之。又令刘台乡人告刘居乡诸不法状，亦对簿追赃。"①以后刘台所遭厄运，虽出于无耻官吏的献媚之举，根子却在张居正，他容不得刘台，必欲置之死地而后快。

刘台革职后回到家乡江西安福县，地方官迎合张居正心意，怂恿刘台的仇人出来诬告。当地人认为，这是张居正指使江西巡抚王宗载干的勾当："（刘台）得生还，居二年，居正嗾江西抚臣王宗载，诱其仇家诬奏他事，文致其狱。"②这个仇家就是江西安福人谢燿，他诬告刘台劣迹甚多，在辽东贪赃数万两银子。③ 僻处乡间的谢燿何由得知辽东的事情？颇值得怀疑。皇帝未经调查核实，就贸然下旨：命该抚按官提问具疏。又派文书房太监丘得用到内阁传旨："刘台这厮，先年枉害忠良，朕意要打死他。因先生论救，饶了。今却有这等暴横害人，本内说，辽东贪赃数万。着拏解来京。"还是张居正想得周到，拏解来京，查无实据怎么办？便回奏说："若拏解本犯，不免并逮干证，宜下抚按鞫问。"④也就是说，把此案交给江西巡抚王宗载、巡按陈世宝去处理。而王、陈二人

① 沈德符《万历野获编》卷十九《台省》。
② 康熙《安福县志》卷三《刘台传》。
③ 文秉《定陵注略》卷一《江陵擅政》。
④ 文秉《定陵注略》卷一《江陵擅政》。

早已对张居正的意图心领神会,欲加之罪何患无辞! 与此同时,刘台在任辽东巡按御史时的同僚,辽东巡抚张学颜(字子愚,号心斋,广平府肥乡县人),此时升任户部尚书,投其所好,诬告刘台在辽东"私赎镪"(贪污)。现任辽东巡抚于应昌也"捏报虚赃",诬告刘台。王宗载对陈世宝说:"了此狱,政府乃以巡抚处公。"陈世宝心领神会,对刘台严刑逼供,令其"苦楚万状"。①

万历五年(1577),江西巡抚王宗载、巡按陈世宝联名向朝廷报告审查结论:"刘台合门济恶,灭宗害民,应发边远充军终身。伊父刘震龙、伊弟刘国八并刘允鉴等,分别徒杖。"都察院审核后,皇帝批准依拟执行。② 于是刘台遣戍广西浔州,父亲、弟弟遭到徒刑、杖刑处分。后来刘台惨死在戍所,身遭诬陷,死得不明不白,衣服棺材全无,十分凄凉。据说,刘台的死,与张居正的死,是同一天,何其巧合乃尔!③

万历十一年正月,山东道御史江东之翻出旧案,弹劾因陷害刘台而升官的都察院右佥都御史王宗载、御史于应昌、陈世宝,"合谋宰杀直臣刘台",取媚于张居正。他在奏疏中,首先抨击张居正:"大学士张居正十年勤劳,不谓无辅理之功,但才太高,性太拗,权太专,心太险,媚己者立跻之要地,异己者坠之重渊。是以邪佞之徒趋媚太甚,以成居正之恶。"

接下来揭露刘台案的真相:"原任御史刘台论劾居正,其词严义正,忠义之心不出赵世卿、余懋学、赵用贤、邹元标下也。台不死,当与诸臣并用矣。奈何(右)佥都御史王宗载前任江西巡抚,欲杀台以快居正心,门生属官承受密谋,用银五十两买其仇家代创诬本,遣人伴送来京妄奏。辽东巡按御史于应昌奉旨查勘,同心狐媚,逼胁司属捏报虚赃,宗

① 《明神宗实录》卷一百三十二,万历十一年正月戊辰。
② 文秉《定陵注略》卷一《江陵擅政》。
③ 《明神宗实录》卷一百三十二,万历十一年正月戊辰。康熙《安福县志》卷三《刘台传》。

载复唉江西巡按御史陈世宝曰：'了此狱，政府以巡抚处公。'遂拟台远戍。台家产不足偿赃十一，乃宥充军，该死人犯代为完赃，以实其罪，所以凌虐台者万状。台至浔州身死，衣衿棺木俱无，行道之人莫不流涕曰：'此长安故刘御史也，何罪而至此极也！'是杀台之惨，主谋者宗载，行凶者则于应昌、陈世宝也！世宝呕血暴卒，天实报之，臣无论矣。外参照得（右）金都御史王宗载，甘为冯保义子，自恃居正私人，阿附权势，谋害忠良，法当首论也；巡按御史于应昌诬赃以陷僚友，枉法以媚要津，当以从论者也……二臣惟知有权门，不知有天子，杀人可为，将何事不可为？"因此，他乞求皇上赦免刘台之罪，谅加恤典；不仅应该将王宗载、于应昌革职，而且应该抵命。①

这时的王宗载是江东之的顶头上司，按照都察院的惯例，御史上疏，必须先送副本给长官过目。江东之拿了副本进衙门，王宗载迎上去问：江御史何言？江东之答：为死御史鸣冤。王问：为谁？江答：刘台。王宗载垂头丧气而退。②

万历十一年二月，江西巡抚贾如式揭发，诬陷刘台的谢燿有不可告人的内幕：刘台的同宗——原任国子监监丞刘伯朝及举人刘寿康，与刘台有宿怨，欲乘机中伤刘台使之造奇祸，以邀张居正欢心。适逢刘台买谢燿家田地，因价格不合，引起谢燿仇恨。刘伯朝等唆使谢燿诬告刘台，吉安县推官陈绅也极力怂恿。官府勘问时，刘伯朝出庭对质，使刘台有口难辩。至于辽东"赃银"五千两，刘台无力退赔，牵累当地富室代纳。据此，贾如式建议都察院查处刘伯朝、陈绅，由江西巡抚衙门提审

① 江东之《邪臣残忍太甚杀人媚人乞究治以快公愤疏》，《万历疏钞》卷十九《纠邪类》。魏禧《明右金都御史江公传》，《瑞阳阿集》卷首。
② 魏禧《明右金都御史江公传》云："故事，御史上疏，必以副（本）白堂上官。公严服捧疏升堂，宗载迎，谓公曰：'江御史何言？'公曰：'言公杀人媚人耳。'宗载失气反走。于是上大怒，戍宗载、应昌于边。"《明史·江东之传》大体据此，个别文字略有不同："故事，御史上封事，必以副封白长官。东之持入署，宗载迎谓曰：'江御史何言？'曰：'为死御史鸣冤。'问：'为谁？'曰：'刘台也。'宗载失气反走。遂与应昌俱得罪。"

刘寿康、谢燿。皇帝批准了他的奏请。[1]

经过各级衙门对刘台案重新审理，同年九月，刑部把审核结果上报皇帝：刘台戍死一事，系原任巡抚王宗载先以密帖指示安福县推官陈绅，嗾使谢燿诬告刘台。刘台族人博士刘伯朝、举人刘寿康合谋构陷，陈绅出钱资助谢燿赴京告状。朝廷命巡抚王宗载与巡按陈世宝审问，二人共相诬捏，以成其罪。又经辽东巡抚李如松查明，原任御史刘台各项赃银俱无指证。原先奉旨查办各官，如巡按御史于应昌、分守参政张崇功、分巡副使周于德、管粮通判陈柱、薛思敬等人，勘报不实，均属有罪。刑部等衙门议决如下：

——王宗载，应照律文"官司故入人罪，令大者以全罪议论"，议充军；

——于应昌，应照律文"奉旨推案问事，报上不以实者"，拟判徒刑；

——谢燿，依"诬告人因而致死随行有服亲属人"律，判绞刑，仍令谢燿名下赔偿路费，又将财产一半断付刘台家供养赡费。[2]

皇帝看了刑部等衙门的报告，提笔批示："这厮每挟私枉法，陷害无辜，险狠可恶。王宗载主谋杀人，律应反抵，着发边卫充军；于应昌承勘虚捏，姑依拟，与陈绅、刘伯朝都革了职为民；张崇功、周于德俱降一级调用；陈柱、薛思敬着辽东抚按官提了问；谢燿监候定决。"[3]相比较而言，皇帝的处分稍宽一些，除王宗载依拟充军外，于应昌由徒刑改为革职，谢燿由绞刑改为监候定决。

刘台被诬陷而遭遣戍，冤死戍所，家属也受连累，实属冤案一桩。至此终于平反昭雪，安福县人士为了表彰刘台与傅应祯，为他们二人建立祠堂，寄托思念之情。作为一种冲击波，凡是参与迫害刘台的官员都

---

① 《明神宗实录》卷一百三十三，万历十一年二月戊申。按：此疏误将陈绅写作刘绅。
② 《明神宗实录》卷一百四十一，万历十一年九月壬午。
③ 钱一本《万历邸钞》，万历十一年癸未卷，九月。

难辞其咎,言官当然不会轻易放过他们。

刑科给事中刘尚志(字行甫,号景孟,南直隶怀宁县人),弹劾原任大理寺丞贺一桂,揭发了这样一个事实:王宗载之所以能事先得到谢燿的奏稿,是贺一桂授意陈绅干的。因此,贺一桂应该罢黜究问;陈世宝与王宗载同时受理刘台案,王宗载已受处分,陈世宝虽死不宜独免。皇帝批示:"贺一桂黜为民,陈世宝原官诰敕俱行追夺。"[①]

工科给事中王毓阳(字春裕,号解竹,陕西绥德县人),弹劾原任吏部左侍郎王篆假故相姻戚,引用朋党王宗载等,陷害忠良,元凶巨蠹,不宜使之优游田里。他说:"(王)篆假居正以立威,而居正亦藉篆以张其焰。(王)宗载者则其颐指气使者也,非宗载辈则(刘)台之狱不成,非篆之指授,则宗载辈未必肆然无忌如此也。始而谋之,终而成之,篆之罪果轻耶?譬之猎然,宗载等鹰犬也,篆其发纵指示者也。即以应昌之言责之,彼亦无以自解矣……要而论之,居正之恶,篆逢之,而宗载诸人之狂,为篆误之也。"因此,他认为王篆"罪实莫容,法难轻纵"。[②] 皇帝并没有采纳"法难轻纵"的意见,不过批示"王篆黜为民"而已。[③]

言官依然穷追不舍。御史孙继先(字荫甫,号南川,山西盂县人)指出,现任兵部尚书张学颜在辽东巡抚任上诬陷刘台贪赃,理应受到惩罚。他揭露张学颜与刘台之间的纠葛:刘台巡按辽东时,巡抚张学颜有杀降冒功、以败报捷等劣迹,日夜惴惴不安,唯恐刘台向朝廷举报,派人暗中侦伺刘台的动静。刘台起草弹劾张居正疏稿,他的暗探偶见"张"字,误以为弹劾张学颜。张学颜茫然若失,急忙拜谒刘台,要求通融免劾。刘台为人耿介迂执,全无城府,直率地回答:"豺狼当道,安问狐狸!台所论者,大学士张居正也,安能与你问是非哉!"张学颜听到这些话,

---

① 《明神宗实录》卷一百四十一,万历十一年九月甲午。
② 王毓阳《极恶权奸罪大罚轻乞重加究处以雪公愤疏》,《万历疏钞》卷十九《纠邪类》。
③ 《明神宗实录》卷一百四十一,万历十一年九月丁酉。

恨之入骨。不久他晋升为户部尚书,决计报复,无中生有地诬陷刘台贪赃一万两银子。张居正遭到刘台弹劾后愤懑之极,正欲惩治刘台以钳制舆论,得到张学颜的诬赃报告,如获至宝。一面要求辽东的于应昌追查,一面要求江西的王宗载勘问,铸成刘台的冤案。有鉴于此,孙继先断言:"杀刘台者虽曰王、于二臣,使王、于二臣杀刘台者,臣不敢曰他人,而曰居正;使王、于二臣杀刘台者虽曰居正,使居正借赃以杀刘台者,臣不敢曰他人,而曰学颜。向使学颜不憾于台,而有此揭,则居正虽欲甘心于台,无所凭据,王、于二臣亦何所勘而何所问哉?"因此他请求皇上,将张学颜亟行罢斥,以为人臣党权行私诬陷言官之戒。[①]

　　孙继先讲得不无道理,但是皇帝一反常态,百般回护张学颜,反而谴责孙继先:"刘台被诬事情,各经该官员都从重处分了,如何又捏词牵引,排诋大臣!孙继先狂躁妄言,姑降一级调外任。"[②]

　　山东道御史曾乾亨(字于健,号健斋,江西吉水县人)不服,再次上疏弹劾张学颜。他说:"兵部尚书张学颜结纳故相张居正,潜通货贿,欺隐钻刺,以致九列,此俱昭灼在人耳目矣。乃今南京工科给事中冯景隆一事,其人品心术尽皆毕露,所关于窃威福,蔑公论,非甚小也。皇上可不重廉其状而亟罢之乎!"[③]皇帝仍不动摇,下旨斥责:"曾乾亨这厮,本意欲党救冯景隆,却乃捏词排陷大臣。彼刘台之事,俱已有旨处分,今后再有借言刘台之事,诬陷大臣的,必重加处治。曾乾亨姑着降一级调外任。"[④]

　　张学颜接连遭到弹劾,感受到压力,上疏极力否认诬陷刘台之事,并以辞职来表明心迹。皇帝赶忙好言挽留。[⑤]看来皇帝在惩处张居正

① 孙继先《奸臣党权诬陷言官乞彰国法以快公论疏》,《万历疏钞》卷十八《发奸类》。
② 钱一本《万历邸钞》,万历十一年癸未卷,冬十月。文秉《定陵注略》卷二《建言诸臣》。
③ 曾乾亨《奸险大臣蔑视公论乞赐罢斥以正人心疏》,《万历疏钞》卷十八《发奸类》。《明神宗实录》卷一百四十二,万历十一年十月庚戌。
④ 钱一本《万历邸钞》,万历十一年癸未卷,冬十月。
⑤ 《明神宗实录》卷一百四十二,万历十一年十月庚戌、乙卯。

亲信时,还是有所选择的,鉴于辽东边事重大,不愿意处分李成梁,更不愿意颇有才干的张学颜辞去兵部尚书这个要职。

皇帝朱翊钧对于刘台案的处理,带有明显的平反昭雪意义,不论动机如何,承认过去的错误,不再文过饰非,总是值得赞许的。与此适成对照的是,为辽王宪㸅翻案,从而引发对已故张居正的追加处分,完全是意气用事,寻找事端,借题发挥,不但一无可取之处,而且酿成此后长时间的政局混乱。

3. 辽王案与查抄张府

辽王朱植,是明朝开国皇帝朱元璋的第十五子,洪武十一年(1378)册封为卫王,二十五年(1392)改封为辽王,次年就藩辽东广宁,因宫室未成,暂驻大凌河北树栅为营。燕王朱棣发动叛乱,辽王朱植与宁王朱权奉召回京(南京),朱植改封于湖广荆州,世代相袭。嘉靖十六年(1537),辽王的第七代传人朱致格死,其子朱宪㸅嗣位。

辽王朱宪㸅喜好方术,秉性淫虐,见皇上学道玄修,也假装崇事道教,向上献媚。果然博得皇上欢心,特赐道号"清微忠孝真人",赏给金印及法衣法带等物。他在荆州街上出行,每每身穿皇上所赐衣冠,前面的开道者高举"诸鬼免迎"牌匾,以及拷鬼械具之类。路人见到这种不伦不类模样,既害怕又好笑。更为荒唐的是,堂堂藩王竟然闯入百姓家中,为之斋醮,自称法术无边,索取高额酬金,无赖至极。又炫耀符咒妖术,欲得活人首级,在街上割去醉汉顾长保的头颅,一城为之惊怪。[①]

辽王府在荆州城北,始建于永乐二年(1404),以后又不断翻修,备极豪华。弘治年间所建造的宝训堂,为辽王府内堂,用来收藏历代皇帝所赐宸翰。另有味秘草堂,专门收藏图书,朱宪㸅的文集《味秘草堂集》

---

① 沈德符《万历野获编》卷四《辽王封真人》。

便以此为名。内院又有素香厅、听莺亭,还有曲密华房,是辽王曲宴之地。又有苏州房,养了一批歌舞妓女。士人有诗曰:

> 湘帘尘暗锦屏空,香径年深藓迹重。
> 春月似怜红袖尽,乱移花影入房栊。

王府之外,还有一处园林——成趣园,位于荆州子城外东北角,引水为池,负土为阜,步檐曲阁,是充满野趣的辽王别业。[①]

隆庆元年(1567),御史陈省上疏弹劾辽王各种横行不法行径。皇帝下旨,剥夺"清微忠孝真人"名号以及先帝所赐金印。次年,巡按御史郜光先(字子孝,号文川,山西长治人)揭发辽王十三条罪状。朝廷派刑部侍郎洪朝选(字舜臣,号芳洲,福建同安人)前往荆州查勘,查得辽王"淫虐僭拟"等罪状。皇帝获悉后大怒,本拟处死辽王朱宪㸅,念他是宗室亲戚,免于一死,废为庶人,被禁锢于凤阳高墙。从此辽王便成了"废藩"。

期间还有一个插曲。副使施笃臣与辽王结怨甚深,洪朝选到荆州,施笃臣伪造辽王书信,贿赂洪朝选。施笃臣反过来以此为把柄,要挟辽王。辽王岂肯就范,不管三七二十一,竖起一面大白旗,上面写着"讼冤之纛"四个大字。这下给施笃臣抓住尾巴,一面报告"辽王谋反",一面调动五百士兵团团包围辽王府邸。洪朝选返京后,报告查勘结果,只列举"淫虐僭拟"等罪状,只字不提"讼冤之纛"。

张居正家在荆州,原先与辽王府有过节,对于洪朝选没有向朝廷揭发辽王谋反情节,很是不满。洪朝选一气之下,辞官回到家乡同安县。张居正嘱咐福建巡抚劳堪罗织洪朝选罪状。

辽王被废后,辽府宗人划归楚王管辖,辽府事宜则由广元王带管。

平心而论,辽王被废是咎由自取,与张居正并无关系,本不应牵连到他。但政治毕竟是政治,它的演化颇难预料。

---

① 光绪《荆州府志》卷七《地理志·古迹》。

万历十年十二月,陕西道御史杨四知弹劾张居正十四大罪,五天之后,兵科给事中孙玮(字纯玉,号蓝石,陕西渭南人)首先提出这桩早已了结的公案,把它与张居正联系起来。他由抨击原任福建巡抚现任都察院左副都御史劳堪入手,牵连张居正:"奈何以奸险贪忍之夫,如左副都御史劳堪者,而使之协理院事哉!夫(劳)堪始承简命,即人言啧啧,咸为不平。臣犹以堪素冒清名,未应至是。意者出于爱憎之口也。其后,日益久,人言益炽,凡缙绅者不曰'劳堪胡以有此转',则曰'庙堂胡为用此人'。甚至有愤嫉贱恶不比为人者,臣心始大疑焉。乃一访之,而知堪者气节丧于媚灶之巧,险诈熟于通天之神,贪恶并至,逢迎独深,诚有不可一日使其居其位者也。"①

原来,福建巡抚劳堪为了讨好张居正,命同安知县罗织洪朝选罪状,然后由他飞章奏明朝廷。朝廷还没有下达命令,劳堪就把洪朝选逮捕入狱,断绝其饮食三天,致使洪朝选死于狱中,还不准殓尸,任其腐烂。张居正死后,洪朝选之子洪竞(都察院检校)向朝廷诉冤。劳堪此时已升任都察院左副都御史,还未赴京,听说洪竞诉冤,立即写信给冯保,将洪竞革职廷杖,遣归乡里。孙玮揭发此事,指责劳堪贪虐,"希居正意,杀朝选媚之,极其惨酷","倚法作奸,杀人媚势,神人共愤,国法难容"。皇帝接到这份奏疏,只是罢了劳堪的官,并未追究张居正的责任。②

既然有人出面讲话,洪竞便于万历十二年正月为父伸冤:"臣父子与居正初无异也。及勘辽狱,父轻罪以全朝廷亲亲之恩,而居正始憾父矣。及父辞朝一疏,有权势主使之语,而至今益怒父矣。世仇刘梦龙等乘其隙行间,父与邹进士(元标)、吴编修(中行)私通造作,言语激怒居正,居正杀父之意不可解矣。(劳)堪受居正之意,遂肆豺狼之毒。"洪竞

---

① 孙玮《协理台臣险恶异常乞赐罢斥以重风纪疏》,《万历疏钞》卷十九《纠邪类》。
② 《明神宗实录》卷一百三十一,万历十年十二月癸卯。

详细罗列了劳堪害死其父的经过:"同安知县金枝曾以漏报贼情,为军门住俸,意父有甚憾也,即与刘梦龙等谋,百计罗织,着吕应魁伪造条款,申报劳堪诬奏。命甫下,堪即遣把总杨昌言差兵三百名,五鼓环居,露刃迫寝,扭辱拥驱,行至县,仍束缚星驰解府。囚禁冷铺候待,饮食绝不可通。劳堪又添差官军,中途催促,两日夜驰百里,及至,首押入按察司重囚禁中。不二日,父不知作何身死。夫人而已死,有人心者亦宜恻隐。乃谬言父在四川有还魂丹,禁不收敛。直至六月,蚋蝇杂沓,臭腐难近,方许地方异出。"死得如此之惨,无怪乎他对劳堪痛恨得咬牙切齿:"臣区区之愚,愿与劳堪同死,不愿与劳堪同生。"①洪竞的奏疏声泪俱下,令人感动,但皇帝的批示却冷静得很:"这事情屡有旨处分了。曾否冤抑不明,着法司从公勘明了来说。"②

与此同时,都察院左副都御史丘橓(字茂实,山东诸城人)条陈积弊八事:

一考绩之积弊,二请托之积弊,三访察之积弊,四举劾之积弊,五提问之积弊,六拘资格之积弊,七处佐贰教职之积弊,八馈遗之积弊。皇帝赞誉为"切中时弊,有裨风纪"。③ 于是他再条陈三事,其中第三事是"请均处邪媚之臣"。他说:"江西巡抚王宗载及巡按于应昌致死御史刘台,宗载已拟充军矣,应昌不但同谋,而又下手,乃止罢其官。福建巡抚劳堪致死侍郎洪朝选,与宗载俱为居正鹰犬,而杀其仇以献媚,其妄杀之罪亦同。今宗载已充军,而堪止罢官,是二者俱为失刑。"④皇帝批示:"这本说的是,内称各官邪媚,吏部会同都察院即便查明,分别议处来说。"⑤吏部遵旨查明议处各官,皇帝下旨:"各官既已查明议处停当,劳

① 钱一本《万历邸钞》,万历十二年甲申卷,三月。
② 《明神宗实录》卷一百四十五,万历十二年正月丙申。
③ 钱一本《万历邸钞》,万历十二年甲申卷,春正月。
④ 《明神宗实录》卷一百四十七,万历十二年三月癸巳。
⑤ 钱一本《万历邸钞》,万历十二年甲申卷,春正月。

堪不必再勘,与张一鲲都着革了职为民。"①既然"劳堪不必再勘",张居
正当然也就牵连不上。

这时有一个险恶小人——云南道御史羊可立(字子喻,河南汝阳
人)跳出来,无中生有地说:"以故大学士张居正隐占废辽府第田土,乞
严行查勘。"②用心极其险恶,因为只有如此这般,才可以将张居正与废
辽事件相联系。其实辽王被废完全是咎由自取,何况是在隆庆二年
(1568),当时张居正是内阁第四把手,即使要追究责任,也应该算在第
一把手高拱身上。皇帝并未轻信,指示湖广巡抚、巡按查实报告,此举
无异于容忍对张居正清算的逐步升级。

久欲伺机翻案的辽王家属以为时机已到,便由辽王次妃王氏出面,
向朝廷呈递题为"大奸巨恶丛计谋陷亲王强占钦赐祖寝霸夺产业势侵
金宝"的奏疏。除了为辽王辩冤,特别强调,已废辽王家财,"金宝万计,
悉入居正府"。③ 素有聚敛财富癖好的皇帝朱翊钧,早就对张居正家财
有所垂涎,抄没了冯保家财后,就想对张家动手,苦于找不到合适的借
口。朱国桢写到籍没冯保家财时,朱翊钧与慈圣皇太后之间的对话:
"潞王婚礼所需珠宝尚未备,太后间以为言。上曰:'办此不难,年来廷
臣无耻者尽货以献张、冯二家,其价顿高,虽仅完一二,已用银数万两。'
太后曰:'已抄没矣,必可得。'上曰:'奴黠猾,尽窃而逃。'自此,内中'张
先生'、'张太岳'字面绝以为讳,而日后籍没之芽亦伏于此。"④皇帝早就
打算籍没张居正家财,辽王次妃的奏疏为此提供了一个极佳的口实,毫
不犹豫地作出反应,下了一道措辞严厉的圣旨:"张居正侵盗王府金宝,

---

① 钱一本《万历邸钞》,万历十二年甲申卷,二月。《明神宗实录》卷一百四十七,万历十二年
三月癸未。
② 《明神宗实录》卷一百四十七,万历十二年三月壬子。
③ 钱一本《万历邸钞》,万历十二年甲申卷,四月。《明神宗实录》卷一百四十八,万历十二年
四月乙卯。
④ 朱国桢《皇明大事记》卷三十九《神宗》。

伊父占葬王坟,掘毁人墓,罪犯深重。你等如何通不究拟?着司礼监张诚、刑侍丘橓、左给事杨廷相、锦衣卫都指挥曹应魁,前去会同抚按官,查照本内王府仓基房屋,并湖池洲田,及一应财产,都抄没入官,变卖解京。原占坟地归湘府军校看守,积欠税课追并完纳。还将王氏奏内金银宝玩等物,务要根查明白,一并追解。如有透漏、容藏、庇护的,拿来重治。"[①]

4."举朝争索其罪,不敢举其功"

这道抄家圣旨,对于已死的张居正,不啻是政治上的彻底否定,使得张居正从政治巅峰一下子跌入万丈深渊。皇帝先前对"元辅张先生"尊重备至,如今竟然无情地下毒手,何以故? 一言以蔽之,独裁心理作祟。他亲操政柄,必须彻底肃清张居正威权震主的影响,否则不足以树立自己的威权。早在一年之前,他看了大理寺呈上的游七、冯昕在狱中的供词后,就下令剥夺他亲自颁赐给张居正的一切政治荣誉,把他的儿子革职为民,就是为此采取的措施。然而人们无论如何没有想到,事态竟会发展到抄家的地步。

这道圣旨一出,朝野震动。一些有正义感的官员挺身而出,为已故张居正求情,请求皇上宽恕。这与张居正在世时阿谀奉承之徒有天壤之别,那时是趋炎附势,现在是逆流而动,要担风险。其中最引人瞩目的是都察院左都御史赵锦。

赵锦,字元朴,号麟阳,浙江余姚人,嘉靖二十二年(1543)中举,次年成进士。历任江阴知县、河南道御史,因弹劾严嵩,被逮入诏狱,罢斥为民。穆宗即位,官复原职,晋升为太常寺卿。万历时出任南京都察院右都御史,转任南京刑、礼、吏三部尚书,是三朝元老。此人风骨嶙峋,

---

① 钱一本《万历邸钞》,万历十二年甲申卷,四月。

特立独行，批评张居正新政太过于操切，张居正授意言官弹劾，迫使他辞官而去。正如朱赓所说："时江陵秉国，欲引公为助。而公挺然无所依阿，时或讽议朝政得失。语稍闻江陵，江陵衔之，阴令所厚劾公。公遂致仕。"①张居正死后，廷臣交相推荐，皇帝任命他为南京吏部尚书，不久调入京都，出任左都御史，执掌都察院大权，侃侃不阿，丰采有加。他对于全盘否定张居正的风气有所不满，上疏指出："言官论劾大臣当权，其人品事业不宜概事诋毁，乞诏起大臣出视事，切责御史过言，以存国体。"他反对籍没张府，对皇上说："肃皇帝籍（严）嵩时，株连无辜以足其数，至今江西未苏。今日之事必类此。愿陛下曲贷一家，毋流毒三楚。"②他具体分析道："居正之家，臣等不敢谓其一无所藏，然比之冯保，万分不侔……今居正之罪迁延日久，即有微藏，亦多散灭。况人心愤恨，言常过当。"万一再有当年抄没严府连累无辜之事，那么对湖广的流毒将十倍于江西。他还批评皇上对张居正的惩罚过于严酷，必令今后大臣产生恐惧心理。既然已经剥夺其封谥，其子也已革职为民，已是正法。他认为："居正生平操切，垄断富贵，决裂名教，故四方归怨，实无异志。且受先皇顾命，辅上冲龄，夙夜勤劳，中外宁谧，功安可泯！惟陛下不忘帷幄之谊，庶全国体。"③

赵锦不愧为耿直大臣，先前受到张居正的打压，如果为泄私愤，完全可以乘机落井下石。然而他却秉持一贯的作风，仗义执言，说得合情合理，无论张居正如何擅权，如何操切，毕竟功大于过，断不至于受到抄家的严惩。但是皇帝听不进去，振振有词地说："张居正负朕恩眷，蔑法恣情，至侵占王府坟地产业，岂可姑息！尔等大臣乃辄行申救？"④老实

---

① 朱赓《资德大夫正治上卿太子少保刑部尚书赠太子太保谥端肃麟阳赵公墓志铭》，《朱文懿公文集》卷十。
② 朱赓《资德大夫正治上卿太子少保刑部尚书赠太子太保谥端肃麟阳赵公墓志铭》，《朱文懿公文集》卷十。
③ 谈迁《国榷》卷七十四，万历十二年四月丙辰。
④ 《明神宗实录》卷一百四十八，万历十二年四月丙辰。

说,所谓"蔑法恣情"究竟如何,皇帝心知肚明,至于"侵占王府坟地产业"云云,显然是诬陷不实之词,拿来作为抄家的藉口而已。

谈迁引用赵锦反对抄家的奏疏之后,附录了沈德符的一段议论,堪称持平之见:"张江陵身辅冲圣,自负不世之功,其得罪名教,特其身当之耳。江陵功罪约略相当,身后言者指为奇货。如杨四知追论其贪,谓银火盆三百,诸公子碎玉碗玉杯数百,此孰从而见之? 又谓归葬沿途五步凿一井,十步盖一庐,则又理外之论矣……然则杨何不明纠当时之政府,而追讨朽骨之权臣也!"①这不仅是在嘲讽杨四知、羊可立之流,而且是在影射翻脸不认人的皇帝。

皇帝圣旨既然发出,抄家已成定局。刑部右侍郎丘橓奉命前往荆州查抄张府的消息传出后,侍讲官于慎行写信给他的山东同乡丘橓,希望他奉旨办事时手下留情。于慎行并非张居正的亲信,当年张居正"夺情",他与同僚赵志皋、张位等七人联名上疏,力言其不可。吴中行、赵用贤因为反对"夺情"而遭到廷杖,次辅吕调阳从中劝止于慎行不要再谈此事。张居正埋怨他说:"子吾所厚,而亦从人为此耶?"于慎行正色回答:"以公厚我,故为此相报耳。"②说得张居正怫然良久。在这种情况下,他只得引疾辞官而去。张居正死后,他重新被起用,获悉要查抄张府,竟挺身讲几句公道话,实在难能可贵。

于慎行给丘橓的信,写得很有水平,对官场的人情世故、世态炎凉分析得鞭辟入里,凛然正气洋溢于字里行间:"生行滥竽词林,阅有年岁,江陵始末皆所目睹。其殚精毕智,勤劳于国家,与其阴祸深机,结怨于上下者,皆颇能窥其大概,而未易更仆数也。当其秉政之时,举朝争颂其功,而不敢知其过;至于今日既败,举朝争索其罪,不敢举其功,皆非情实也。而连日廷中士夫见其处分过当,亦甚有惜之者,至于九卿一

---

① 谈迁《国榷》卷七十二,万历十二年四月丙辰。
② 叶向高《于公慎行墓志铭》,《苍霞续草》卷十。

疏,切中机宜,关系国体,又莫不传诵欣服,以为义举。然主上愤结之日久矣,又有积怨于海内,意欲有所出之。其是非功过卒难别白,且方此其时,论亦未定也。惟是籍没一事,责在使者,窃有深虑,敢为老伯陈之。上之所为籍江陵者,一则恨冯珰之厚藏,而欲求当于外;一则考分宜(严嵩)之故事,而欲合符于前,故致在必行而不恤也。夫使江陵家诚如(严、冯)二氏,即籍而正法,不已晚耶?然以事理度之,窃知其不然甚也。何以实之?夫冯珰所取者中贵之积也,内中大小监局号为二十四衙门,以及门厂库藏,执扫除之役者何止千万!每有一缺,即纳金于(冯)保,大者以万计,其次数千,小乃数百。予者不以为贿,以为例也;受者不以为贪,以为例也,如输粟鬻爵而已。江陵安得有是……此九卿疏中所谓'比之冯保万分不侔'者也。乃若分宜之事,又不同矣,何也?分宜父子以鬻官为事,如列肆市门,交手相易,万货毕萃,众价俱陈,积蓄巨万,固其所耳。江陵则不然,其生平显为名高,而阴为厚实,以法绳天下,而间结以恩。故其深交密戚则有赂,路人则不敢;债帅巨卿一以当十者则有赂,庶吏则不敢;得其门而入者则有赂,外望则不敢。此其所入亦有限矣。且此老以盖世之功自豪,固不肯甘为污鄙,而以传世之业期其子,又不使滥有交游。其所通关窃借者,不过范登、冯昕二三鼠辈。而其父弟家居,或以间隙微有网罗,如此而已,则所入亦有限矣……江陵太夫人在堂,年八十老矣,累然诸子皆佻侁书生,不涉世事,籍没之后,一簪不得着身,必至落魄流离,无所栖止,此行道所为酸楚,而士林伤心者也。望于事宁罪定国法已彰……或为之,疏请于上,乞以聚庐之居;或为之私谕有司,恤以立锥之地,使生者不至为栾郤之族,死者不至为若敖之鬼,亦朝廷帷盖之仁也。"[1]

于慎行的这封书信,写得洋洋洒洒,酣畅淋漓,客观冷静地评论张

① 于慎行《与司寇丘公论江陵事书》,《谷城山馆文集》卷三十四。

居正的功过是非,对于士大夫的投机行径颇有微词:"当其秉政之时,举朝争颂其功,不敢言其过;至于今日既败,举朝争索其罪,不敢举其功。"他认为,不应把张居正与严嵩、冯保相提并论,过分根究株连,否则,势必导致湖广公私重受其累。在当时的政治气氛下,讲这种公道话,是要有点魄力的。正如叶向高所说:"当江陵世,士大夫附丽称功颂德者十人而九,死而被祸,所为引大体调护营救者惟公。谈者不谓然,而以公尝取忤江陵,无以难也。事定之后,始相与服。公所与司寇书,天下传而诵之。"①朱彝尊对于慎行致丘橓书也有高度评价,引用其中一段名言:"江陵以盖世之功自豪,固不肯甘为污鄙,而以传世之业期其子,又不使滥有交游。其平生显为名高而阴为厚实,以法绳天下而间结以恩。其深交密戚则有赂,路人不敢也;债帅巨卿则有赂,小吏不敢也。当其柄政,举朝争颂其功,而不敢言其过;及其既败,举朝争索其罪,而不敢言其功。皆非其事情矣。"评论道:"此足以当爱书。"朱氏认为,"江陵之秉国成,可谓安不忘危,得制治保邦之要矣。近灵寿傅尚书维鳞撰《明史记》,乃与分宜合传,毋乃过欤!"傅维鳞编明史,把张居正与严嵩放在一起列传,未免过分。②

然而,丘橓并没有接受于慎行的意见,其中颇有一点个人恩怨的因素。丘橓,字懋实(一作茂实),号月林,其先山东寿光人,始祖彦成迁居山东诸城之柴沟。传五世至橓,家贫,负笈就师。嘉靖二十二年(1543)中举,二十九年(1550)成进士。为官耿直,屡屡上疏抨击时政,言辞激切,无所顾忌,被斥革为民。③万历初年言官交相举荐,张居正以为"此子怪行,非经德也",拒不召用。到了万历十一年秋,才起用为都察院左副都御史,以一柴车就道。上任伊始,即条陈吏治积弊八事,得到皇帝

---

① 叶向高《于公慎行墓志铭》,《苍霞续草》卷十。
② 朱彝尊《静志居诗话》卷十三《张居正》。朱彝尊引用的文字与于慎行的原文略有出入。
③ 乾隆《诸城县志》卷三十一《丘橓传》。

的赞许,调任刑部右侍郎。他对张居正本有积怨,对于慎行的劝告自然充耳不闻,不但不手下留情,反而变本加厉,竭尽勒索之能事。未抵荆州,先期命地方官登录张府人口,查封房屋,一些老弱妇孺来不及退出,门已封闭,饿死十余人。[1]

地方官奉丘橓之命查抄张府,锱铢必究,很快就把查抄结果上报:江陵原住宅内,金二千四百余两,银十万七千七百余两,金器三千七百一十余两,金首饰九百余两,银器五千二百余两,银首饰一万余两,玉带十六条,蟒衣、绸缎、纱罗珍珠、宝石、玳瑁尚未清点。[2] 不久,刑部主事韩济也上报,查抄张居正在京房产等物,折银一万零六百两,另有御赐匾额四面、敕谕二面。[3]

这一结果与皇帝事先的估计相去甚远。张居正为官谈不上清廉,他既不是海瑞那样的清官,也不是严嵩、冯保那样的贪官。尤其是在他显贵之极时,自持甚严,很少接受下属馈赠。辽帅李成梁受封伯爵,为表示感激,特遣使者赠送黄金千两,白银万两,遭到张居正婉拒。他对来使说:“若主以血战功封一官,我若受之,是且得罪于高皇帝,其毋再渎。”[4]正如于慎行所说:“其深交密戚则有赂,路人则不敢;债帅巨卿一以当十者则有赂,庶吏则不敢;得其门而入者则有赂,外望则不敢。此其所入亦有限矣。”[5]

丘橓奉皇帝圣旨籍没巨额财产,区区小数,如何交账? 不得不大施酷刑,穷追硬索。张居正的三子张懋修经不起严刑拷掠,屈打成招,枉供向曾省吾、王篆、傅作舟、高志进各家转移财产,约值银三十万两。[6] 其实是子虚乌有之事。张居正的长子张敬修在如此高压下,精神

---

① 张廷玉《明史》卷二百二十六《丘橓传》。谈迁《国榷》卷七十二,万历十二年四月丙寅。
② 钱一本《万历邸钞》,万历十二年甲申卷,四月。
③ 《明神宗实录》卷一百四十九,万历十二年五月庚辰。
④ 谈迁《国榷》卷七十二,万历十二年四月丙寅。
⑤ 于慎行《与司寇丘公论江陵事书》,《谷城山馆文集》卷三十四。
⑥ 谈迁《国榷》卷七十二,万历十二年五月癸卯。

彻底崩溃,自缢身亡。他以一死表示最后的抗议,留下了一纸绝命书,控诉张府遭到浩劫的罪行:

> 忆自四月二十一日闻报,二十二日即移居旧宅,男女惊骇之状惨不忍言。至五月初五日,丘侍郎到府。初七日提敬修面审,其当事噂沓之形,与吏卒咆哮之景,皆平生所未经受者,而况体关三木,首戴幪巾乎……在敬修固不足惜,独是屈坐先公以二百万银之数,不知先公自历官以来,清介之声传播海内,不惟变产竭资不能完,即粉身碎骨亦难充者。且又要诬扳曾确庵(省吾)寄银十五万,王少方(篆)寄银十万,傅大川(作舟)寄银五万。云:'从则已,不从则奉天命行事。'恐吓之言,令人胆落……嗟乎!人孰不贪生畏死,而敬修遭时如此,度后日决无生路……不得已而托之片楮,啮指以明剖心。此帖送各位当道一目,勿谓敬修为匹夫小节,而甘为沟渎之行也。祖宗祭祀,与祖母、老母饘粥,有诸弟在,足以承奉,吾死可决矣……丘侍郎,任抚按,活阎王!你也有父母妻子之念,奉天命而来,如得其情,则哀矜勿喜可也,何忍陷人如此酷烈!三尺童子亦皆知而怜之,今不得已,以死明心。[1]

在绝命书中,张敬修流露了面临死神时的求生欲望,割舍不下六岁的儿子,梦中得到吉兆,希冀事情会有转机,没有立即自缢。到了十二日会审时,"逼勒扳诬愫以非刑,颐指气使,听其死生",实在走投无路,才自缢而死。他在绝命书的最后,特别提及张四维:"有便,告知山西蒲州相公张凤磐,今张家事已完结矣,愿他辅佐圣明天子于亿万年也!"[2]

此前,张敬修曾写信给张四维,谈及张府岌岌可危的处境,希望他

---

① 朱东润《张居正大传》,湖北人民出版社,1981年,第393—395页。
② 朱东润《张居正大传》,第393—395页。

能施以援手。张四维回信说："缘冯阉横肆，圣怒积久而发，赫不可遏。惟以平日交契绸缪，迁怒尊翁，谓为同罪。仆于时若堕汤火，以去就争之，寝食俱废者数日，幸得从宽，真不异回天也。已而呶呶者不息，乃使诸友无端被抑，仆疢心特甚。其异时罪斥诸人，往往摭拾无根，若刘若陈，源源不已。仆心力俱竭，幸圣心渐解，以后必无意外可虞，希诸友善奉老伯母，无过忧也。风俗薄恶，不特今日楚中，更冀诸友明达善处之，以纾此厄会也。仆自十二月得羸疾，近今未复。岳翁碑铭又不欲托人代笔，俟稍健，当具稿报命。"①他原本打算为张居正撰写墓志铭，不久，由于丁忧守制，辞官而去，随后发生籍没张府之事。两年以后，他病逝于家乡。这期间，他再未过问朝政，张敬修"愿他辅佐圣明天子于亿万年"，显然带有嘲讽的意味。

看了张敬修的绝命书对"活阎王丘侍郎"的控诉，人们对于丘橓的印象简直是一个惨无人道的冷血动物，无怪乎荆州人要说他"胸次浅隘，好为名高，不近人情"。②因为此次抄家，回京后，他升迁为刑部左侍郎，后又晋升为南京吏部尚书。要他手下留情的于慎行并不把他看作酷吏，而是一个克己奉公的直臣："君其方如舰，而直如矢，见惮觖屃，则汲内史食才脱粟，出或无车如贡大夫，白首不渝，廷绝私书，门无昵馈，皎然四知。"③万斯同为他立传，也多有赞誉之词："万历十一年秋，始起右通政，未上，擢左副都御史。橓以一柴车就道，饿宿野店，为荷担者所呵，置不问。既入朝，慨然以澄清自任……未几，偕中官张诚往籍张居正家。橓初为居正所挫，人谓持之必急。比抵荆州，张氏筐箧所寄，惟坐王篆、曾省吾、傅作舟、高志进数家，余无连蔓者。"④

张敬修自缢身亡的消息传到北京，朝廷上下为之震惊。内阁首辅

① 张四维《复张公子》，《条麓堂集》卷十九《书》。
② 光绪《荆州府志》卷七十八《杂志记·纪事》。
③ 于慎行《同乡会集丘简肃公文》，《谷城山馆文集》卷三十二。
④ 万斯同《明史》卷三百七《丘橓传》。

申时行看到传来的绝命书,写信给湖广巡抚,流露出忐忑不安的心情:
"江陵籍没之事,出自圣衷,势不能挽,而吾辈将命行事,审法求情,要当
于无可奈何之中,而求有可少宽之路。且如抄没财产明旨也,一毫一缕
岂得不严为搜求! 至于鞫审之际,或刑至童仆可矣,诸子尝忝衣冠,非
有叛逆缘坐之罪,及拷掠之旨,而概被以刑具,窘辱备至,此敬修所以死
也,亦可悯矣。昨见传来遗帖,行道之人皆为陨涕。此上关国体,下系
人心,岂渺小哉? 死者不可复作,而生者尚可曲全,奄奄之老母,茕茕之
诸孤,若不加抚恤,脱有它变,则地方诸公不得不任其责矣。"①

　　下旨抄家的皇帝也感到事态严重,谴责地方官疏于防范,下令逮捕
荆州知府郝如松。刑科给事中刘尚志以为责任不在荆州知府,为郝如
松求情,乞求免于逮问。皇帝嫌他"渎扰",下旨剥夺三个月的俸禄。②

　　刑部尚书潘季驯(字时良,号印川,湖州乌程人)闻讯,仗义执言:
"陛下闻张敬修自缢,而赫然罪其守臣,曾不齿及财物之多寡。仰见保
全旧臣后裔之初心,顾诚虑严旨既下,该府防闲倍密,逾八之母,柔脆之
子媳,恐惧莫必旦暮。伏乞特降恩纶,将居正家属暂行保放。"③又说:
"籍没居正家,伊家丁饥死十余人。"④此举获得正直官员的赞许,王锡爵
说:"江陵狱起,公(潘季驯)反上书为江陵讼冤,触时讳。"⑤

　　内阁首辅申时行也感到有些过分,写信给丘橓,要他顾惜国体:"江
陵财产搜籍入官,天威已彰,国法已尽矣。至于奄奄待毙之老母,茕茕
无倚之诸孤,行道之人皆为怜悯。受诏籍产,不闻拏戮,此仁人所动心
也。死者不可复起,而生者尚可曲全,圣德好生,既已籍人之财,亦不欲
戕人之命,而门下海内人望,以慎狱敬刑为职,亦岂肯使覆盆有不照之

---

① 申时行《答李岷山巡抚》,《赐闲堂集》卷三十五《简牍》。
② 《明神宗实录》卷一百四十九,万历十二年五月癸卯。
③ 《明神宗实录》卷一百四十九,万历十二年五月癸卯。
④ 钱一本《万历邸钞》,万历十二年甲申卷,秋七月。
⑤ 王锡爵《总理河道提督军务太子少保工部尚书兼都察院右副都御史印川潘公墓志铭》,《王
　文肃公文集》卷八。

冤,比屋有不辜之叹哉!仆非为江陵惜,为国体惜耳。"①

　　基于"为国体惜"的考虑,申时行向皇帝进言:"窃见故臣居正虽以苛刻擅专,自干宪典。然天威有赫,籍没其家,则国典已正,众愤已泄矣。若其八旬老母衣食供给不周,子孙死亡相继,仰窥圣心,必有恻然不忍者。"希望皇上从宽发落。申时行此时的心情是复杂的,身为内阁首辅,介于皇帝与大臣之间进退两难,他写信给湖广巡抚,要他们适可而止:"惟急令亲族保拘讼系,续食可以延旦夕之命,幸留意。攀累之家原由胁迫,如此,则事无完期,全楚骚动矣。"②

　　皇帝迫于大臣的压力,稍作让步:"张居正大负恩眷,遗祸及亲。伊母垂毙失所,委为可悯,着拨与空宅一所,田地十顷,以资赡养。便马上差人传与张诚等遵旨行。"③

　　对于籍没张府财产,却丝毫不肯放松。司礼监太监张诚多年在皇上身边侍候,深知皇上的秉性,籍没完成后立即上报:"抄没故相张居正住宅、坟地、财物,及诰命、牌坊等,并分路解进。"皇帝特别叮嘱:"居正太师等加官已削,原给诰命及特降御札,都追缴。石兽等物,并应拆牌坊,变价解京……隐匿收寄者勘实追并。其侵占府第、王坟等罪,及干碍人员,候勘明辽府事日,并拟奏夺。"之后又命有关衙门,将张居正在京财产共一百十扛,全部送宫廷内府查收。④ 还要张诚把荆州张府财物,迅速押解来京,来不及变卖的,交由当地抚按官员陆续起解,不许延缓。十一月间,张诚奉旨将抄没财物一百扛,解回北京,送入宫廷内府。⑤

---

①　申时行《答丘月林侍郎》,《赐闲堂集》卷三十五《简牍》。
②　申时行《答李岷山巡抚》,《赐闲堂集》卷三十五《简牍》。
③　《明神宗实录》卷一百四十九,万历十二年五月癸卯。钱一本《万历邸钞》,万历十二年甲申卷,六月已酉。
④　《明神宗实录》卷一百五十,万历十二年六月戊午;卷一百五十一,万历十二年七月戊子。
⑤　《明神宗实录》卷一百五十三,万历十二年九月庚子;卷一百五十五,万历十二年十一月戊寅、丙戌。

到了这一地步，事情照理可以了结了，皇帝却不肯罢休。日前刑部尚书潘季驯等人在奏疏中提及，因为抄家，张府饿死十多人。鉴于抄家是他下的命令，因此耿耿于怀，要张诚查明回奏。张诚唯恐承担责任，以大事化小小事化了为上策，回奏说，缢死二人，回避了饿死多少人这一事实。皇帝把这两个数字混为一谈，叫文书官传话给内阁："张诚本说，居正家属缢死止是二人，如何说饥死十余人？着出旨查问。"首辅申时行只得出面打圆场："臣等前见诸大臣疏内曾有此言，问之则云：出湖广抚按承差口。彼时大臣欲仰祈圣恩宽宥罪孽，惟知模写其可怜之状，一时轻信，无所逃罪。若加追究，则必提科承差，方可质对。往返旬月之间，大臣俱当待罪，衙门事务未免耽误，伏乞宽宥。"看了申时行的奏疏，皇帝知道他在回护潘季驯等大臣，余怒未消，仍然要求严查。事有凑巧，工科给事中杨毓阳出来认罪，承认他曾经说过饿死十余人，不知为风闻所误。皇帝要追究的并不是他，又不能置之不理，便下旨剥夺杨毓阳薪俸一年，以示惩戒。[1]

事情还未了结。江西道御史李植政治嗅觉特别灵敏，他知道皇上要追究的并非杨毓阳，而是潘季驯，便阿附上意，矛头直指潘季驯："故辅臣张居正，挟权阉之重柄，藐皇上于冲龄，残害忠良，荼毒海内，诸臣所已言者，臣不敢复赘……夫何刑部尚书潘季驯，昔为私党，深衔卵翼之恩，今藉恤旧，甘为跖犬之吠，摇唇鼓舌，大肆谤言。不曰居正之产宜抄也，而曰皇上好货贪财；不曰居正之罪宜诛也，而曰皇上损德伤体……其(张府)重资厚蓄埋匿他所者十之六七，其奇珍轻赍馈献要路者十之三四，室之所存仅千百之一二耳。奉差诸臣惧无以塞皇上之命，少加推问，理或有之，至谓铜枷铁夹，断肢解体，拷毙数命，饿死十人，恐诸臣未必若是之惨，而臣实未之闻也。季驯又倡言惑众，公然疏援，且

---

① 《明神宗实录》卷一百五十一，万历十二年七月己卯。

讽科臣代为陈乞,恣其胸臆,而涂皇上之聪明;造为伪言,而悚皇上之心志……伏乞皇上大奋乾纲,将季驯速行罢斥,以为党逆欺君之戒。"①这些话是顺着皇上旨意说的,不仅罔顾事实,而且带有杀机,"甘为跖犬之吠""倡言惑众""欺诳皇上"云云,无所不用其极。然而正中下怀,皇帝抓住时机,责令潘季驯回话,潘季驯无话可说。于是皇帝下旨:"潘季驯疏纵罪犯,纵放复拘,怀无君之心,本当重究处治,念系大臣,着革了职为民,其诰命等项,俱着追夺入官。"就这样,把一个敢于讲真话的正直大臣打了下去。

潘季驯在嘉靖、隆庆、万历三朝治理黄河卓有成效,因此受到张居正的器重,李植说他是张居正"私党",分明是乱扣帽子。后人对他的政绩赞誉有加:"印川(潘季驯)自嘉靖乙丑(四十四年)受命治河,至万历庚辰(八年)工成,著有《宸断大工录》。先后四总河务,晚辑《河防一览》,其大指谓:'通漕于河,则治河即以治漕;会河于淮,则治淮即以治河;合河淮而同入于海,则治河淮即以治海。'立意在筑堤束水,借水刷沙,以此奏功。百年以来俱守其指画,可谓能捍大患者。"②

皇帝决定对张居正抄家以来,一直怀疑"诸大臣党庇",御史李植攻击潘季驯党庇张居正,深得他的欢心,立即指示吏部,李植、江东之、羊可立三人,"尽忠言事,揭发大奸有功",应该"不次擢用"。吏部遵旨,越级提升李植为太仆寺少卿,江东之为光禄寺少卿,羊可立为尚宝司少卿。③这三个凭借整人而发迹的政治暴发户,骤然成了皇上的红人。

上有倡导,下必效尤,官员们彼此攻讦,一派乌烟瘴气。明末学者、

① 李植《大臣朋党诬上欺君乞独断以昭臣鉴疏》,《万历疏钞》卷十八《发奸类》。《明神宗实录》卷一百五十一,万历十二年七月己卯。
② 朱彝尊《静志居诗话》卷十三《潘季驯》。
③ 《明神宗实录》卷一百五十一,万历十二年七月庚子。

大学士文震孟之子文秉,对此有洞察入微的评论:"江陵在位,大小臣工咸以保留献媚为事,直为朝无人焉可也。迨江陵殁,而后来之权势远不相及,于是气节自负者咸欲以建白自见。顾九列大老犹仍向前陋习,群指为妖冶,合喙以攻之,而大臣与小臣水火矣。辛(自修)、海(瑞)两中丞挺然独立,南北两院之席俱不暇暖,是大臣与大臣水火矣。又有奔走权门,甘心吠尧者,小臣复与小臣水火矣。"[①]

反对张居正的翻案风愈刮愈猛,再发展下去,必然是"废辽必复",必然是"居正且戮尸",舆论气势汹汹。果然不出所料,万历十二年八月九日,皇帝派文书官宋坤向内阁传旨,要各衙门议论有关辽王事宜,并且定下调子:"拟辽复爵,及重治居正罪。"[②]此事非同小可,一向小心谨慎的内阁首辅申时行不敢随便附和,向皇上委婉地表明自己的意见:"居正罪状已著,法无可加。(辽王)觊觎之端,修废第于民穷财尽之时,复废国于宗多禄少之日,举朝无一人以为宜者。"把皇上的旨意顶了回去。皇帝自知理亏,环顾左右,说了一句话:"内阁言是。"不得不将恢复辽王原爵——替辽王翻案之议搁置起来。但是,仍然坚持应当"重治居正罪"。

都察院等衙门遵照皇上旨意,呈上"题复大奸臣恶等事"的公文。皇帝在上面亲笔写下朱批:"张居正诬蔑亲藩,侵夺王坟府第,钳制言官,蔽塞朕聪。私占废辽地亩,假以丈量遮饰,骚动海内,专权乱政,罔上负恩,谋国不忠。本当斫棺戮尸,念效劳有年,姑免尽法追论。伊属张居易、张嗣修、张顺、张书,都着永戍烟瘴地面,永远充军。你都察院还将居正罪状榜示各省直地方知道。"[③]皇帝对于张居正的盖棺论定竟然是"专权乱政,罔上负恩,谋国不忠",而且应该受到"斫棺戮尸"的严

---

① 文秉《定陵注略》卷二《大臣党比》。
② 《明神宗实录》卷一百五十二,万历十二年八月丙辰。
③ 钱一本《万历邸钞》万历十二年甲申卷,八月。《明神宗实录》卷一百五十二,万历十二年八月丙辰。

惩，暂不"尽法追论"，已经是皇恩浩荡了。

张居正死后遭到皇帝如此无情的惩处，是他本人生前始料不及的，也是与皇帝当初尊崇备至的态度大相径庭的。专制体制下，皇帝视臣子若草芥，可以捧上云霄，也可以打入地狱，即使有盖世之功的张居正也莫能外。伍袁萃议论道："自世庙迄今，居首揆者，大多江陵以前以攻击得之，故去位受惨祸。"①此话有一些道理，夏言、严嵩、徐阶、高拱、张居正，莫不如此。伍袁萃只注意到同僚互相攻击的一面，而忽略了最为关键的一面——皇帝态度的变化。张居正的悲剧，有树敌过多的因素，而以"威权震主"而得罪皇帝，才是根本原因。

司礼监太监张诚因此次抄家有功，得到皇帝嘉奖：荫其侄子一人为锦衣卫百户。以后，又升任司礼监掌印太监，并兼掌东厂及内官监，权势可与冯保相比拟。在很多方面，他与冯保相似，喜爱读书，规劝皇上每每引经据典，而暗地讥笑谩骂，无所顾忌。②张居正的政治生涯，居然和宦官相始终，虽然纯属巧合，但也透露出那种制度的必然性。他打倒高拱，取而代之，得力于司礼监掌印太监冯保。他受宠于皇帝、太后，恩礼无以复加，都假手于冯保。他的夺情、治丧、归葬，无不有太监参与；直到病故，也由太监护丧归乡。无怪乎时人要感叹："一切殊典，皆出中贵人手。而最后被弹，以至籍没，亦以属司礼张诚。岂所谓君以此始，必以此终乎？"③

皇帝朱翊钧在平反冤狱的同时，亲手制造了一桩更大的冤案，留给他的子孙去平反，简直是莫大的讽刺！天启二年（1622），皇帝朱由校给张居正平反昭雪，恢复原官，给予祭葬礼仪，张府房产没有变卖的一并发还。崇祯三年（1630），皇帝朱由检进一步为他恢复名誉，给还其子官

---

① 伍袁萃《林居漫录》别集卷一。
② 刘若愚《酌中志》卷五《三朝典礼之臣纪略》。
③ 沈德符《万历野获编》卷九《江陵始终宦官》。

荫与诰命。士人评论道：当大明王朝行将崩溃之时，皇上"抚髀思江陵，而后知得庸相百，不若得救时相一也"。① 明末时的那些"庸相"，哪里可以和"救时相"张居正比肩！人们有感于此，在江陵张居正故宅题诗抒怀：

恩怨尽时方论定，封疆危日见才难。②

堪称史诗，显示了后人对张居正的怀念之情。他的后人所写的《太师张文忠公行实》，难免有为尊者讳的通病，鉴于当时的特殊背景，也就可以谅解了："太师处性淡泊，遇事有执持，外壮而内平，无所矫饰，事求当诸理，不拘文牵俗。居常慕子房、邺侯之为人，贵在实造，不为文言虚词。自登仕籍，伉厉守高，不植党与。暨入政府，调剂宇内，遂杜绝私门，戒阍者无敢通一刺为人造请。已，诸公咸亮其特介，不为私谒，门外寝不见长者车……太师湛静沉默，声色不露，以身系天下轻重者若而年，虽操心坚正，风节稜稜。"③

　　以历史学家冷静客观的眼光看来，张居正辅佐小皇帝，革除积弊，缔造新政，而呕心沥血，鞠躬尽瘁，功绩不可抹杀。《明神宗实录》的纂修官给张居正的盖棺定论，写得还算平直公允，较少意气用事的成分。一方面确认："沉深机警，多智数……受顾命于主少国疑之际，遂去首辅，手揽大政。劝上力守祖宗法度，上亦悉心听纳。十年海内肃清，四夷詟服，太仓粟可支数年，囹寺积金至四百余万。成君德，抑近幸，严考成，综名实，清邮传，核地亩，洵经济之才也。"另一方面，也毫不掩饰他的过失，尽管过不掩功，也足以使他陷入无法摆脱的困境："偏衷多忌，小器易盈，钳制言官，倚信佞幸。方其怙宠夺情时，本根已断矣。威权震主，祸萌骖乘。何怪乎身死未几，而戮辱随之也。识者谓：居正功在

---

① 林潞《张江陵论》，见光绪《荆州府志》卷七十九《杂记志三·纪文》。
② 林潞《张江陵论》，见光绪《荆州府志》卷七十九《杂记志三·纪文》。
③ 《太师张文忠公行实》，《新刻张太岳先生文集》卷四十七。

社稷,过在身家。"①"威权震主,祸萌骖乘"是悲剧的根源,"功在社稷,过在身家"是评价功过的另一种视角。关于"功在社稷,过在身家",海瑞说得更为深刻:"居正工于谋国,拙于谋身。"②后来的礼部尚书、东阁大学士于慎行不无感慨地说:"万历初年,江陵用事,与冯珰相倚,共操大权,于君德夹持,不为无益。惟凭借太后,携持人主,束缚钤制,不得伸缩。主上圣明,虽在冲龄,心已默忌,故祸机一发,遂不可救。世徒以江陵摧抑言官,操切政体,以为致祸之端,以夺情起服(复)、二子及第为得罪之本,固皆有之,而非其所以败也。江陵之所以败,惟在操弄主上之权,钤制太过耳。"③分析得不落俗套,所谓"操弄主上之权,钤制太过",与"威权震主,祸萌骖乘"可以互相印证。

五 "肃杀之后,必有阳春"
——申时行的相业

张四维出任内阁首辅后,有意识地消除前些年过于操切的政治弊病,对次辅申时行说:"稂莠之余,要在芟刈。"申时行应声答道:"肃杀之后,必有阳春。"焦竑认为,"肃杀之后,必有阳春"八个字,奠定了申时行日后执政的基本方针。④ 所谓"阳春"云云,就是推行宽大之政,有双重含义。一方面,不要像前几年那样过于操切,过于肃杀;另一方面,要改

---

① 《明神宗实录》卷一百二十五,万历十年六月丙午。
② 谈迁《国榷》卷七十一,万历十年六月丙午条引海瑞语。
③ 于慎行《谷山笔麈》卷四《相鉴》。
④ 焦竑《特进光禄大夫左柱国少师兼太子太师吏部尚书中极殿大学士赠太师申公时行神道碑》,《澹园续集》卷十一。焦氏写道:"壬午,江陵病卒,蒲州代之,语公曰:'稂莠之余,要在芟刈。'公应曰:'肃杀之后,必有阳春。'盖一言而公之相业定矣。"

变内阁首辅专擅朝政的印象,大政方针交由皇帝独断。然而谈何容易!先前遭受张居正打压,如今重新起用的官员,都把张四维、申时行看作张居正的亲信,在清算张居正的同时,不断牵连到他们。张四维丁忧守制,离开了这个是非之地后,一切的压力集中到内阁首辅申时行身上。他与次辅余有丁、许国主持政务,在拨乱反正的同时,冀存大体,尽量避免更大的震动。但是言官们仍龃龉不已,唯恐天下不乱。申时行进退维谷,不得不妥协自保。

1. "阁臣与言路相水火"

申时行,字汝默,号瑶泉,是一位苏州才子。焦竑说他"少敏悟过人,所览辄能诵,为一时偶俪之文,绝出伦辈,郡县及督学使者试辄冠。嘉靖辛酉(四十年)举乡试第三,明年廷试,上见公所对策,词札兼美,亲擢第一人,授翰林院修撰。"①此后,历任礼部右侍郎、吏部右侍郎。万历六年以吏部左侍郎兼东阁大学士,参预机务。万历十一年,张四维丁忧后,升任内阁首辅。

万斯同谈及申时行内阁的处境,以"自此阁臣与言路相水火"②来概括当时的政坛,可谓一语中的。

御史张文熙从张居正辅政十年,天下苦于操切入手,进而诋毁内阁专擅,侵犯六部权力,违背祖宗旧制。其实是以此为借口,企图削夺申时行的权力。皇帝是信任申时行的,出面讲了公道话:"朕于天下事不能尽知,尝咨询内阁,若内阁都不与闻政事,设此官何为?"他告诉申时行,不要介意张文熙的言论。③申时行自然明白张文熙目的在于推翻"考成法",削弱内阁权力,立即反击说:"国家典制及阁臣责任,言官皆

---

① 焦竑《特进光禄大夫左柱国少师兼太子太师吏部尚书中极殿大学士赠太师申公时行神道碑》,《澹园续集》卷十一。
② 万斯同《明史》卷三百十一《申时行传》。
③ 万斯同《明史》卷三百十一《申时行传》。

不深考,使臣等居密勿之地,冒专擅之嫌,窃恐难于展布,不敢不为皇上明之。"他驳斥张文熙的观点——六部、都察院不应当设置考成簿送内阁稽考。义正词严地指出,考成法是祖宗旧制,内阁并未越权:

> 按祖宗旧制,诸曹每月领内阁精微簿,开列事件,月终送内阁收掌,年终类送六科。此系二百年成规。今考成簿与精微簿相同,但详略稍异耳。然则各部院之事未尝不使阁臣与闻也。且先年题奉明诏,凡抚按奉行考成法,过除未完者,六科每岁两次稽考,阁臣则止于稽考,本不题参。又罚俸止及抚按,未尝借以督责部院也。夫国家纪纲法度掌于部院,而统归于朝廷。阁臣则参机务、备顾问者,若于诸司之事全不与闻,即皇上有问,臣等凭何奏对? 即有票拟,臣等凭何参酌? 此岂皇上委任责成之意哉? 且如吏部官不称,则当去,未闻禁吏部之铨选也;户部官不称,则当去,未闻禁户部之会计也。使阁臣不职,即黜罢可耳,若并其责任而尽削之,不几因噎而废食乎![①]

清楚而坚定地表明立场,不能因为清算张居正,而否定他所倡导的考成法。

他还对张文熙所谓"四方抚按行事不当密揭请教",指责内阁钳制各省巡抚巡按职权,反驳道:"部臣各有职掌,督抚各有责任,初未尝事事取裁,事事请教。但阁臣以平章事为职,而用人则政事之大者,故文臣自京朝堂上官,武臣自参将以上,部中亦与臣等酌量,无不虚心为国,以示慎重公平之意。今二部尚书见在,臣等何曾行一私意,用一私人! 但当问其所用之人公与不公,不当问臣等知与不知也……此皆朝廷大计,即诸臣揭问,不为阿承;即臣等示以方略,不为侵越。但论事体之当

---

① 吴伯与《国朝内阁名臣事略》卷十三《申文定公状略》。

与不当,不必论臣等知与不知也。盖议者徒见前人之弊习,而并欲防后人之将来,不知专擅在人不在于法,择人以守法则可,因人而废法则不可。假令臣等居位食禄,事事皆委之不知,岂不甚逸! 然祖宗建立阁臣之意谓何? 臣等受陛下高厚之恩谓何?"①

这里涉及内阁与部臣、地方官的关系,以一方侵越职权,另一方阿谀奉承来概括,未免过于简单化。争论的实质,是要不要继续推行考成法,推行新政。申时行认为,不能因为张居正的专擅,就把他倡导的考成法全盘否定。所以他说,"议者徒见前人之弊习,而并欲防后人之将来,不知专擅在人不在于法,择人以守法则可,因人而废法则不可"。皇帝对于他的观点深以为然。但是言官并不买账,把申时行视为张居正的党羽,抨击交至。

早在万历十一年三月,御史魏允贞条陈四事,其中第二事"严科举之防",从张居正之子的科场舞弊,牵连到张四维之子张甲徵、申时行之子申用懋。皇帝谴责魏允贞"漫逞私臆,语多过当",张四维、申时行为了自证清白,请求按照魏允贞的意见,取消张甲徵、申用懋的科举考试资格,"回籍肄业,待臣等去位之后,候补廷试"。② 焦竑谈及此事赞誉道:"有魏允贞者,以公子登第为言,公第请复试而已,不以一语侵之。顷之,且置之要秩,朝士无不啧啧归公之量矣。"③

尽管如此,公子登第的话题仍不断被渲染,作为政治攻击的手段。万历十二年正月,都察院左副都御史丘橓条陈三事,其中第二事为"均处邪媚之臣":"密中居正之子张懋修,林应训、张一鲲为监试官;而密中王篆之子王之鼎,钱岱为监试官;先期请居正第六子回乡赴试,会居正病故不果,而密中王篆之子王之衡。此其怀私作弊皆同"。这些官员都

① 吴伯与《国朝内阁名臣事略》卷十三《申文定公状略》。
② 钱一本《万历邸钞》,万历十一年癸巳卷,三月。
③ 焦竑《特进光禄大夫左柱国少师兼太子太师吏部尚书中极殿大学士赠太师谥文定申公神道碑》,《澹园续集》卷十一。

应该罢斥。①

　　同年三月，山东道御史丁此吕再次提及此事，点名批评阁臣申时行、余有丁、许国："丙子（万历四年）科为张嗣修房考者，今兵部员外郎稽应科，主考则许国；庚辰科张懋修房考者，今山西提学陆橦；为张敬修房考者，今河南参政戴光启，主考则申时行、余有丁。壬午（万历十年）之后，居正死矣，乃余威所为，王之鼎主考者修撰沈懋孝。又如侍郎何洛文，嗣修、懋修及第制策，皆（何）洛文代为之。又如侍郎高启愚，己卯（万历七年）主考南闱，辄以'舜亦以命禹'为题，此居正逆萌也，盖人心为其摇惑也甚矣。"②把高启愚命题"舜亦以命禹"，作为张居正图谋"篡位"的"逆萌"，用心极其阴险。

　　被丁此吕点名的阁臣申时行、余有丁、许国不得不出来申辩："两京乡会试，内帘所看，系是誊过朱卷，止有字号，而无姓名，又无笔迹，鬼神莫知，难容私意。丙子乡试，臣（许）国主考，庚辰（万历八年）会试，臣（申）时行、（余）有丁主考。（丁）此吕论人，搜求殊失正大公平之体。若稽应科等以此被罪，则臣等岂得诿之不知，请下吏部议处。"吏部遵旨议处后，吏部尚书杨巍（字伯谦，号梦山，广东海丰人）就丁此吕恶意中伤，斥之为无稽之谈。他说："'舜亦以命禹'，谓帝王相传之道不外乎尧，尧既以此命舜，舜亦以此命禹耳。若谓禅继之事，不知出何注疏？刘世延乃无籍之人，不顾书旨，肆言无忌。（丁）此吕为台谏之臣，反躏之以害善良。嘉靖中，王联曾以诗句陷巡抚胡缵中，赵文华曾以策题陷吏书李默，至今士人无不切齿，亦未敢变乱经旨，陷人以无将大逆如（丁）此吕者。"有鉴于此，杨巍怒气冲冲地责问："朝廷之上，邪说横行若此，并无一人敢言之，可谓国家有人哉？害正人，乱国政，上欺圣君，下诬贤臣，

---

① 钱一本《万历邸钞》，万历十二年甲申卷，正月。
② 钱一本《万历邸钞》，万历十二年甲申卷，三月。

若丁此吕不知可仍在台谏与诸臣并列否？"①

丁此吕受到降调外任的处分，立即引来礼科给事中王士性的反击，他弹劾吏部尚书杨巍："阿媚相臣(申)时行，谪降言官冯景隆、孙继先、曾乾亨、黄道瞻、孟一脉、邹元标、范俊、丁此吕等，阻塞言路。"御史江东之、李植相继上疏附和。没有等杨巍申辩，皇帝直接下旨谴责王士性："元辅(申时行)忠诚体国，敬慎无私，朕倚毗方切，这牵摭浮言，不必介意，宜尽心辅理，以副眷怀。杨巍老成持正，如何说他阿媚？着安心供职。你每言官论人，须要分别邪正，岂可一概论斥？"②

皇帝赞扬了申时行、杨巍，却仍然指责高启愚"出题谬妄，附媚干进"，把他革职为民，而丁此吕继续留用。首辅申时行为自己辩解：臣二子中科，文字可复试而知，士大夫自有公论，自己无弊。

次辅许国认为：留用丁此吕，无以安首臣申时行及吏部尚书杨巍之心。他写了长篇奏疏，抨击言官，支持申时行、杨巍："窃见近日以来，士习险陂，人情反复，国是动摇。盖昔之专恣在权贵，今之专恣在下僚；昔之颠倒是非、肆言无忌在小人，今之颠倒是非、肆言无忌乃在号为君子者。彼以其发于感激，动于意气，甘冒刑谪，搏击权贵，偶成一二事，自负不世之节，非常之功，持此以立赤帜，号召一等浮薄轻进、好言喜事之人，党同伐异，诬上行私。公卿大臣动见掣肘，一不快意，便攘臂而起……臣之闻此风久矣。第与大学士申时行等仰奉德意，示以公平，付之罔闻。冀其悔悟，不欲使有比周之名，以为清明之累。不意彼乃扬扬自谓得志，无敢阻挠，日甚一日。如御史江东之、给事王士性、御史李植，同日三疏联袂而上，哗然群攻吏部尚书杨巍，并及大学士申时行，横口诋排，期以必胜……臣窃谓刚方端亮如(杨)巍，固非阿附之人，而公

---

① 文秉《定陵注略》卷二《大臣党比》。
② 钱一本《万历邸钞》，万历十二年甲申卷，四月。

清如(申)时行,亦非所可阿附者也。前时御史朱琏钻刺播弄,动摇阁部大臣,赖上圣明,深烛其奸,旋行斥远,而国论始定。方今之事,何以异此?夫正人固指邪人为邪,邪人亦指正人为邪,惟在辨其所以为邪正之实而已。"①

面对言官的攻击,申时行、许国、杨巍向皇上乞求罢免。激起正直官员强烈反响,刑部尚书潘季驯、吏科都给事中齐世臣、都察院左都御史赵锦、副都御史石星、工部尚书杨兆、工部侍郎何起鸣、吏部侍郎沈鲤、陆光祖等纷纷上疏挽留申、许、杨三臣。刑部尚书潘季驯的言词最为激烈:"邪议蜂起,国是大摇,如(申)时行之翼翼忠勤,杨巍之侃侃正直,中外大小诸臣靡不慕其为人,乃目之为邪媚,是非紊乱,忠佞混淆。不图明盛之世,突然有此怪异之事。今(申)时行与(杨)巍已恳疏求去,许国誓不与此辈同朝,六卿诸臣垂头丧气,咸无固心。今陛下慰留三臣之命方下,而御史叶成遇论(杨)巍之疏又上矣。盖三五诸臣,棋局素定,次第夹攻,不胜不止。以小臣而制大臣之命,以小人而冒君子之言,是非不明,则政体必乱;邪说得肆,则善类必殃,他日之祸必有不可言者。"②

双方剑拔弩张,一些意见领袖纷起攻击阁部大臣,一时甚嚣尘上。

右春坊右赞善赵用贤声称:"言官之于宰相,其是非可否,两相重者,言官不当,岂能逃圣鉴之明,掩廷论之公。何今之大臣纷然群起而求胜耶……彼大臣固自有体也,是不过踵昔年保留之故智耳。且自古未有台谏之言,而必根株其所由者,岂欲其以聋聩视天子之豪杰哉?"③

司经局洗马吴中行扬言:"借留贤之名,以保辅臣,此谄谀之极也,甚可耻也。借去谗之名,而参言官,此壅蔽之渐也,不可长也……何迩

① 　许国《乞辨邪正以消党比疏》,《许文穆公集》卷三《奏疏》。
② 　钱一本《万历邸钞》,万历十二年甲申卷,四月。文秉《定陵注略》卷二《大臣党比》。
③ 　钱一本《万历邸钞》,万历十二年甲申卷,四月。

年以来,每遇辅臣辞位,必群然起而留之,颂功赞德,累牍联章,此其心何心哉?"

刑部主事张正鹄说:"祖宗特严奸党之禁,二百年来,并无大臣纷纷保留宰辅之事……而乃复见此事哉!人心邪媚,至此极矣。"

四川道御史李廷彦则以张居正时代钳制言官,影射申时行内阁:"当御史丁此吕论(高)启愚,特一事耳,杨巍劾之。而王士性、江东之则疑为阿附,许国又指江东之、李植、王士性为倾排,暗指赵用贤、吴中行为号召。陆光祖遂请敕都察院分别去留,以安阁部大臣之心。往者权奸当路,钳制言官,喜谄佞,斥忠良,自以为一世之雄矣。卒之身死名灭,为天下唾。光祖乃以此术安大臣,其视大臣为何如人耶?"①

皇帝谴责这些官员"肆意渎扰",明确地支持阁部大臣。申时行在等待反击的时机。

2. "事苟治,不必苛责;民苟安,不必过求"

万历十三年四月十七日,皇帝朱翊钧因天旱不雨,由文武百官陪同,步行出大明门,来到南郊,进行祈祷。

礼拜后,他召见内阁辅臣九卿,对他们说:"天时亢旱,虽由朕不德,亦因天下有司贪赃坏法,剥害小民,不肯爱养百姓,以致上干天和,今后还着该部慎加选用。"

申时行回答:"皇上为民祈祷,不惮勤劳,一念精诚,天心必然感格。其屡祷未应,皆臣等奉职无状所致。今天下有司官果然不能仰体皇上德意,着实奉行。臣等当即与该部商量申饬。"

皇帝说:"还着都察院行文与他每知道,务令着实奉行,毋事虚文。"

申时行说:"今后如有不着实奉行,虚文塞责者,容臣等请皇上重法

① 钱一本《万历邸钞》,万历十二年甲申卷,四月。文秉《定陵注略》卷二《大臣党比》。

惩治。"

皇帝说："先生每说的是。"①

皇帝前往郊坛祈雨，在当时具有浓厚的政治色彩，他谴责官员不肯爱养百姓，以致上干天和。一些机灵的言官抓住机会，从"有司贪赃坏法"，联系到李植、江东之、羊可立之流近来的斑斑劣迹，纷纷上疏。浙江道御史蔡系周弹劾太仆寺少卿李植："古者朝有权臣，狱有冤囚，则旱。(李)植数为人言：'至尊呼我为儿，每观没入宝玩，则喜我。'其无忌惮如此。陛下欲雪枉，而刑部尚书(潘季驯)之枉先不得雪。今日之旱，实由于(李)植。"②江西道御史孙愈贤等人也交章纠弹李植。江东之、羊可立与李植同气相求同声相应，立即反击，企图把水搅浑，声称蔡系周、孙愈贤等人是"怀冯保、张居正私恩"的奸党。③

申时行看到羊可立奏疏中说"一时奸党怀冯保、张居正私恩者，造为无影之言"云云，特别气愤，向皇上奏告："(孙)愈贤疏尚未处分，(羊)可立何由争之？且问可立，奸党为谁？有何实迹？"羊可立、江东之、李植三人是皇帝一手提拔起来的，颇为偏袒，但见申时行如此光火，只得充当和事佬。给都察院发了一个手札："谏官务存国家大体，何得以私灭公，挑激争端，淆乱国是？自今各修尔职，不许琐词渎扰。敢有仍前不悛，重治无贷。"这是在指责蔡系周、孙愈贤，也是在督责都察院加紧管束御史。与此同时，他又在羊可立奏疏上批示："冯保、张居正事出朕独断，久已处分，谁敢怀私报复，自干宪典！以后不许借言奸党，攻讦争辩，违者罪之。"④这是在批评羊可立等人，实际上是借此回避对李植的追究。

事情趋于复杂化。几天后，京城盛传一份匿名揭帖，假借蔡系周、

① 申时行《召对录》。《明神宗实录》卷一百六十，万历十三年四月戊子。
② 《明神宗实录》卷一百六十，万历十三年四月戊辰。
③ 《明神宗实录》卷一百六十，万历十三年四月戊辰。
④ 《明神宗实录》卷一百六十二，万历十三年六月丁卯。

孙愈贤的名义,说内阁辅臣许国图谋打倒李植等人,授意二御史出面纠弹李植。刑科给事中刘尚志(字行甫,号景孟,安庆怀宁人),抨击刻印揭帖混淆视听的手法,他认为,这一事件与去年涂改吏部尚书杨巍的春帖,今年又在礼部尚书沈鲤门上张贴传单等事,阴谋如出一手。字里行间流露对李植、江东之、羊可立的怀疑,因而锋芒一转,尖锐地指出:"乃有一辈言事之臣,妆缀旧闻,不曰交冯保,则曰不终丧;不曰杖言官,则曰毁书院。诸如丈田、铸钱、捕盗、多杀之类,鼓已如簧之舌,而刺刺不休……岂欲将万历十年以前凡居正共事之臣,皆谓之党,尽行罢斥而后已乎?"一语道破近年来政治斗争中的倾向:企图把万历十年以前与张居正共事的官员全部赶下台。皇帝看了刘尚志的奏疏,下令东厂、锦衣卫、五城兵马司严密缉拿匿名揭帖的炮制者;对于刘尚志指出的那种倾向,他含糊其词:"章疏就事直陈,不得摭拾旧事,烦言渎扰。"[①]

由李植的事情牵涉到前刑部尚书潘季驯,因为后者是遭到诬陷而罢官的,御史董子行上疏为潘季驯申辩。他说,李植弹劾潘季驯两大罪状,所谓冯邦宁之狱为无君之罪,此是大罪,并非真罪;所谓轻信人言张居正家死十数人,此虽小罪,却是真罪。"罪非真而显斥之,罪非大而重法之,陛下必有不忍于心者矣!"话说得很直率,要皇上在众目睽睽下回答难题,勇气可谓不小。御史李栋亦相呼应,声称潘季驯治理河道有功,两河之岸屹立又如长城。皇帝岂肯承认处分潘季驯有错,下令剥夺两名御史俸禄一年,以示警诫。[②]

看来皇帝丝毫不肯追究李植的责任。转机终于被申时行抓住了。

皇帝朱翊钧为了营建自己的寿宫(死后的陵墓),由礼部尚书徐学谟(字叔明,一字子言,号大室山人,苏州嘉定人)选择大峪山吉壤。万历十三年八月初一日,皇帝派申时行前往视察。不料,太仆寺少卿李

---

① 《明神宗实录》卷一百六十二,万历十三年六月丁卯。
② 《明神宗实录》卷一百六十三,万历十三年七月甲戌。

植、光禄寺少卿江东之、尚宝司少卿羊可立借题发挥，无事生非，上疏说大峪山并非吉壤，由于申时行与徐学谟关系密切，随便同意徐学谟的选择。企图激怒皇帝，一举攻倒申时行。

申时行心里明白，这是皇上自己钦定的吉壤，他决定抓住此事，把这三个人的嚣张气焰压下去，狠狠批驳这三个人的奏疏。皇帝自知此事与申时行毫不相干，严厉斥责李植等三人："阁臣职在佐理，岂责以堪舆使(风水先生)耶!"下旨剥夺李植等三人半年俸禄；派太监传谕内阁，安慰申时行："大峪(山)佳美毓秀，出朕钦定；又奉两宫圣母阅视，原无与卿事。李植等亦在扈行，初无一言。今吉典方兴，辄敢狂肆诬构。朕志已定，不必另择，卿其安心辅理。"①

李植等人借寿宫之意攻击申时行，是有预谋的。几天后，真相大白。他们企图借口寿宫选址不妥，迫使申时行辞职，另推去年入阁的王锡爵继任，并且引荐刑部侍郎张岳(字汝宗，号龙峰，浙江余姚人)、太常寺卿何源(字仲深，号心泉，江西广昌人)入阁。这种暗箱操作的阴谋，难登大雅之堂，理所当然遭到王、张、何三人的严词拒绝。

王锡爵写的《因事抗言求去疏》写得尤为真切感人。他因为被小人利用而引咎自责，以为应当辞官而明志，理由有三：大臣不能帅群臣，当去；师不能训子，当去；老成而为恶少年所推，亦当去。由此，他痛斥当前的政坛不良风气："诸臣近乃创为一种风尚，以为普天之下除却建言之臣，别无人品；建言之中除却搜括张冯旧事，别无同志。"他回顾道："臣尝私譬张居正之门客，如群倡之倚市，劳来送往，取适一时耳。今冰山既泮，黄犬成空，士有恸轮溃酒不忘死生之交者鲜矣。况本非(王)安石，谁为章(惇)、蔡(京)?"然后把话题转向申时行："今大学士申时行泊然处中，唾面不拭，以强陪诸臣之謷笑，不过为重国体、惜人才耳。乃诸

---

① 《明神宗实录》卷一百六十四，万历十三年八月己亥。申时行《赐闲堂集》卷四十《杂记》。

臣见其弱,则愈以为不足畏,而凌辱之;受其容,则愈以为縻我而疑之;被论,则以为嗾人攻之;求去而票允,则以为逐之;票留,则又以为苦之;或票虽留而旨欠温,则以为阳顺上意而阴忌之。喘息纵横,千荆万棘,令人无路可去,无门可解。皇上试观典籍,自古及今岂有人臣操天子之权,小臣制大臣之命,一至此极,而朝政不乱、国是不淆者乎?"①

　　王锡爵并不因为李植等人是自己的门生,而与之相呼应;也不因为与张居正有宿怨而大肆挞伐,取申时行而代之。大义凛然谴责那批品德不良的"建言之臣",令李植、江东之、羊可立无地自容。皇帝对这三个人一向宠信,看了王锡爵的奏疏,才改变主意。这时,御史韩国桢(字柱甫,号洙泉,苏州人)、给事中陈与郊(字广野,号玉阳仙史,浙江海宁人)等言官,也纷纷纠弹李、江、羊三人的无耻行径。皇帝当即下旨:李、江、羊三人各降三级。吏部遵旨作出处理:李植降为户部员外郎,江东之降为兵部员外郎,羊可立降为大理寺评事。② 这三人的嚣张气焰一下子被压了下去。

　　多年后,申时行回忆起这件往事,仍然对皇上的英断念念不忘。他说,为了皇上的寿宫,命吏部选择谙熟地理的官员,与钦天监官员协同选址,推举南京刑部尚书陈道基、通政司参议梁子琦、听补佥事胡宥,会同钦天监官员张邦垣、杨汝常一同前往。梁子琦刚愎自用,与众议不合,单独推荐八处"吉地"。皇上亲临视察,发现地处断崖深谷,大为不满,另定形龙、大峪两处,命定国公徐文璧、辅臣申时行及司礼监太监张宏率领堪舆官员前去复阅。礼部没有把梁子琦列入复阅官员名单,梁子琦大怒,弹劾礼部尚书徐学谟,并对申时行恶语相加。皇上对此人极为厌恶,勒令他罢官闲住。而李植、江东之与梁子琦有交情,企图借此

① 　王锡爵《因事抗言求去疏》,《王文肃公文集》卷三十一。吴伯与《国朝内阁名臣事略》卷十五《王文肃公状略》。
② 　《明神宗实录》卷一百六十四,万历十三年八月己酉。

挑起事端，与羊可立一起上疏，扬言大峪山并非吉壤，钦天监官员张邦垣贿赂皇上亲信——当时号称"十俊"的小太监，游说皇上不宜择大峪山为吉壤。当时皇上前往视察的銮舆已经出动，供费浩繁，各部大臣皆有忧色，疏请皇上独断。皇上在陵区感恩殿东室召见申时行等大臣商议，决定不改变大峪山吉壤的选择，把李、江、羊三人各降三级。申时行感叹道："余始被命阅视，第以首臣在行，原未习形家之说，而阁臣职业从来未有以相地为轻重者，诸臣别有拥戴，欲击去余与新安(许国)等，而上英断，终不为所荧惑也。"①

李植、江东之、羊可立不但连降三级，而且还从京师贬往外地。李植贬为绥德知州，不久引疾归乡。江东之贬为霍州知州，不久也因病免职。羊可立贬为山东佥事。这三人以打击别人抬高自己为能事，曾经不可一世，红了三年之后，黯然从政治舞台上消失。

在与言官的较量中，申时行略胜一筹。但是为了稳定起见，他也不得不做出妥协，缓和舆论。取消他先前竭力维护的考成法，就是最突出的事例。

万历十四年(1586)正月，六科把去年的考成记录送交皇帝审批，皇帝看了以后，考成不合格的官员，批示"从重处分"。申时行写了详细的公文，分析考成法利弊，提出"事苟治，不必苛责；民苟安，不必过求"的方针，取消考成法，减轻内阁的压力。他说："窃惟考成之法，所以稽查勘合，催督未完。自皇上登极，允辅臣居正之请，行之十余年矣。初年类参常一二百件，摘参常四五十件，俱不过罚治。节年奉过明旨，历历可查。近年以来，伏睹皇上治尚励精，政先综核，在外抚按凛凛奉法，不敢怠荒。今次六科本内类参不过四十件，摘参止五件，则是完报者多，未完者少，比于先年不啻倍徙矣。其间所以不能尽完之故，则请为皇上

---

① 申时行《赐闲堂集》卷四十《杂记》。

毕陈之。"接下来,他列举了三大事项:一是催征钱粮,二是捕获贼犯,三是提问官员。关于催征钱粮,他认为由于考成法的压力,地方官"过于严急",使得"百姓不安",解决之道是安民,"欲安民则当斟酌缓急,以宽有司之罚"。关于捕获贼犯,亡命之徒四散奔逃,潜踪隐迹,无法捕获。如果以此追究地方官,势必"将平民拷逼承认,抵数报完,无辜被冤"。关于提问官员,地方官审理案件,调取人证,颇费时间。地方官为了躲避参劾与处罚,急促了事,"恐有锻炼文致,潦草疏略之弊"。因此,他的结论是:"皇上所以警饬臣工,肃清吏治,不过欲事治民安而已。事苟治,不必苛责;民苟安,不必过求。"①

申时行自己说,他万万不敢"姑息苟且,坏朝廷之法",其实恰恰是在姑息苟且,坏朝廷之法。许重熙评论此事说:"说者谓,(申)时行之疏行,而事事因循,苟且岁月,远近无任事之能吏,而万历之政衰矣。"②万斯同虽然对申时行有同情之理解——迫不得已出此下策,但是他的批评更为犀利:"时行知天下士论之不与居正也,欲尽反其行事,以收拾人心,首请罢考成法。略言:赋敛过于苛急,则百姓不安;缉盗过于督责,则无辜被枉。道里有辽阔,则时日有稽迟,倘畏避纠劾,期于速竣,必滋锻炼周纳,苟且疏略之弊,非治体也。陛下肃清吏治,期于事集民安而已。欲集事,不宜多事;欲安民,不宜扰民。"接下来,万氏笔锋一转:"于是居正一切综核之政,尽为改易。士大夫得用自宽,益骪骳,不事事而相竞于言,上下恬熙,风俗偷惰,驯至法纪隳坏,国势凌夷。虽由言路激成,而亦(申)时行之矫枉过正使然也。"③万斯同的措辞极其严厉,击中要害,张居正推行考成法,大小臣工鳃鳃奉职,中外淬砺,莫敢有偷心的状况,到了申时行时代逐渐化为乌有。

---

① 陈建、沈国元《皇明从信录》卷三十五,万历十四年正月。
② 许重熙《嘉靖以来注略》卷八,万历十四年正月。
③ 万斯同《明史》卷三百十一《申时行传》。

申时行自以为是在补偏救弊,消除以往"操切"的弊端,所以两个月以后,他再次重申宽大之政,主张"顺人情之所欲而去其害",写了长篇奏疏来论述自己的政见:"三代之所以保固邦本,享国久长者,惟在顺人情之所欲而去其害也。臣等反复思维,方今安民之要亦不出此。"他列举了四大危害:一是催科急迫之害,二是征派加增之害,三是刑狱繁多之害,四是用度侈靡之害。这些危害由来已久,张居正试图用考成法来加以遏制,有一点效果,但并未根本改变;申时行要想消除这些危害,就更加束手无策了。所以他感叹道:"明旨申令不啻三五,而民生卒未能安,治效卒未能睹者,何哉?盖其说有二:曰议论不一,曰诏令不行。斯二者非独民生之害,害且在国家矣。"

他分析"议论不一"的危害:"台省之臣职司言路,岂得不指陈时政、条奏便宜?然或有意见稍殊,而行多窒碍,及言词甚善而业已施行者,部院即当斟酌可否,分别从违,可行则行,当止即止。今乃重拂其意,辄为之词,明知其见行也,而请旨申饬;明知其难行也,而下抚按再议。徒使文书旁午,邮传纷纭,政令无常,观听滋惑。有司勾较簿书,酬应上官之不暇,而暇求民疾苦修其职业乎?"至于"诏令不行"的危害,更加严重:"今明旨非不森严,而人情犹复玩愒。尝禁馈遗矣,而馈遗之故套尚存;尝惩贪墨矣,而贪墨之余风未殄。即辇毂之下令且不行,而欲使溥海内外丕应而徯志也,不亦难乎?"

于是乎问题又回到考成法的本意上了:"窃以为,欲议论之一,则题复不可以不慎;欲诏令之行,则查参不可以不严。伏望皇上敕谕部科,自今条陈章奏,旨下部院,或事在见行及难行者,不妨停寝,毋得迁就题复。诸凡奉旨严禁,或令部科查参,或令该科记著者,如有故违,即行参奏,毋得徇情容隐。则议论可免于烦多,诏令不至于壅遏。"[1]

---

① 陈建、沈国元《皇明从信录》卷三十五,万历十四年三月。

张居正的考成法原本就是针对"议论不一""诏令不行",而采取的强有力举措,申时行迫于言官的压力,把它废弃,而又想纠正"议论不一""诏令不行"的陋习,岂非空谈! 申时行一方面试图纠正张居正过于操切的流弊,推行宽大之政,另一方面又感叹"议论不一""诏令不行"带来的种种问题,又缺乏令行禁止的手段,以及雷厉风行的魄力,终于陷入了进退失据的困境。

3. "雍容朝列,为太平宰辅"

万斯同为申时行立传,说他"承居正之后,海内清晏,雍容朝列,为太平宰辅"。[①] 这位太平宰辅并非无所事事,有不少德政值得一提。

其一,促成王守仁从祀孔庙。

嘉靖七年王守仁病逝,朝廷宣布他的学说是"坏人心术"的邪说、伪学,禁止传播与学习,否则"重治不饶"。[②] 嘉靖、隆庆之际的内阁首辅徐阶拨乱反正,敦促隆庆皇帝为王守仁平反昭雪。有识之士普遍认为王守仁继承并发扬了孟子的学问,应该从祀孔庙,却迟迟未能实现。直到万历十二年,由于申时行的努力,才得以实现。

早在隆庆元年,大理寺右丞耿定向就题请王守仁从祀孔庙,未果。万历十二年六月,御史詹事讲(字明甫,号养贞,江西乐安人)上疏,请求朝廷批准王守仁、陈献章从祀孔庙。礼部向皇帝报告,对此有两种不同意见:兵科给事中赵思诚、南京福建道御史石槚认为王守仁、陈献章不宜从祀孔庙;户科都给事中魏时亮、都察院右副都御史徐栻、礼科给事中宗洪选、户科给事中赵参鲁、御史谢廷杰、徐乾贞等,都主张王守仁、陈献章应该从祀孔庙。既然意见有分歧,皇帝下旨:"从祀重典,着各该

---

① 万斯同《明史》卷三百十一《申时行传》。
② 《明世宗实录》卷九十八,嘉靖八年二月甲戌。

儒臣及九卿、科道,从公品荐议奏,务协舆论。"①

都察院左副都御史耿定向写了长篇奏疏,主张王守仁、陈献章应该从祀孔庙。他说:"守仁之学措之行履,信在乡邦;发之事业,功在社稷,臣不具论。乃其讲学淑人,单揭要指曰致良知。夫曰良知云者,即孔子之所谓仁,是人之所生者也。本诸身,而能视能听能言能动;显诸伦,而为忠为孝为弟为信。是非淑慝,灵昭不昧,乃蒸民之所同具,无圣凡古今一也,特有致有不致耳……皇上今绥其猷,此非千载一时哉!臣等集议咸切切焉。皇上俎豆守仁于孔庙之庑者,非曰祀其人已也,盖借此以树枍的,将令天下臣庶率由于其道也。"又说:"若(陈)献章,当训诂汩溺之余,名理棼呶之日,而学以静观默识为务,以致虚立本为宗,其深造自得之趣,竖贞明懿之履,抑可谓乎醇者矣。昭代学术知反约而求诸心,不为口耳支离之骛者,实其开先也。"②

在意见纷纭的情况下,首辅申时行一锤定音。他写了题为"遵明旨析群议以成盛典事"的奏疏,作了极具说服力的分析:

> 先该御史詹事讲建白,先臣王守仁、陈献章从祀学宫,或又诋訾守仁,议者纷纷,迄无定论。今该部(杨)巍复议,乃请独祀布衣胡居仁。臣等切以为未尽也。彼诋訾守仁、献章者,除所谓伪学、霸儒,原未知守仁,不足深辨。其谓各立门户者,必离经叛圣,如老佛庄列之徒而后可。

> 若守仁言致知,出于《大学》;言良知本于《孟子》。献章言主静,沿于宋儒周敦颐、程颢,皆祖述经训,羽翼圣真,岂其自创一门户耶?事理浩繁,茫无下手,必于其中提示切要,以启关钥,在宋儒已然。故其为教,曰仁,曰敬,亦各有主,独守仁、

---

① 钱一本《万历邸钞》,万历十二年甲申卷,六月。
② 耿定向《议从祀疏(甲申左院草)》,《耿天台先生文集》卷二。

献章为有门户哉？其谓禅家宗旨者，必外伦理、遗世务而后可。今孝友如献章，出处如献章，而谓之禅可乎？气节如守仁，文章如守仁，功业如守仁，而谓之禅可乎？

其谓无功圣门者，岂必著述而后为功。夫圣贤于道，有以身发明者，比于以言发明，其功尤大也。其谓崇王（守仁）则废朱（熹）者，不知道固互相发明，并行不悖。盖在宋时，朱（熹）与陆（九渊）辩，盛气相攻，两家弟子又如仇隙。今并祀学官，朱氏之学既不以陆废，今独以王废乎？

大抵近世儒者襃衣博带以为容，而究其实用，往往病于拘曲，而无所建树；博物洽闻以为学，而究其实得，往往狃于见闻，而无所体验。习俗之弊，沉痼久矣。今诚祀守仁、献章，一以明真儒之有用，而不安于拘曲；一以明实学之自得，而不专于见闻。斯于圣化岂不大有裨乎！若居仁之纯心笃行，众议攸归，亦宜并祀。①

申时行议论风生，显示了深厚的儒学功底，对王守仁、陈献章学说有透彻的理解，不仅可以与朱子学互相发明，而且可以纠正近世儒者的流弊。因此得到皇帝采纳，当即批准王守仁、陈献章、胡居仁从祀孔庙，下旨："皇祖世宗尝称王守仁有用道学，与陈献章、胡居仁，既众论推许，准祀孔庙。朝廷重道崇儒，原尚本实，操修经济，都是学问，亦不必别立门户，聚讲空谈，反累盛典。礼部便遵旨行。"②

王守仁从祀孔庙，不仅是他个人地位的晋升，而且是有关王学发展的大问题，对于晚明的思想解放，有重大的意义，申时行自然功不可没。

其二，支持徐贞明开发京畿附近水田。

徐贞明，字伯继，号孺东，江西贵溪人，隆庆五年（1571）进士。万历

① 钱一本《万历邸钞》，万历十二年甲申卷，十一月。
② 《明神宗实录》卷一百五十五，万历十二年十一月庚寅。

三年(1575)由浙江山阴知县调任工科给事中,向朝廷条陈水利。他说,京师雄踞上游,兵食宜取之于附近,如今全部仰食东南,运输成本耗费巨大,常以数石致一石。京师附近各府,有支河、涧泉的地方,都可以灌溉成水田,种植水稻。如果请南方农夫指导耕艺,那么北起辽海,南到山东,都可以成为良田。内阁把这一奏疏转给有关部门,探讨其可行性。工部尚书郭朝宾(字尚甫,号黄涯,山东汶上人),借口"水田劳民,请俟异日",将其束之高阁。① 徐贞明并不灰心,在调任南直隶太平府知府后,把他的主张系统化,写成《潞水客谈》一书。巡关御史苏瓒、湖广道御史徐待,极力称赞其说可行,工科给事中王敬民特地向皇上推荐此书。

《潞水客谈》的主要内容可以概括成以下五点:一,京畿得依存于从江南运来的四百万石漕粮,这种经济结构导致南方与北方之间赋役负担的差距,应该消除;二,开掘沟渠,分流河道,克服当地的缺水问题;三,强化北方防务体制的人力与物资基础;四,恢复以农为本的地域社会秩序;五,增加王府庄田自身的产量,从而减轻朝廷的宗禄开支。徐贞明特别强调要改变南粮北调的状况,主要的对策就是在京畿周边增加水稻的产量,逐步减少江南运来的漕粮数量。他认为,开发水利与水田,"畿辅诸郡皆可行也,盍先之于京东永平之地;京东永平之地皆可行也,盍先之于近山濒海之地";"京东辅郡,而蓟(州)又重镇,固股肱神京,缓急所必须者,矧今地负山控海,负山则泉深而土泽,控海则湖淤而壤沃"。为了开发京东永平地区,必须先开发滦河、潮河、滹沱河、桑干河、卫河等流域的水利。②

万历十三年,朝廷任命徐贞明为尚宝司卿,受命前往京师附近州

---

① 《明神宗实录》卷四十四,万历三年十一月己酉。张廷玉《明史》卷二百二十三《徐贞明传》。
② 田口宏二朗《关于明末畿辅地域的水利开发事业——徐贞明和滹沱河河工》,载《史学杂志》第106卷第6号。

县,与地方官落实水田开发事宜。徐贞明在京东州县踏勘以后,提出实施方案,得到户部尚书毕锵(字廷鸣,号松坡,池州石埭人)的支持。同年九月,朝廷任命徐贞明兼任监察御史领垦田使,有权劾治阻挠其事的地方官。皇帝特地下旨:"开垦荒田,疏通水道,系兴水便民首务。着所议俱依议行。银两准于德州仓给发。徐贞明着兼河南道御史职衔,及承委官员,照抚按例一体举劾,有推诿阻挠的,许参奏处治。"①到次年二月,已开垦水田三万九千余亩。②

　　然而反对的声音很大,户科都给事中萧彦(字思学,号念渠,宁国泾县人)的言论就是一个代表。他说:"自元臣虞集,有京东濒海一带水田之议,而未及行。先臣丘濬又言之,而未及议。识者憾焉。顷徐贞明倡议于先,苏瓒、徐待力持于后,且苏瓒次第试之矣。适工科都给事中王敬民条陈可行之状,并欲专任(徐)贞明。奉旨下部查议。此宗社长久之计,万世臣民之幸也。"接下来,萧彦列举了"不可不成"四条理由:

　　——"我国家定鼎燕京,转漕东南。今水利既兴,仓庾露积,畿辅皆外府也。是昔取诸东南,而今取之堂奥之外也。此万世长策。"

　　——"乃昔水旱频仍,民力告诎,而东南为甚。西有水利,则东南可息肩,而输转之费、漕卒之供,所省有几何矣。此国计长利。"

　　——"虏利于马,不利于陆,试使近边阡陌有限,沟洫有制,虏即欲长驱得乎? 是不墙而堵,不丘而守也。此制虏长策。"

　　——"凡议边安,必先实边。有生聚,斯有教训,故实之贵也。水利既兴,民将甘其食、美其服、安其居,闾阎相望,鸡犬之声相闻,昔之旷莽,今也生育。此安边长利。"

　　上面所说不过是一种愿景,萧彦的重点是提醒朝廷,关注"不可不审议"的四条理由:

①　钱一本《万历邸钞》,万历十三年乙酉卷,九月。
②　《明神宗实录》卷一百七十二,万历十四年三月癸卯。

——"西北之人不谙水田久矣,一旦驱而为之,人将哗焉。询之则有所不能,而违之则有所不可。且事有专官,官有专职,非若委之抚按徐而图者可比,有司之督责能无严乎? 能以渐乎? 能听其自便乎? 缓之则无济于事,而亟之则有戾于民。"

——"垦田之夫,每邑不下千人。将派之民也,民称厉矣。将征之江南也,千里赍粮,远赴佃作,有望风而走耳。将招募也,往者河工募夫日银五分,犹然称累,何者? 官之募与民间自募不同,势则然也。臣恐其募之而不继也,将劝民自为也,脱劝而无有应者,计将安出?"

——"西北有可耕之地,常无可耕之人。军习于戈而安飨其饷,而轻去其业……今近京无论已,近塞之民倘亦有类此者乎。垦田百万,法当给五万人。若曰自领之而自垦,脱无领者,将不垦之乎? 若曰既垦之而后领之,脱或又领者人将强之乎? 顷都御史赵锦之议曰:'未必处处可开,必有可开之处;未必人人能行,必有能行之人。'此计得矣。倘行之专而且骤,臣恐后将无措也。"

——"沿边无粮(税)旷土,军民利而私种之久矣,垦而为田,势必起科,必能欣然就也? 至旷野有沙压之虞,水滨有泛滥之虞,又勿论矣。"①

萧彦所说的这些不得不审议的困难,是客观存在的,要在京畿附近推广水田,阻力之大可以想见。而且在京郊拥有大量田产的皇亲国戚以及太监,他们唯恐损害自己的利益——"水田兴而己失其利"②,会纷纷在皇帝面前散布流言蜚语,致使皇帝对此犹豫不决。

万历十四年三月初六日,皇帝特地在暖阁召见申时行等辅臣商议此事。

皇帝说:"近开水田,人情甚称不便,不宜强行。"

申时行主张区别对待:"前者科道官纷纷建议,谓京东地方田地荒

---

① 钱一本《万历邸钞》,万历十三年乙酉卷,九月。
② 《明神宗实录》卷一百七十二,万历十四年三月癸卯。

芜,废弃可惜,相应开垦。京南常有水患,每年大水至时,淹没民田数多,相应疏通,故有此举。昨御史既言滹沱河难治,宜且暂停。若开垦荒田,则蓟州等处开成已五六万亩,不宜遽罢。”

皇帝坚持己见:“南方地下,北方地高,南地湿润,北地碱燥。且如去岁天旱,井泉干竭,水田如何可做?”

申时行只得随声附和:“臣等愚意亦只欲开垦荒田,不欲尽开水田。”[1]京畿地区水田开发的尝试因此半途而废,未免令人有点遗憾。

二十多年后,赋闲在家的申时行,对于当年在京东推广水田一事依然不能释怀。他的回忆补充了许多细节:“京东诸州县多卑洼,沮洳弥望,或云可开水田如江南耕耨法,岁收自倍。而徐尚宝贞明特主其说,具在《潞水客谈》。余深是之,乃请旨下近京郡县酌量修举,以尚宝兼宪职董其事。尚宝(徐贞明)从河间经始,工费无所出,至令人募化筑堤捍水,颇有绪。乃至蓟州招南兵之习农者,使画地耕作,仍给之饷。一时农兵大集,垦田以亿计,亩收一钟。抚臣及司道方次第开报,而北人官京师者倡言水田既成,则必仿江南起税,是嫁祸也,乃从中挠之。御史王之栋疏请罢役,而中官在上左右者多北人,争言水田不便,上意亦动。会朝毕,召余及同官于皇极门,而谕以水田当罢。余对言:‘高田宜黍麦,下田宜粳稻,今民间游惰,下田皆弃不耕,荒芜寖多,故议开垦,非欲尽废已熟之田地。’上云:‘荒田可开,水田不可做。’余退而上疏极陈利便,而上意竟不可回,遂切责尚宝(徐贞明)以为扰民,而初议尽格矣。彼中开垦已成,收获甚富,一闻诏下,尽拆毁堤岸,斥为闲田,垂成之功废于一旦,良可惜也!余归已二十年,而乡人自北来者云:京东稻田颇广,白粲辄输京师供上用,其值减于往时。盖农兵留彼中,自行开垦,不关有司,而人亦无挠之者。”[2]民间自发地在京东地区种植水稻,取得意

---

① 《明神宗实录》卷一百七十二,万历十四年三月辛丑。
② 申时行《赐闲堂集》卷四十《杂记》。

想不到的成功,直接供应皇宫,使得京城的米价下跌。由此可见,徐贞明在京东开发水田的设想,不仅有先见之明,而且是可行的。作为江南人的申时行尽力支持徐贞明的尝试,由于北方籍官员的反对半途而废,令人惋惜。

其三,海瑞再度出山。

一身正气两袖清风的海瑞,嘉靖四十五年向皇帝上《治安疏》,由于内阁首辅徐阶的缓颊,幸免一死。嘉靖皇帝去世,徐阶拨乱反正,用"遗诏"的名义将他官复原职。不久海瑞以都察院右佥都御史的身份巡抚苏州、松江等府。这一带是全国经济中心,朝廷显然想借重他的威望,加强对财赋的控制。任命一公布,贪官污吏慑于他的声威,望风挂印而去;一向骄横的苏州织造太监,出行坐八抬大轿,听说海瑞将至,立即去掉四个轿夫;苏州的显赫豪门富户,为了炫耀身价,把门墙涂成赭色,听到风声,一夜之间改成黑色。苏松一带盛行"投献",具有功名背景的"乡官",利用"投献",霸占民田,规避赋税。海瑞上任以来,上万乡民向他告状陈词。海瑞以他一贯的风格,雷厉风行予以整顿,并且要求已经退休回到松江华亭的徐阶带头"退田"。徐阶有恩于他,他却丝毫不讲情面,非"退田过半"不可。言官戴凤翔站在"乡官"立场上,攻击他"沽名乱政","迂狂颠倒之甚,不可一日居地方"。海瑞据理驳斥:"今日乡官之肉,乃小民原有之肉,先夺今还,先夺其百,今偿其一。臣恐(戴)凤翔亦是此等乡官也。"把戴凤翔驳得理屈词穷。无奈海瑞势单力薄,遭到既得利益集团的打击报复,把他调往南京总督粮储,明升暗降。海瑞感叹"今日皇上有锐然望治之心,而群臣绝无毅然当事之意,苟且因循,排奖牵制",愤然辞官而去。这一去就是十多年,直到万历十三年正月,由于内阁首辅申时行的推荐,再度起用为南京都察院右佥都御史。[①]

---

① 　王弘诲《海忠介公传》,焦竑《国朝献征录》卷六十四。过庭训《本朝分省人物考》卷一百十二《海瑞》。

这年五月十二日，已经年过七旬的海瑞抵达南京，甫一上任，就上书当道："主上励精，天下悬望，愿与公等同辅太平之盛，今天下之称赋差烦苦，官吏残贪，此习弊未易为，未知能如愿否耳？"①据说，他上任的那天，围观的百姓堵塞道路，互相传问：海都堂今天已经来了吗？

万历十四年(1586)正月，他调任南京吏部侍郎，向皇帝条陈《一日治安天下疏》。指出当今朝政的主要问题在于"失之有刑而刑轻"，所以贪风不止。他非常赞赏太祖高皇帝的惩贪措施：贪赃八十贯处绞刑，剥皮囊草。他赞美弘治年间的太平盛世，士多廉介之节，民无渔夺之扰。对如今江流日下，民室悬罄，官则富有，扬扬闾里。对此，他非常不满："贪其害之大者，与贪相因而见，同乡、同科、门生、故吏之各于其党，借权门为泰山靠，则先意以心，其志多私，不下贪吏之害犯，此抚按官为甚。吏部未有报之酌抚按进退者，抚按得以容贪，贪可得而禁乎？京师四方之极，而京官借口公费，无一衙门无有，辇毂之下而义利之辨不明至此，贪又可得而禁乎？"因此，他希望朝廷下大力整治，"先两京后抚按，先二司官后府州县，为小民有一日少安之序"。②

看来朝廷对他的这一见解颇为欣赏，任命他为南京都察院右都御史，意图显而易见，希望他来整肃官场风气。海瑞本着他一贯的作风，洁人先洁己，要整肃百官，必须先整肃御史，对自己管辖的御史约束既严又峻，由此带动官场风气的大变。史家这样评述他的政绩：南京都察院的御史很少到衙门办公，海瑞惩治一人，警戒众人。有一个御史大摆筵席，他在公堂召集御史说：尔等听说高皇帝有杖责御史的法律吗？不顾诸御史的请求，毅然杖责了举办戏宴的御史。又对五城兵马司等衙门违法乱纪，公款消费的陋习，予以厘革。"每下一令，不数语洞中情弊。而都人途传巷诵，自大僚至丞郎，无不凛凛奉法。其市物必以价，

① 陈建、沈国元《皇明从信录》卷三十五，万历十三年十月。
② 海瑞《一日治安天下疏》，《万历疏钞》卷一《圣治类》。

无敢剧饮为大宴乐,雨花(台)、牛首(山)、燕(子)矶诸处,官舫游展顿绝。往时城社豪猾皆屏息莫敢出"。① 大摆筵席、公款游览的风气顿时消失。

南直隶提学御史房寰,人品卑劣,凌虐士人,收受贿赂,恣睢狼藉,当地人称他为"倭房公",写了模拟《阿房宫赋》的杂文来泄恨。房寰知道海瑞惩贪不遗余力,害怕自己遭到惩处,恶人先告状,极力诋毁海瑞"大奸极诈,欺世盗名,诬圣自贤,损君辱国"。② 房寰的卑劣行径,激起舆论强烈的反响。

万历十四年七月,吏部办事进士诸寿贤、彭遵古、顾允成联名上疏,痛斥房寰:"虽然辞可文也,难掩其实;人可欺也,难枉其天;瑞之口可掩,而天下之口不可尽掩也。当其时,朝野闻之无不切齿抱愤……不意人间有不识廉耻二字如(房)寰者"。房寰诋毁海瑞"同流合污俨然媚世之乡愿""色厉内荏惟畏人知之穿窬""患得患失吮痈舔痔之鄙夫",诸、彭、顾三名新科进士奋力反击:"臣等自十余岁时即闻海瑞之名,以为当朝伟人,万代瞻仰,真有望如天上人不能及者。及稍知学,得海瑞直言天下第一事疏,其大有功于宗庙社稷,垂之千万年不磨,盖从万死一生中树节于我朝廷者。"至于房寰,早已臭不可闻:"及稍得志,遂贪污狼藉,私橐巨万,资甲乡闾,浙人每谈及者,无不掩鼻,视若臭秽。今其田宅资产之侈,与月旦乡评之丑,皆万目所共视也……臣等何仇于(房)寰,何私于(海)瑞? 但天下之公论郁而不宣,一海瑞不足惜,正人有如海瑞者相继而指为邪,则君子之道日消矣! 一房寰尚不足畏,邪人有如房寰者相继而妨贤能,则小人之道日长矣!"③与海瑞相比,房寰实乃贪鄙的小丑而已。

---

① 陈建、沈国元《皇明从信录》卷三十五,万历十三年十月。
② 陈建、沈国元《皇明从信录》卷三十五,万历十三年十月。
③ 诸寿贤、彭遵古、顾允成《邪险宪臣扫灭公论乞彰乾断以快公愤疏》,《万历疏钞》卷十九《纠邪类》。

但是，令人不解的是，皇帝在慰留海瑞、切责房寰的同时，因"出位言事"处分了三名进士。圣旨写道："海瑞以直节召用，近因被论辞办，已屡旨慰留。房寰论劾不当，已切责了。朝廷是非原是明白。彭遵古等尚未授官，如何便出位言事！本内援引太学生击鼓上言，是何事体？好生轻肆，姑各革去冠带，退回原籍。进士既在各衙门办事，着该堂上官教训约束，再有浮薄喜事、妄言渎奏的，参来处治。"①

这种各打五十大板的做法，有失公允，激起官员们的反弹。南京太仆寺卿沈思孝对圣旨所说"出位言事"云云，颇有微词。他说："二三年间，今日以建言防人之口，明日以出位加人之罪，且移文各衙门讥察禁阻。而进士观政者，复令堂官约束教训。夫约束奔竞等风可也，而反约束其谠言直谏；教训忠言等语可也，而反教训其钳口缄唇。此风一倡，其弊何极！谏官避祸希宠不言矣，而庶官又不当言，大臣持禄养交不言矣，而小臣又不许言。甚非社稷之利也。盖盛世必广求言之门，而本朝原无出位之禁。臣尝历稽掌故，正统间历事举人陈纲上中兴要务，成化间初选庶吉士邹智上祛邪直谏。而观政进士之建言者，如成化七年卢玑以史事奏，成化二十三年敖毓元以星变奏，及嘉靖初年张璁以议礼具疏，并未闻以出位加罪。今彭遵古等之言，而又罪之，未审国家禁例果合乎否也？"②

这篇奏疏措辞凌厉，据理直陈，为三名进士伸张正义。皇帝根本听不进去，固执己见："国家事体，关系安危利害，及职分当言的，何尝禁人不言？若朝廷处分公当，是非原自明白。乃浮躁新进之徒，却又纷纷渎扰，有乖政体，故特加惩处，以正士风。沈思孝以改官怨望，借事逞词，岂是忠直，姑且不究。"③

---

① 钱一本《万历邸钞》，万历十四年丙戌卷，七月。
② 钱一本《万历邸钞》，万历十四年丙戌卷，七月。
③ 钱一本《万历邸钞》，万历十四年丙戌卷，七月。

万历十五年(1587),海瑞病逝于任上。好友入视其住所,寒酸之极,有寒士所不堪者,纷纷叹息泣下。翻箱倒柜,仅有十几两银子积余,士大夫捐钱为他置办殓具。出丧那天,士民痛哭,罢市数日。丧出江上,穿白衣戴白帽为之送行者,盈两岸无隙地,箪食壶浆之祭,数百里不绝。苏人朱良作诗吊之:

> 批鳞直夺比干志,苦节还同孤竹清。
>
> 龙隐海天云万里,鹤归华表月三更。
>
> 萧条棺外无余物,冷落灵前有菜羹。
>
> 说与旁人浑不信,山人亲见泪如倾。[①]

一年之后,南京户科给事中徐常吉弹劾房寰贪赃枉法,"溪壑之欲未厌,径窦之路潜通。其子房应斗遍游吴中,其亲翁严范大通关节,贿滥滔天,名教扫地。以致士子有《阿房宫赋》之拟,庶民有'此房出卖'之标,其同年沈思孝劾之曰'靦颜师儒之任,大开贿赂之门',此岂妄语哉!"皇上怒其"出位言事",意为"言之非职",并非"言之非是"。[②] 南京御史陈邦科、直隶巡按御史荆州土,奏请录用诸寿贤、彭遵古、顾允成,吏部批复同意,皇帝下旨:"你部里既这等说,彭遵古等姑准授教职用。"[③]房寰终因劣迹昭彰而罢官、削籍。

4. "朕亲览章奏,何事不由独断"

后张居正时代,没有了"威权震主"的内阁首辅,皇帝朱翊钧最常说的话就是"朕亲览章奏,何事不由独断"。

万历十一年九月,吏部推升宣大总督郑洛为协理京营戎政,四川巡抚孙光裕为南京大理寺卿。郑洛(字禹秀,保定安肃人)万历二年在山

---

① 陈建、沈国元《皇明从信录》卷三十五,万历十三年十月。
② 徐常吉《纠劾贪肆臬臣以明公道疏》,《万历疏钞》卷十九《纠邪类》。
③ 钱一本《万历邸钞》,万历十六年戊子卷,八月。

西巡抚任上,万历七年(1579)在宣大总督任上,对于督责俺答贡市,确保边境安宁,运筹有方,应予提升。至于孙光裕,则因为担任巡抚多年,按照资历应予升迁。

皇帝看了奏疏,不以为然,找来内阁首辅申时行,谈了他对这次人事调动的看法:"(郑)洛在边镇,节省钱粮,是好官,边上该用他。如推他京营,放在闲散。孙光裕在任未久,如何有推升?"

申时行解释:"(郑)洛在边九年,劳绩已久。(孙)光裕先任应天巡抚三年,今任四川(巡抚)又一年,资俸应及。"

皇帝说:"既卿等所奏,朕已点用,今后但凡各处要紧事情重大的,不必以资格历俸为则,必须推其堪任用的。"①他明确表示,这次既已决定,下不为例。今后提升官员,不必拘泥资历,应该看他的能力是否堪任。以后他把郑洛调为陕西甘肃山西经略,发挥他的安边才能,体现了人尽其才的精神。

万历十三年五月十九日,皇帝视朝后,在平台召见内阁辅臣,商议朝政,重点仍在用人问题上。皇帝把一份奏疏递给申时行,说:这是陕西巡按御史董子行的奏疏。申时行一边披览奏疏一边说:臣昨日看过董御史奏疏,知道它的概略,其一说抚镇官应当亲自巡历地方,其二说巡抚应当久责成,其三说……申时行正在查找原文时,皇帝立马插话补正:其三是说方面官。

申时行接着说:"是。沿边兵备宜加优异。其四言沿边同知、通判等官宜慎选用,破格迁除。言亦多切。"

皇帝说:"不然。边事重大,抚镇不亲历地方,专委小官,岂不误事!"

申时行说:"诚如圣鉴,边事全赖抚镇,若每年巡历地方,下人不敢

---

① 《明神宗实录》卷一百四十一,万历十一年九月乙巳。

欺,自能尽心料理。巡抚迁转,昨蒙皇上以方弘静任浅,不准推升,臣等深服圣断。久任法行,不惟人才得以展布,而百姓亦得相安。"

皇帝说:"然。即有年久者,宁加俸加衔,不可轻易更动。此疏先生将去看来,自今有政事再与先生商之。"①

据《明实录》的编者说,这次平台召见辅臣,是孝宗以后的第一次。② 其实,万历七年皇帝曾经在平台召见张居正,不过当时只是寒暄,并未议论朝政。在平台与辅臣议论朝政,确乎是第一次。朱翊钧把停止了近百年的"辅臣召对之典"予以恢复,足见他独断朝政的强烈欲望。

万历十五年三月十三日,朱翊钧患病初愈,多日未视朝,便把内阁辅臣召到皇极门暖阁议事。一见面,他就说:"朕偶有微疾,不得出朝,先生每挂心。"不等申时行等叩头致谢完毕,就从袖中拿出两份奏疏,交给申时行。

申时行一看,原来是前两天吏部员外郎顾宪成(字叔时,号泾阳,常州无锡人)、刑部主事王德新(字应明,江西安福人)的奏疏。

顾宪成的奏疏,就言官高维嵩等四人参劾工部尚书何起鸣,而遭到谴谪之事,希望皇上无论对于大臣小臣、近臣远臣,一视同仁。万历十五年是丁亥年,适逢京察(京官考察),官场俗称丁亥大计。身为吏部稽勋司的官员,顾宪成主张调和对立两派官员的纷争,强调"各务自反"。他写道:"原任工部尚书何起鸣,君子欤? 小人欤? 其纠都御史辛自修也,果有据欤? 而御史高维嵩之纠(何)起鸣也,公欤? 私欤? 此皆不待辨而知者也。皇上为(何)起鸣罢御史何欤? 以为用人出自朝廷。今者起鸣纠自修,则罢自修;纠维嵩,则降维嵩等,何谓出自朝廷欤……何怪乎人言之喷喷也。故为当事者今日计,莫若务自反而已。元辅申时行虚衷雅度,天下共推;次辅许国、王锡爵一心一德,和衷弼理,偕臻斯道,

① 朱国祯《皇明大事记》卷三十九《神宗》。
② 《明神宗实录》卷一百六十一,万历十三年五月己丑。

正自不难,要在卓然以皋夔稷契相勖,不但如近时所称名相而已,庶几可以答天下耳。若乃以智角智,以力角力,释仁义道德之用,而竟巧拙于毫毛,假饶得济,终属杂霸杂夷,非今日所宜用也。"①顾宪成虽然支持高维崧,但表述得比较委婉,希望调和矛盾。而刑部主事王德新的奏疏,直截了当,明确表示,高维崧不宜降职,何起鸣结纳左右,以簧鼓请,甘斧钺不避,事非出于皇上宸断。②

皇帝圣体初安,肝火很旺,要阁臣草拟谕旨,从重处分顾、王二人,申时行以为不应当重处,只拟罚俸。皇帝因为王德新说"事非出于皇上宸断",十分恼火:"如今用人,哪一个不是朕主张,而主事肆言,却说不是朕独断,好生狂妄!"

申时行见皇上动火,赶忙附和说:"皇上天纵聪明,乾纲独运,即今朝廷政事,各衙门章奏,无一件不经御览,无一事不出圣裁。司属小臣不知妄言,原无损于皇上威德。"

皇帝怒气依然未消:"臣下事君上,也有个道理。他每把朕全不在意,朕非幼冲之时,如何说左右簧鼓? 先生每拟的太轻,还改票来!"

申时行劝慰道:"二臣狂妄,罪实难逭。但臣等仰见皇上明并日月,量同天地,区区小臣不足以亵雷霆之威。即外论疑及臣等,宁使臣等受诬谤,不必轻动圣怒。"

皇帝说:"先生每是朕股肱,与别的不同,须要为朕任怨。若只要外边好看,难为君上。"

申时行说:"臣等受皇上厚恩,虽犬马无知,也当图报,敢不任怨!"

皇帝说:"他每说话,必有主使之人,着追究出来。"

申时行赶忙解释:"建言的也有几样,有忠实的人,出自己见,不知

① 顾宪成《睹事激衷恭陈第一切务恳乞圣明特赐省纳以端政本以回人心事疏》,《泾皋藏稿》卷一。
② 《明神宗实录》卷一百八十四,万历十五年三月壬寅。文秉《定陵注略》卷二《大臣党比》。

忌讳者。有愚昧的人，不谙事体，道听途说者，未必出于主使……"

皇帝打断他的话，反驳道："还是沽名卖直的多。若不重处，不肯休歇。前有旨各衙门戒谕司属，通不遵依，也问他。"

申时行还想申辩，皇帝突然打住话头，吩咐道："先生每便将去改票来！"申时行等只得叩头告退。[1]

申时行回到内阁，立即遵旨改票，并呈上奏疏稍加说明：顾宪成、王德新二人虽同为司属官，都是越位上疏，但词旨各异。王德新所谓"事非宸断"，纯属揣摩；顾宪成虽逞浮词，意思尚属和缓，处分似乎应当有所区别。皇帝仍不满意，自己动笔写了谕旨。关于顾宪成："这本党护高维嵩等，肆言沽名，好生轻躁。顾宪成着降三级调外任。前有特谕，各部司属欲陈所见的，都呈禀堂官定议具奏。顾宪成曾否禀呈堂上官，也着回将话来。"关于王德新："朕亲览章奏，何事不由独断？近日独用何起鸣，言官每挟私攻击，姑降罚示惩，如何说是左右簧鼓？王德新这厮，妄言揣疑，肆口非议，视朕为如何主？好生狂恣，这必有造言主使之人，着锦衣卫拿送镇抚司追究明白来说。"镇抚司追究后，查不出"主使之人"。皇帝再次降旨："王德新这厮既知国家事体，悉由独断，何又捏词疑谤，好生欺肆反复。既无主使之人，姑不再究，着革了职为民当差。"[2]

后人评述此事，曾提及顾宪成进京补官的当口，专程去拜谒同乡王锡爵。王锡爵关切地问："公家居久，知都下近来有一异事乎？"顾宪成当然不知，便请教道："愿闻之。"王锡爵妙趣横生："庙堂所是，外人必以为非；庙堂所非，外人必以为是。不亦异乎？"顾宪成的应对更加妙不可言："又有一异事，外人所是，庙堂必以为非；外人所非，庙堂必以为是。"

---

[1] 申时行《召对录》。
[2] 钱一本《万历邸钞》，万历十五年丁亥卷，三月。《明神宗实录》卷一百八十四，万历十五年三月壬寅。

王锡爵听了大笑而起。① 王、顾二人都有敏锐的眼光,洞察时政的奥妙,由于所处立场不同,结论迥异。不过二人在谈笑谐谑之间,把皇上的偏执,大臣的党比,刻画得惟妙惟肖。孰料,还不到一年,顾宪成竟因此连降三级,由京官谪调外任。

朱翊钧的权力欲极强,张居正代帝摄政,使权力欲受到了抑制。物极必反,亲政以后受到长期压抑的权力欲肆无忌惮地发泄出来,他处理朝政的口头禅是:"朕亲览章奏,何事不由独断。"为了满足自己的权力欲,不惜派遣锦衣卫校尉作为自己的耳目,去侦听司法部门的审讯情况。锦衣卫掌管侍卫、缉捕、刑狱之事,是直接听命于皇帝的特务机构。开国皇帝朱元璋创设这一机构,屡兴大狱。在这点上,朱翊钧酷似他的老祖宗。

万历十五年(1587)十一月,太常寺参劾大兴县知县王偕擅责舞乐生事,交由法司审讯。这种芝麻绿豆小事,皇帝照例不必过问,朱翊钧却不然,秘密派遣锦衣卫校尉二人前去侦听,要他们把供词记录下来向他报告。刑部尚书李世达(字子成,号渐庵,陕西泾阳人)委婉地拒绝锦衣卫校尉旁听,借口人犯未齐,尚未开审,希望明日来听记。到了第二天,刑部巡风主事孙承荣又推托说,祖宗旧制一向没有校尉在旁观察法司审理的先例,如果奉有皇上密旨,也应该在密室潜听。这两个锦衣卫校尉碰壁后,回宫向皇上报告,不免添油加醋渲染一番。皇帝听了大怒,一面派文书官传谕内阁,意欲将此案移交锦衣卫镇抚司审问;一面又传旨刑部,大兴问罪之师:"先年严(清)尚书在部,亦曾着人听记,如今为何不容? 从公问理,没有私弊,如何怕人听记?"吓得刑部尚书李世达慌忙请罪。② 几天后,皇帝怒气稍解,仅对刑部有关官员给与罚俸二

---

① 文秉《定陵注略》卷二《大臣党比》。
② 《明神宗实录》卷一百九十二,万历十五年十一月乙未。钱一本《万历邸钞》,万历十五年丁亥卷,十一月。

月的处分,审讯仍由刑部进行。

刑科都给事中唐尧钦(字寅可,号韦轩,福建长泰人)等人非要争个明白,写了奏疏,对锦衣卫校尉进入法司听记,大发议论:校尉专管缉访,可施于民间,不可加于部院,而且听记法司审讯原非祖宗旧制。严清为刑部尚书时,镇抚司校尉押犯人到部,开庭时站立一旁,并非听记。何况法司审理案件,须经许多官员之手,岂容纵枉!大可不必取信于校尉之口。这些话显然是在反驳皇上给刑部的谕旨,说得有理有据,皇帝无法发作,只得退一步为自己辩解:"奉旨究问人犯,皇祖时曾有听记,非自今日始,该役带有信牌,如何说全无凭据?"坚持要锦衣卫校尉进入法司听记。御史郭万里、文德,给事中和震、郭显忠、梅国楼、侯先春等人,力言其不可,希望皇上"重体统,慎使令,停伺察,以杜诈伪"。[①]皇帝就是不听,我行我素。

在这种情况下,申时行这个内阁首辅委实难当,既要调和皇帝的独断与言官的谏诤,又要应付皇上别出心裁的举动,让他这个饱学之士颇感捉襟见肘。不妨略举二例:一是关于唐太宗与魏徵的评论,二是关于边防军务的看法。

先说第一件事例。万历十六年(1588)二月初一日,经筵完毕,阁臣们起身告辞,刚走到文华门附近,被赶上来的内侍叫住。少顷,司礼监太监张诚拿了《贞观政要》前来,对阁臣说:"上问先生,魏徵何如人?"其实历史早有定论,魏徵是唐太宗时的谏议大夫,以善于进谏而著称于史,其言论大多记载于《贞观政要》。唐太宗李世民与魏徵的关系,堪称历史上君臣关系的楷模。

对于张诚传达的问题,申时行答道:"魏徵事唐太宗,能犯颜谏诤,补过拾遗,亦贤臣也。"张诚随即把皇上对魏徵的看法转告申时行:"魏

---

① 《明神宗实录》卷一百九十二,万历十五年十一月乙未。钱一本《万历邸钞》,万历十五年丁亥卷,十一月。

徵先事李密,后事(李)建成,又事太宗,忘君事仇之人,固非贤者。"诚然,魏徵早年追随李密,降唐后,在太子李建成手下担任"太子洗马"的官职,玄武门之变后,李世民杀死李建成,登上皇位,魏徵又追随唐太宗李世民。朱翊钧把他斥责为"忘君事仇之人",否定他是一位贤能之人,未免有点偏激。申时行回答得很巧妙:"以大义责(魏)徵,诚如明谕。第其事太宗却能尽忠。即如伊尹就桀,后佐汤,成代夏大功,即称元圣。管仲事纠,后佐桓公,一匡天下,孔子遂称其仁。即如我太祖开创之时,刘基、陶安、詹同辈,皆元旧臣,顾其人可用否耳。魏徵强谏如《十思》《十渐》,至今称为说论,不可因人废言也。"

张诚听了,立即返回文华殿转告皇上。皇帝仍不改初衷,再命张诚传达他对于唐太宗的评价:"唐太宗胁父弑兄,家法不正,岂为令主?"申时行说:"太宗于伦理果有亏欠,闺门亦多惭德,第纳谏一事为帝王盛美,故后世贤之。若如我太祖家法,贻之圣子神孙,真足度越千古,皇上当遵守。其前代帝王唯尧舜禹汤文武为可师,唐太宗何足言哉!"张诚再次返回文华殿转述,又到文华门对申时行传达皇上的意见,今后在经筵中不再讲读《贞观政要》,而改讲《礼记》。申时行不敢顶撞,附和道:"《记》中多格言正论,开讲极为有益。第宋儒云:读经则师其意,读史则师其迹。在孝宗朝,尝命阁臣纂辑《通鉴》,以备经筵,若将《通鉴》与《礼经》(《周礼》)开讲,则知今古成败得失,足为省戒之功。"张诚转告后,皇上又叫他传谕申时行,坚持对魏徵的看法,认为"魏徵忘君事仇,大节已亏,纵有善言,亦是虚饰,何足采择!"决定在经筵中停止讲读《贞观政要》。据说,在旁的讲官听了这场讨论,对于皇上留意经史,评论古今人物的独特见解,莫不叹服。[①]

这一场由太监充当"二传手"来回传达的讨论,反映了申时行与朱

① 《明神宗实录》卷一百九十五,万历十六年二月乙丑。崇祯《吴县志》卷四十《申时行传》。沈德符《万历野获编》卷二《贞观政要》。

翊钧君臣之间,对唐太宗、魏徵的不同评价。毫无疑问,朱翊钧是从帝王的立场来看待一切的,评判标准偏重于忠君的伦理道德,以为伦理道德有亏,其他就不足称道。未免以偏概全,攻其一点不及其余。对于历史人物,道德评价与历史评价应该兼顾,而以历史评价为主。其实,朱翊钧之所以讨厌魏徵,焦点就在于此人能犯颜直谏,他根本不想仿效唐太宗从善如流,也不希望看到大臣像魏徵那样不断谏诤。面对这样的皇帝,内阁首辅实在难当,最稳当的策略莫过于一切顺从上意。

再说第二件事例。万历十八年(1590)七月二十六日,皇帝视朝完毕后,在皇极门暖阁召见阁臣申时行、许国、王家屏,讨论边防军务。

皇帝拿出陕西巡抚赵可怀奏报边防军情的公文,递给申时行,说道:"朕阅陕西督抚梅友松等所奏,说虏王引兵过河,侵犯内地,这事情是如何?"

申时行回答:"今日洮州失事,杀将损军,臣等正切忧虑。"指的是"西虏"虎落赤等四千骑兵进犯旧洮州古尔占堡,流掠洮州、岷州,副总兵李联芳追击包家山,中伏而死,全军溃败。

回答说:"番人也是朕之赤子,番人地方都是祖宗开拓的封疆。督抚官奉有敕书,受朝廷委托,平日所干何事? 既不预先整理防范,到虏酋过河侵犯,才来奏报,可见边备废弛。皇祖时,各边失事,督抚都拿来重处,朝廷自有法度。"

申时行说:"皇上责备督抚以不能修举边务,仰见圣明英断,边臣亦当心服。如今正要责成他,着他选将练兵,及时整理。"

皇帝说:"近时督抚等官,平日把将官轻贱凌虐,牵制掣肘,不得展布,有事却才用他。且如今各边但有些功劳,督抚官有升有赏,都认做自己的功。及至失实,便推与将官及些小武官,虚文搪塞。"

申时行说:"各边文武将吏,各有职掌,功罪须要核实。如总督、巡抚只是督率调度,若临战阵,定用武官。武官自总兵以下,有副总兵,有参将、游击、守备,各分信地。如有失实,自当论罪。"

皇帝说:"古时文臣如杜预,身不跨鞍,射不穿札;诸葛亮纶巾羽扇,都能精兵立功,何必定是武臣!"

申时行附和道:"此两人都是名臣,古来绝少人才,自是难得。臣等遵奉圣谕,即当传谕兵部,转谕督抚诸臣,尽心经理,以纾皇上宵旰之心。"

皇帝转换话题:"将官也要拣选好的,必谋勇兼全,曾经战阵的才好。"

申时行赞同道:"将才难得,如今都是选择用的。但是款贡以来,边将经战阵的少了。"

皇帝说:"重赏之下,必有勇夫。要好的也有,只是不善用他。虽有关张之勇,也不济事。"

申时行说:"近日科道官建言,要举将才。臣等曾对兵部说,及早题复,着九卿科道官会同推举。"

皇帝说:"前日有御史荐两个将官。"

申时行应声答道:"荐的将官,一个是王化熙,曾提督巡捕,臣等亲见他,也是个中常之才,只宜腹里总兵。一个是尹秉衡,先年是个好将官,如今老了。"

皇帝不以为然:"这不论他年老,赵充国也是老将,只要有谋略。"

申时行表示赞同:"将在谋,不在勇。圣见高明,非臣等愚昧所及。"

皇帝叮嘱道:"朕在九重之内,边上事不能悉知,卿等为朕股肱,宜常为朕用心分理。如今边备废弛,不止陕西,或差有风力的科道或九卿前去,如军伍有该补足的,钱粮有该措处的,着一一整顿。《商书》云:事事有备无患。趁如今收拾还好,往后大坏,愈难收拾了。"

申时行对皇上留意边防,明习政事,深表钦佩。①

---

① 以上君臣对话均见申时行《召对录》;亦见钱一本《万历邸钞》,万历十八年庚寅卷,七月;以及文秉《定陵注略》卷一《圣明天纵》。

申时行毕竟是一介文人，对边防军务所知甚少，所以皇帝要他"用心分理"。谈迁记述此事，有这样的评论："上念西陲，故召谕辅臣，而辅臣故旅进退，于边事愦愦也。王化熙、尹秉衡俱未当推毂，余无其人乎？果夙夜在公，宜立举其人以对，而茫无所应。徒为梅友松等缓颊，养交市德……危而不持，颠而不扶，则焉用彼相为哉？噫，假江陵而在，当不汶汶如是矣。"①对申时行的批评深刻而不偏激，尖锐而不苛求。无论才干与魄力，申时行确实无法和张居正相比拟，无怪乎谈迁要感叹："假江陵而在，当不汶汶如是。"然而此时皇帝需要的恰恰是不如张居正的申时行，因为他处处顺从上意，颇受皇帝器重，稳稳当当地做他的"太平宰辅"。御史万国钦弹劾申时行"无事不欺君，而于边事尤欺之甚；无事不误国，而于边事尤误之甚"。皇帝毫不犹豫地为他撑腰："元辅忠诚清慎，朕所鉴知，近时召议边事，参酌机宜，甚称朕意。万国钦如何任私诬蔑，好生狂躁，本当重处，念系言官，姑着降一级调外任用。"②申时行因此被人讥为"软熟"之相，也就是所谓"太平宰辅"。

---

① 谈迁《国榷》卷七十五，万历十八年七月乙丑。
② 文秉《定陵注略》卷二《建言诸臣》。

第五章
盛世的武功：万历三大征

万历一朝最值得注意的大事,除了张居正与万历新政之外,莫过于万历三大征,即平定宁夏哱拜叛乱、东征御倭援朝、平定播州杨应龙叛乱,在西北、东北、西南几乎同时展开三大战役。一方面显示了明朝国力强盛,颇有重振天朝雄风之慨;另一方面反映了当时君臣关注边事,力图改变祖辈无所事事的倾向。尽管万历朝受人非议之处不少,但万历三大征却是最受人赞许的政绩。《万历三大征考》《万历武功录》《经略复国要编》《平播全书》的出现,绝不是偶然的。

一　平定宁夏哱拜叛乱

1. "事有言之甚易,行之甚难者"

　　申时行在卸任之后,议论哱拜叛乱事件,比较客观地分析了它的起因,与西北封疆大吏的政策失误有很大关系:"洮河失事后,议者动称贡市失策,宜绝款决战。适遣官阅边,皆以刻核相尚,而宁夏党中丞尤苛,敛啬失人心,镇兵刘东阳、许朝遂怒杀中丞,据城以叛。"①这里所说的"贡市",是指当年高拱与张居正一手策划的俺答封贡事件,由朝廷册封俺答汗为顺义王,开边互市,换来北方边境与蒙古的和平共处。所说的

---

① 申时行《赐闲堂集》卷四十《杂记》。

"以刻核相尚"的官员,是指以兵部尚书兼右副都御史总督陕西、延绥、宁夏、甘肃军务的魏学曾,以及宁夏巡抚叶梦熊;所说的"尤苛"者,即宁夏巡抚党馨。魏学曾与叶梦熊都对俺答封贡不以为然,主张革去封号,武力围剿。内阁次辅王锡爵写信指责他们草率鲁莽:"事有言之甚易,行之甚难者,即如公议,革顺义王封,则宣大又为战场,公能遥策其必胜乎? 能策其必胜,而异日过河之衅谁人任之?"①此事说来话长。

明朝建立后,游牧于蒙古地区的鞑靼、瓦剌各部,与中原王朝分庭抗礼。有明一代,北方边防始终是当务之急,东起鸭绿江,西抵嘉峪关,绵亘万里,分兵把守,有所谓九边重镇:辽东、蓟州、宣府、大同、延绥、宁夏、甘肃、固原及山西偏关。蒙古鞑靼部的俺答汗统一各部后,于隆庆五年(1571)接受明朝皇帝的册封,称为顺义王,达成朝贡关系,可以在沿边各地开展和平的贸易活动。所谓隆庆和议与俺答封贡,是一种松散的羁縻关系。进入万历时代,沿边一度发生军事冲突,由于张居正的运筹帷幄,紧张关系才趋于平静。万历九年(1581)十二月,俺答死,皇帝厚加抚恤,赐祭七坛,彩币十二双,布百匹。俺答妾三娘子率俺答长子黄台吉上谢表,进贡马匹。万历十一年(1583)闰二月,皇帝封黄台吉为顺义王。万历十四年(1586)二月,黄台吉死,其子扯力克嗣位。万历十五年(1587)七月,皇帝封扯力克为顺义王,三娘子为忠顺夫人。②

封疆大吏郑洛的恩威并施政策,收到了很好的效果。郑洛,字禹秀,号范溪,保定安肃人,嘉靖三十五年(1556)进士。早年作为山西参政,辅佐王崇古推动俺答封贡。万历七年(1579),他以兵部左侍郎的头衔总督宣府、大同、山西军务,鉴于俺答部众在边界骚动,派遣使节责问俺答,罚赎驼马牛羊。三娘子发挥了很大的作用。万斯同说:"俺答妾三娘子者,聪明有权略,能佐俺答主贡市,约束诸部。前总督吴兑抚之

---

① 万斯同《明史》卷三百三十三《叶梦熊传》。王锡爵《叶龙潭总督》,《王文肃公文集》卷二十二。
② 谷应泰《明史纪事本末》卷六十《俺答封贡》。

甚厚,三娘子益归心中国。"①俺答死后,黄台吉(一作辛爱)袭封,更名乞庆哈黄台吉,欲娶三娘子为妻,三娘子不从,率领部众西走。郑洛说,三娘子别属,我封此黄台吉何用?派人游说三娘子:"夫人能归王,不失恩宠,否则塞上一酋妇耳。"②三娘子听命回归,乞庆哈黄台吉贡市惟谨。俺答封贡以来的和平局面,得以继续维持,郑洛因此晋升为兵部尚书兼右副都御史。

万历十四年(1586),顺义王乞庆哈黄台吉死,其子扯力克(一作撦力克)应当袭位,三娘子益年长,自己练兵万人,筑城别居。郑洛唯恐贡市无主,告诫扯力克:"夫人三世归顺,汝能与之匹则王,不然封别有属也。"扯力克遣散诸妾,十月间进入三娘子帐中合婚。次年七月,朝廷封扯力克为顺义王,三娘子为忠顺夫人。郑洛三次册封顺义王告成,恐怕边将狃于小利,横挑大衅,向皇上上疏阐述他的安边方略——抚赏与兵威两手并用,先文谕而后攻战。他写道:

> 顺义再封,边境无虞,各部进马请市者绎络而至。非抚赏无以羁縻,非兵威无以詟服。臣在事九年,恩威节目有慨于中,兹敢抒其一得。

> 夫议贡之初,宣镇利款市之速成,抚赏无节,市马无数。大同、山西虽有定数,而部人恣意要索,叩首乞哀。当事者不得已,而丝丝与之,积尺成丈。臣任事以来,三镇幸无溢费,今宜仍如旧额,宣府市马二万匹上下,不得逾三万;大同一万四千,山西六千。诸部如约则市,否则闭关绝之,使彼不敢恣其所求,亦不至遂开衅隙,费省而款可久,数世之利也。部人以盗窃为生,制驭在我。③

---

①　万斯同《明史》卷三百十三《郑洛传》。
②　谷应泰《明史纪事本末》卷六十《俺答封贡》。万斯同《明史》卷三百十三《郑洛传》。
③　万斯同《明史》卷三百十三《郑洛传》。

因此，他的方针是：勿徇虚喝，勿轻私饵；兵不可玩，威不可亵；小过弗责，小隙必杜；先文谕而后攻战，则威常伸而体常尊。①

朝廷对他的安边方略颇为赞许，由太子少保加至太子太保，由兵部侍郎晋升为兵部尚书，万历十八年（1590）七月，又命他以兵部尚书兼右都御史，经略陕西、延绥、宁夏、甘肃、宣府、大同、山西边务，并且要他兼领总督之职。郑洛只接受七镇经略之职，推辞总督之职。阁臣王锡爵推荐魏学曾以兵部尚书兼右副都御史，总督陕西、延绥、宁夏、甘肃军务。这种人事安排显然欠妥，经略与总督职责交叉重叠，何况两人的安边方略截然不同，势必互相掣肘。

魏学曾一向反对俺答封贡，在一份奏疏中明确阐述他的观点，一则说："初臣以吏部侍郎与论款贡，臣谓款贡非国家久安长策。若欲许之，须事事立有规制，约令遵守。一年如约，一年抚之；二年三年如约，二三年抚之。倘逾请横索，即断绝。而内侵乃二百余年，边事常调，不为大患，但恐边臣以为成事之利不可复坏，迁就依违，养成宋人之祸，事之利害全在于此，不可不防。"再则说："国家许虏款贡，今二十年，闻岁赏多至百倍，宜彼以德我戴我，而反称兵内讧，恣其蹂躏，何也？岂人情无厌，渐生骄心贪心，遂蓄异志。其逆而有顺者，亦将如弭宋故智耳，非真顺也。"他还对经略与总督互相掣肘，有所不满，主张经略兼任总督："今尚书郑洛出而经略，联络七镇，贯为一事矣。但经略而不兼总督，臣窃疑之，经略得征七镇将士矣，至则总督用之乎？倘总督欲宣、大等镇出兵牵制，必咨请经略行之，他省镇见在陕西总督也，将悉心行之乎？抑犹有彼此之心乎？一柄两持，动见牵绊，岂如以总督即付经略兼之，征调驱使，牵东击西，伸缩自由，易于奏绩。"②

王锡爵推荐魏学曾时，吏部尚书宋纁（字伯敬，号栗庵，河南商丘

①　万斯同《明史》卷三百十三《郑洛传》。
②　魏学曾《陈御虏以竭愚虑疏》，《万历疏钞》卷三十八《边防类》。

人)对王锡爵说:"当今边才无逾于郑范溪(郑洛),魏公前辈望重,必不肯为之下,不如俟范溪成功,然后用之。"都察院左都御史李世达也主张暂缓魏学曾的行期,王锡爵不听。魏学曾到任后,果然与郑洛不合,与宁夏巡抚叶梦熊诋毁郑洛"玩寇"。王锡爵此时才后悔莫及。[1] 魏学曾在奏疏中多次提及"如弭宋故智""养成宋人之柄",是以北宋对西夏的妥协退让,影射俺答封贡之失策。到后来,索性诋毁郑洛为秦桧、贾似道。请看万斯同的记述:"督抚魏学曾、叶梦熊等侦谋不明,借听流言,或云搏力克将俟秋高大举,或云火真欲还两川。两人盛气请战,梦熊有腾书都下。(郑)洛恐款事,奏言:'兵凶战危,臣度时势,未可轻动。如梦熊议,委生灵于锋镝,贻忧君父,非所敢闻。'梦熊不听,擅调苗兵三千为先锋,诋(郑)洛为秦桧、贾似道。"[2]当时廷臣多主战,非议郑洛的款贡。兵科都给事中张栋的言论就是一个代表,他攻击郑洛:"今日奉书顺义王,明日奉书顺义王,今日致意三娘子,明日致意三娘子,全凭口舌一藉通丁。若以为群虏刻期可归,奏凯还朝指日可必,而于经略实事漫不关心……岂经略之责专在求虏媚虏,而无实事可为乎? 则又何怪乎疑者之蜂起,而言者之猬丛也。"[3]后来顺义王北归,遣使请罪,乞复贡市。有的官员竟然无中生有诬陷郑洛出重金贿赂顺义王北归。郑洛只得谢病辞官而去。不久兵部尚书石星为他昭雪:"(郑)洛所领经费锱铢不爽,无重利陷敌事。"[4]

2."外实修和,内欲兼战"

万历二十年(1592)出任监军御史的梅国桢(字克生,号衡湘,湖广麻城人),把西北边事划分为三个阶段。从洪武至嘉靖为第一阶

① 万斯同《明史》卷三百三十三《魏学曾传》。
② 万斯同《明史》卷三百十三《郑洛传》。
③ 张栋《玩寇使过疏》,《万历疏钞》卷三十八《边防类》。
④ 万斯同《明史》卷三百十三《郑洛传》。

段,特点是"虏无岁不犯,我无岁不备,各军虽有战守之劳,无刻削之苦";从隆庆至万历十八年为第二阶段,特点是"和议既成,不修战守,各军虽有刻削之苦,无操练之劳";从万历十八年至二十年为第三阶段,特点是"外实修和,而内欲兼战。修和则不免仍刻削为媚虏之资,兼战则徒有操练而无望首功"。① 在修和与兼战之间举棋不定,结果两头落空。

万斯同认为,魏学曾的鲁莽从事,促成哱拜之乱。他写道:"套酋土昧明安入市毕,请赏。(魏)学曾气方盛,令总兵官杜桐、神木参将张刚、孤山游击李绍祖,出其不意击之,临阵斩明安,俘首四百八十级,夺战马、杂畜、器械称是。(魏)学曾以功加太子少保。而明安子摆言太声言复仇,诸部皆动,明年遂助哱拜反。"②哱拜的叛乱在这样的形势下爆发,当然有更为深刻的背景。

哱拜,蒙古鞑靼部人,因内讧而投降明朝守将。朱国祯写道:"哱拜虏,黄毛种也。嘉靖中,虏势甚盛,(哱)拜得罪其酋长,父兄皆见杀,(哱)拜伏水草中得免。投降平虏城守备郑印,隶麾下,骁勇多武艺,尝击虏大青山,斩其酋九人。(哱)拜与土谷赤、阿木高、郑旸、虎卜亥五人,称五虎将。再捣虏花马池有功,历都指挥使。万历五年(1577),以游击统标下二营,家丁千余,请得专敕钤束。总督石茂华、巡抚罗凤翔以闻,报可。于是(哱)拜始擅一军,十年授参将。"哱拜妻生子名承恩,妾生子名承宠,又有义子哱塞、哱云、哱洪,皆勇悍难制。③ 万历十七年(1589),哱拜因年迈以副总兵致仕,有儿子哱承恩袭为指挥使,充巡抚门下旗牌官,积资巨万。④

① 梅国桢《西征集》卷一《第一疏》。参看冈野昌子《万历二十年宁夏兵变》,载小野和子《明末清初的社会与文化》,京都大学人文科学研究所,1996 年,第 597 页。
② 万斯同《明史》卷三百三十三《魏学曾传》。
③ 朱国祯《皇明大事记》卷四十二《宁夏之变》。茅瑞徵《万历三大征考·哱氏》所记略同。
④ 万斯同《明史》卷三百三十三《魏学曾传》。嘉庆《宁夏府志》卷二十二《杂记·纪事》。

万历十九年(1591),经略郑洛征兵宁夏,巡抚党馨议遣游击土文秀率千骑西援,哱拜惊讶道:"文秀虽经战阵,恐不能独将。"前往经略辕门,向郑洛表示,愿以所部三千兵马与儿子哱承恩一起从征,郑洛对他的豪壮之举深表赞许。但是党馨厌恶他的自荐,事事刁难,不给增调马匹。哱拜怏怏而去,至金城,见各镇兵马弱不经战,更加跋扈无忌。兵还宁夏后,党馨每每裁抑,一是企图治哱拜"冒粮"之罪;二是借口哱承恩"强娶民女为妾",鞭笞二十;三是不给哱云、土文秀晋升职衔;四是久久不发冬衣、棉布、棉花和月粮。党馨还扬言:"此有挟而求,渐不可长,彼不畏族乎?"哱拜的部众怨望不已,正兵营"家丁"刘东旸拔掉巡抚衙门前的鹿角,发泄心中的怒气,哱拜纵容道:尔等任意为之。于是"群哄不可制"。此外,党馨"驭将卒严刻,铢两之奸,绳以军法,众亦不附"。[①] 这些因素错综在一起,促成了兵变。

如果深入探讨,兵变的爆发是矛盾长期积累的结果。据林延清研究,从正德四年至崇祯十七年(1509—1644)的一百三十余年中,规模较大的兵变多达六十余次,平均每两年爆发一次。[②] 据冈野昌子研究,兵变与士兵待遇及欠饷问题密切相关。明代边防军中普遍存在"家丁",一是军队所属的可以免除杂役、有期限的"在营家丁";二是属于将领私人的"随任家丁",而以后者居多。它的来源有三:一是从卫所军士中来,二是招募而来,三是从非汉族中选择勇武出色,具有通译能力者。这些"家丁"所支给的粮饷是一般士兵的两倍至十倍。万历初年出现了一个将领拥有二三千名家丁的现象。要养如此庞大的额外队伍,巨额的军饷超过了个人的负担能力,逐渐由私人支出转变为公家支出,这种具有公私两重性的"家丁"不断增多,导致军费大增,国库不堪重负。问

① 瞿九思《万历武功录》卷一《宁夏·哱拜哱承恩列传》。亦见茅瑞徵《万历三大征考·哱氏》及 谷应泰《明史纪事本末》卷六十三《平哱拜》。
② 林延清《论明代兵变的经济原因和历史作用》,《明史研究论丛》第四辑,第 368—372 页。

题不止于此。当时"家丁"的身份在一般军士之下,待遇却在军士之上,于是出现了复杂的矛盾:一般军士与"家丁"之间,"在营家丁"与"随任家丁"之间,汉人"家丁"与非汉人"家丁"之间,有力将领的"家丁"与废闲将领的"家丁"之间,发生形形色色的倾轧与冲突。然而他们面临同样的境遇——"家丁"和一般军士同样领不到粮饷。因此从万历十年(1582)开始,西北边境兵变频繁爆发,例如:万历十年宁夏灵州土军杨文遇、马景之乱;万历十一年陕西灵武关军士李现之乱,万历十六年延绥神木军士之乱,甘肃营兵之乱。由此可见,万历二十年宁夏兵变绝非偶然现象。①

3. "吾等欲报宿怨"

万历二十年(1592)二月十八日,哱拜指使与他歃血为盟的刘东旸纠众发难,共推刘东旸为会长。

关于此次兵变,朱国祯写道:"刘东旸者,靖虏卫人,正兵营家丁也,素枭桀夸诞,有逆志,每以(党)馨朘削欲为乱。至是,遂劝(哱)承恩纠党八十人,入关王庙,共视杯中酒沤大者当之,独(刘)东旸沤大,久不减,遂共推之。期廿八日伺镇巡官宴演武台时发难。反形大露,巷市汹汹。坐营江廷辅急上变,请给银安众心,(党)馨曰:'此有挟而求,渐不可长,虏不畏族乎?'而总兵张维忠素鲜威望,为众积轻。二月十五日,丁卒催前银,并见领月粮,犹不肯给。(哱)承恩于是复纠党至关王庙申盟,乱遂决。"②瞿九思写道:"苍头军请冬衣布花、草价及月粮,方欲出给,而(哱)承恩遂召苍头军刘东旸、许朝、何应时、陈雷、白鸾等议曰:'吾等欲报宿怨,则盍不假此起?有如异时绳我等以军法,我等谓党军门裁削我廪食也。'于是立刘川白为大会长,刘东旸、张文学为二会长,

---

① 冈野昌子《万历二十年宁夏兵变》,载小野和子编《明末清初的社会与文化》。
② 朱国祯《皇明大事记》卷四十二《宁夏之变》。

期二月十八日,并驰总戎张维忠所,鼓梁出骂詈语,若乌能为我主乎。"①

总兵张维忠在军中毫无威望,刘东旸等纠集叛军进入帅府,张维忠惊恐万状,束手无策。叛军继而涌进巡抚衙署,河西副使石继芳翻墙逃跑,千总黄培忠报告张维忠,要他鸣号集合军队擒拿叛贼,张维忠不听,只身前往排解纠纷。当张维忠乘坐轿子赶来时,被叛军拥入书院,一言不发,只是叮咛哱拜劝阻。身穿红袍的哱拜,在马首对部下说,我已不是前日的"阿拜",随即号令部下披上盔甲,大喊:"所不如令者斩!"身披盔甲的军士冲入军门,纵火焚烧公署,抓住躲藏于水洞的党馨,立即处死;又抓住石继芳,杀死于奎星楼下。张维忠吓得双腿颤栗,面无人色,叛军命他向朝廷报告:"党馨侵粮激变。"②

二月二十日,三边总督魏学曾行部花马池,获悉叛乱消息,派遣标下张云、邰宠前去劝降,毫无成效。哱拜的义子哱云和土文秀所部也与叛军合流。二月二十五日,刘东旸向总兵张维忠索取敕印,张维忠交出后畏罪自杀,刘东旸自称总兵,一切听从哱拜指挥,授予哱承恩、许朝为副总兵,土文秀、哱云为左右参将。面对官府的招降,刘东旸宣称:"必欲我降,依我所自署授官,世守宁夏。不者,驰而南下,谁能御我?"③二月二十七日,从河西至玉泉的四十七个城堡相继陷落,陕西为之震动。总督魏学曾一面派兵沿河堵截,不使叛军南渡;一面率部阻击河套骑兵,使之无法连成一体,迫使哱拜龟缩于宁夏镇城内。哱承恩登上南城,向下喊话:"吾父子万死为国捍边,蒙恩至上将。抚臣(党馨)朘削激变,自取灭亡。吾父子勒部曲待命,当事不察,反以为罪。今首恶具在,乃不罪倡乱,罪戡乱者。吾宁保此完城,结塞北自全耳。"④官军因粮饷

---

① 瞿九思《万历武功录》卷一《宁夏·哱拜哱承恩列传》。
② 钱一本《万历邸钞》,万历二十年壬辰卷,二月。
③ 茅瑞徵《万历三大征考·哱氏》。亦见谷应泰《明史纪事本末》卷六十三《平哱拜》。
④ 谷应泰《明史纪事本末》卷六十三《平哱拜》。

不继,进攻受阻,徒唤奈何。

此次宁夏兵变,河西望风披靡,河东全陕震动,引起朝廷重视。前不久奉旨前往宁夏视察的尚宝司少卿周弘禴失职,皇帝斥责他"奉使辱命,徇私酿乱,欺君罔上,遗害地方",给他一个降职处分。[1] 大臣们纷纷向皇帝献计献策,尽快平定叛乱。

浙江道监察御史梅国桢(字克生,湖广麻城人),向皇帝推荐原任辽东总兵李成梁的儿子李如松等,前去平定叛乱。他在奏疏中说:"除各边见任及已经调遣,不宜更议外,若退闲可任,则无如原任辽东总兵李成梁者,屡经战阵,纪律严明。其子李如松、李如柏、李如桢,皆负大将之材,李如梅、李如樟又为少年之杰。其家丁自各有官守之外,尚多同心敢战之人。世受重恩,必不自颓于末路;屡经论列,更思昭雪其前功。年力未衰,威名久著,各边将领谁不畏服? 上下相信,父子同心,不惟勇略足以成功,亦且先声可以夺气。若虑其权多分属,地非素历,宜于文臣中晓畅军情,实心任事者,公举一人监其军事,谋勇相资,调遣随便……若辽东未代,旷日持久,或令伊子原任总兵李如松先往料理,勒限起程。即未必刻期擒剿,必足以制其死命。"[2]皇帝批准他的建议,任命李如松为总兵,梅国桢为监军,抽调宣大山西精兵五千人前往宁夏平叛。

兵部尚书石星向皇上条陈,宁夏乱卒猖獗,一时难以荡平,可以掘黄河大坝,用河水淹没宁夏镇城。他说:"黄河大坝之水,比宁夏塔顶高数丈,若决坝灌城,贼可立厄。但城中生灵甚众,相应亟行魏学曾遣敢死士,持钦定赏格,明示祸福,劝城中人自为计。如数日内不擒斩逆酋来献者,即将坝水决开,一城之人尽为鱼鳖。"[3]这一方案得到皇帝认可,

---

① 钱一本《万历邸钞》,万历二十年壬辰卷,四月。
② 梅国桢《叛丁悖乱异常时事万分可虑恳切宸断决机宜任宿将清弊政以消祸萌以安人心疏》,《万历疏钞》卷四十四《哱播类》。
③ 钱一本《万历邸钞》,万历二十年壬辰卷,四月。

以后果然采用决河灌城的方法,始作俑者便是兵部尚书石星。而监军梅国桢极力促成水攻,他策划的"制贼三策",就是"绝勾虏""携胁从""用水攻",使得局面大定。①

甘肃巡抚叶梦熊向皇上请命,愿意率兵征讨宁夏叛军。兵部议复,叶梦熊慷慨请行,毅然以讨贼为己任,且甘肃离宁夏不远,请求皇帝即命叶梦熊星夜前去,协同魏学曾扑灭逆贼。皇帝立即照准,下旨:"叶梦熊慷慨以杀贼自任,忠义可嘉。着以原官提兵星夜前赴该镇,协同魏学曾、朱正色,一心并力,刻期灭贼。"②

为了尽快讨平宁夏,皇帝赏赐魏学曾大红苎丝麒麟服一袭,银四十两;并且颁布赏格:擒哱拜、哱承恩者,封伯爵世袭,赏银万两;擒哱云、土文秀、刘东旸、许朝者,赏银五千两,升都督指挥同知,世袭指挥使。③ 然而,重赏并非万能。总督魏学曾向皇上大叹苦经:宁夏叛逆未平,套部骑兵又从旁侵扰,势难两头兼顾,请求皇上增发宣府、大同兵马助战。兵部尚书石星对魏学曾顾此失彼的处境有所谅解,要宣大总督挑选精锐兵丁,速发总兵李如松统领,兼程前进。皇帝批准这一请求,下旨:"魏学曾刻期灭贼,功在垂成,宣大兵可亟催前去助战御虏,毋得迟延。"④

此时战局仍无转机,陕西巡按向朝廷报告,形势十分危急:"自前月攻城,业已垂入,因各官兵心不齐,遂被贼伤,以贼气益骄,守城益固。又悉镇城金帛啗虏助逆,我兵进取往往为其败衄。昨用云梯攻城,被贼截住,迄今十日尚未回还。粮饷一百余车,尽数抢去。督臣魏学曾自花马池抵灵州,被贼围困,若非许参将救之,亦几不免。"他还向朝廷报告

---

① 钱谦益《通议大夫兵部右侍郎兼都察院右佥都御史赠副都御史梅公神道碑铭》,《牧斋初学集》卷六十四《神道碑铭三》。
② 钱一本《万历邸钞》,万历二十年壬辰卷,四月。
③ 钱一本《万历邸钞》,万历二十年壬辰卷,四月。茅瑞徵《万历三大征考·哱氏》。
④ 钱一本《万历邸钞》,万历二十年壬辰卷,五月。

哱承恩、刘东旸僭称伪号的事："逆贼哱承恩,先因邪术诳惑,今敢僭为伪号。刘东旸为一字混天王,又擅写通行榜文,以惑众鼓乱,声言已入庆阳,据省会。"①

到了六月,宁夏战事仍无进展,皇帝对魏学曾督师无方流露出明显的不满情绪,指责道："魏学曾讨贼数月未平,且容胡虏助逆,漫无经略,多是诸将怠玩,中间又有希功忌能观望的。念系用兵之际,都且不究。"他还吩咐兵部尚书石星,赐予魏学曾尚方宝剑一把,申明军令,将帅有不用命的,便于军前斩首示众。②领受了重赏,接受了尚方宝剑,魏学曾依然束手无策,居然向朝廷提议,以招安代替征战。皇帝大怒,以为是奇耻大辱,恨恨地训斥道："叛贼抵拒王师,屡生变诈。魏学曾每凭懦将,堕其奸计,好生负委任。这招安事不得轻信,还着他与叶梦熊、朱正色同心定议,督率诸将,饷兵秣马,刻期剿贼。堂堂天朝,因此幺麽小丑,连兵累月,未克荡平,岂不辱国!秋高马肥,事在须臾,若复延迟怠误,罪有所归。"③

在此期间,叶梦熊抵达灵州,调来神炮器二百车;李如松、梅国桢率领辽阳、宣府、大同劲旅赶到宁夏城南,切断哱拜与蒙古军队的联络。但是魏学曾仍然无所作为。

七月初,监军御史梅国桢向朝廷报告,魏学曾督战不力："攻城军士反叫贼从城上烧梯,似此人心,皆诸将素无恩结,不能鼓舞所致。鞑虏数万已从沙湃大入,断我粮道,将及韦州、庆阳等处,杀戮人民,强夺头畜,烧毁房屋,抢去粮料不知其数,各将皆不以报。"他还揭发魏学曾领兵无方,居然军中无旌旗、无金鼓、无号令、无行伍："自古旌旗以教目,今军中无旌旗矣;金鼓以教耳,今军中无金鼓矣;号令以教心,今军中无

---

① 钱一本《万历邸钞》,万历二十年壬辰卷,五月。
② 钱一本《万历邸钞》,万历二十年壬辰卷,六月。
③ 钱一本《万历邸钞》,万历二十年壬辰卷,六月。

号令矣；编之行伍始知行伍，今军中无行伍矣。军之命在食，今绝粮矣；军之力在马，今病饿死者过半矣。长技在弓矢，臣到时已缺箭，昨取之督臣，发到万枝，以四万人计之，是四人而共一箭也。"梅国桢感叹道："臣诚不忍见逆贼得志，虏骑横行，国家之兵制法纪荡然至此极也！"①

皇帝对于魏学曾如此玩忽职守大为震惊，当即下旨逮捕魏学曾至京审讯，任命余懋学以兵部右侍郎总督陕西三边军务，并赐监军御史梅国桢尚方剑。② 皇帝圣旨措辞极为严厉："主帅军令不严，何以督率军士？梅国桢既具奏前来，可马上传与叶梦熊知，着他申明前旨，总副官及三品以上，有违抗妒功的，便指名参来重治；其三品以下的，以军法从事。内陈守义、张诗勘实，着就在彼处斩，以肃军威。其决水灌城之谋，毋得异同误事。军士久困，着重赏他。其纵贼酿乱，损军辱威，耽延日久，以致叛贼勾虏入犯，残害黎民，弛我饷道，缓师遗害，大辱国体。魏学曾着锦衣卫差的当官校，扭解来京问。还着监军梅国桢记录功罪，不时参奏。"③

兵部尚书石星对于皇帝临阵更换督臣颇有顾虑，以为可能导致将心不一，希望皇帝收回成命。皇帝毫不犹豫地把这一主张驳回，批复道："宁夏讨贼无功，皆因主帅军令不肃。余懋学既受新命，军中事宜受他节制，听他便宜行事，诸将不用命的，就以军法处斩。"④朝廷更换总督，是此次平叛战争的关键一招。魏学曾兵临宁夏城下，举棋不定，贻误战机。于慎行评论道："攻城之法，有当急，有当缓……在我为声罪之师，在彼有不赦之辟，急之则变从内生，不战而溃；缓之则彼得为谋，其势日成。故不可不急也。朔方哱氏之变，使总督之臣提兵急趋，掩其未

---

① 钱一本《万历邸钞》，万历二十年壬辰卷，八月。
② 徐象梅《两浙名贤录》指出，这一人事变动是内阁辅臣赵志皋提出的。徐氏写道："魏总督学曾合诸镇兵讨之，久无功，上怒，亟逮学曾，下之狱。(赵志)皋荐叶巡抚梦熊代，又请赐监军御史梅国桢尚方剑，诛不用命者。"
③ 钱一本《万历邸钞》，万历二十年壬辰卷，八月。
④ 钱一本《万历邸钞》，万历二十年壬辰卷，八月。

备,数夕之间可以授首。而游却无定,逗挠不前,师老财殚,贼势日盛。"①此话言之有理。其实,魏学曾的招抚主张,与兵部尚书石星的态度有很大的关系。石星是魏学曾招抚主张的积极支持者,他曾写信给魏学曾,谈了对于平定宁夏的意见:"不佞老矣,仅一襁中儿,诚不欲以滥杀种祸,彼能束手,则死囚数人足代了事也。"②对于盘踞宁夏的哱氏而言,不啻是一种不切实际的妄想。事到如今,已非血战一场不可了。

4.“绝勾虏,携胁从,用水攻”

叶梦熊接到朝廷授权,节制诸军,可以便宜行事,一反魏学曾之所为。为了尽快结束战事,决定立即决黄河水灌淹宁夏城。位于黄河西北岸的宁夏城,低于黄河水面,城西北地势更低,且与金波、三塔诸湖相近,东南又有观音湖、新渠、红花渠,形如釜底。为了决河灌城,官军先在宁夏城四周筑堤,使河水不外溢,直冲宁夏城内。七月十七日至十八日,长约一千七百丈的长堤筑成,叶梦熊下令掘开黄河大坝,水灌宁夏城。汹涌的黄河水流向宁夏城下,把整个宁夏城浸泡在滔滔洪水之中。从七月二十日开始,洪水逐渐流入宁夏城内。八月初一日,宁夏城外水深达八九尺。城内一片惊慌,据生擒的俘虏说:"城中乏谷,士尽食马,马余五百骑。民食树皮、败靴,死相属。"③哱拜、哱承恩、刘东旸派遣士兵乘坐小艇,挖掘围堤,以求泄水。虽然城中食物缺乏,叛军"宁至死弗乱",饥民却希望招安。④

八月十二日,监军御史梅国桢向城内叛军发去檄文,大意为:许朝等如欲请招安,必须先以饥民若干人具报县官,并为饥民准备钱谷。檄

---

① 谈迁《国榷》卷七十六,万历二十年八月辛卯。
② 谈迁《国榷》卷七十六,万历二十年八月辛卯。
③ 茅瑞徵《万历三大征考·哱氏》。朱国祯《皇明大事记》卷四十二《宁夏之变》。
④ 瞿九思《万历武功录》卷一《宁夏·哱拜哱承恩列传》。

文到达三日后,打开城门迎接大军进入。三天过后,毫无响应。梅国桢怒发冲冠说,我特佯装许诺,试探尔等是否诚实,尔等岂以为我中尔奸计![1]

梅国桢的檄文被叛军断然拒绝,饥民蜂拥至衙署请求招安,遭到弹压。显然叛军在等待河套的蒙古军队救援,企图内外夹击,置围城官军于死地。果然,八月二十一日河套部着力兔率骑兵前来解宁夏之围。总兵李如松与麻贵、李如樟左右夹击,着力兔溃败,奔至贺兰山,退至塞外。李如松挫败着力兔,是平定宁夏叛乱的关键一仗,使困守宁夏的哱氏集团陷于孤立无援的境地。谈迁说:"哱氏勾虏(河套部),则我再受敌,疲于奔命,势难断也。李如松身击虏,驱之塞外,则哱氏孤,直阱中耳,授首有日。"[2]叶梦熊、朱正色、梅国桢向朝廷报告捷闻,皇帝批示:"宁夏退敌,斩获数多,各官协力奋勇,宜先加赏赉,以示激励。"[3]

九月初,浙兵及西南地区的苗兵、庄浪兵,作为增援部队先后抵达,对宁夏城发动总攻的时机成熟了。九月三日,总督叶梦熊在军中发布悬赏令:有能先登城者赏银万两。九月五日,宁夏城北关由于长期浸水,城墙崩塌。三天后,南关城墙也崩塌。叶梦熊一面调动舟筏佯攻北关,诱使哱承恩、许朝奔赴北关应战;一面指挥李如松、萧如薰在南关埋伏精锐兵力,伺机攻城。

城内叛军见河套部蒙古军远遁,陷入绝望,派人传话,愿见梅监军,面陈归顺。钱谦益写道:哱拜、哱承恩、刘东旸等人隔着城壕望拜而去。许朝逾濠来见梅国桢,逡巡纳刃屈脚下拜,梅监军披襟而与之交谈。城上下炮石焰天,鼓角殷地,梅国桢神观安闲,进止自如。九月八日半夜二更,有三人缒城来告:"贼以重阳入大城置酒,南城可得也。"诸将莫敢

① 瞿九思《万历武功录》卷一《宁夏·哱拜哱承恩列传》。
② 谈迁《国榷》卷七十六,万历二十年九月壬申。
③ 瞿九思《万历武功录》卷一《宁夏·哱拜哱承恩列传》。

信,梅国桢拍板攻南城。七十岁的总兵牛秉忠率先登城,梅国桢在梯前大喊:"老将军先登矣!"士兵争先恐后登城。情景十分惨烈:"降人杀守者,血流活活有声,公(梅国桢)踞坐血酱中,籍记功次,传呼止杀。男女燃灯夹拜,欢呼再生。"①

哱承恩见南城陷落,率军退入大城,派人向叶梦熊请求宽贷,暗中筑垒断堑,加紧防守。宁夏城的南城、大城都是重险,破了南城,再破大城并非易事。硬攻不行,只有智取。

南关有个名叫李登的卖油郎,挑着担子在街上边走边唱:"痈之不决,而狃于痈。危巢不覆,而令枭止。"②梅国桢料知此人并非等闲之辈,把他招来,交给他三封信,到大城去见哱承恩,巧施离间计。

李登跛一足瞎一眼,一路上不引人注目。他见了哱承恩,转交了一封信,传话给他:哱氏有安边功劳,梅监军深为可惜,请杀刘东旸、许朝以自赎。随后李登又来到刘东旸、许朝处,向二人转交了信件,传话道:首恶是哱氏,将军本汉臣,何必横身代人受祸,望能审时度势,转祸为福。这样的离间计并不高明,但在叛军行将分崩离析之际,发生了效力。

九月九日,官军的包围圈愈来愈紧,刘东旸唉声叹气:何以一败而是!佯装疯癫,杀死土文秀,振振有词地说:好头颅,毋令他人砍之。九月十六日,哱承恩、毕邪气前往南关,杀死许朝和他的儿子许万锺。毕邪气又到北关,杀死刘东旸。哱承恩把刘东旸、许朝的首级悬挂在城头上,示意投降。于是李如松、杨文率军登城,萧如薰、麻贵、刘承嗣随后跟进。宁夏大城平静地落入官军之手。③

哱承恩拥有一支劲旅——苍头军,不可掉以轻心。叶梦熊在灵州

① 钱谦益《通议大夫兵部右侍郎兼都察院右佥都御史赠副都御史梅公神道碑铭》,《牧斋初学集》卷六十四《神道碑铭三》。
② 谷应泰《明史纪事本末》卷六十三《平哱拜》。
③ 茅瑞徵《万历三大征考·哱氏》。

闻讯后下令：如不立即灭哱氏者，当服尚方剑！

九月十七日，哱承恩骑马去南门谒见梅国桢，被参将杨文擒服。李如松紧急提兵包围哱拜家。哱拜畏罪自缢，阖家自焚。李如樟部下何世恩从火中斩得哱拜首级，活捉哱拜次子哱承宠、养子哱洪大等。

九月十八日，总督叶梦熊、巡抚朱正色、监军梅国桢等官员进入宁夏大城，宁夏哱拜叛乱至此宣告平定。①

九月二十日，兵部接到叶梦熊派快马送来的红黄二旗捷报，立即奏报皇上。皇帝大喜，对内阁辅臣说："览卿等及本部所奏捷音，皆赖上天默佑，祖宗荫庇，文武同心，将士戮力，乃成厥功，朕甚嘉悦。"随即降旨："逆贼负固，久逃大诛，兹闻平定捷音，朕心慰悦。待督抚官奏报至日，告庙宣捷，大行升赏，以答忠劳。"②

十一月，叶梦熊等班师回朝，押解哱承恩、哱承宠等抵达京师，皇帝亲临朝门接受群臣祝贺，随即下诏，将哱承恩凌迟，哱承宠、哱洪大、土文德等斩首，刘东旸妻赵氏和儿子年哇、洗哇，许朝妻何氏和长孙汉哇、孙女仰哇，哱云之子继勋、继业，土文秀之子希卫，以及哱承恩家室，没入县官为奴婢。③皇恩浩荡之下，叶梦熊晋升为都察院右都御史，荫一子为锦衣卫千户；朱正色晋升为都察院右副都御史，梅国桢晋升为太仆寺少卿，各荫一子为锦衣卫百户；李如松晋升为左都督，荫一子为锦衣卫指挥同知；萧如薰晋升为都督同知，荫一子为锦衣卫指挥佥事；麻贵、刘承嗣、李如樟、牛秉忠等也各有晋升。魏学曾从狱中释放，致仕回籍；石星加太子太保，荫一子为锦衣卫千户。

① 瞿九思《万历武功录》卷一《宁夏·哱拜哱承恩列传》。钱一本《万历邸钞》，万历二十年壬辰卷，九月。
② 瞿九思《万历武功录》卷一《宁夏·哱拜哱承恩列传》。
③ 朱国祯《皇明大事记》卷四十二，宁夏之变。兵科都给事中许弘纲的"西夏叙功敬陈末议以重爵赏疏"，对论功行赏颇有异议，他认为，对于将领应分别"遏贼之功""退虏之功""间贼之功""灭贼之功"行赏；对于总督、巡抚、监军三者，"全军皆属驾驭，成则一体论功，正不必以某事某策分彼此、较低昂"（《万历疏钞》卷四十四《哱播》）。

宁夏叛乱的平定,宣扬了明朝在西北边境的国威,沿边的蒙古各部慑于威势,此后相当长一个时期不敢轻易入塞骚扰。

二　东征御倭援朝

十六世纪的东北亚是一个是非之地,中国、日本、朝鲜之间的关系错综复杂。万历二十年至二十六年(1592—1598),日本统治者丰臣秀吉发动了侵略朝鲜的战争,先后持续七年之久。

由于立场不同,各方对这场战争的称呼截然不同。

日本方面大多称为"文禄庆长之役"[①],例如池内宏写的《文禄庆长之役》(1914),中村孝荣写的《文禄庆长之役》(1935),石原道博写的《文禄庆长之役》(1963),当然也有日本学者直呼为"朝鲜侵略"的,例如冈野昌子写的《秀吉的朝鲜侵略和中国》(1977)。

朝鲜方面则称为"壬辰丁酉之倭乱"[②]。

明朝皇帝应朝鲜国王请求,出兵援助,对这场战争的称呼自然不同。例如:茅瑞徵《万历三大征考》称为"东征";谷应泰《明史纪事本末》写这场战争的始末,题目是"援朝鲜";张廷玉奉敕纂修的《明史》则称之为"御倭""救朝鲜"。本书的标题"东征御倭援朝",沿用上述称呼。

1. "假道入明"的"大东亚构想"

丰臣秀吉是尾张国爱知郡中村人,在织田信长部下转战各地,称羽柴氏。1583 年,出身寒微的秀吉被天皇任命为"关白"(辅佐大臣),赐姓

---

① "文禄""庆长"为日本的年号。
② "壬辰"即万历二十年,"丁酉"即万历二十五年。

丰臣。经过多年战争,丰臣秀吉统一全国,逐渐形成野心勃勃的"大东亚构想",第一步就是吞并朝鲜。

据日本学者研究,丰臣秀吉出兵朝鲜之目的,是利用朝鲜的跳板,"假道入明",侵占中国,实现其"大东亚构想"。铃木良一援引"前田家所藏文书",披露了丰臣秀吉在天正二十年(1592)的一封信,其中提及构建以北京为首都的"大东亚帝国"的梦想,现在已经众所周知。[①] 三田村泰助认为,丰臣秀吉征服明朝的构想,客观背景是东亚局势的变化导致明朝国际地位低下,主观背景则是丰臣秀吉统一全国后出现的战争体制。[②] 丰臣秀吉出任"关白"后,在书简中署名时,常用假名(日文字母)书写"てんか",这个词不仅意味着"殿下",还具有"天下"的意思,野心勃勃地想统治世界。[③] 中田易直认为,丰臣秀吉在推进国内统一政策的过程中,已经显示出强硬的威胁外交倾向。天正二十年(1592)的"唐人"(按:意为侵入中国)图谋,是其吞并全世界计划的一部分。天正十九年(1591)敦促吕宋岛朝贡的文书,反映了这种外交性格。其中说:"自壮岁领国家,不历十年,而不遗弹丸黑子之地,域中悉统一也。遥之三韩、琉球,远邦异域款塞来享。今也欲征大明,盖非吾所为,天所授也。"[④]

这个意欲雄霸天下的丰臣秀吉,中国史籍称为平秀吉。谷应泰这样介绍他:"平秀吉者,萨摩州人仆也。始以鱼贩卧树下,有山城州倭渠名信长,居关白职位,出猎遇(平秀)吉,欲杀之,(平秀)吉善辩,信长收令养马,名曰木下人。信长赐予田地,于是为信长画策,遂夺二十余州。

① 铃木良一《秀吉的"朝鲜征伐"》,载《历史学研究》第 155 号。
② 《信长和秀吉》,载《日本史之谜和发现》(9),每日新闻社,1979 年,第 65—67 页。
③ 三田村泰助《明帝国和倭寇》,载《东洋历史》(8),人物往来社,1967 年,第 323—324 页。
④ 中田易直《近世对外关系史研究》,吉川弘文馆,1984 年,第 121—122 页。日本学者也有另外的观点,例如:西嶋定生《中国古代国家和东亚世界》第六章"东亚世界和日本史"之八"秀吉的朝鲜出兵及其国际环境",这样写道:丰臣秀吉出兵朝鲜之目的,以向大陆侵攻的协力体制作为维持已达成的国内统一的手段,出兵目的是与大明国恢复国交,尤其是复活勘合贸易(《中国古代国家和东亚世界》,东京大学出版会,1983 年,第 635—636 页)。

会信长为其参谋阿奇支刺杀,(平秀)吉乃统信长兵,诛阿奇支,遂居关白之位,因号关白,以诱劫降六十六州。"[1]

与谷应泰同时代的历史学家万斯同,对平秀吉的描述大同小异,不过更为详细:"秀吉,太清平盛家奴。一日贩鱼醉卧树下,遇旧关白信长出猎,欲杀之,秀吉口辩,留令养马,曰木下人。因助信长夺二十余州。会信长为参谋阿奇支刺死,秀吉统信长兵,诛阿奇支,遂居关白之位。诱六十六州,分为二关,东曰相板,西曰赤门,各船数千艘。后遂废倭王山城君,自号大阁王,改元文禄,以义子孙为关白。关白如汉大将军,大阁如国王,上又有天王(天皇),自开辟以来相传至今,不与国事,惟世享供奉而已。每年元旦,王率大臣一谒天王(天皇),他时并不相接。秀吉筑城四座,名聚快乐,院内盖楼阁九层,妆黄金,下隔睡房百余间,将民间美女拘留淫恋。尝东西游卧,令人不知。"[2]

就是这样一个为明朝士大夫所蔑视的人,一时间把东北亚搅得四邻不安。万历二十年(1592),丰臣秀吉派小西行长、加藤清正、黑田长政等将领,率领号称二十万大军出征朝鲜。日本军队的兵力配置,径直称为"征明军力编制",以朝鲜为跳板觊觎中国的图谋昭然若揭。具体兵力如下:

第一军,小西行长等,18 700 人;

第二军,加藤清正等,22 800 人;

第三军,黑田长政等,11 000 人;

第四军,岛津义弘等,14 000 人;

第五军,福岛正则等,25 000 人;

第六军,小早川隆景等,15 700 人;

第七军,毛利辉元,30 000 人;

---

① 谷应泰《明史纪事本末》卷六十二《援朝鲜》。
② 万斯同《明史》卷四百十三《外蕃传·日本》。

第八军,宇喜田秀家,10 000 人;

第九军,羽柴秀胜等,11 500 人。[1]

四月十三日,日军在朝鲜釜山登陆,然后分兵三路向北直指京城。中路小西行长,东路加藤清正,西路黑田长政,势如破竹向北进袭。据朝鲜柳成龙《惩毖录》记载,天下太平二百年之后,突遇战争,君臣束手无策,百姓逃亡山谷,守土者望风投降。朝鲜国王沉湎于享乐,疏于防务。日军从釜山登陆二十天后,就攻陷了王京(汉城),俘虏了两名王子及陪臣。国王从王京逃往开城。日军迫近开城,国王北渡大同江,逃往平壤。八道几乎全部沦陷,国王向明朝求援的使节络绎于道。[2]

据李光涛研究,丰臣秀吉事先已明示动兵日期,作为试探朝鲜态度之计,可噬则噬,可止则止。然而朝鲜方面犹欲苟冀无事,唯以迁就弥缝为国策,勿致生衅。这样的措置,直如睡熟了一般。因而丰臣秀吉愈加生心,知道朝鲜易与,说道:"是何异断睡人之头乎?"由这一句话,可见其时朝鲜不免有些处置失策了。[3]

丰臣秀吉获悉已经攻占朝鲜王京的消息,把征服明朝提上了议事日程,提出了二十五条所谓"大陆经略计划",其要点是:拟把天皇移行至北京,日本的天皇拟由后阳成天皇的皇子良仁亲王或皇弟智仁亲王出任,丰臣秀吉自己拟移驻日明贸易要港宁波。[4]

五月上旬,辽东巡抚郝杰(字彦甫,号少泉,山西蔚州人)向兵部报告:"据朝鲜国王咨称,本年四月十三日,有倭船四百余只,从大洋挂篷,直犯朝鲜,围金鱼山镇地方,本镇将领等督兵交战,贼势方炽,镇城外人家尽被烧毁。"[5]兵部把这一军情奏报皇帝,皇帝当即指示:"者倭报紧

① 《信长和秀吉》,载《日本史之谜和发现》,每日新闻社,1979 年,第 74 页。
② 茅瑞徵《万历三大征考·倭上》。谷应泰《明史纪事本末》卷六十二《援朝鲜》。
③ 李光涛《朝鲜"壬辰倭祸"酿衅史事》,载《历史语言研究所集刊》第四十本。
④ 《信长和秀吉》,载《日本史之谜和发现》,每日新闻社,1979 年,第 76—77 页。
⑤ 钱一本《万历邸钞》,万历二十年壬辰卷,五月。

急,你部里便马上差人,于辽东、山东沿海省直等处,着督抚镇道官,严加操练,整饬防御,毋致疏虞。"①

对于突如其来的形势剧变,有些官员疑惑不解,甚至怀疑其中有诈。朝鲜李朝《宣祖实录》的有关记载耐人寻味:

> ——壬辰五月戊子……时变起仓卒,讹言传播辽左,煽言朝鲜与日本连结,诡言被兵。国王与本国猛士避入北道,以他人为假王,托言被兵,实为日本向导。流闻于上国,朝廷疑信相半。兵部尚书石星密谕辽东遣崔世臣、林世禄等,以探审贼情为名,实欲驰至平壤,请与国王相会,审其真伪而归。

> ——六月癸巳,天朝差官崔世臣、林世禄等,以探审贼情道平壤,上以黑团接见于行宫。先问皇上万福,仍言彼邦不幸,为贼侵突,边臣失御,且因升平既久,民不知兵,旬日之间连陷内邑,势甚鸱张。寡人失守宗祧,奔避至此,重劳诸大人,惭惧益深。

> ——盖是时天朝闻我国尝有与倭通信之事,且因浙江人误闻贡骗(与日本)等语,不知其为倭买去而诈言其受贡也,方疑我国之折而为倭。及闻关白平秀吉大起兵侵攻朝鲜,以为我国之向导。②

这种疑虑并非空穴来风。据日本学者北岛万次说,1590 年(万历十八年,宣祖二十三年,天正十八年)十一月,丰臣秀吉在聚乐第接见朝鲜通信使一行。通信使祝贺丰臣秀吉统一全国,丰臣秀吉则想把他们当作服属使节,让他们带回的"答书",明确提出要朝鲜国王充当"征明向导"。丰臣秀吉通过各种途径篡夺日本国王的权位,阴谋席卷琉球、朝

---

① 钱一本《万历邸钞》,万历二十年壬辰卷,五月。
② 参看李光涛《朝鲜"壬辰倭乱"酿衅史事》,载《历史语言研究所集刊》第四十本。

鲜,吞并中国。同年十一月,明朝确认丰臣秀吉的"征明计划"的真实性,加固了沿岸的防备。①

在朝鲜战争爆发的初期,由于得到确切情报,不少官员已经洞察丰臣秀吉"假道入明"的图谋。

——山西道御史彭好古在奏疏中明确指出,日本出兵朝鲜,目的是"坐收中国以自封"。他说:"倭奴紧急,患在剥肤,正壮士抚膺之秋,臣子旰食之日。据报四百余船,即以最小者概之,已不下十万余众。以劲悍之贼,起倾国之兵,度其意料,必置朝鲜于度外,而实欲坐收中国以自封也。然不遽寇中国,而先寇朝鲜者,惧蹑其后也。且以十万之众,势如泰山,朝鲜国小,坐见臣服,然后横行中国,何所不适哉! 诚使以朝鲜为后援,以诸岛为巢穴,东风顺则可径达登莱,稍转南则可径达永平,再转而东则可径达天津,又再转而东南则可径达两淮。并力入犯,难与为敌。"因此,他提出了上中下三个对策:"今日御倭之计,迎敌于外,毋使入境,此为上策;拒之于沿海,毋使深入,是为中策;及至天津、淮扬之间,而后御之,是无策矣"。②

——兵科给事中刘道隆也指出,日本此举图谋"先并朝鲜,而后犯中国"。他说:"往者倭奴入寇,多在东南财赋之地,故乘风寇掠,满欲则归。今先并朝鲜,而后犯中国,且以大兵直捣西北之区,则其志不在小矣。倘朝鲜不支,必乘胜图内。而我之势分力寡,恐难为敌。兵法曰:以虞待不虞者胜。安可坐视以望其侥幸耶!"③

——礼科给事中张辅之说:"即今朝鲜不守,祸切震邻,倭船四百,众可十万,朝鲜财物不饱其欲,必不安于偏舟海岛之间。"④

① 北岛万次《壬辰倭乱期的朝鲜和明》,载荒野泰典等编《亚细亚之中的日本史(2)·外交和战争》,东京大学出版会,1992 年,第 128—129 页,131—132 页。
② 宋应昌《经略复国要编》卷首《部垣台谏条议疏略》。
③ 宋应昌《经略复国要编》卷首《部垣台谏条议疏略》。
④ 宋应昌《经略复国要编》卷首《部垣台谏条议疏略》。

——辽东巡按御史李时孳说:"倭寇猖獗,万分可虞。先是,许仪后传报,倭奴先收高丽,再议内犯。今已破朝鲜,盖凿凿左验也。"①

这是日本侵略朝鲜初期,明朝官方的反应,预判日本如此兴师动众,决不会以吞并朝鲜为满足,进犯中国才是它的根本目的。随着事态的进展,愈来愈多的官员认识到这一点。以"经略"名义东征的宋应昌在给部下的书信中说:"关白(秀吉)本以庸贩小夫,袭夺六十六岛,方虚骄恃气,非惟目无朝鲜,且不复知有中国。观其遣巨酋行长等辈,率领兵众,夺据平壤、王京,分兵旁掠八道,为窥犯中原之本。"②工科给事中王德完在一份奏疏中说:"倭奴兴兵朝鲜,原欲入犯中国。许仪初寄书内地云:'关白(秀吉)欲上取北京,称帝大唐';又云:'(关白)善诈和假降以破敌国'。即遐迩市井之人,且有先知矣。"③

小西行长于六月十五日攻占平壤,不再前进。市村瓒次郎《东洋史统》分析日军攻占平壤后不再北进的原因,首先是日本海军的失利,朝鲜海军在李舜臣指挥下,在巨济岛玉浦冲之战、闲山岛之战大败日军。据《惩毖录》记载,李舜臣发明的龟甲船,外层包裹铁甲,前后左右布满火炮,横冲直撞,行动自如,日本兵船一碰上龟甲船,立即粉身碎骨。其次是朝鲜各地义兵蜂起,庆尚道、忠清道、全罗道、京畿道等地的官吏、军人、学者纷纷组织义军,抗击日军,使日军深感兵力不足,捉襟见肘。

但是这些都不足以扭转战局,朝鲜形势岌岌可危。

2."朝暮望救于水火之中"

皇帝朱翊钧接到朝鲜国王派官员送来的报告,得知朝鲜国王处境危险,存没未保,向兵部发去谕旨:"朝鲜危急,请益援兵,你部里看议了

---

① 宋应昌《经略复国要编》卷首《部垣台谏条议疏略》。
② 宋应昌《经略复国要编》卷六《檄李提督并刘袁二赞画书(万历二十一年二月二十八日)》。
③ 钱一本《万历邸钞》,万历二十年壬辰卷,七月。

来说。王来,可择一善地居之。"①这是皇帝首次就朝鲜战争表态,要求兵部筹划出兵援助与接纳朝鲜国王避难等事宜。

根据皇帝的指示,兵部于七月十八日召集五府九卿科道官会议,商量对策。各位高官的发言,由兵部尚书石星根据记录整理后,呈报皇帝。这个会议纪要的调子可谓五花八门。

定国公徐文璧等元老说:"倭克朝鲜,出师备援允为良策,但缓急之间须酌时而行之。"意思是,出兵援朝应当选择恰当时机,不可冒失。

吏部尚书孙鑨、吏部侍郎陈有年、陈于陛说:"征倭大臣之遣,诚攻心伐谋上策。但我师地形未习,馈运难继,未可轻议深入。"作为主管人事的高官,这三人似乎不主张贸然出兵。

户部尚书杨俊民说:"江海辽阔,险夷难测,刍饷艰难,莫若焕发纶诏,宣谕朝鲜臣民,号召义兵光复旧国。该国素无火器,闻山东宋巡抚制造殊多,相应颁给。"作为主管财政经济的高官,首先考虑的是一旦出兵,粮饷供给颇为困难。不如提供一些火器,帮助朝鲜义兵光复旧国。

刑部尚书孙丕扬说:"沿海督抚宜增备倭敕书,令其画地分防。顺天十路有游兵营,保定六府有民奇兵营,山东有备倭卫。再选曾经倭战之将,令其教习水战。"只字不提出兵援朝,倾向于防守,加强沿海各地的防卫,准备打击从海上入侵之敌。②

都察院左都御史李世达谈得最为具体详细,颇为深谋远虑:"大臣征倭,义不容已,但揆时度势,施为宜有次第计。倭奴劫掠已满,不久必归,若仍在平壤等处,似宜只遵前旨行,令辽左督抚镇将先发去兵马二枝,或再添一枝。择谋勇将官多裹粮饷,径入其境,协同彼中各道勇将精兵,相机戮力,共图剿杀。或就近伏兵要害,击其惰归,宜无不胜。即

---

① 钱一本《万历邸钞》万历二十年壬辰卷,七月。
② 石星《议征倭疏》,《万历疏钞》卷四十三《东倭类》。

果使倭奴窃据朝鲜两都,住而不起,而国王既来内附,彼中无主,人心无所系属,似必先宣谕国王,令彼中忠义陪臣急择本王子弟宗族之贤者,权署国事,多方号召各道豪杰,戮力勤王,亟图恢复。然后我乃选遣大将,率领精兵,水陆并进,务求殄灭,谅亦无难。又须先将应用兵马、船只、刍饷作何处备,必皆充裕,乃可遣将。而今之计,惟宜亟行辽左镇抚,多差的当人役,速诣朝鲜,侦探倭奴去住消息,不时驰报,以为进止。"他认为征倭援朝是义不容辞之举,做好兵马、船只、刍饷等准备工作,对敌情有充分了解之后,派遣大将率领精兵,入朝作战,务求歼灭倭奴。

大理寺卿赵世卿说:"朝鲜恭顺有年,一旦倭奴蹂躏至此,即遣官帅师征讨,以存亡国,以固藩篱,亦自长策。但倭奴新破朝鲜,中情遽难尽知,遣官征讨未可轻议。"他赞同发兵征讨,但目前情况不明,不可轻举妄动。

吏科都给事中李汝华等说:"大臣深入征倭,地形不习,兵饷难继,势必不可遣。"他们的意见很干脆,不同意发兵征讨。

河南道御史傅好礼等说:"倭奴不图金帛子女,窃据朝鲜,似有异志。矧关白以匹夫窃国,又兼并多国,遂破朝鲜。此亦劲敌,宜遣文武大臣经略,不宜据议征讨,深入彼境,等因为照。以全取胜者帝王之兵,推亡固存者天朝之谊。"他们的观点有点犹豫不决,主张派遣文武大臣前往"经略",但不赞成深入朝鲜"征讨"。[1]

对于以上各位大臣的发言,兵部尚书石星作如下总结:"顷该朝鲜奏报倭势猖獗,臣等职在本兵,义当扑灭。况已陷我恭顺属国,撤我密迩藩篱,封豕长蛇,宁有纪极!若令深根固蒂,必至剥床及肤。臣等初议,特遣文武大臣称兵征讨,不独彰我字小之仁,且以寝彼内犯之念。

---

[1]　石星《议征倭疏》,《万历疏钞》卷四十三《东倭类》。

433

兵贵先声,意盖有在。至于道途难知、刍饷难继,诸臣所议固为有见。念国王方寄命于我,望救甚切,彼为向导,道途不患难知;彼资粮饷军需,不患难继。又该臣等曾遣精细人员深入平壤,目睹倭奴招抚人民,整顿器械,名曰二十余万,实亦不下数万。似此情形,宁容轻视!但辽东抚镇业发兵往应,特遣文武似应有待,以辽镇足以当之也。今据诸臣所议,言人人殊,均之忠于谋国。内如宣谕朝鲜,号召义兵,犹为振亡首策。乞赐焕发纶音,驰使面谕朝鲜国王,传檄八道陪臣,大集勤王之师,亟图恢复旧业。我则增遣劲兵,共图殄灭。"①石星的态度十分明确,应该发兵征讨,所谓道途难知、刍饷难继之类困难是可以克服的。但是似乎有些轻敌,以为只要辽东驻军就足以完成东征的任务。

根据五府九卿、科道官员的商议,以及兵部的意见,皇帝最后拍板,决定东征御倭援朝。兵部遵旨发兵,由于对敌情估计不足,只派辽东游击史儒率领一支兵马前往平壤,人生地不熟,又逢连日淫雨,史儒兵败阵亡。辽东副总兵祖承训随后带领三千兵马,渡过鸭绿江前往增援,又遭惨败,祖承训只身逃回。初战不利,与兵部尚书石星的轻敌有很大关系。

朝鲜国王立即向明朝皇帝发来乞援奏疏,恳乞大振兵威,刻期剿灭。他把此次倭寇侵略朝鲜的始末作了简要回顾,然后说:"臣窃念守藩无状,致覆邦域,失守祖先基业,栖泊一隅。钦蒙皇上仁恩,不问失职,反加存恤,遣馈银两,发兵应援,前后宠恩稠叠汪涉,自惟流离危迫,何幸得慈母之依,翘望阙庭,惟知感激流涕而已。臣仍念小邦将卒初败绩于海上,再败于尚州,三败于忠州,四溃于汉江,遂致京城不守,平壤见陷。国中形势尽为贼据,散漫猖獗,日肆杀掠。小邦疆土殆无一邑不被祸者,海隅黎民久荷皇灵,休养生息,乃今骈罹锋刃,肝脑涂地,惨不忍言。"最后,他提及此次明军平壤战败,表达了"朝暮望救于水火之中"

---

① 石星《议征倭疏》,《万历疏钞》卷四十三《东倭类》。

的迫切心境："日前，辽东将官祖承训等仰遵明旨，援兵救援小邦人民，威幸再苏。不意天不助顺，辱及骁将……自夏徂秋，贼锋环逼，危亡莫保。西向引领，日望天兵早至，各道士民闻恩旨已降，欢欣奋跃，朝暮望救于水火之中。"[1]

　　初战失利的消息传到京师，朝野为之震动。兵部恳乞皇帝迅即派遣大臣经略征倭事宜："近得辽东镇臣禀报，倭寇朝鲜，所过伤残已亲见，国王复自平壤避出，及其臣民流离之状，所不忍言。关白（秀吉）爗悍，业必据为巢穴，以图我犯，若使入堂奥而复御之，则已晚矣。今宜大加征讨，预伐狂谋。伏乞圣明轸念社稷生灵安危大计，特遣素有威望、通晓兵事大臣一员，经略倭事，统领蓟昌保定南北兵马，直抵朝鲜，深入境内，大申挞伐之威。一以遏其猖狂，复存下国；一以阻其内讧，固我门庭。"[2]皇帝接受兵部的建议，任命兵部右侍郎宋应昌（字时祥，号桐冈，浙江杭州人）为备倭经略，下达圣旨："宋应昌便着前往蓟保辽东等处经略备倭事宜，就写敕与他，钦此。"同时任命正在宁夏平叛战场的总兵李如松，提督蓟辽保定山东军务，刻期东征。宋应昌接到圣旨，立即表态："臣本书生，未娴军旅，过蒙皇上特遣经略，臣遽承之，曷任悚惕。臣切计之，倭奴不道，奄有朝鲜，诡计狂谋，专图内犯。辽左、畿辅外藩与之比邻，山海关、天津等处畿辅水陆门户，俱系要地……顾今天下承平日久，军务废弛，人心习于治安，玩愒已极，不大破拘挛之见，则国事终无可济之理。"[3]看来他对经略备倭事宜的前景并不乐观。

　　宋应昌受命后，即去山海关整军备战，声称平日讲求一字阵法，用兵一万，须造车三百六十辆，火炮七万二千门，弓弩二万七千副，毡牌各二千面，弩箭数百万枝，火药铅子难以计数，此外还要轰雷、地雷、石子、

---

①　宋应昌《经略复国要编》卷首《朝鲜国乞援疏》。
②　宋应昌《经略复国要编》卷首《部垣台谏条议疏略》。
③　宋应昌《经略复国要编》卷一《初奉经略请敕疏》。

神球、火龙、火枪等火器，以及军中一应所费，请皇上指示兵部，给与钱粮，制造备用。又请抽调"文武具备，谋略优长"的兵部职方司主事袁黄、武库司主事刘黄裳二人，作为军前赞画(相当于参谋长)。[1] 调动两名官员赞画军前，是不成问题的；成问题的是一下子要制造那么多的武器装备，似乎有寻找借口的嫌疑。

御史郭实抓住把柄，弹劾宋应昌出任经略不称职。宋应昌乐得顺水推舟，于九月初七日请求辞职，理由是，既然被人怀疑"不知兵"，何以号令将士？他说："今臣未拜朝命，知臣者目臣为不知兵，则三军之士惑而不受令矣。臣又闻之兵法曰：疑志者不可以应敌。臣今内惭无实，外虑人言，不一心矣。以不一心之将统不受令之师，未有能济者……臣以无我之心从虚内照，经略责任在臣实不能堪，台臣之论原非谬也。"皇帝马上下旨："倭奴谋犯，督抚各守防虏地方，战备一无所恃，且沿海数百里不相连属，一旦有警，深为可虞，特遣经略专任责成。郭实如何又来阻挠？"[2]

九月十三日，宋应昌再次请辞，又被皇帝驳回："宋应昌已奉命经略，只为郭实一言，遂畏避不肯前去，沿海边务责成何人？浮言反重于朝命，国纪何在？倭报已紧，宋应昌可即择日行。九卿科道依违观望，今亦不必会议。郭实怀私妄奏，阻挠国是，着降极边杂职用。再有渎扰的，一并究治。"[3]

皇帝已经发话，"再有渎扰的，一并究治"，宋应昌不敢再辞，很快领了敕书，起程赶往辽阳，履行经略的职责。一面督责沿海地方官整军备战，一面向朝鲜国王发去公文，回应"朝暮望救于水火之中"的呼声。这篇由辽东总兵转交朝鲜国王的公文写道：

---

[1] 钱一本《万历邸钞》，万历二十年壬辰卷，八月。
[2] 宋应昌《经略复国要编》卷一《辞经略疏(万历二十年九月二十二日)》。
[3] 钱一本《万历邸钞》，万历二十年壬辰卷，九月。

圣天子赫然震怒,命本部以少司马秉节钺总权衡,爰整六师,大彰九伐。谋臣如雨,运筹借箸者接踵而来;猛士如云,齿剑淬刃者交臂而至。已行闽广浙直集战舰,合暹罗、琉球诸国兵,掩袭日本,以捣其巢。复调秦蜀燕齐敢战之士,并宣大山西诸镇雄兵深入朝鲜,以殪其众。龙骧虎贲,长驱鸭绿江头;雷厉风飞,直抵对马岛下。合先行会本王,以便合师夹击……今天兵将至,恢复可期,宜收集散亡,召募勇敢,屯刍粮,扼险隘,察敌动止,相敌情形。伏天兵克日渡江,或用奇,或以正,或分道,或夹攻,务灭丑奴,廓清海岳。①

3. "爰整六师,大彰九伐"

宋应昌的公文写得气势如虹,"爰整六师,大彰九伐","龙骧虎贲,长驱鸭绿江头;雷厉风飞,直抵对马岛下"。落实到具体行动,却十分谨慎。因为他这个经略大臣可以支配的军队数量有限,已经赶到辽东的有:

蓟州镇兵七千五百名(马步各半);

保定镇兵五千名(马步各半);

辽东镇兵七千名(马兵);

大同镇兵五千名(马兵);

宣府镇兵五千名(马兵)。

合计二万九千五百名。

尚未赶到的有蓟州镇兵二千九百名,山西镇兵二千名,刘綎部川兵五千名,杨应龙播州兵五千名,延绥入卫兵三千名,合计约一万七千九百名。全部到齐也不过四万七千五百名。② 而提督李如松的主力部队

---

① 宋应昌《经略复国要编》卷二《檄辽东杨总兵转谕朝鲜王(万历二十年十月二十五日)》。
② 宋应昌《经略复国要编》卷四《檄李提督书(万历二十年十二月初八日)》。

还没有赶到，入朝作战的条件还不成熟。宋应昌不断催促李如松尽快赶来，十月十七日写信："昨已亟趋辽阳，督促兵马，整饬战具，以候大将军之至。"[①]十一月二十三日写信："诸凡将兵、粮食、战具，一一整饬，专候大将军驾临，以图进取。"[②]

在此期间，宋应昌所做的是大战前的准备工作。颁布军令三十条，主要是激励士气，严肃军纪。其中第一条宣称："南北将领头目军兵人等，能有生擒关白(平秀吉)，并斩真正首级来献者，赏银一万两，封伯爵世袭；有能生擒倭将平行长、平秀嘉、平秀次等，及妖僧玄苏，及斩获真正首级来献者，赏银五千两，升指挥使世袭。"第二条："中军旗鼓等官差传本部号令，因而误事者，斩。"第三条："前锋将领遇有倭中通士说客至营，或拿获奸细，即时解赴本部军前，听指挥发落。有敢私自放归，及容隐不举者，副将以上按军法参治，参将以下，斩。"第四条："各营将领有不严束兵士，谨防奸细，以致漏泄军机者，自参将以下，斩。"第五条："将士经过朝鲜地方，务使鸡犬不惊，秋毫无犯，敢有擅动民间一草一木者，斩。"第六条："官军有狎朝鲜妇女者，斩。"如此等等。[③]

宋应昌之所以如此严厉，因为他是皇帝特遣的钦差大臣，奉有圣旨"将领以下听节制，违者以军法从事"，且有皇帝赐予的尚方剑，可以便宜从事。黄汝亨为他写"行状"，特别提及这一细节："诏拜公兵部右侍郎经略蓟辽山东保定等处防海御倭军务，有旨：'宋某忠勇任事，又经特遣，这事权都专责任，他督抚毋得阻挠，将领以下听节制，违者以军法从事。'……有中使(太监)数辈来凝视公良久去。俄而持尚方赐出：'赐经略宋某白金百两、大红苎丝四表里。'公叩首谢，惊喜俱集。中使耳语曰：'上命视先生福器如何？我辈道报先生风姿雄伟，须眉面目英英逼

---

①　宋应昌《经略复国要编》卷三《与平倭李提督书(万历二十年十一月十七日)》。
②　宋应昌《经略复国要编》卷三《与平倭李提督书(万历二十年十一月二十三日)》。
③　宋应昌《经略复国要编》卷三《军令三十条(万历二十年十一月三十日)》。

人。圣情欣悦,特有此赐。'公感极泣下,誓以身报国,即仗钺出都门。盖壬辰秋九月抄也。然是时经略创设,部署未定,一切甲兵、糇粮、军器仓卒未备。公从空中擘画,事事皆办。"[1]

十二月初三日、初四日,先发吴惟忠领兵三千,又发钱世祯领兵二千,渡过鸭绿江,驻扎于义州、定州,等待李如松到达,发起攻击。[2]

十二月初八日,李如松赶到辽阳,与宋应昌会合,相互誓约"彼此同心,勿生疑贰"。两人面议,将东征军士分为三支:中协、左翼、右翼。中协由中军副将都督佥事杨元率领,左翼由辽东巡抚标下副总兵都督佥事李如柏率领,右翼由协守辽东副总兵张世爵率领。十二月十三日,兴师东渡,直趋平壤、王京。[3]

此次东征,适逢平定宁夏叛乱,兵力难以集中,兵部尚书石星对东征取胜没有把握,寄希望于"招抚",得到内阁辅臣赵志皋的支持。所谓"招抚"云云,讲得冠冕堂皇一点,就是不战而屈人之兵。为此,石星派遣市井无赖出身、精通日语的浙江人沈惟敬,以游击将军头衔前往平壤,探听虚实,进行游说。关于沈惟敬其人,沈德符如是说:"沈惟敬,浙江平湖人,本名家支属,少年曾从军,及见甲寅(嘉靖三十三年)倭事。后贫落,入京师,好烧炼,与方士及无赖辈游。石司马(兵部尚书石星)妾父袁姓者,亦嗜炉火,因与沈(惟敬)善。会有温州人沈嘉旺从倭逃归,自鬻于沈(惟敬),或云漳州人,实降日本,入寇被擒脱狱。沈(惟敬)得之为更姓名,然莫能明也。嘉旺既习倭事,且云关白(秀吉)无他意,始求贡中国,为朝鲜所遏,以故举兵,不过折箠可致。袁信其说,以闻之司马(石星)……司马大喜,立题授神机三营游击将军。"[4]

① 黄汝亨《经略朝鲜蓟辽保定山东等处兵部左侍郎都察院右都御史宋公行状》,《寓林集》卷十七。
② 宋应昌《经略复国要编》卷四《报石司马书(万历二十年十二月初四日)》。
③ 宋应昌《经略复国要编》卷四《请加将领职衔疏(万历二十年十二月十二日)》。
④ 沈德符《万历野获编》卷十七《沈惟敬》。

十一月，沈惟敬接受石星的秘密使命前往朝鲜义州，表面上是"宣谕倭营"，进行"招抚"，实际上是寻求和平谈判的可能性。到平壤城北降福山下，立即与日军将领小西行长会谈。小西行长对沈惟敬诡称："天朝幸按兵不动，我亦不久当还，当以大同江为界，平壤以西尽归朝鲜。"两人达成休战五十天的口头协议。[①]朝鲜国王接见沈惟敬，向他表示："小邦与贼有万世必报之仇，前日坚守五十日之约，以待天兵，今反有意许和。以堂堂天朝，岂和小丑讲和乎？"沈惟敬置之不理，仍与小西行长会谈，对他说："尔国诚欲通贡，岂必假道朝鲜？敕下廷议，若无别议，必查开市旧路（按：即宁波市舶司），一依前规定夺。"李如松认为沈惟敬的做法有"辱国辱君"之罪。[②]

　　李如松接到沈惟敬的报告，倭酋小西行长愿意接受封贡，请退至平壤以西，双方以大同江为界。李如松不信此言，怒斥沈惟敬险邪，要将他斩首处死。参军李应试说，正可将计就计，出奇兵袭击。[③]

　　经略宋应昌对顶头上司石星的"招抚"主张，不便反对，只能保持一定的距离，可用则用。在他看来，兵不厌诈，只要能完成"经略"的使命，把倭奴赶出朝鲜，使用什么手段都可以，当然包括与战争并行不悖的"招抚"，这是他与石星的不同。因此他对于沈惟敬并不信任，多次提醒李如松谨防沈惟敬。在一封信中说："许掌科书来论沈惟敬事，极诋其诈，与门下、鄙人意适相符。此人遨游二国间，须善待而慎防之。门下驭之必有妙算，不佞谆谆似为赘词。"[④]在另一封信中说："沈惟敬随带布花（棉布、棉花）卖与平壤倭贼。但倭贼所缺者布花，今以此物与之，是

①　谷应泰《明史纪事本末》卷六十二《援朝鲜》。北岛万次《壬辰倭乱期的朝鲜和明》，载《亚细亚之中的日本史（2）·外交和战争》，东京大学出版会，1992年，第141—143页。万斯同《明史·石星传》也说："游客沈惟敬者嘉兴人，颇习倭事，而诡谲无赖，以秘策干（石）星，（石）星遣之入倭。还言：行长愿请封贡，以去平壤为信。（石）星大惑之。"
②　北岛万次《壬辰倭乱期的朝鲜和明》，载《亚细亚之中的日本史（2）·外交和战争》，第134—135页。
③　谷应泰《明史纪事本末》卷六十二《援朝鲜》。
④　宋应昌《经略复国要编》卷四《与李提督书（万历二十年十二月二十八日）》。

借寇兵而资盗粮也……前者本部面审(沈)惟敬,见其言语错乱,疑有未尽之情。今果若此,因小事而误国事,罪莫甚焉。仰平倭提督即将沈惟敬、沈嘉旺俱留于营中,仍于紧要去处严加盘诘,不许沈惟敬并家人金子贵与倭传报一字。"①

宋应昌的折中态度,与他的赞画袁黄有很大的关系。袁黄,初名表,字坤仪,苏州府吴江县人,后入籍嘉兴府嘉善县。万历二十年(1592)出任经略帅府的赞画,收罗奇士绍兴人冯仲缨、苏州人金相为幕僚。沈惟敬与小西行长谈判"封贡罢兵",袁黄与冯仲缨、金相颇有异议。潘柽章为袁黄立传,记录了三人关于此事的评论,意味深长。请看:

袁黄问冯仲缨曰:"倭请封,信乎?"

冯曰:"信。"

袁问:"东事可竣乎?"

冯曰:"未也。"

袁问:"何谓也?"

冯曰:"平秀吉初立,国内未附。(小西)行长,关白(秀吉)之嬖人,欲假宠于我以自固,故曰信也。(李)如松恃宠桀骜,新有宁夏功,加提督为总兵官,本朝未有也。彼肯令一游士掉三寸之舌,成东封之绩,而束甲以还乎?彼必诈(沈)惟敬借封期以袭平壤,袭而不克则败军,袭而克则败封。故曰东事未可竣也。"

金相曰:"袭平壤必克,克而骄,必大败,败封与败军两有之。"

袁黄曰:"善。"②

冯、金二人对沈惟敬的看法,对李如松将计就计攻克平壤的预判,为后来的事势所证实。宋应昌策划平壤之战,正是出于这样的考虑。他后来向朝廷报告自己的意图,就是利用沈惟敬与小西行长谈判为掩

---

① 宋应昌《经略复国要编》卷五《檄李提督(万历二十一年正月初五日)》。
② 潘柽章《松陵文献》卷六《人物志·明·袁黄》。

护,发动突然袭击,一举拿下平壤。他在奏疏中写道:"先是,沈惟敬七月内奉本兵尚书石(星)令,至倭营探听。十月内,自倭中回,见本兵,本兵具题,发臣标下听用。(沈)惟敬至山海关见臣,备言倭酋(小西)行长欲乞通贡,约六十日不攻朝鲜,以待回音。今已及期,愿请金行间,使(小西)行长收兵等语。臣默思军前诸务未集,乘此足可缓倭西向,复有本兵亲笔手书,嘱臣给发(沈)惟敬银一千两,臣遂照数牌行中军官杨元付(沈)惟敬前去……适(沈)惟敬复自倭中归,执称(小西)行长愿退出平壤,以大同江为界。臣姑然之,将(沈)惟敬发提督标下拘管,不许复入倭营,令随提督齐至平壤。(李)如松默听臣言,止许(沈)惟敬差家丁往见(小西)行长,约一二日内退出平壤。时(小西)行长尚在踌躇,家丁未及回话,而我兵已薄城下,出其不意,乘其不备,是以平壤遂捷,开城复收。"他把这种策略称之为"始事讲贡计破平壤"。① 战事正是这样进行的。

兵不厌诈。一向骁勇善战的李如松,此番要尝试一下智取的谋略,事先派人与小西行长约定,即将抵达平壤附近的肃宁馆,举行"封贡"大典。

万历二十一年(1593)正月初四日,李如松率军来到肃宁馆,小西行长特遣牙将二十人迎接封贡使节。李如松突然喝令拿下,捉住三人,其余牙将逃回。小西行长大惊,以为是翻译没有把意思转达明白,再派亲信小西飞前往说明。李如松为了迷惑对方,对他们抚慰备至。正月初六日,李如松率军抵达平壤城下,小西行长在风月楼瞭望,派部下夹道迎接。李如松命令将士整营入城,对方看出破绽,登城拒守。一场决战不可避免。

宋应昌事先对副将李如柏、李如梅布置了攻城的战术:"查得平壤形势,东西短,南北长。倭奴在平壤者闻我进兵,彼必婴城固守。我以

<hr>

① 宋应昌《经略复国要编》卷十《讲明封贡疏(万历二十一年八月二十九日)》。

大兵围其含毬、芦门、普通、七星、密台五路外，当如新议，铺铁蒺藜数层，以防突出死战。其南面、北面、西面，及东南、东北二角，各设大将军炮十余位。每炮一位，须用惯熟火器手二十余人守之，或抬运，或点放，炮后俱以重兵继之，防护不测。每门仍设虎将一员守之，一有失误，即时枭首。止留东面长庆、大同二门为彼出路。须看半夜风静时，乘其阴气凝结，火烟不散，先放毒火箭千万枝入城中，使东西南北处处射到。继放神火飞箭及大将军炮，烧者烧，薰者薰，打者打。铁箭铅弹两集，神火毒火熏烧，其不病而逃者，万无是理。若逃，则必走大同江，俟半渡，以火器击之，又伏精兵江外要路截杀之，必无漏网。"①

正月初八日黎明，攻城激战爆发。战况之惨烈前所罕见："倭炮矢如雨，军稍却，李将军手戮一人。我师气齐奋，声震天。倭方轻南面为丽兵，(祖)承训等乃卸装，露明盔甲，倭急分兵拒堵。李将军已督杨元等从小西门先登，李如柏从大西门入，火药并发，毒烟蔽空。方酣战时，吴惟忠中铅洞胸，血股踵，犹奋呼督战。而李将军坐骑毙于炮，易马驰，堕堑，鼻端出火，麾兵愈进。我师无不一当百，前队贸首，后劲已踵，突舞于堞，倭遂气夺宵遁。"②乘着夜色逃跑的日军退保风月楼。夜半，小西行长提兵渡过大同江，退保龙山。此战斩获首级一千二百八十五，烧死、溺死无算。裨将李宁、查大受率精兵三千埋伏于江东僻路，斩获首级三百六十二。明军乘胜追击，李如柏收复开城，黄海、平安、京畿、江源四道相继收复。③送给朝廷捷报称："本月初六日，至平壤城下。初八日，登城克捷，斩获倭级一千五百有余，烧死六千有余，出城外落水淹死五千有余。"④

从平壤撤退的日军，以及各地分散日军，全部向王京聚集，约有十

① 宋应昌《经略复国要编》卷四《与副将李如柏李如梅书（万历二十年十二月二十一日）》。
② 茅瑞徵《万历三大征考·倭上》。
③ 谷应泰《明史纪事本末》卷六十二《援朝鲜》。
④ 钱一本《万历邸钞》，万历二十一年癸巳卷，正月。

几万之众。提督李如松过于轻敌，带领三千人马前往王京打探地形，在碧蹄馆落入日军的包围圈。正当千钧一发之际，杨元、张世爵率领援军赶到，击溃日军，李如松突出重围。碧蹄馆之战，明军锐气受挫，李如松感叹众寡不敌，向朝廷请求以他人代替自己。①

在这种形势下，宋应昌休整军队，向王京朝鲜军民发去"招降免死"文告，发动分化瓦解的心理攻势："示谕朝鲜王京等处被倭所陷军民男妇等知悉：尔等苦倭荼毒逼胁，勉强顺从。今天兵见在征剿，一战遂取平壤，杀掠倭奴殆尽。平壤军民来降者不下万余，随送尔国王处复学安插。今攻取王京等处在即，尔等被倭所陷者速当反邪归正。执此免死帖，前来军前投降，免死仍与安插。"②他还向朝鲜国王发去咨文，希望他密切配合，号召军民里应外合："今平壤既复，大兵已进，当倭奴窜伏之时，正人心鼎沸之日。王速出令宣布军民人等，谕以世受先王恩泽，一旦被倭摧陷垢辱，苟有人心，急宜奋发。在王京者候天兵攻进，或献城门作为内应。其在各道者，或统义兵助斩倭级。其亲戚故旧在于王京者，相与密约内应，并为间谍，协助王师，懋建勋业。"③

在宋应昌看来，北山高昂，俯视王京，如果顺着山势而攻，可一举而下，要求兵部尚书石星调兵增援。然而石星一味依赖"招抚"解决朝鲜问题，用"封贡"作为交换条件，促使日军撤退。黄汝亨写道："公（宋应昌）披图熟计，谓北山高逼王京，依山顺攻，可一鼓而下……而本兵（兵部尚书）密令（沈）惟敬议款，恶公转战，所调兵悉令支解：李承勋兵留山东，陈璘兵夺蓟镇，沈茂兵中途遣还浙。公拊臂叹曰：'令我以疲卒当锐师，抑徒手杀贼耶！'"④

---

① 北岛万次《壬辰倭乱期的朝鲜和明》，载《亚细亚之中的日本史（2）·外交和战争》，东京大学出版会，1992年，第150—151页。
② 宋应昌《经略复国要编》卷五《招降免死信帖（万历二十一年正月十五日）》。
③ 宋应昌《经略复国要编》卷五《移朝鲜国王咨（万历二十一年正月十八日）》。
④ 黄汝亨《经略朝鲜蓟辽保定山东等处兵部左侍郎都察院右都御史宋公行状》，《寓林集》卷十七。

面对顶头上司石星的压力,宋应昌的选择是有限的,只能把沈惟敬正在进行的"议款"作为辅助攻战的手段,加大军事进攻的气势。最为关键的一招,就是用猛烈的炮火烧毁王京城南的龙山粮食仓库,迫使日军无法长久盘踞王京。这一招非常成功,正如黄汝亨所说:"公(宋应昌)又念倭不退王京,则朝鲜必不可复。而王京城南有龙山仓,朝鲜所积二百年粮食,资以饱倭,则倭必不退。乃夜令死士以明火箭烧龙山仓十三座,粮尽,倭大窘,乃弃王京去。"[1]黄汝亨说得过于简单,促使日军"弃王京去",仅仅火烧粮仓是远远不够的,自然还少不了有关"封贡"的和谈。万斯同说:"二十一年春,师久无功,(小西)行长复请(封贡)于(沈)惟敬。帝从群议,不许。(石)星令(沈)惟敬阴许之。大学士赵志皋助(石)星于内,(宋)应昌附和于外,要以献王京,返王子陪臣,即如约。"[2]事情的经过当然复杂得多。

4. "就其请贡行成之机,可施调虎离山之术"

兵部尚书石星企图用"封贡"促使日军撤退,得到内阁辅臣赵志皋的支持,宋应昌则在外与之附和。不过宋应昌与石星是有区别的,仅仅把"封贡"当作"调虎离山之术"。他后来在奏疏中解释之所以这样做的原因,是迫不得已的:"继而倭奴并集王京,合咸镜、黄海、江源等道之众,据报实有二十余万。我兵不满四万人,转战之后,士马疲劳,强弱众寡既不相当,雨霾泥泞,稻畦水深,天时地利又不在我,是以暂为休息。惟广布军声,扬言臣与(李)如松前后统兵不下数十余万。多行间谍,发免死帖数万纸,招出王京胁从之人,以散叛党。修筑开城城垣,以示久住。令死士夜持明火飞箭射烧龙山仓粮,以空积储。又时时添兵运饷

---

[1] 黄汝亨《经略朝鲜蓟辽保定山东等处兵部左侍郎都察院右都御史宋公行状》,《寓林集》卷十七。

[2] 万斯同《明史》卷三百三十二《石星传》。

于开城间,以示不久必攻王京之意。于是王京倭奴既畏我已试之威,又不识我多方之误,复致书与(沈)惟敬,仍欲乞贡退归。臣复思就其请贡行成之机,可施调虎离山之术,随即听从。"①

宋应昌把这种调虎离山之术,当作不战而屈人之兵的手段,多次向部下阐明。在给参军郑文彬、赵汝梅的信中说:"兵家用间,当在敌处两难之际。今倭奴欲守王京,则惧我兵火击;欲归日本,又畏关白(秀吉)族诛,正进退维谷时也。乘此机会,陈以利害,诱以封爵,啗以厚赍,无不乐从者。"②在给提督李如松和赞画刘黄裳、袁黄的信中说:"当其进退维谷之时,伸以甲兵挞伐之势,长驱直捣,谁云不可? 但事忌已甚,谋贵万全。故平壤捷后,本部既檄提督间说(小西)行长诸酋,招之来降,待以不死,阴图关白,永绝祸根……况平定安集,圣哲所先;间谍行谋,兵家不废……仰平倭提督即便一面会同刘、袁二赞画,一面转行沈惟敬等,前赴倭巢陈说利害,开谕祸福,令报关白,使之反邪归正,与朝鲜无相构怨,彼此罢兵,永为盟好。仍复许以奏闻朝廷,遣官册封,永为属国。倘使听从,则在中国彰神武不杀之功,在日本有受封之荣,一举三得,诚计之善者。"③几天之后又说:"昨闻平行长移书沈惟敬,恳求封贡东归之意,似乎近真。故不佞特意宣谕,开其生路,既不伤上天好生之德,亦不失王者仁义并行之道。此谕幸门下即发王京倭,如听从,亦不战而屈人之兵矣。"④他发给平行长(即小西行长)的"宣谕"这样写道:"朝鲜为天朝二百年属国,义所当恤,即覆载内有此凶残,王者耻之。以故我圣天子震怒,特遣司马重臣发兵百万,援彼小邦,用彰天讨。兵压平壤,政所以除暴救民。故直斥沈惟敬通贡乞哀之说,一意进剿。不逾时而斩获焚溺者无算,驱兵长进开城八道等,势如破竹,天朝神威亦稍

---

① 宋应昌《经略复国要编》卷十《讲明封贡疏(万历二十一年八月二十九日)》。
② 宋应昌《经略复国要编》卷六《与参军郑同知、赵知县书(万历十一年二月初一日)》。
③ 宋应昌《经略复国要编》卷六《檄李提督并刘袁二赞画书(万历二十一年二月二十八日)》。
④ 宋应昌《经略复国要编》卷七《与李提督并二赞画书(万历二十一年三月初八日)》。

见矣……汝等果能涤志湔非,尽还朝鲜故土,并还两王嗣以及陪臣等,归报关白,上章谢罪,本部即当奏题,封尔关白为日本国王,汝辈速宜束装回国。"①

万历二十一年(1593)四月八日,双方在汉城府龙山和谈,达成以下四点协议:

一,返还先前加藤清正俘虏的朝鲜王子与陪臣;

二,日军从王京撤往釜山浦;

三,布阵于开城的明军,在日军撤出王京的同时撤退;

四,明朝派遣使节赴日本谈判相关事宜。②

四月十九日,日军放弃王京南撤。二十日,李如松率军进入王京。王京收复,国王向宋应昌表示感谢:"此缘天声震迭,凶丑丧魂,不敢保聚负固抗拒。王师拯小邦水火之中,措生灵莫居之地,义系存亡,恩浃民心,君臣上下感激无已。"③同一天,宋应昌向国王发去回函,表示即将前往王京,筹划善后事宜。信函写得颇有一点文采:"本部拟于五月二日自新安馆东发,历平壤以至王京。诵麦秀之歌,则欲谒箕贤之墓;悲草露之泣,则欲吊战场之魂。赈济流离,抚恤士卒。历形胜,由目击以实耳闻;观民风,思心契以合神会。少图善后之计,协助鼎新之基。务使天造东藩,从兹虎踞;明月沧海,永息鲸波。然后振旅而旋,方敢与王相遇,敬瞻丰度,庶慰积怀。"④几天之后,又致函国王,请他速发兵符,号召全罗、庆尚、忠清各道水陆军兵,协助天兵夹剿倭贼。⑤

五月初六日,宋应昌向内阁辅臣赵志皋、张位及兵部尚书石星报告:"幸仗洪庇,已得王京,而调兵前后截杀,倘再得成,又何贡事足言

① 宋应昌《经略复国要编》卷七《宣谕平行长(万历二十一年三月初八日)》。
② 北岛万次《壬辰倭乱期的朝鲜和明》,载《亚细亚之中的日本史(2)·外交和战争》,东京大学出版会,1992年,第150—151页。
③ 宋应昌《经略复国要编》卷八《朝鲜国谢恢复王京咨(万历二十一年四月二十八日)》。
④ 宋应昌《经略复国要编》卷八《移朝鲜国王咨(万历二十一年四月二十八日)》。
⑤ 宋应昌《经略复国要编》卷八《移朝鲜国王咨(万历二十一年五月初三日)》。

哉！近贼于十九日尽离王京，日行止三四十里。二十九日才到尚州，未及一半，且又住下。至五月初三日尚未起身过河过江，随后尽毁船只桥梁，恐我兵追袭故也。若我兵亦不使骤进，缓缓尾后，只当护送，以安其心。"①这些话是讲给主张"封贡"的赵志皋、石星听的，宋应昌自己却另有打算，指示部下乘机歼灭日军有生力量，使它不致重返王京。他对新近入朝增援的总兵刘綎说："国王固已催促汉江以东各路搬运粮草，以济我兵。但残破之余，未知果能集否？不可不深虑也。本国龟船甚利，且发杠瓜子炮，比中国所制更奇。已于三月预设一千余只，并水兵万余，俱集海口，专俟倭归出港，遇其船或撞碎，或烧毁，使其前不可过海，后不可返王京。我兵则须俟其粮尽力竭，一鼓灭之，谅无难者。"②宋应昌担心日军的撤退并非真心，关照李如松与朝鲜军队前后夹击："近倭奴假贡请降，非出真心。本部明知其诈，将计就计，欲诱离王京，无险可恃，庆尚、全罗官军前途邀截，我兵从后追袭，前后夹攻，大加剿杀。"③直到五月二十七日，得知日军已经退至釜山，朝鲜全境业已恢复，他还不放心，关照李如松，纵令倭奴全部归岛，也应留兵代替朝鲜防守。④

　　根据协议，明朝议和使节谢用梓、徐一贯前往日本名护屋（名古屋），谒见丰臣秀吉。六月二十八日，丰臣秀吉提出议和七项条件：

　　一、迎明朝皇帝之女备为日本天皇之后妃；

　　二、两国年来因间隙而断绝的勘合贸易应予恢复，希望官船商船往；

　　三、明朝大臣与日本大名之间交换通好不变的誓词；

　　四、朝鲜一分为二，北部四道及京城返回朝鲜，南部四道给予日本；

　　五、以朝鲜王子及大臣一二人作为人质，送往日本；

① 宋应昌《经略复国要编》卷八《报赵张二政府并石司马书（万历二十一年五月初六日）》。
② 宋应昌《经略复国要编》卷八《与总兵刘綎书（万历二十一年五月初八日）》。
③ 宋应昌《经略复国要编》卷八《檄李提督（万历二十一年五月十一日）》。
④ 宋应昌《经略复国要编》卷八《与李提督书（万历二十一年五月二十七日）》。

六、归还去年俘虏的朝鲜二王子给朝鲜;

七、朝鲜大臣向日本提出誓词。

明朝使节提出三项条件:

一、返还朝鲜全部领土;

二、朝鲜二王子归国;

三、丰臣秀吉谢罪。①

七月二十日,谢用梓、徐一贯从日本返回釜山,小西行长随即送出王子、陪臣及家属。大批日军乘船离开釜山回国,小西行长带领部分日军前往海中的西生浦暂住,等待谈判使节小西飞的回音。②

问题在于,这一切朝廷并不知晓,一旦明白了原委,立即引起轩然大波。万斯同写道:"当是时,(石)星、(宋)应昌以封贡款倭,倭以封贡退师,而中朝犹未知也。六月,倭复送还王子陪臣,遣其将小西飞随(沈)惟敬俱来中朝,始知之。于是兵科都给事中张辅之、巡按山东御史周维翰劾(宋)应昌。应昌初抵讳言:臣许封不许贡,臣之许贡,特借以误倭,前破平壤,收王京,皆用此策,非实许也。"③看来张辅之、周维翰对宋应昌有点误解。

八月初五日,宋应昌写信给内阁辅臣王锡爵、赵志皋、张位及兵部尚书石星,说明自己见解:"不佞愚见,讲贡一事,始而平壤,继而王京,皆借此一着,用以退倭。翁台尊意亦复如是。故不佞原无奏疏,前次王京塘报亦只虚虚谈及,不敢实说……今日之事,只宜借用此着,了却前件,若待实做,委为不敢。乃畏倭之反复难定,实非因人言之哓哓也。"④待到张辅之、周维翰上疏弹劾,他写了洋洋洒洒的"讲明封贡疏",

① 三田村泰助《明帝国和倭寇》,载《东洋历史》(8),人物往来社,1967年,第342—344页。《秀吉和信长》,载《日本历史之谜和发现》(9),每日新闻社,1979年,第60页。
② 宋应昌《经略复国要编》卷十《讲明封贡疏(万历二十一年八月二十九日)》。
③ 万斯同《明史》卷三百三十二《石星传》。
④ 宋应昌《经略复国要编》卷十《报三相公并石司马书(万历二十一年八月初五日)》。

为自己申辩:"惟是通贡一节,臣原无成心,亦未曾轻许。特以兵家之事,虚实有隐机,经权宜互用。臣固不敢谓始事,而度其计之必行;亦不敢谓既事,而矜其术之已遂。顾廷臣之中有疑臣之迹,而以为许成;又不谅臣之心,而以为开衅。"接下来,他追述了"始事讲贡计破平壤之说""再事讲贡计出王京之说""目前讲贡退釜山之说",来证明原本是"借此一着,用以退倭",并非真正答应"封贡"。他反问道:"若谓臣真许其贡,则倭出王京之时,何以令大兵尾进?何以调朝鲜兵船?何以屡檄将领,不曰坐困以逼其归,则曰剿杀以灭其类?何以不奖(沈)惟敬之功劳,而责(沈)惟敬之罪进?"[①]

其实"封贡"的始作俑者是兵部尚书石星,遭到弹劾后,一面请求罢官,一面为自己辩解。他的辩解没有宋应昌那样理直气壮,把宋应昌比作胡宗宪,把沈惟敬比作蒋舟,显得不伦不类:"自御倭朝鲜以来,所有一应攻取计划,皆臣与经略宋应昌,或面相计,或书相达。近日议论愈多,观听愈淆,其势必至尽没将士血战之劳,大陷经略叵测之谋,臣之狗马愚衷,亦且死不瞑目。臣见往者胡宗宪有平倭大功,卒挂吏议,身且不免;谋士蒋舟等亦各以罪重谴。臣不及今一言,窃恐(宋)应昌之复为(胡)宗宪,而沈惟敬之再为蒋舟。将使用间机宜,为世大忌,文网过密,展布愈难,尤臣之所大惧也。"[②]他既要揽功,又要推卸责任,一则说:"经略(宋)应昌以挞伐为威,以许贡为权,冀成功,无嫌诈计。而其遣使行间,臣(石)星实与之谋。"再则说:"夫通贡屡奉明诏,孰敢轻许!即封号亦未尝轻假也。(小西)行长尚在西浦,关白未具表文,计出要求,未可遽听。"[③]

皇帝对宋、石两人的申辩,明确表态:"朕以大信受降,岂追既往!

① 宋应昌《经略复国要编》卷十《讲明封贡疏(万历二十一年八月二十九日)》。
② 钱一本《万历邸钞》,万历二十一年癸巳卷,九月。
③ 万斯同《明史》卷三百三十二《石星传》。

可传谕宋应昌严备,劝彼归岛,上表称臣,永为属国,仍免入贡。"①

皇帝表示不追究既往,可是兵部职方司主事曾伟芳仍然不肯罢休,继续追究既往。在他看来"款贡"一无是处,主张"款贡"的大臣是首鼠两端:"臣窃睹倭奴款贡之害,三尺竖子类能言之。乃疆场当事诸臣犹踌躇四顾而不能决,非谓不款则倭不去乎?臣则曰款亦来不款亦来……今称克开城,复王京,还王子陪臣,以议款故,则彼又何威我慑我,而能就我束缚,守我盟誓哉?且以沈惟敬前在倭营见与为媾,咸安随陷,晋州随拔,而欲恃此许贡以冀来年之不复攻,则速之款者速之来耳。故曰款亦来。夫不款无忧其不去,则何必借款以市其去。款之难保其不来,则何必重款以饵其来贡之当绝。此两者足以观矣。今不料绝贡之无关倭之去来也,而首鼠两端,阳讳阴设,内自树疑,以外招众口,窃为首事者惑焉。今日之计,以中国而守中国则易,以中国而为朝鲜守则难。欲不留兵,将前功尽弃;欲宿重兵,则师老力困,祸无已时。"又说:"宜敕责朝鲜国王,数以荒淫沉湎、失守社稷之罪,朝廷已为若糜金数十万,恢复境土。今以俾汝,若不亟图,天且厌弃。如果不可化诲,其子光海君珲颇堪托国,俾自处分。"②皇帝对他的观点颇为赞同,朝鲜应该自己加强防守,至于更换国王,则以为不可。几天后,他致函朝鲜国王,就此次战事表明态度:"尔国虽介海中,传祚最久……乃近者倭奴一入,而王城不守,原野暴骨,庙社为墟。追思丧国之因,岂尽适然之故!或言王偷玩细娱,信惑群小,不恤民命,不修军实,启侮诲盗,已非一朝,而臣下未有言者。前车既覆,后车不可不戒哉……大兵且撤,王今自还国而治之,尺寸之土,朕无与焉。其可更以越国救援为常事,使

---

① 谈迁《国榷》卷七十六,万历二十一年九月壬戌。
② 曾伟芳《倭报欲去未去属国未复就复款贡非策留兵宜慎疏》,《万历疏钞》卷四十三《东倭类》。钱一本《万历邸钞》,万历二十一年癸巳卷。

尔国恃之而不设备，则处堂厝火，行复自及。猝有它变，朕不能为王谋矣。"①

既然皇帝主张"朝鲜自为守"，兵部尚书遂有撤兵之议。宋应昌奋然力争说："吾官可去，兵必不可撤！"立即上疏讲明理由："臣以兵力倦而姑听封贡，权也；守朝鲜全（罗）庆（尚）以备倭，俾不敢生心窥我，经也。臣能逐倭于朝鲜之境内，不能逐倭于釜山之海外。倭今日以畏威遁，他日必以撤兵来。且夷心狂狡，未可据封贡为信。"已经预料日军他日必定再来，但是朝廷不听，还是下达撤兵命令。宋应昌愤懑不已，突然中风，决定向皇帝乞求骸骨归乡。皇帝恩准："宋某东征劳苦，既有疾，着还朝调理。"经略职务由蓟辽总督顾养谦代理。② 回京后，他多次上疏乞休，终于回到家乡杭州，"高卧西湖，绝口不谈东事"。③

5. "秀吉妄图情形久著，封贡亦来"

皇帝给朝鲜国王的国书中，流露了即将从朝鲜撤军之意。蓟辽总督顾养谦（字益卿，号冲庵，南直隶通州人）上疏，力主从朝鲜撤军，皇帝当即批准。万历二十一年（1593）十二月，皇帝正式下令撤军，要顾养谦代替宋应昌前往朝鲜处理撤军事宜，蓟辽防务暂令顺天巡抚代管。

兵是撤了，至于是否要同意日本的封贡请求，朝廷一时议论不决。多数官员持反对态度，吏科给事中逯中立立场最为鲜明，直斥兵部尚书石星以封贡误国。他说："自东倭未靖，而请封请贡之说兴也，中外诸臣言者甚夥，其揣情形析利害者亦甚备，虽三尺竖子亦知其不可矣……顾

---

① 《明神宗实录》卷二百六十四，万历二十一年九月丙子。
② 黄汝亨《经略朝鲜蓟辽保定山东等处兵部左侍郎都察院右都御史宋公行状》，《寓林集》卷十七。
③ 王锡爵《经略朝鲜蓟辽保定山东等处兵部左侍郎都察院右都御史桐冈宋公神道碑》，《王文肃公文集》卷六。

是说也,宋应昌始之,顾养谦成之,本兵石星力主之。沈惟敬密计于倭,刘黄裳昌言于朝,请封易而为请贡,请贡易而为开市,开市易而为和亲。顷已专意请封,业已奉有明旨矣。臣窃惟贡不可许,而封亦不可许也。是东征诸臣误本兵,而本兵因以误国也。"接下来,他分析封贡的危害:"自倭奴狂逞,盘踞朝鲜,我皇上宵旰而忧,为之遣将出师者,计年余矣。蹂躏我属国,戕杀我士卒,縻费我金钱,是中国之仇也,而臣子之羞也。今不思灭此朝食,而反欲宠以封号,金册银章,赫奕岛外,此可令四夷见乎?"他毫不客气地批评石星:"当事者以冥冥决事,不曰选将,不曰练兵,不曰沿海修备,而今日议封,明日议贡。倭盘踞于釜山,为敢取之计;我冀望于侥幸,为苟且之谋。倭以款要我,而操术常行于款之外;我以款自愚,而智虑常陷于款之中。排盈廷之公论,捐战守之长策,阻忠臣义士之气,为逃责议功之资。此人臣之利,非国家之福也;旦夕之谋,非久远之计也。"[1]

刚刚受命出任朝鲜经略的蓟辽总督顾养谦,是支持石星的,他主张"封"与"贡"不可以分割,要么都批准,要么都拒绝。其实他是主张既批准"封"又批准"贡"的。皇帝要兵部会同九卿科道会议此事。[2]

参加此次会议的工科给事中王德完,写了一篇奏疏,其实是一份非正式的会议纪要,从中可以大体了解当时会议的情况。王德完责问石星:"外传总督(顾养谦)贻书,有贡市禁绝,能以身任等语,信然否?"石星答:"难必,倘强索贡市,只革其封号便是。"王德完又问:"釜山倭户肯尽数归巢否?"石星答:"难必。"王德完又问:"特遣辽东巡按亲至釜山,查看倭户有无归去,可行否?"石星答:"不可。"石星说:"倭得封,即飏去不吾犯也。"王德完反问:"倭即犯,胡以卒应?"石星答:"吾与总督、巡抚三人当之。"王德完反唇相讥:"何足当此? 三人即捐躯,其为二祖八宗

---

[1] 逯中立《东事可虞庙谟当定乞杜衅萌以图万全疏》,《万历疏钞》卷四十三《东倭类》。
[2] 《明神宗实录》卷二百七十二,万历二十二年四月甲寅。

之神器何?"并追问石星:"辽左战士有几?"石星答:"不过二千有零。"王德完问:"二千之卒何足御数万之倭?"与会的其他大臣说:"吴惟忠、骆尚志南兵暂留辽左,不宜速撤。"石星说:"业已先奔。"其他大臣又说:"刘綎兵撤回,亦要留住辽左。"石星说:"川兵难久,不如募土著,倭虏皆可挞伐。"王德完描述道,对话至此,"臣以为本官或自有主见,及叩其所以,茫如捉影捕风",无怪乎与会大臣"相与咨嗟叹息"。①

王德完对石星所说"倭之封而不贡,倭之去而不留"云云,给出这样的判断:"毫无足凭,何能轻信"。他列举大量事实,揭穿石星所说只封不贡,并非真相。比如,在沈惟敬答倭书中,写道"既许尔乞降封贡",显然"封贡已兼言之"。比如,倭国的表文写道"比照旧例","永献海邦之贡",明白直言既封且贡。所以他责问石星:"何谓一封即可了事?"兴言及此,令人发指。②

石星把九卿科道会议情况报告皇帝,对于多数官员反对封贡,耿耿于怀。他说:"一意罢款,两言可决。但三旨许封,岂宜失信。况督臣(顾养谦)有言,若不与封,则小西飞无词以复(小西)行长,(小西)行长无词以复关白(秀吉)。此其说诚为有据。"他主张,由朝廷出具敕书,由小西飞递交丰臣秀吉。敕书内容大略谓:"封已许定,断在不疑。但釜山非封命所出之途,留兵非叩关乞封之礼。且表文要约未明,难以遽受,宜即归谕关白,更具表文,备开釜山之倭尽数撤回,永不侵犯。"然后派遣正副使节,从宁波旧道,附关乞款。如果译审无诈,朝廷也派正副使节前往日本册封。皇帝鉴于多数官员反对,下达了"未可轻拟"的圣旨:"朝廷降敕,事体重大,未可轻拟。还行与顾养谦,一面谕令倭众归巢,一面将倭使赍来表文,验其真正与否,如果倭情真心归化,表文是

---

① 王德完《目击东倭衅隙专备御疏》,《万历疏钞》卷四十三《东倭类》。
② 王德完《目击东倭衅隙专备御疏》,《万历疏钞》卷四十三《东倭类》。

实,即与奏请,候旨处分。"①

尚书陈有年,侍郎赵参鲁,科道官林材、赵完璧、徐观澜、顾龙、陈惟芝、唐一鹏等,陆续上疏反对封贡。

在众多反对封贡的声音中,福建巡抚许孚远(字孟中,号敬庵,浙江德清人)的议论最有针对性,也最为知己知彼。他之所以反对封贡,是基于派赴日本的密探提供的情报,作出判断——即使"封贡"也难以遏制日本对朝鲜的入侵。

此事说来话长。万历二十年(1592)十二月许孚远出任福建巡抚,下车伊始,就有两名指挥使级别的军官沈秉懿、史世用来参见,称是兵部尚书石星命他们秘密前往日本,"打探倭情"。许孚远鉴于沈秉懿年老,而史世用体貌魁梧,举止倜傥,便选用史世用作为密探。万历二十一年四月,史世用扮作商人,秘密到泉州府同安县,搭乘海商许豫的商船,前往日本萨摩州,同行的还有海商张一学等。六月出发,七月初四日抵达日本庄内国内浦港,得知萨摩州首领滕义久同中国商人许仪后,随关白丰臣秀吉去名护屋(名古屋)。名护屋是关白屯兵发船进攻朝鲜的基地,史世用与张一学分别潜入名护屋,一方面寻觅许仪后,一方面察看关白居住的城堡,刺探其动静起居。八月二十七日,许仪后随史世用来内浦与许豫会见。九月初三日,许豫与史世用带了绸缎等礼品,会见日本人幸侃,由许仪后翻译。九月十九日,大隅州正兴寺和尚玄龙来内浦,会见许豫,问道:"船主得非大明国福建差来密探我国动静之官耶?"许豫回答:"是,尔国侵伐高丽,杀害人民,我皇帝不忍,发兵救援。近闻差游击将军来讲和好,我福建许军门听知,欲发商船前来贸易,未审虚实,先差我一船人货来此,原无它意。"玄龙将信将疑。十一月,滕义久、幸侃又派黑田前再次试探后,准许许豫将购买的硫磺二百余担运

_____

① 钱一本《万历邸钞》,万历二十二年甲午卷,四月。

载回国,并将滕义久文书一封转交许孚远。①

万历二十二年(1594)正月二十四日,许豫回国,把刺探所得报告许孚远。许孚远把情报归纳为七点:

——探得关白姓平,名秀吉,今称大阁王,年五十七岁,子才二岁,养子三十岁。关白平日奸雄,诈六十六州,皆以和议夺之。

——前岁侵入高丽,被本朝官兵杀死不计其数,病死与病回而死者亦不计其数。彼时弓尽箭穷,人损粮绝,思逃无地,诡计讲和,方得脱归。

——关白令各处新造船只十余,大船长九丈,阔三丈,用橹七十枝;中船长七丈,阔二丈五尺,用橹六十枝。许豫访诸倭,皆云候游击将军和婚不成,欲乱入大明等处。

——日本六十六国,分作二关,东关名相板关,西关名赤间关。内称有船数千只,限三月内驾至大溪点齐,莫知向往何处。又点兵十八岁至五十岁而止,若有奸巧机谋者,虽七十岁亦用之。

——日本长岐(崎)地方,广东香山澳佛郎机每年至长岐买卖,装载禁铅、白丝、扣线、红木、金物等货。进见关白,透报大明虚实消息,仍夹带倭奴,假作佛郎机番人,潜入广东省城,觇伺动静。

——关白奸夺六十六州,所夺之州,必拘留子弟为质,令酋长出师以侵高丽,实乃置之死地。各国暂屈,仇恨不忘。及察倭僧玄龙与许豫对答语气,滕义久等甚有恶成乐败之意。许豫于写答间,亦微有阴诱之机。

---

① 许孚远《请计处倭酋疏》,《敬和堂集》卷一。

——浙江、福建、广东三省人民被掳日本,生长杂居六十六州之中,十有其三。住居年久,熟识倭情,多有归国立功之志。①

十月十五日,许豫同伙商人张一学、张一治,把关白城堡侦探事情开报,许孚远加以整理,排除与许豫相同的内容,归纳为以下十一点:

——平秀吉始以贩鱼醉卧树下,有山城州倭酋信长,居关白位,出山畋猎,遇平秀吉冲突,欲杀之。平秀吉能舌辩应答,信长收令养马,名曰木下人,又平秀吉善登高树,呼曰猴精。信长渐赐与田地,改名森吉,于是助信长计夺二十余州。信长恐平秀吉造反,嘉奖田地,镇守大堺。有倭名呵奇支者,得罪信长,刺杀信长,平秀吉统兵乘势卷杀参谋,遂占关白职位。今信长第三子御分见在平秀吉部下。

——征高丽兴兵,平秀吉有三帅,名曰石田、浅野、大谷,大小谋议俱是三帅。

——平秀吉发兵令各州自备粮船干米,船运络绎接应,家家哀虑,处处含冤。

——丰护州酋首柯踏,统兵在朝鲜,闻大明助兵,丧胆逃回,平秀吉探知,剿杀一家,立换总督。

——兵入朝鲜,在内浦港抽选七十人,近回者止二十人。日向国有大船装倭三百,近回者止五十人,损失甚多。

——萨摩州乃各处船只惯泊之处,今从此发,有往吕宋船三只,交趾船三只,东埔船一只,暹罗船一只,佛郎机船二只。兴贩出没,此为咽喉也。

——器械不过黄硝、乌铅为害,硫磺系日本产出,焰硝随

---

① 许孚远《请计处倭酋疏》,《敬和堂集》卷一。

处恶土煎炼亦多。惟乌铅乃大明所出，有广东香山澳发船往彼贩卖，炼成铅弹，各州俱盛。其番枪、弓箭、腰刀、鸟铳、铁牌、盔甲，诚亦不缺。

——城池附在山城州，盖筑四座，名聚乐映淀，俱在大塊等处。每城周围三四里，大石高耸三四重，池河深阔二十余丈。内盖大厦楼阁九层，高危瓦版，妆黄金。下隔睡房百余间，将民间美丽女子拘留淫恋。又尝东西游卧，令人不知，以防阴害。

——日本有罪，不论轻重，登时杀戮。壬辰年，一以是六十六州水陆平宁，任其通行贸易。

——平秀吉丙戌年擅政，倭国山城君懦弱无为，壬辰征高丽，将天正三十年改为文禄元年。平秀吉号为大阁王，将关白职位付与义男孙七郎。七郎字见吉，年几三十，智勇不闻。

——掳掠朝鲜人民，多良家子女，糠餐草宿，万般苦楚。有秀才廉思谨等二十余人，被掳在日本，平秀吉令厚给衣食，欲拜为征大明军师，廉思谨等万死不愿。[1]

用现代眼光衡量，上述情报有不少属于道听途说，不够精确。但在当时信息封闭的时代，许孚远能有如此战略头脑，殊为难能可贵。

在提供上述情报之后，许孚远陈述自己的观点，作为封疆大吏，对于关系国家安危的大事，必须明确表明态度，提醒朝廷当道，平秀吉野心勃勃，即使封贡，也不能阻挡其侵占朝鲜，进而染指中国的图谋。他在奏疏中特别强调，绝不可小觑平秀吉，此人有奸雄之智，有攻伐之谋，有窥中国之心："看得平秀吉此酋，起于厮役，由丙戌（万历十四年）至今，不七八年而篡夺国柄，诈降诸岛，絷其子弟，臣其父兄，不可谓无奸

---

[1] 许孚远《请计处倭酋疏》，《敬和堂集》卷一。

雄之智。兴兵朝鲜,席卷数道,非我皇上赫焉震怒,命将东征,则朝鲜君臣几于尽为俘虏,不可谓无攻伐之谋。整造战舰以数千计,征兵诸州以数十万计,皆曩时之所未有。日夜图度,思得一逞,不可谓无窥中国之心。”

他提醒朝廷衮衮诸公,千万要警惕平秀吉“凭其破朝鲜之余威,思犯中国”的野心。因此他认为当朝大臣的封贡方案,无论从哪一个方面来看,都是不可取的。

其一是,若册封平秀吉为国王,将置山城君于何地——“窃谓日本有山城君在,虽其懦弱,名分犹存。一旦以天朝封号加之僭逆之夫,且将置山城君于何地? 崇奸怙乱,乖纪废伦,非所以令众庶而示四夷也。”

其二是,企图依赖封贡求得日本退兵,迹近于幻想——“平秀吉无故兴兵,声言内犯,陷我属国,东征之师相拒日久,损失亦多,碧蹄战后,暂退釜山,尚未离朝鲜境上。而我以细人之谋,听其往来讲封讲贡,若谓朝廷许我封贡则退,不许我封贡则进,要耶非耶? 近朝鲜国王李昖奏称,倭贼方于金海、釜山等处筑城造屋,运置粮器,焚烧攻掠无有已时,至称屠戮晋州,死者六万余人,尚可谓之退兵乞和耶?”

其三是,平秀吉豺狼之暴狐兔之狡,变诈反复,毫无信义可言——“(小西)行长、小西飞诸酋慑于平壤、王京之战,未能长驱直入,而又兵入朝鲜者死亡数多,恐无辞于秀吉丧师之戮,则亦姑假封贡之说,以绐秀吉而缓其怒。是以沈惟敬辈侥幸苟且之谋,得行乎其间。若我经略、总督诸臣不过因(沈)惟敬辈而过信(小西)行长诸酋,而错视平秀吉。不知秀吉豺狼之暴狐兔之狡,变诈反复,必不可信义处者也。”

其四是,平秀吉狂谋蓄积已久,封贡不足以厌其意——“平秀吉狂谋蓄积已久,一封必不足以厌其意。要而得封,必复要而求贡求市,得陇望蜀,凭陵及我,朝廷又将何以处之……今当事之议,欲令倭尽归岛,不留一兵于朝鲜以听命。顾彼方进兵攻掠,肆无忌惮,又安肯收兵还国,幡然顺从？揆情度势,臣等恐其不能得此于彼也,即使暂时退兵,旋复入寇。败盟之罪又将谁责耶？议者多谓封贡不成,倭必大举入寇,不知秀吉妄图情形久著,封贡亦来,不封贡亦来,特迟速之间耳。"[1]

许孚远的奏疏写得有理有据,建立在知己知彼的基础上,预见到"即使暂时退兵,旋复入寇"。同时代人对此给予很高的评价,孙鑛说:"时倭挠朝鲜,浪传乞封,本兵议许之,众论不然。方纷纭未定,然其端原自闽发之。公(许孚远)至福建,密募死士,往彼国侦焉。已而侦者来,悉得彼诡谋,并诸岛酋相仇状。疏闻于朝,谓发兵击之为上策,御之中策,不可轻与封。本兵至胶执,见之亦悚然。至亲见司礼道其实,谓即切责某数语,罢封贡最善。"[2]叶向高说:"时平秀吉猖狂岛中,滨海岌岌,朝议主封贡。先生(许孚远)侦得其情形,具言：其废主僭位,六十六州劫于威,上下怨毒,势必败。堂堂天朝奈何假之名器,而与之市！"[3]

在此之前,许孚远就向内阁首辅王锡爵表示对封贡的不同看法。待到"请计处倭酋疏"呈上后,再次向王锡爵陈述自己的观点,如果实行封贡,后患无穷,悔之无及。但是,由于主张封贡的势力过于强大,他的主张虽然得到共鸣,却并未付诸实施。[4]

福建巡按刘芳誉全力支持许孚远,再次力争。他在"侦探倭情有据"奏疏中说:"据商人许豫等探称,关白名平秀吉,令各处造船千余,大船长九丈,阔三丈,用橹八十枝;中船长七丈,阔二丈五尺,用橹六十枝。(许)豫访诸倭,皆云候游击将军和婚不成,即乱入大明等处。"之后他又在"贼臣和亲有据辱国难容"奏疏中,斥责兵部尚书石星辱国:"据新回海商黄加等投送朝鲜人廉思谨书,内开和亲一段云：往年游击将军沈惟

① 许孚远《请计处倭酋疏》,《敬和堂集》卷一。
② 孙鑛《明故兵部左侍郎赠南京工部尚书许公神道碑》,《姚江孙月峰先生全集》卷十。
③ 叶向高《嘉议大夫兵部左侍郎赠南京工部尚书许敬庵先生墓志铭》,《苍霞草》卷十六。
④ 三木聪《福建巡抚许孚远的谋略——围绕丰臣秀吉的"征明"》,载高知大学人文学科《人文科学研究》第4卷(1996年)。

敬进兵朝鲜时,与倭连和,约送大明王女于日本。据此以质于礼部郎中何乔远、吏科林材、御史唐一鹏之疏,若合符节……(石)星以握枢大臣,辱国至此,尚欲靦颜就列耶?"朝廷不但不予采信,反而把他贬谪为温州知府。①

6."授册封贡,可保十年无事"?

已经任命为"经略"的蓟辽总督顾养谦,是兵部尚书石星封贡主张的坚决支持者,他有一整套似是而非的怪论。

一则说国家的大患是北方的"虏"(蒙古),而不是东方的"倭"(日本):"国家患虏不患倭,倭不能越朝鲜犯中国,其势不足畏。自古御夷常以顺逆为抚剿,权恩威而用之。吾为朝鲜复疆土,归所侵掠,恩至厚。今倭且归命,宜因而听之,即不许贡,而姑縻之以封号,以罢兵为解纷,假虚名纾实祸,计无便于此者。今言者率称战守,战则不能必得志于倭;守则征兵远戍,岁耗大农金钱数十万,疲中国之力,而代受其敝,令虏得乘虚而入,非策也。臣以中国为全局,以朝鲜为局外,假令关酋(平秀吉)王,而与故王不相下,则国内乱不暇谋,朝鲜即能附众立国,必德天朝,不复有异志。此中国与属国两利而俱安之道也。"②

再则说:"许则封贡并许,绝则封贡并绝。如用臣议,则谕倭众渡海,然后授册封贡,可保十年无事。如用廷议,势必弃朝鲜,画鸭绿江自守。倘既绝封贡,而又欲保朝鲜,臣不能任也。"③他的这种奇谈怪论,遭到廷臣的强烈反对。

迫于舆论压力,顾养谦索性掼纱帽,请求皇帝罢免。他说:"九卿科

---

① 钱一本《万历邸钞》,万历二十二年甲午卷,四月,百官集东阙议封倭;八月,补福建巡按御史刘芳誉年例。
② 申时行《资善大夫都察院右都御史兼兵部侍郎顾公偕配封淑人李氏合葬墓志铭》,《赐闲堂集》卷二十七。
③ 万斯同《明史》卷三百三十二《顾养谦传》。

道之议,大都止绝封贡。臣当局而迷,诸臣旁观而清。又刑部侍郎孙矿所筹划,及先后遗臣书,言之甚辨,断之甚勇。臣抚然自失,请罢免。"皇帝爽快地接受他的请辞,下旨道:"览奏,这封贡都着罢了。本内既荐孙矿才望可任,就着前去经略,专一料理倭事。"①

既然圣旨说"这封贡都着罢了",官员们顿时缄默不言。皇帝感到奇怪,责问兵部尚书石星:"朕前见廷臣争讲东倭封贡事宜,自奉旨停罢后,如何再无人言及倭事?你部里亦未见有奇谋长策来奏,不知善后之计安在?今宣捷告庙为录前功,此事尚未完结。朕衷将此倭情细思之,或遣兵驱去,若待再来,出兵征之;我或不许贡,但许市。这三策,你部里可斟酌覆奏。"②

石星遵旨,在"三策"之外另提一策:立即着手册封日本国王事宜。其实是老调重弹:"事惟决断乃成,人惟专责乃效。今督臣职在封疆,惟以战守为急,议及封事,未免迟回不决。往返商议,便是春汛,再致他虞,谁任其咎?臣既力担封事,遑恤其他,自当吃紧决策,以收完局。为今之计,宜选将二员,一责令赍执檄文,驰赴辽阳地方,即为小西飞伴入山海关前来;一责令直抵釜山,宣谕(小西)行长等,作速率众起行,以表恭顺之心,以俟封使之至。封事既定,则夷使即可遣行。封使既行,釜(山)倭报退,则各回营理事。"皇帝看他说得头头是道,当即照准:"有不奉旨阻挠的,奏来拿问。但有腾架浮言,败坏封事,着厂卫衙门多差兵校,严行缉拿重治。"③与此同时,朝鲜国王也致信皇帝,请求允许封贡,以保危邦。皇帝指示兵部:"倭使求款,国体自尊,宜暂縻之。"④有皇上的圣旨,石星立即派官员赶赴辽阳,伴送小西飞(小西行长的家臣内藤如安)前来北京。同时派官员赶赴釜山,通知小西行长做好准备,一俟

---

① 钱一本《万历邸钞》,万历二十二年甲午卷,四月。
② 钱一本《万历邸钞》,万历二十二年甲午卷,九月。
③ 钱一本《万历邸钞》,万历二十二年甲午卷,十一月。
④ 《明神宗实录》卷七十六,万历二十二年九月丁亥。

封事既定,马上从釜山撤退。①

十二月,日本使节小西飞抵达北京,石星优待如王公。阁臣赵志皋提议皇上在御门接见小西飞,皇帝鉴于"夷情未审",拒绝接见,命令把小西飞安顿在左阙门,由有关官员与他会谈。② 明朝官员向他提出三个条件:从朝鲜撤兵,册封而不朝贡,发誓不再进犯朝鲜。小西飞表示接受,并且留下口词记录三条:一,釜山倭众尽数退归,若得准封,一人不敢留住朝鲜,不敢留对马岛,速回国;二,一封之外,不得别求贡市,任凭分付,并无他求;三,十六年前关白、行长杀了日本国王(意为如今日本并无国王,无碍册封)。口词记录有小西飞的签字画押:"万历二十二年十二月十三日,日本差来小西飞押"。③

石星一手策划的册封平秀吉为日本国王之事,于万历二十三年(1595)正月正式启动。册封诏书写道:"惟尔日本,远隔鲸海,昔尝受爵于先朝,中乃自携于声教。尔平秀吉能统其众,慕义承风,始假道于朝鲜,未能具达,继归命于阙下,备见真诚。驰信使以上表章,干属藩为之代请,恭顺如此,朕心嘉之。兹特遣后军都督府署都督佥事李宗城、五军营右副将署都督佥事杨方亨,封以日本国王,锡以冠服金印诰命。凡尔国大小臣民,悉听教令,共图绥宁,长为中国藩篱,永奠海邦之黎庶,恪遵朕命,克祚天麻。"④

皇帝委派的正使李宗城、副使杨方亨,在沈惟敬的陪同下,经由朝鲜前往日本,册封丰臣秀吉为日本国王。不知何故,册封使节的行动十分拖拉迟缓,直到万历二十三年(1595)年底,仍旧逗留朝鲜境内,并未渡海。兵科给事中徐成楚弹劾兵部尚书石星,"东封竣事无期"。吏科

① 中村荣孝《丰臣秀吉的外征——文禄庆长之役》,载中村荣孝《日鲜关系史研究(中)》,吉川弘文馆,1969 年,第 197 页。
② 《明神宗实录》卷二百八十,万历二十二年十二月甲寅。
③ 钱一本《万历邸钞》,万历二十二年甲午卷,十二月。
④ 谈迁《国榷》卷七十七,万历二十三年二月辛亥。

给事中张正学也因"东封日久,情形可疑",上疏弹劾石星轻信沈惟敬之言,请封日本,但是正副使节出使将近一年,"久住朝鲜,未闻渡海。顷接邸报,见东封三疏。据正使李宗城则云:(小西)行长五营尚在,(加藤)清正未行,或报阻封惧诛,或报留迎册使。据沈惟敬则云:已择十二月初六日行。凡此数语,俱涉支吾。臣切忧当事之臣轻信无赖,以误国家,损威非少。"①沈惟敬所说十二月初六日起行,也是假话。到了万历二十四年(1596)三月,正副使节不但没有渡海,反而传来正使李宗城突然逃亡的消息。据邸报记载,万历二十四年三月,"山东巡按李思孝报,沈惟敬被关白缚绑,李宗城闻知,夜即弃印逃出"。②这是个误传的消息,李宗城的逃亡另有原因。据万斯同说:"二十四年,遣临淮侯李宗城、都指挥杨方亨册平秀吉为日本王,给金印。(李)宗城次对马岛,闻太守仪智妻美,欲淫之。(仪)智怒,将行刺,(李)宗城惧,玺书夜遁。"③而李宗城自己的说法截然不同,逃亡是为了维护天朝使节尊严:"关白所要七事,不止一封,彼若望封若渴,何无一人相迎? 陡于三月二十八日,有被掳福建人郭续禹,以买药为名,私相求见。职招至卧内,伊谓关白虎狼蛇蝎,使臣者去,必至羁留,且将质以要索,少有不遂,定行杀害。又传,沈惟敬被关白一捆,关白云:予所要者七事,原不为封。又见近日关防甚严,情形渐异,遂于本夜捧节西还,仿古大夫出疆之义。拟至前途飞报,讵竟迷失道路,不食者六日。初八日始至庆州,理合揭报。"④

李宗城说得冠冕堂皇,大义凛然,究竟孰是孰非? 看了谷应泰的记载,便可见分晓:"东封之使久怀观望,至是(二十四年正月)始抵釜山。而沈惟敬诡云演礼,同(小西)行长先渡海,私奉秀吉蟒玉、翼善冠,及地

---

① 钱一本《万历邸钞》,万历二十三年乙未卷,十二月。
② 钱一本《万历邸钞》,万历二十四年丙申卷,夏四月。
③ 万斯同《明史》卷四百十三《外蕃传·朝鲜》。
④ 钱一本《万历邸钞》,万历二十四年丙申卷,五月。

图、武经……取阿里马女,与倭合。李宗城纨绔子,经行之营,所在索货无厌。次对马岛,太守仪智夜饰美女二三人,更番纳行帷中,(李)宗城安之。倭酋数请渡海,不允。仪智妻,(小西)行长女也,(李)宗城闻其美,并欲淫之。(仪)智怒,不许。适谢周梓倅隆,与(李)宗城争道,(李)宗城欲杀之。(谢)隆诛其左右,以倭将行刺。(李)宗城惧,弃玺书夜遁。比明失路,自缢于树,追者解之,遂奔庆州。"①谷应泰所说是有根据的。万历二十五年(1597)三月杨方亨回京奏报出使的全过程,曾经提及"正使李宗城有被谢隆之惑,蓦然潜出"的情节。② 足见万斯同、谷应泰所说不虚,李宗城则谎话连篇。朝廷任用这样的人去办册封大事,其结果自然可想而知。

皇帝下令扭解李宗城至京审讯,将副使杨方亨提升为正使,任命随员沈惟敬为副使,立即前往日本。

九月一日,使节一行在大阪城会见丰臣秀吉。丰臣秀吉接受了册封诰命书、国王金印、明朝冠服,命相国寺承兑宣读诰命、敕谕。堀杏庵《朝鲜征伐记》说,当读到"万里叩关,恳求内附"时,丰臣秀吉勃然大怒。以后赖山阳《日本外史》进一步渲染夸张说,宣读诰命敕谕时,丰臣秀吉立即脱去冠服,抛到地上,并且把敕书撕得粉碎。据西嶋定生研究,这份敕书至今仍保存得相当完好,丝毫没有撕破的痕迹。万历帝的诰命现藏于大阪市立博物馆,敕谕现藏于宫内厅书陵部。③ 关于诰命敕谕,大庭脩有详细的研究。他说,诰命是册封的辞令,写在青赤黄白黑五色云鹤纹织锦上的,其文字"奉天承运皇帝制曰"云云,及"特封尔为日本国王"云云,以工整楷书分五十行书写。敕谕是讲和的具体指示,记载了封秀吉为日本国王而赐予的金印、冠服,以及赐予陪臣的官职、物品,

---

① 谷应泰《明史纪事本末》卷六十二《援朝鲜》。《石匮书·盗贼列传》所记略同。
② 钱一本《万历邸钞》,万历二十五年丁酉卷,三月。
③ 西嶋定生《中国古代国家和东亚世界》,东京大学出版会,1983 年,第 636—637 页。堀杏庵,即堀正意,江户时代初期藤原惺窝的弟子,《朝鲜征伐记》是其代表作。

最后还附记赐予国王冠服的目录。这些冠服原物至今仍保存在京都市的妙法院。①

九月二日，丰臣秀吉身穿明朝冠服，在大阪城设宴招待明朝使节。表面上看似乎取得了预料的结果，其实不然。册封事件从万历二十三年正月启动，直至万历二十五年正月，册封使节才回到朝鲜釜山，延续了整整两年，有识之士已经敏锐地意识到问题的严重性。

万历二十四年十二月，兵部尚书石星奏报，册封大典已经完成，使节凯旋，釜山倭奴扫荡计在咫尺。兵科给事中徐成楚反驳道，事实恰恰相反："今月初四日，接到蓟辽总督孙鑛、辽东巡抚李华龙，各为紧急倭情情事，内称：关白密谋大举，朝鲜道咨告急，求调浙兵三四千，星火前进，进驻要害，以为声援……复朝鲜既灭之余烬也，人心内震，士马外残，取之如摧枯拉朽，不但八千釜(山)倭盘踞如故，且曰将以刻下渡海大兵，以明春继进。朝鲜不支，必折而入于倭；朝鲜折而入于倭，则辽以左、山以东，可依然安枕乎?"②

以后事态的发展，证实了有识之士的预判，封贡并不能满足丰臣秀吉的欲望，再次进军朝鲜不过是时间迟早的事情。万历二十五年正月，册封使节回到釜山，驻扎釜山的日军并未按照协议渡海回国。不久，朝鲜国王李昖因为"倭情紧急"，请明朝援助；派遣陪臣刑曹郑其远赶来，痛哭请援。兵科给事中徐成楚根据辽东副总兵马栋报告，正月十五日有倭将(加藤)清正带领倭兵船二百余只，已于十四日道朝鲜海岸，至原住机张营驻扎，其兵力当不少于二万余。所有防御事宜，应当及早图谋。但是昨日内阁首辅赵志皋说，封事已成，不知徐成楚何故，深自张皇启祸。皇帝命廷臣立即召开会议，研究倭情。③ 二月间，册封使节杨

———————————

① 大庭脩《关于丰臣秀吉封为国王的诰命——我国现存的明代诰敕》，载《关西大学东西学术研究所纪要》第四辑(1973年)。
② 钱一本《万历邸钞》，万历二十四年丙申卷，十二月。
③ 钱一本《万历邸钞》，万历二十五年丁酉卷，二月。

方亨回渡鸭绿江,向朝廷奏报册封经过,隐约而含蓄地提请朝廷注意:
"岛夷狡猾叵测,自其天性,乃受封之后,尤为责备朝鲜之语,复欲狂逞
肆毒于朝鲜,亦未可知。"①

　　三月,杨方亨回到北京,报告真实的倭情。谷应泰说:"(杨)方亨始
直吐本末,委罪(沈)惟敬,并石星前后手书,进呈御览。上大怒,命逮石
星、(沈)惟敬按问。"②那么杨方亨讲了些什么呢? 看他的奏疏题目——
"直言封事颠末正欺罔绝祸源",便可知晓他要杜绝欺罔,披露真相。原
来他抵达釜山时,为了提防沈惟敬泄密,在奏疏中所写的是冠冕堂皇的
假话,什么"关白平秀吉感激锡予封典,怀德畏威,恪遵典制,创公馆而
特迎诰敕,率臣民而远效嵩呼";什么"日本调兵渡海之事,在朝鲜固宜
提备,亦不必过为张皇,而日本既听胡搜处分,似宜量为分解"云云③,并
非真情实况。为什么呢? 他透露其中隐情:"今往返两国已历二年,目
击耳闻颇真,是不敢不言之时。不但今日当言,即臣返棹之时业欲具
奏,以(沈)惟敬密迹,若有一言,(沈)惟敬必知,(沈)惟敬一知,倭奴必
觉。臣死不足惜,而龙节玺书,及随从数百员役,尚在虎口,万一不测,
辱命之罪万死何赎!"④那么抵达鸭绿江时的奏疏为何不讲呢? 因为收
到兵部尚书石星的信函,暗示他"一封之外,别无干预"。所以只能隐约
提及"岛夷狡猾叵测"。一旦抵达京师,他再也不敢隐瞒真相,披露石星
与沈惟敬联手策划的封事背后的隐情。

　　其一是,沈惟敬忽然借口提前前往日本教导册封礼仪,于去年正月
十五日随同小西行长渡海而去,音信杳然,人心危疑。恰在此时,正使
李宗城受到谢隆追杀,突然逃亡。杨方亨向石星提醒"倭情狡诈,不敢
保其无他",请求派遣得力言官前来釜山查勘,相机而行,可封则封,可

①　钱一本《万历邸钞》,万历二十五年丁酉卷,二月。
②　谷应泰《明史纪事本末》卷六十二《援朝鲜》。
③　钱一本《万历邸钞》,万历二十五年丁酉卷,正月。
④　钱一本《万历邸钞》,万历二十五年丁酉卷,三月。

罢则罢。石星以"文臣破败封事"为借口,予以拒绝。使得他有一种"甘心为本兵鹰犬"的感受。

其二是,当初双方约定,釜山日军一个不留,始得前往日本册封。然而兵部尚书石星发来公函,要求"釜山倭户务安插得所"。石星还致书小西行长,令杨方亨或住对马岛,或住南戈崖,等候"钦补物件"。"(小西)行长乃日本之奴隶,本兵之与通书,用护封,称先锋,内有亲笔副启"。

其三是,以前所谓日本已无国王,无碍册封云云,显然是无稽之谈。杨方亨说:"又闻日本国王天正为文禄之父,一旦秀吉废其父而立其子,擅作威福,震詟国人。今天正、文禄父子俱在,而秀吉俨受王号,其篡逆之心又于此可见。"

其四是,沈惟敬其人可疑,石星却倚为亲信,由此忠心变而为昏昧。杨方亨说:"大都封事之误,误于(沈)惟敬一人。臣切睹本兵之初心,实忠于为国,但偏于所听,不能知人。沈惟敬何人? 而遽任以国家大事;倭奴何人? 而遽信为孝子顺孙。始则以(沈)惟敬之欺罔认为忠言,犹不失其本心之忠;继则以误就误,乃至掩耳偷铃。以(沈)惟敬之误己者,乃误国家,此本兵忠赤之心变而为昏昧也。"

其五是,杨方亨指责石星,"倭奴云集海隅,正宜长驱尽扫,何偏听独见,坚执许封。倭众未归,而大兵先撤。恒以省财费为言,更不知昔之所费有限,今之所费无穷。"

其六是,石星在册封使节随员中,擅自安插家人(亲信听差),且地位在其他随员之上。"本兵家人,当禁迹阁中,尚不可履武弁之门,况可以出外国,驰马高盖,博带峨冠,居诸从员之上,是何体也? 意谓差官报事不实,故遣家人亲往,所报必实。竟无一字实报皇上,而仍前偏听,不知差家人之心是何心也"。①

---

① 钱一本《万历邸钞》,万历二十五年丁酉卷,三月。

获悉这些内情，皇帝大怒，降旨逮捕石星、沈惟敬，交法司审讯。

已经退休在家的申时行认为，石星、沈惟敬操纵的封事，不但误国而且辱国。他回顾道："朝鲜有倭难，连章告急请援兵，朝议皆言可许。乃命将发兵，遣大臣经略，抽选各边精锐以往。本兵檄海上各以舟师来会，中外汹汹。余方卧家，客问余计将安出？余曰：'朝鲜固属国，然国家不有其疆土，不征其租赋，与内地异……恶有以天朝戍外国者。朝鲜能自守，则吾助之兵粮，以示恤小之仁，或告谕日本使之罢兵则可耳。'已闻朝廷遣人谕倭，倭将各引还釜山，以王京及所掳王子归朝鲜，诡云欲入贡天朝，为朝鲜所遏，故兴兵伐之。于是封贡之议起矣。庙堂若有主持，许其封而却其贡，即彼遣使来，当令辽东抚臣审实代奏，而后许封。待其表文既至，而后遣使，乃不失体。今小西飞乃倭将行长一书记耳，本兵尽撤营兵，夹道陈列而迎之；请驾御午门城楼引见，亦甚亵矣。闻京师百官军民无不愤恨，而本兵扬扬自以为得策也。已又遣两使臣赍冠服以往，而关白尚不知使臣，留待半岁。本兵自遣其仆往探之，竟不得命，而讹言四起。使臣且踉跄奔还，不惟误国且辱国，可为扼腕长太息也。"[1]可谓旁观者清，倘若当时他仍是内阁首辅，还能看得如此透彻吗？

7. 战端再起，戛然而止

就在这时，丰臣秀吉再次发动侵略朝鲜的战争。

万历二十五年（1597）正月十五日，辽东副总兵马栋报告，倭将清正带领兵船二百余只，已于十四日到朝鲜海岸，在原住地机张营驻扎，其兵力不下两万。朝鲜陪臣向明朝痛哭求援。兵科给事中徐成楚报告，倭将清正率兵船二百余只，倭将丰茂等帅兵船六十余只，之朝鲜西生浦

---

[1]　申时行《赐闲堂集》卷四十《杂记》。

等处,别起倭船络绎不绝过海而来。他抨击道"奸臣党蔽天听,谬为两国相争,只为礼文缺典。不知世岂有兴师十数万,浮海数千里,争一繁文缛节"之事![1]

朝廷至此才知道寄予极大希望的"封事"已经失败,下令革去蓟辽总督孙鑛的官职,任命邢玠(字式如,号昆田,山东益都人)以兵部尚书出任总督经略,都御史杨镐(字京甫,号凤筠,河南商丘人)经理朝鲜军务,以麻贵为提督,东征援朝。

石星因"封事"误国,皇帝给刑部的谕旨狠狠训斥道:"倭奴狂逞,掠占属国,窥犯内地,皆前兵部尚书石星诒贼酿患,欺君误国,以致今日,戕我将士,扰我武臣,好生可恶不忠!着锦衣卫拿去法司,从重拟罪来说。"[2]其实册封的诰命敕谕都是皇帝签署发出的,如果没有皇帝的纵容,石星何至于如此肆无忌惮。现在所有责任全推到他一人身上,法司遵旨从重拟罪:论石星大辟,妻子发烟瘴地面永戍。[3]

石星的悲剧在于,稍有小才,而对外交国防所知甚少,只知一味投机取巧,暗箱操作。在如此重大的外交国防问题上失误,断然难逃一死。日本学者冈野昌子评论道,石星对这场战争始终缺乏信心,以兵部右侍郎宋应昌为经略,以市井无赖沈惟敬为游击将军,确立石星—宋应昌—沈惟敬路线,表面上采用筹集钱粮、制造武器、征发渔船、募集士兵的军事体制,暗中进行和平折冲。当时官僚中反对"封贡"者占七八成,赞成"封贡"者不满一二成。和平交涉的结果,是日军的再度入侵。[4]

据明朝官方的情报,此次侵略朝鲜的日军达十二万之众。其中清正一万二千,直政一万八千,行长一万,义弘一万,辉元二万,甲州太守、

① 钱一本《万历邸钞》,万历二十五年丁酉卷,二月。
② 钱一本《万历邸钞》,万历二十五年丁酉卷,八月。
③ 钱一本《万历邸钞》,万历二十五年丁酉卷,九月。
④ 冈野昌子《秀吉的朝鲜侵略和中国》,载《中山八郎教授颂寿纪念·明清史论丛》,东京燎原书店,1997 年,第 143 页、148 页、154 页。

一州太守、土州太守、云州太守各兵六千,一政六千,隆景四千,安沾、安治四千,义智三千,广门二千。① 明朝方面看清了日本的野心,朝鲜灭亡势必危及中国,必须采取长期作战的战时体制,因此出动的兵力明显增加,从《明神宗实录》来看,水军与陆军合计九万人;从朝鲜《宣祖实录》来看,明军有十一万之多。② 需要说明的是,上述明军的数字,都是万历二十六年的统计,万历二十五年战争初期的兵力没有达到这一水平。

日军以兵力优势,很快攻破闲山、南原等地。据明朝方面记载,七月,日军夺取梁山、三浪,进攻庆州、闲山,朝鲜守将元均望风披靡,闲山陷落。闲山在朝鲜西海口,是南原的屏障,全罗的外藩。闲山失守,形势吃紧,经略下令严防王京西面的汉江、大同江,阻止日军西下。八月,日军包围南原,乘着夜色掩护,发动突然袭击。守将杨元毫无防备,听闻倭至,从帐篷中惊起,赤脚逃跑,辽兵护卫他向西奔去。当时全州有明将陈愚衷,忠州有明将吴惟忠,各自扼守要塞。而全州距离南原仅一百里,互为犄角。南原告急,陈愚衷怯懦,不发兵,听说南原已破,立即弃城撤退。麻贵派游击牛伯英赴援,与陈愚衷会合后,驻扎于公州。日军进犯全罗,逼近王京。当时明军兵力单薄,只得依靠汉江天险,退守王京一带。麻贵甚至向邢玠提出放弃王京,退守鸭绿江。海防使萧应宫坚决反对,从平壤日夜兼程赶往王京制止。麻贵发兵守卫稷山,朝鲜也征调都体察使李元翼由鸟岭出忠清道,阻挡日军。③ 经略邢玠向朝廷大叹苦经:"朝鲜南原全州已失,倭势甚大。该国官民纷纷逃散,渐遗空城,不惟不助我兵,不供我饷,且将仓粮烧毁,绝军咽喉,反戈内向。萧墙变起,数支孤军,御倭且难,御朝鲜之贼益难。"④

---

① 钱一本《万历邸钞》,万历二十五年丁酉卷,九月。
② 冈野昌子《秀吉的朝鲜侵略和中国》,前揭《中山八郎教授颂寿纪念·明清史论丛》第157页。
③ 茅瑞徵《万历三大征考·倭下》。颜季亨《国朝武功纪胜通考》卷八《征倭后案》。谷应泰《明史纪事本末》卷六十二《援朝鲜》。
④ 钱一本《万历邸钞》,万历二十五年丁酉卷,八月。

朝鲜人记载,当时战况相当激烈:"丁酉(万历二十五年)九月六日,天将副总兵解生、参将杨登山、游击摆赛颇贵等兵数万,迎战于湖西至境。解生等到金岛坪,巡审用武之便,分兵三协,为左右掩杀之计。陈愚衷自全州退遁,贼兵跟追,已渡锦江。上(朝鲜国王)日夜泣诉于经理(经略杨镐),慰解曰:'倘官军不利,主君宫眷可相救活。'即于麻贵领大军行至水原下寨,遣兵于葛院,埋伏于芥川上下,以为后援。贼兵自全州天安直向京城。五日黎明,田秋福向洪庆院,先锋已至金岛坪。天兵左协出柳浦,右协发灵通,大军直从坦途,锣响三成,喊声四合,连放大炮,万旗齐颤,铁马云腾,枪剑奋飞,驰突乱砍,贼尸遍野。一日六合,贼逝披靡……翌日平明,贼兵齐放连炮,张鹤翼以进,白刃交挥,杀气连天,奇形异状,惊惑人眼。天兵应炮突起,铁鞭之下,贼不措手,合战未几,贼兵败遁,向木川清州而走。"[1]日将加藤清正损兵折将相当惨重。明朝方面报道说:"先是,倭分三路,欲拥犯朝鲜王京,解生挫于稷山,又转向东南。彭友德等又进至青山等处。倭众遂溃南遁。"[2]这是再次开战后第一个胜仗,即所谓稷山大捷。

万历二十五年十一月二十九日,经略邢玠带着皇上颁发的犒赏银两,以及皇上钦赐的尚方剑,与监军御史陈效一起,率领增援兵力抵达王京。随即在王京召开军事会议,把全军分为三协:左协由副总兵李如梅指挥,右协由副总兵李芳春、解生指挥,中协由副总兵高策指挥。总兵麻贵与经理杨镐率领左协与右协军队,从忠州鸟岭向东安趋庆州,专攻日军加藤清正部。为了防止小西行长前来增援,命中协兵马策应左右两协,遏制全罗来援之敌。十二月二十日,杨镐、麻贵进至庆州,勘察蔚山敌情。二十三日,明军向蔚山发起进攻,先由游击以轻骑引诱日军

---

[1] 李光涛《明人援韩与稷山大捷》,载《历史语言研究所集刊》第四十三本第一分册。李氏引赵庆男《乱中杂录》。

[2] 钱一本《万历邸钞》,万历二十五年丁酉卷,九月。

进入埋伏斩杀日军四百余人,日军南奔岛山,构筑三寨固守。翌日,游击茅国器带领浙兵先登,连破三寨,斩杀日军六百六十一人。日军坚壁不出,等待援军。

监军御史陈效向朝廷报告蔚山大捷:"督臣(邢)玠扼守王京,总兵麻贵、抚臣杨镐先后于十二月初八等日,由王京起行,齐至庆州,定计专攻蔚山。于二十三日巳时抵巢,贼兵万余迎战。斩获倭级四百四十余颗,生擒十名。贼弃蔚山,追走争渡,溺死甚众,退守岛山新城。二十四日抚镇督率官兵攻岛山,遂破伴鸠亭、城隍堂、太和江三寨,生擒倭贼四名,斩获首级六百一十一颗,焚烧寨内铺面住房万余,仓粮牲畜尽数烧毁。二十五日,复攻岛山。城险备周,不能遽上。"①

正当蔚山日军岌岌可危之时,小西行长派援军赶来解围。小西行长担忧如果倾巢出动,釜山空虚,一面挑选锐兵三千赶来,一面虚张旗帜于江上,制造大批援军从海上赶来的假象。朝鲜将军李德馨为假象迷惑,谎报"海上倭船扬帆而来"。杨镐未加核实,来不及下令,就率先西奔,大军失去指挥,顿时溃乱。加藤清正乘机反扑,明军死伤万余。②

李光涛评论道:"朝鲜君臣乃至额手称庆,认为清正不难成擒矣。孰知天不欲灭倭,譬如大兵进围蔚山别堡之所谓岛山,凡十余日,而倭众正困于饥渴交迫,清正且一再至欲拔剑自裁。不意天忽大雨,以解其危,更兼倭援大至。当此之际,杨镐仓卒撤军,结果反为倭兵所乘,不利而退。"③所谓"不利而退"云云,过于轻描淡写,其实是小胜之后的大败。杨镐、麻贵奔往星州,退守王京。

皇帝接到蔚山大捷的喜讯,下令嘉奖:"东征再捷,此皆总督运筹,抚镇奋勇,以致将士争先效劳,由此奇捷,朕心嘉悦。杨镐亲冒矢石,忠

① 钱一本《万历邸钞》,万历二十五年丁酉卷,十二月。
② 茅瑞徵《万历三大征考·倭下》。颜季亨《国朝武功纪胜通考》卷八《征倭后案》。谷应泰《明史纪事本末》卷六十二《援朝鲜》。
③ 李光涛《明人援韩与杨镐蔚山之役》,载《历史语言研究所集刊》第四十一本第四分册。

尤可嘉。邢玠赏银一百两,杨镐、麻贵各八十两,再发太仆寺马价银五万两,犒赏将士。"①孰料,这一嘉奖令及犒赏银两还未送到前线,就传来惨败的消息:"二十七日,大雨昼夜,二十八日,东南风大作,海上援倭俱至。二十九日,海倭寨倭上下夹攻。至戊戌(万历二十六年)新正初二等日,李如梅、李宁、卢得功、屠宽、解生、祖承训、杨登山等九员大溃,死伤官兵十七八。经理(杨)镐、总兵(麻)贵俱遁。我兵自相蹂践,死者无数,合营俱败,三日方抵中州。"有关官员纷纷指责杨镐、麻贵"以败报胜,以罪报功"。②

朝鲜赞画、兵部主事丁应泰弹劾杨镐等人"贪猾丧师酿乱,权奸结党欺君",不但批判杨镐,谴责麻贵、李如梅等将领,还牵连到内阁辅臣张位、沈一贯。他的奏疏写得非常尖锐,批判杨镐有这样的话:"抚臣杨镐,谬妄轻浮,机械变诈,既丧师而辱国,敢漏报而欺君。倭至则弃军士之命而潜逃,兵败则画屯守之策而掩罪。"谴责李如梅有这样的话:"副将李如梅,贪淫忌刻。欺罔奸谗,张虐势而凌眇将官,挟上交而淫掠属国。逗留观望,则且进且退;擅离信地,则独往独来。"谴责麻贵有这样的话:"提督麻贵,巧于避罪,而文致报章;忍于弃军,而仓皇驰马。既已损威偾事,乃复冒赏乱功,诸将拊心,三军切齿。"他还揭露内阁辅臣张位、沈一贯"交结欺蔽之状"。皇帝对此十分重视,批示说:"朕览此奏,关系军国切要重务,着五府、大小九卿、科道官,公同看议来说。"③

府部科道看议的结果,一是杨镐革职,回籍听勘;二是张位罢官、削籍。皇帝圣旨说得振振有词:"杨镐乃卿密揭屡荐,夺情委用,专任破

---

① 钱一本《万历邸钞》,万历二十五年丁酉卷,十二月。
② 钱一本《万历邸钞》万历二十六年戊戌卷,正月。
③ 钱一本《万历邸钞》,万历二十六年戊戌卷,六月。丁应泰还揭发杨镐与李如梅"媚清正而与讲和",确有其事。万历二十五年九月,日军逼近汉江,杨镐派遣张贞明拿着沈惟敬的手书,与日军谈判,结果行长退兵离王京六百里,清正退兵离王京四百里。(见《万历三大征考·倭下》及《明史纪事本末·援朝鲜》)。

倭。乃今朋欺,隐匿军情,致偾东事,辱国损威,莫此为甚。"①

战事陷入了相持局面。

不料风云突变,从日本传来丰臣秀吉于七月九日死去的消息,日军士气顿时低落,阵脚大乱。据说,丰臣秀吉的死讯是严格保密的,五大老、五奉行向在朝鲜的大名发去撤退的指令。但是为此必须向明朝方面提出撤退的名分,例如以朝鲜王子为人质,朝鲜每年向日本缴纳稻米、虎皮、豹皮、药材、清蜜等租税。中国和朝鲜似乎已经刺探到丰臣秀吉的死讯,断然拒绝日本方面的要求,出兵追击撤退的日军。追击的主要指挥者是水军将领李舜臣。他阻断了小西行长的退路。这时,釜山和蔚山的日军撤退之后,小西行长和岛津义弘的军队成了殿后。小西遭到李舜臣的袭击,岛津为了援救小西,在露梁津与李舜臣的水军展开激战。李舜臣在这场海战中中弹而死。②

邢玠抓住战机,命总兵刘綎、董一元、麻贵分兵三路出击。日军各部无心恋战,纷纷渡海东归。战火终于熄灭。

如果丰臣秀吉不死,这场战争还将旷日持久地进行下去。他的死,导致日军的失败早日到来,吞并朝鲜的黄粱美梦化作泡影。清朝官方编纂的《明史》评论道:"秀吉死,诸倭扬帆尽归,朝鲜患亦平。然自关白(秀吉)侵东国,前后七载,丧师数十万,糜饷数百万,中朝与朝鲜迄无胜算。至关白死,兵祸始休,诸倭亦皆退守岛巢,东南稍有安枕之日矣。"③

万历二十七年(1599)三月,皇帝降旨:征倭总兵麻贵班师回朝;任命李承勋提督水军,充任防海御倭总兵官,驻扎朝鲜;周于德移镇山东,为备倭总兵官。四月十五日,皇帝破例来到午门城楼,接受朝贺,并把平秀正等六十一名俘虏当场正法。闰四月初八日,皇帝为东征御倭胜

① 钱一本《万历邸钞》,万历二十六年戊戌卷,六月。
② 《秀吉和信长》,载《日本历史之谜和发现》(9),每日新闻社,1979年,第97—99页。
③ 张廷玉《明史》卷三百二十三《外国三·日本》。

利,向全国发布诏书:"朕念朝鲜称臣世顺,适遭困厄,岂宜坐观!若使弱者不扶,谁其怀德;强者逃罚,谁其畏威?况东方乃肩背之藩,则此贼亦门庭之寇,遏阻定乱,在于一人。于是少命偏师,第加薄伐,平壤一战,已褫骄魂。而贼负固多端,阳顺阴逆,本求伺影,故作乞怜。册使未还,凶威复煽。朕洞知狡状,独断于心,乃发郡国羽林之材,无吝金钱勇爵之赏,必尽卉服,用澄海波。"①

然而,在当时人看来,这场战争胜之不武,有不少负面评论,许重熙《嘉靖以来注略》反映得比较集中。他关于此次战争收场的记述,颇有讽刺意味:"万历二十六年十一月,倭将各统兵归国。时平秀吉已于七月九日死,诸酋久有归志。邢玠敛军中数万金贿诸酋,随之渡海,求秀吉之子永结和好。诸酋欣然扬帆,同日南去。经略万世德自六月受命(代替杨镐),迁延不敢前。比闻倭退,兼程驰至王京,会同邢玠奏捷,遣三百人分送三酋渡海,而三酋亦遣百人送(邢)玠渡鸭绿江。(邢)玠即缚之以献俘云。"②赞画丁应泰弹劾邢玠、杨镐,言官徐观澜弹劾阁部大臣,受到高层官员打击报复。许重熙披露了一些细节:随邢玠、杨镐东征的赞画丁应泰,弹劾邢玠、杨镐"假官赍贿,随倭渡海,并无战功,伪奏肤捷"。给事中刘余泽、陈如吉诬陷丁应泰"妒功",皇帝下旨"应泰回籍听勘"。言官徐观澜弹劾阁臣沈一贯、兵部尚书萧大亨、总督邢玠、经略万世德,斥之为"四凶","党和卖国"。奏疏送到北京,被户部侍郎张养蒙扣下。徐观澜再次上疏,揭露"师中积蠹、阃外虚文弊端种种"。这是他亲自前往釜山、蔚山、忠州、星州、南原、稷山等地,"查核各处败状",收集来的证据,据实报告朝廷。沈一贯利用职权,以"回籍调理"的名义,把徐观澜罢官。③

① 谈迁《国榷》卷七十八,万历二十七年闰四月丙戌。
② 许重熙《嘉靖以来注略》卷九,万历二十六年十一月。
③ 许重熙《嘉靖以来注略》卷九,万历二十六年十二月;万历二十七年二月。

列举了上述事实,许重熙引用董其昌的评论表明自己的观点。董其昌说:"倭以平秀吉之死,因而惰归,非战之功也。(丁)应泰以(邢)玠为赂倭,科臣即以(丁)应泰为党倭,岂为笃论。而(丁)应泰以此永废,可惜矣!(邢)玠谓(陈)效之死为(丁)应泰所逼,不胜愤懑,以激皇怒可耳。大御史气吞郎署,岂受(丁)应泰凌轹且死哉。即言观理,是非自见。"①

在班师回朝之后的庆贺声中,人们看到的是一个论功行赏的圆满结局:邢玠晋升为太子太保,荫一子锦衣卫世袭;万世德晋升为都察院右副都御史,荫一子入国子监;麻贵晋升为右都督;杨镐以原官叙用。对此谷应泰不无讥刺地议论道:"邢玠飞捷之书,杨镐冒功之举,罔上行私,损威失重。煌煌天朝举动如此,毋怪荒裔之不宾也。向非关白恶病亡,诸倭扬帆解散,则七年之间,丧师十余万,靡金数千镒,善后之策茫无津涯,律之国宪,其何以辞。乃贪天之功,幸邀爵赏,衣绯横玉,任子赠官,不亦恧乎!"显然,谷应泰的批评不仅针对邢玠、杨镐的"罔上行私",而且对于"煌煌天朝举动如此",也有所微词。谷氏虽然生于明末,但编写《明史纪事本末》已是清朝初年,敢于无所顾忌地追究神宗皇帝的过失:"用兵之初,神宗气自甚锐,锐则期其速济,故不欲核其真。用兵之久,神宗忧自甚深,深则幸其成功,故不欲明其伪。卒之忠言者皆落职,欺君者冒功,而所遭逢异矣。"②从"不欲核其真",到"不欲明其伪",看似两个极端,本质却是一致的。茅瑞徵在总结此次战争时说"中朝经略数岁,迄不得要领"③,是否可以由此悟出一些道理来了呢?

① 许重熙《嘉靖以来注略》卷九,万历二十七年二月。
② 谷应泰《明史纪事本末》卷六十二《援朝鲜》。
③ 茅瑞徵《万历三大征考·倭下》。

三 平定播州杨应龙叛乱

1. 播州宣慰使司与杨氏家族

明朝沿袭元朝制度,在西南地区设置土司(土官),授予当地民族首领官职,诸如宣慰使、宣抚使、安抚使、土知府、土知州、土知县等,实行间接统治。

由于种种原因,这些土司经常发动武装叛乱,朝廷的对策是,在平定叛乱之后,实行"改土归流"——裁撤土司,改设流官。所谓流官,就是由朝廷任命,定期更换的地方官——知府、知州、知县等等。例如,永乐十一年(1413),平定思南宣慰使叛乱后,把思南宣慰使司改为思南府、思州府、铜仁府、石阡府、黎平府,在此基础上设置行省一级的贵州布政使司。

播州古时为夜郎且兰地,汉朝时属于牂牁郡。唐朝贞观初年,分牂牁北部,设置郎州,领六县,以后改成播州。① 播州地处四川南端,与贵州相邻。播州宣慰使司是由杨氏世袭的土司。杨氏的先世是山西太原人,唐朝末年,南诏叛乱,杨氏先祖杨端应募,至泸州、合江,直入白锦军高遥山,安营扎寨,为持久计。伺蛮入寇,出奇兵击破,朝廷授予武略将军,遂世守播州。由唐至宋元,前后十九代为藩臣:

杨端为武略将军,

杨克广为太师中书,

---

① 谷应泰《明史纪事本末》卷六十四《平杨应龙》。

杨令贵为德州刺史，

杨震为都巡检使，

杨文广为武节大夫，

杨惟聪为修武郎，

杨逡为武经郎，

杨轸为秉义郎，

杨轼为成忠郎，

杨粲为武翼大夫，

杨价为雄伟军都统，

杨文为团练使，

杨邦宪为都指挥使、宣慰使，

杨汉英，朝廷赐名赛因不花，封播国公，为上将军，

杨如祖为安抚使，

杨鉴为招讨使。①

实际情况复杂得多，朱国祯说："唐祚移后梁，杨端忧愤疽发背死，子牧南嗣。四传为昭……无子。今莫州防御使杨延朗子贵迁，持符至广西，与昭通谱，即留为嗣，盖宋赠太师中书令裔孙。自是，有播州者皆贵迁之后也。"②

明初，杨鉴内附，改为播州宣慰使司。洪武五年(1372)，杨鉴进贡方物，上交元朝所授金牌、银币，太祖高皇帝赏赐绮币衣物。洪武二十年(1387)被征入朝，进贡马十匹，皇帝戒谕守土保身之意。洪武二十三年(1390)，杨鉴派遣儿子来朝，请求进入太学。洪武二十八年(1395)，朝廷赏赐有功将卒二万三千多人，给予钞一十二万三千余贯。从此以

---

① 朱国祯《皇明大事记》卷四十二《平播州》，瞿九思《万历武功录》卷五《播酋·杨应龙传上》，茅瑞徵《万历三大征考·播州》。
② 朱国祯《皇明大事记》卷四十二《平播州》。

后,或一二年,或三四年入朝一次。^① 播州宣慰使司号称西南最大的土司,其地广袤千里,介于四川、湖广、贵州之间,西北堑山为关,东南俯江为地,领有安抚使司二:黄平、草塘;长官司六:真、播、白泥、余庆、重安、容山;统辖七姓:田、张、袁、卢、谭、罗、吴。^②

洪武年间的学士宋濂撰《杨氏家传》,记叙播州杨氏家史甚详,其序言写道:

> 播州夷獠错居,时出为中国患。杨端藉唐之威灵,帅师深入,遂据其土。五传至昭,胤子中绝,而贵迁以同姓求为之后。三传至文广,威詟德怀,而群蛮稽首听命,益有光于前人。又三传至选,留意礼文,尊贤下士,荒服子弟皆知向学,民风为之一变。又二传至粲,封疆始大,建学造士,立家训十条以遗子孙。其子孙亦绳绳善继,尊尚伊洛之学,言行相顾,一如邹鲁之俗,昔之争斗敓攘之祸亦几乎熄矣,何其盛欤。呜呼杨氏,以一姓相传,据有土地人民,俨然如古之邦君,由唐历五季,更宋涉元,几六百年,穹宫峻爵,珪组照映,亦岂偶然之故哉!^③

隆庆六年宣慰使杨烈死,其子杨应龙嗣位。杨应龙精于兵事,朝廷赐予他镇国将军头衔。万历元年以来,杨应龙奉朝廷之命出征喇嘛诸番,身先士卒,多所斩获,功劳卓著,皇帝赏赐苎丝狮子衣一袭,金千两。万历十三年进贡大木六十本,助修宫殿,皇帝特赐大红飞鱼服,晋升职级。杨应龙多次受赏,"意气扬扬,殊自得,又窥蜀兵单弱,遂起雄心"。^④ 此人生性雄猜,阴狠嗜杀,专以酷杀树威,有小睚眦即戕杀,人人惴恐。他目睹四川官军弱不禁战,每有征讨必调拨土司兵马,因而骄横

---

① 瞿九思《万历武功录》卷五《播酋·杨应龙传中》。
② 茅瑞徵《万历三大征考·播州》。
③ 朱国祯《皇明大事记》卷四十二《平播州》。
④ 瞿九思《万历武功录》卷五《播酋·杨应龙传中》。

跋扈,自恃富强,滋生虎踞全蜀的野心。甚至蔑视朝廷法纪,在居所僭饰龙凤,擅用宦官,俨然一方土皇帝。①

2. 举棋不定的"抚"与"剿"

万历十七年(1589),播州宣慰使下属,黄平安抚使罗承恩、草塘安抚使宋世臣等,向朝廷递送加急文书,告发杨应龙谋反。贵州巡抚叶梦熊向朝廷请求发兵征讨,他向皇帝指出,播州宣慰使杨应龙凶恶不道,东川兵备使朱运昌有意纵恶。贵州巡按陈效也上疏弹劾杨应龙二十四大罪。鉴于三面与播州交界,四川士大夫的态度截然相反,数度向川贵两省主官表明立场:"播(州)僻处西南隅,属夷以十百数,皆其弹压,兵骁勇,世恭顺,数赴川贵军门调,有微勋,翦除未为长策。"因此四川巡抚、巡按都主张"招抚",反对征剿。皇帝以为四川士大夫说得有理,下旨调和分歧:"两省会勘,(杨)应龙愿赴蜀不赴黔,乃就彭水县适中处听勘。"②

当时朝廷正为"西虏"进犯松潘而忙于调兵遣将,松潘为全蜀门户,四川封疆大吏不敢怠慢,征调播州土司兵协守。四川巡按李化龙(字于田,号霖寰,陕西长垣人)向皇帝请求,暂免勘问杨应龙,给他一个戴罪立功的机会。由此开启了"此惩彼宥,黔蜀异议"的局面。③ 四川方面以为杨应龙没有"可勘之罪",贵州方面以为四川有"私昵"杨应龙之嫌。于是兵科都给事中张希皋等人向皇帝建议,考虑到事情重大,有关两省利害,拟派遣科道官员从公会勘,或剿或抚,毋执成见。万历十九年(1591)二月,皇帝根据兵部的提议,命四川、贵州两省抚按官会勘杨应龙,朝廷不派官员参与此事。

---

① 朱国祯《皇明大事记》卷四十二《平播州》,谷应泰《明史纪事本末》卷六十四《平杨应龙》。
② 朱国祯《皇明大事记》卷四十二《平播州》。
③ 谈迁《国榷》卷七十五,万历十八年十二月壬午。

两省抚按官会勘的结果,意见仍然不能一致。贵州巡抚叶梦熊主张把播州宣慰使司及所辖五司,全部改土归流,划归重庆管辖。四川巡抚李尚思、巡按李化龙不以为然,反对将播州改土归流,索性引咎辞职。朝廷不予批准,事情就搁置下来。

万历二十年(1592)十二月,杨应龙被逮至重庆,对簿公堂,按律当处斩。杨应龙愿以两万两银子赎罪,御史张鹤鸣正欲驳问。事情突然出现了转机,倭寇进犯朝鲜,朝廷下令征调天下兵马。杨应龙向朝廷表示,愿意亲自率领五千将士"征倭"报效。皇帝考虑到"东征"大局为重,命令四川抚按官释放杨应龙。当杨应龙正要率兵北上时,忽然传来皇帝旨意:不必调杨应龙出征。新任四川巡抚王继光(字于善,号皋泉,山东黄县人)一上任,就下令严提杨应龙勘结。杨应龙盘踞播州,拒不服从。[1]

招抚不成,只得征剿。万历二十一年正月,王继光赶到重庆,与总兵刘承嗣、参将郭成决策,分兵三路,同时并进。大军进至娄山关,驻扎白石口。杨应龙佯装求降,暗中埋伏重兵,突然袭击,刘承嗣兵败,几乎全军覆没。王继光因此而遭罢官,只得仓皇撤退。四川道御史吴礼嘉指责参将郭成"失律",皇帝认为吴礼嘉在为杨应龙辩护,不同意他的意见,发出谕旨:"本酋朝廷原无意必诛,大兵一至,应自缚军门请死。今御史报与本酋奏辩,顺逆悬殊,行严查奏,毋姑息。郭成等革任立功。移蜀新抚臣谭希思星驰赴任,与刘承嗣通贵州抚镇相机征剿。"[2]郭成和谭希思受命出任四川巡抚,与贵州抚按商议"相机征剿"杨应龙。由于两省官员畏难,事情议而不决。

万历二十二年三月,为了摆平播州,皇帝任命邢玠以兵部侍郎出任贵州总督。次年正月,邢玠赶到四川,分析形势:永宁、酉阳、暨马、千斛

---

① 茅瑞徵《万历三大征考·播州》。朱国祯《皇明大事记》卷四十二《平播州》。
② 茅瑞徵《万历三大征考·播州》。

等地土司,都与杨应龙有姻媾关系;而黄平、白泥土司,本与杨应龙有仇。决计先剪除杨应龙的党羽,对杨应龙施加压力,晓以大义,援引前不久宁夏叛乱的前车之鉴,向他指出,前来投诚,当贷以不死;否则,国家悬赏万金购尔首级。

四月,重庆知府王士琦拿了总督邢玠的招抚信函,抵达綦江县,敦促杨应龙到安稳(地名)听勘,由綦江知县前往宣谕。杨应龙派弟弟杨兆龙前往安稳,准备了邮传储粮,郊迎叩头,对来使(綦江知县)说:杨应龙待罪于松坎,之所以不敢到安稳,是因为安稳多仇人,欲伏兵刺杀,故请来使驾临松坎。五月初八日,綦江知县单骑前往松坎。杨应龙果然捆绑于道旁,泣请死罪,膝行向前,叩头流血,表示愿意把罪人及罚金献给朝廷。邢玠得报,立即派官员前去处理此事。杨应龙身穿囚服,匍匐郊迎,缚献黄元等十二名罪人抵充杨应龙,接受死刑;愿意缴纳赎银四万两。于是决定,将杨应龙革职,由其长子杨朝栋暂代,将其次子杨可栋押往重庆作为人质。[①]

当时朝鲜战争还在进行,兵部专注于东征,播州事务只能暂缓。皇帝也考虑到杨应龙一向积有功劳,就批准了邢玠的处理方案,在松坎设立同知,治理该地,并以重庆知府王士琦为川东兵备使,在当地弹压。

其实这是杨应龙的缓兵之计。风头过后,他不但毫无悔改,反而变本加厉。不久借口次子死于重庆,扬言促取尸棺,拒不交出赎银,甚至要挟说:如果我的儿子复活,立即上缴银子。此后一面加强前方防备,一面收买后方民心。正如茅瑞徵所说:"分遣夷目,置关据险,僭立巡警:江内七牌、江外四牌。搜戮奏民,劫掠屯堡无虚日。厚抚诸苗,用以摧锋,名硬手。州人稍殷厚者因事诛之,没其家以养苗,诸苗人愿为出死力"。[②]

---

① 茅瑞徵《万历三大征考·播州》。谷应泰《明史纪事本末》卷六十四《平杨应龙》。
② 茅瑞徵《万历三大征考·播州》。

对杨应龙的招抚实际上已经失败。他乘着朝廷忙于朝鲜战争,一时无暇顾及,不断武装袭击川南、贵州、湖广一带。万历二十七年二月,贵州巡抚江东之派指挥使杨国柱率领三千兵马征剿杨应龙,遭到惨败,杨国柱战死。朝廷罢免江东之,由郭子章(字相奎,号青螺,江西泰和人)代理贵州巡抚,起用李化龙以兵部侍郎出任湖广川贵总督兼四川巡抚,征讨播州叛军;并且把川将刘綎从朝鲜战场调回,日夜兼程赶往四川。

杨应龙乘官军主力尚未赶到,先发制人,以八万兵力分头进犯南川、江津,攻陷綦江。重庆守臣惊恐万状,赶紧归还其子杨可栋尸棺,并用重金贿赂,企图缓解他的攻势。万历二十七年九月,四川巡按御史赵标向朝廷告急,一派无可奈何的口气:"看得杨(应龙)酋破綦江后,我之骁将铣卒一时都尽,渝城(重庆)危急,人心动摇。我实无备,而姑以文告缓酋,亦是权计。然城下之盟,壮士且羞言之矣。乃酋原无必死之心,自觅生活之路,虽虎暇以思逞,旋狼顾而不前,趑趄嚣腾,恫疑恐吓,犹劫去仓库而逼要印领之初意也。况当时酋纵兵流劫,志已骄盈……乃总兵道府同驻,相视无奈,随意发付。索尸棺则尸棺,索奏民则奏民。何邦卿既以缢归,于春又复生,致优礼腆仪,曲中酋欢。何物殷勤,遂来感忆。吁嗟乎,诸臣屈体辱国,抑何至于此极也!卷查杨可栋尸柩,虽原有奉文,许令给发,然彼索送与且加货焉,则大非法纪……且置君命于何地也?嗟嗟,酋之入犯也,纵横剽劫,焚荡虔、刘、綦、合一带,绵亘数百余里内人烟断绝,凶暴酷烈,天地为之惨淡,鬼神为之悲号。"①

皇帝大为恼怒,下旨将前四川巡抚谭希思、贵州巡抚江东之革职为民:"谭希思虽准听调,尚在地方,何得怠玩军情,致贻大患。江东之贪功浪战,损威辱国,都着革职为民当差,永不叙用,不许朦胧推升。"②他

---

① 赵标《播兵压境要挟无已国体民生伤残太甚疏》,吴亮《万历疏钞》卷四十四《哱播类》。
② 钱一本《万历邸钞》,万历二十七年己亥卷,七月。

还给兵部发去一道谕旨："綦江失守,蜀事甚急,可忧。着该总督(李化龙)率属厉兵,相机防剿。陕西、甘肃、延绥、浙江等兵,俱难如议调用,刻期赴援。刘綎素称忠勇,你部里马上再行催他奋身报国。"①

3. 杨应龙的末路

万历二十八年(1600)初,总督李化龙分兵八路,围剿杨应龙。四川四路:总兵刘綎从綦江入,总兵马孔英从南川入,总兵吴广从合江入,副总兵曹希彬从永宁入;贵州三路:总兵童元镇从乌江入,参将朱鹤龄从沙溪入,总兵李应祥从兴隆卫入;湖广一路分两翼:总兵陈璘从白泥入,副总兵陈良玭从龙泉入。各路统兵三万,刻期出击。② 为了协调三省,贵州巡抚郭子章驻贵阳,湖广巡抚支大可移驻沅州,李化龙自己率领中军驻扎重庆策应。部署既定,李化龙在重庆召集文官武将,登坛誓师,发布军令:"关外且战且招降,多不可胜诛也。关内疾战勿受降,师不可久老,贼诈不可信也。"③二月十二日,大军分道并发。朝廷鉴于湖广地域辽阔,特地选拔江铎(字士振,浙江杭州人)为偏沅巡抚。湖广分设偏沅巡抚,即始于此次平播战事。④

二十余万大军压境,三省封疆大吏督阵,杨应龙败局已定。

八路大军中,以刘綎部最为骁勇善战,李化龙把他放在顶要紧的綦江一线。杨应龙深知刘綎厉害,颇为惧怕,派重兵把守要害。二月十五日,刘綎分兵三面围攻,连克三峒。刘綎在阵前督战,左手拿着金锭,右手高举利剑,大喊:"用命者赏,不用命者齿剑!"⑤士兵个个锐不可当,初战告捷。

---

① 钱一本《万历邸钞》,万历二十七年己亥卷,六月。
② 李化龙《平播全书》卷五《叙功疏》。
③ 谷应泰《明史纪事本末》卷六十四《平杨应龙》。
④ 张廷玉《明史》卷二百二十八《李化龙传》。
⑤ 张廷玉《明史》卷二百四十七《刘綎传》。

三月初,杨应龙派其子杨朝栋率精锐主力数万前去抵挡,分别由松坎、渔渡、罗古池三路并进。刘綎在罗古池埋伏万人,等待松坎来犯之敌;以万人埋伏营外,等待渔渡来犯之敌;另有一军左右策应。刘綎身先士卒,冲入敌阵,苗兵大惊失色,连声呼喊:"刘大刀至矣!"全军顿时溃败,刘綎追奔五十里,杨朝栋只身突围,差一点当了俘虏。①

　　其他各路也纷纷告捷。南川一路,经酉阳、石柱,攻克桑木关。乌江一路,经坝阳、永顺,攻克乌江关、河渡关。陈璘一路,攻击四牌,夺取天都。

　　刘綎乘胜攻至娄山关下。娄山关是杨应龙老巢的前门,形势险要,易守难攻。远远望去,但见山峰高耸入云,唯一的上山通道掩映在丛箐中。仅仅几尺宽的羊肠小道,设置木关十三座,关楼之上堆积滚木、梭杆、垒石,关楼之下又有排栅数层,合抱大树横亘路中,沿路挖掘深坑,坑内密布竹签。如此严密布防,杨应龙自以为万险俱备,固若金汤。② 刘綎派步兵绕道,分左右两路包抄娄山关后背,自己督率主力正面仰攻。两面夹攻,夺下娄山关。

　　四月初,刘綎屯兵白石口。杨应龙困兽犹斗,亲率苗兵决一死战。刘綎勒马冲坚,令将士分两翼夹击,挫败杨应龙。刘綎追至养马城,与南川、永宁两路军队会合,连破龙爪、海云两个据点,兵临海龙囤下。③

　　海龙囤是杨应龙的老巢,倚为天险,号称飞鸟腾猿不能逾越。此时八路大军云集于海龙囤下,把它团团围住。从五月十八日开始,各军轮番进攻。总督李化龙接到父亲去世的讣闻,皇帝命他"缞墨视师",李化龙赤脚起草檄文,督促各军奋力进攻。连日大雨滂沱,将士驰骋泥淖

---

① 谷应泰《明史纪事本末》卷六十四《平杨应龙》。道光《遵义府志》卷四十《年纪二》。
② 李化龙《平播全书》卷五《叙功疏》。
③ 茅瑞徵《万历三大征考·播州》。谷应泰《明史纪事本末》卷六十四《平杨应龙》。

苦战。

六月初四日,天气忽然开朗。次日,刘綎身先士卒,一举攻克土城。杨应龙坐困穷崖,连夜散发银子数千两,招募敢死队拒守。苗兵都惊骇四散,无人响应。杨应龙提刀巡视,只见四面火光冲天,彷徨长叹,与妻子田氏相对而泣。次日天明,官军破城而入。杨应龙仓皇与妻妾关门自缢,纵火自焚。其子杨朝栋、弟杨兆龙等被俘。[①]

此次平播战役,先后一百十四天,斩敌二万余,以杨应龙的彻底失败而告终。

万历二十八年十二月,李化龙、郭子章、江铎等班师回朝,押解播州叛军头目六十九人,抵达京师。皇帝特地在午门城楼参加庆典。杨朝栋、杨兆龙等人在凛冽寒风中被凌迟处死。[②] 朝廷以平播战功,晋升李化龙为兵部尚书,荫一子为锦衣卫指挥使;晋升郭子章为都察院右都御史兼兵部侍郎,晋升江铎为兵部侍郎,各荫一子为锦衣卫指挥佥事;支大可复原官,荫一子入国子监;刘綎、陈璘都晋升左都督,荫一子为本卫指挥使。[③]

令人不解的是,在征东与平播战争中立下赫赫战功的大将刘綎,后来竟以馈赠上司金银玉带,而遭到皇帝给予的"免官永不叙用"的处分,实在是过于赏罚失衡。当播州战事吃紧时,皇帝首先想到的是刘綎,说他"素称忠勇",命令他从东征战场驰骋千里赶到西南边陲,"奋身报国"。[④] 战事结束,总督李化龙把他评为"军中第一功"。皇帝却以区区"通馈"为借口,给予严厉处分,难道是怕他居功自傲,飞扬跋扈?还是危难已过,翻脸不认人?无怪乎谈迁要为刘綎鸣不平:"马或奔踶而致

① 李化龙《平播全书》卷五《叙功疏》。茅瑞徵《万历三大征考·播州》。谷应泰《明史纪事本末》卷六十四《平杨应龙》。
② 《明神宗实录》卷三百五十四,万历二十八年十二月乙未。
③ 朱国祯《皇明大事记》卷四十二《平播州》。
④ 钱一本《万历邸钞》,万历二十七年己亥卷,六月。

千里,士或负俗之累而立功名,一二佚行,学士大夫或不免焉,况介胄豪举者哉!""今刘将军以通馈败,其馈人多矣,不幸中弹墨。然窃以为当事过之。彼两台既自好,麾之门外,不必奏劾,即奏劾亦当曲请以东逐岛倭,西奸叛司,功未尽录,当夺一阶,俾省廉洁之效,何至褫秩等于文吏也!设刘将军掊饷溢敛,将何法以加之乎?国家少有风尘之警,动抚髀兴叹:廉如伯夷,信如尾生,驱之行间,始吏议不相绁耶!"①这些话表面上是在抨击言官,其实是在批评皇帝。更令人不解的是,当云南、四川叛乱又起,皇帝还是想到被他罢官的刘将军,居然再次出尔反尔,违反自己先前"永不叙用"的圣旨,起用他为总兵官,要他为朝廷效忠,以后又调到辽东战场,直至战死。

李化龙在平定播州以后,收集军中铜器,铸造铜鼎,分为三等,发给各土司永为鉴戒。铜鼎上的铭文写道:"维星拱北,惟水朝东。天王御极,八方会同。惟西南夷,各世其土。惟敬天念祖,庶不坠厥宗。顺天者吉,逆天者凶。以为不信,视杨应龙。"又铸造铜标,高一丈三尺,树立于海龙囤的山顶。上面刻着铭文:"皇帝二十有八年,播人告讦,天皇赫怒,爰整六师,以诛不供。百十有四日,尽俘群丑,遂赭其宫,设吏治之,方三千里,始入皇封。我勒铜标,永镇西南。臣李化龙。"②

播州从唐朝乾符年间开始杨氏世袭统治,绵延达二十九世八百余年之久,直到杨应龙及其儿子死亡,宣告终结。万历三十一年(1603),中央政府在此实施改土归流政策,改播州为遵义、平越二府;遵义府下辖遵义、桐梓、绥阳、仁怀四县;平越府下辖黄州及余庆、瓮安、湄潭三县;以遵义府隶属于四川,平越府隶属于贵州。毫无疑问,播州土司杨氏势力的消灭,改土归流的实行,对于这一地区政治制度的统一,经济文化的发展,是有积极意义的。

---

① 谈迁《国榷》卷七十九,万历二十九年四月壬午。
② 朱国祯《皇明大事记》卷四十二《平播州》。

茅瑞徵评论此次战争:"是役征调兵凡二十万,出师甫逾百日,计三省征剿防守(银)二百万(两),而逆酋授首,辟要荒为郡邑,遂为西南一大奇捷。"①已经退休的前内阁首辅申时行,对于平播战争耗费湖广、四川、贵州三省财力过多,有所非议。他说:"诏发三省兵及调旁近土司讨之,复添设抚臣,开府辰沅,加蜀抚总督军务,逾年遂平播州,设遵义府。然三省财力耗费以巨亿计,楚蜀之间绎骚甚矣。向使委官不索贿,(杨)应龙不系狱,调则必赴,召则必来,何至称兵叛逆,悍然不顾乎? 挑衅启祸必有任其责者,故好事喜功,穷兵殚财,非国家之利,事可永鉴也。"②这些话并非毫无道理,但由此否定此役,一言以蔽之"好事喜功,穷兵殚财",令人难以恭维。申公的批评固然大胆泼辣,却过于偏激,且本末倒置。凡事有一利必有一弊,播州之役也不例外。耗费了巨额财力,骚扰了地方,当然是事实,但是,若不重兵压境予以铲除,那么杨氏盘踞播州的局面将永无改变之日,那里的治安始终留有隐患。多次招抚杨氏均告失败的事实表明,以战争手段解决播州问题,是迫于无奈的选择。以历史的眼光看问题,如果此时不解决,到了清朝雍正年间大规模改土归流时,势必还得用暴力予以荡平。迟平不如早平,于国于民都是利大于弊的好事。

当时刚刚踏入官场的朱国祯的看法,就比申时行高明:"播州一案,当时用兵,可不可乎? 曰:可。蜀三面邻夷,且借为用,而播为最劲,此不可制。四起效尤,无蜀并无黔滇。且分八路,克险关,彼犹倔强如故,势安得已。曰:既克矣,因而郡县之,可不可乎? 曰:可。悉天下全力,夷二千里奥区,为国家辟土开疆,此盛事也。"③确实,把播州改土归流视为万历一朝的盛事,并不为过。

———————

① 茅瑞徵《万历三大征考·播州》。
② 申时行《赐闲堂集》卷四十《杂记》。
③ 朱国祯《皇明大事记》卷四十二《平播州》。

《重写晚明史》后记

写完了五卷本《重写晚明史》的最后几行字,以孔尚任《桃花扇》的"哀江南"收尾,凄婉悲凉,令人哀叹。本书的第五卷题名为"王朝的末路",本身就带有悲剧意味,从各个方面描述并非亡国之君的亡国悲剧。把它与第一卷《晚明大变局》联系起来看,发人深省,令人浮想联翩。我写《重写晚明史》的旨趣,或许就在于此。于是有必要向读者诸君交代《重写晚明史》的由来。

2003年,我向读书界贡献了《晚明史(1573—1644年)》(复旦大学出版社出版),受到普遍的欢迎,获得第十四届中国图书奖。盛名之下其实难副,该书还有很多不成熟的地方,我决定再下几年苦功夫,广泛涉猎史料,重新构思,把原先的两卷本扩大为五卷本。

经过几年努力,终于在年届八十之时,完成了这项工作。通观全书,无论内容和形式,深度和广度,都有很大程度的拓展、更新。之所以把书名定为《重写晚明史》,是相对于先前的《晚明史》而言的。如果写成《晚明史(修订版)》或《增订晚明史》,都有点名不副实,因为改动实在太大太多,篇幅也增加了一倍,已经越出了"修订""增订"的范围,只有"重写"二字才比较恰当。

这就是五卷本《重写晚明史》的由来。

《重写晚明史》的第一卷,亦即2015年推出的《晚明大变局》(中华书局出版)。此书一经面世,就受到各界人士的高度评价。先是2015年入选上海书展"最有影响力的十本新书",继而被《中华读书报》评为2015年度好书,随后好评接踵而来,纷纷入选《人民日报》、《光明日报》、

《解放日报》、《中国新闻出版报》、《中外书摘》、新浪网、社科网、中国出版集团等 2015 年度好书,并被中华书局评为 2015 年度"双十佳"图书(人文社科类),如此等等。这样的荣誉,这样的反响,是可遇而不可求的,大大出乎我的预料,激励我精益求精地完成后面几卷的撰写。

现在各位看到的此书全貌是:

第一卷《导论:晚明大变局》;

第二卷《新政与盛世》;

第三卷《朝廷与党争》;

第四卷《内忧与外患》;

第五卷《王朝的末路》。

《晚明大变局》出版后,新闻记者的采访,网络人士的提问,我应邀就此书所做的演讲,对一些问题有详细的回应。从各方面的反映看来,大家对于晚明出现了前所未有的大变局,表示认同,以为言之有理有据。也有的书评家认为,应该补充书写晚明文学领域的大变局,有点类似欧洲的文艺复兴。我非常欣赏他的意见,也曾经想有所涉猎;遗憾的是,术业有专攻,隔行如隔山,心有余而力不足,文学大变局这一章只能留白。

读者诸君最感兴趣的问题是,这样的大好局面的明朝,为什么很快覆亡,戛然而止? 问得很好,值得细细品味。

随着海禁体制的突破,中国被卷入全球化贸易的浪潮,创造了光辉灿烂的业绩。正如弗兰克《白银资本——重视经济全球化中的东方》所说:"'中国贸易'造成的经济和金融后果是,中国凭借着在丝绸、瓷器等方面无与匹敌的制造业和出口,与任何国家进行贸易都是顺差。"美洲白银或者通过欧洲、西亚、印度、东南亚输入中国,或者用阿卡普尔科出发的马尼拉大帆船直接运往中国。16 世纪中期至 17 世纪中期,美洲生产的白银三万吨,日本生产的白银八千吨,其中通过贸易渠道流入中国的白银达到七千吨至一万吨,约占全世界白银资本(货币)总量的四分之一至三分之一。这样的业绩,即使用今日的眼光来衡量,也是无与伦比的,毫无疑问是中国历史上罕见的辉煌。

支撑这一辉煌业绩的无与匹敌的制造业中心,在经济最为发达的江南。晚明时期的江南市镇,出现了富有朝气的市场经济与早期工业化,江南优质生丝、丝织品,以及质优价廉的棉布,通过外国商船运销到世界各地。这种对外贸易的优势,一直持续到欧洲工业革命之前,任何国家都难以取而代之。正如全汉昇所说:"在近代西方工业化成功以前,中国工业的发展,就它的产品在国际市场上的竞争能力来说,显然有过一页光辉灿烂的历史。"按照弗兰克的说法,1500 年至 1800 年,"整个世界经济秩序当时名副其实地是以中国为中心的",因为"外国人,包括欧洲人,为了与中国人做生意,不得不向中国人支付白银,这也确实表现为商业上的'纳贡'"。

因此,人们势必会问:经济成就如此傲视世界的大明王朝,在内忧与外患的双重夹击下,如同摧枯拉朽般地走向覆亡。孔尚任有感于明朝的覆亡,在《桃花扇》的篇末感叹道:

俺曾见金陵玉殿莺啼晓,

秦淮水榭花开早,

谁知道容易冰消。

眼看他起朱楼,

眼看他宴宾客,

眼看他楼塌了。

为什么如此不堪一击? 确实是一个值得深长思之的问题。

本书的后四卷,试图回答这个问题。不知读者诸君是否满意?

如果有读者认为二百多万字过于庞杂,一定要把它简单地归纳为几句话：仅仅有经济的繁荣，没有政治体制的相应变革，没有把内忧与外患消弭于无形的能力，那么培育繁荣之花的王朝就会走向末路。

此话言之有理，对此我没有异议。

本书以宏大叙事的形式，回答上述问题。宏大叙事是历史研究的一种手段，希望把已经消失的历史场景尽可能地再现。要复原历史本来面貌，谈何容易！必须从大量史料中搜寻各种细节（包括对话与情节），把历史鲜活而生动地呈现出来，使得历史的书写具有相当大的可读性，为人民大众所喜闻乐见。这是我追求的目标。历史著作屡遭读者诟病，一言以蔽之——孤芳自赏，枯燥乏味。我始终引以为戒，努力做到生动流畅，雅俗共赏。

最近，英国剑桥大学出版社推出了一本颇有轰动效应的著作——《历史学宣言》。两位美国历史学家书写的这本书，为了唤起人们的注意，模仿马克思、恩格斯《共产党宣言》的笔法。比如《共产党宣言》第一句写道："一个幽灵，共产主义的幽灵，在欧洲上空游荡。"《历史学宣言》的第一句写道："一个幽灵，短期主义的幽灵，正困扰着我们这个时代。"《共产党宣言》最后一句写道："全世界无产者联合起来。"《历史学宣言》最后一句写道："全世界历史学家，联合起来。"

联合起来干什么呢？共同反对历史研究中的碎片化与短视化倾向。该书的作者指出，由于研究者愈来愈专业化，视角日趋狭隘，热衷于碎片化的研究，对于长时段的宏大叙事，不屑一顾。他们凭借一己之力，挽狂澜于既倒，大声疾呼，获得各国历史学家的共鸣与喝彩。对于他们的敏锐洞察力，我表示敬佩和赞叹。在我看来，宏大叙事与碎片化研究，都有存在的理由。但是，不能用一种倾向掩盖另一种倾向，不能用碎片化取代宏大叙事。

令我感触至深的是，我们真的"和国际接轨"了，连历史学界的弊端也和外国一样了。年轻的学者们醉心于研究碎片化问题，乐此不疲。

由于过于琐屑冷僻，无法在学术平台上引起争鸣，逐渐流于自说自话。其结果，正如《历史学宣言》所说，历史研究愈来愈脱离人民、脱离社会。我想补充一句，历史研究如果日益脱离人民、脱离社会，那么它距离危机也就不远了。警惕碎片化与短视化的倾向，已经刻不容缓。

我想用《重写晚明史》，向宏大叙事的历史研究致敬！

谢谢各界人士对我的关心和支持！

樊树志 2018 年 6 月 校阅清样后改定